KB244272

삼론현의

The Profound Doctrine of Three Śāstra(San-lun Xuan-yi)

지은이 **길장**(吉藏, 549~623)은 지금의 난징(南京)인 금릉(金陵)에서 출생하였으며, 독실한 출가 승인 아버지 도량(道諒)이 금릉에 체류하던 위대한 역경가(譯經家) 진제(眞諦, 499~569) 삼장을 만났을 때, 진제삼장이 길장이라는 이름을 지어주었다. 7세 혹은 11세에 아버지 손에 이끌려 스승인 홍황사(興皇寺) 법랑(法朗)에게 출가한 길장은 많은 제자들 가운데 재능이 뛰어났으며, 소년시절부터 불교에 깊이 통하여 19세에 대중들에게 강연하였다. 수나라(隋)가 중국을 평정하자 가상사(嘉祥寺)에 입주하여, 그로부터 가상대사(嘉祥大師)라 존칭되었다. 수양제(隋煬帝)가 설립한 혜일도량(慧日道場)에 명성 높은 길장을 초빙하자, 거기에서 나이 50 전후에 『삼론현의』를 저술하였다. 수나라 삼대법사의 한 명으로 거론된 길장은 그 학업의 박식함이 당대에 따를 자가 없었다고 전하며, 환갑 무렵에 삼국논사(三國論師)라 칭하던 승걸(僧桀)과 이틀간 토론하여 논파하자 국왕이 길장에게 귀의하였다. 진(陳)·수(隋)·당(唐) 삼대의 황실로부터 귀의 받은 길장은 75세에 목욕재개하고, 부처님 명호를 염송하는 가운데 천화하였다. 길장은 인도 중관학(中觀學)에서 비롯된 이제설(二諦說)과 중도설(中道說) 같은 반야사상을 더욱 깊고 다양하게 전개한 중국 삼론학(三論學), 또는 삼론종(三論宗)을 대성하였으며, 그 삼론학설의 대부분은 신삼론학(新三論學)의 개조라 할 수 있는 고구려 출신의 승랑(僧朗)으로부터 승전(僧詮), 법랑(法朗)을 거쳐 길장에게 전수된 학설들을 갈고 닦아 정리한 것들이 주종을 이루고 있다. 현재 여러 대장경과 속장경에 수록되어 현존하는 저술은 26부(部) 120권이나 된다. 삼론학의 개론서인 『삼론현의』를 비롯하여 본격적인 삼론학 주석서 『중관론소(中觀論疏)』, 『백론소(百論疏)』, 『이제의(二諦義)』 등을 저술하였고, 여러 경전에도 해박하여 『법화현론(法華玄論)』, 『화엄경유의(華嚴經遊意)』, 『유마경의소(維摩經義疏)』, 『금광명경소(金光明經疏)』 등을 저술하였다.

옮긴이 **박상수**(朴商洙, Park, Sang-Soo)는 경기도 동두천에서 태어났다. 검정고시를 거쳐 1979년 경희대 인문계열에 무시험 입학하였다. 의병제대 후 1982년 동국대 불교대학에 입학하여, 동대학원 불교학과 석사 및 박사과정을 수료하였다(철학박사). 동국대 불교학과 강사이며, 고려대장경연구소에서 학술진흥원의 과제를 공동 연구하고 있다. 논문으로 「龍樹의 華嚴思想 연구」, 「華嚴學의 三性說에 나타난 龍樹의 中觀思想」, 「僧朗의 三論學과 師弟說에 대한 오해와 진실(I)·(II)」 등이 있다. 역서로는 동국역경원에서 간행한 『한글대장경』 가운데 『순중론(順中論)』, 『대승중관석론(大乘中觀釋論)』 등이 있고, 동국대에서 출판한 『한국불교전서(韓國佛敎全書)』 제13책(瑜伽師地論·記 上)과 제14책(下)을 공동 편집·교정하였다.

삼론현의

1판 1쇄 인쇄 2009년 3월 5일
1판 1쇄 발행 2009년 3월 10일

지은이 / 길장
옮긴이 / 박상수
펴낸이 / 박성모
펴낸곳 / 소명출판
등록 / 제13-522호
주소 / 137-878 서울시 서초구 서초동 1621-18 (란빌딩 1층)
대표전화 / (02) 585-7840
팩시밀리 / (02) 585-7848
somyong@korea.com / www.somyong.co.kr

ⓒ 2009, 한국학술진흥재단

값 22,000원

ISBN 978-89-5626-354-0 93910

삼론현의

三論玄義

길장 지음 | 박상수 옮김

1. 원문 교정

   오늘날『삼론현의』의 판본은 대부분 일본에 존재하는데, 거기에서 거론되는 중요한 판본만 해도 대략 네다섯 종류에 이른다. 그 가운데 건장본(建長本)과 원록본(元祿本) 두 가지 판본을 대조·교정한 것이『대정신수대장경(大正新修大藏經)』제45권에 수록되어, 오늘날 동아시아 3국에서 널리 사용되고 있다. 그 밖에 중국에 존재하는 판본으로 금릉각경처본(金陵閣經處本)과 만속장경본(卍續藏經本)이 있다. 원문의 판본이 대개 일본에 존재하다보니, 그 번역서도 일역이 주류를 이루고 있다. 그러나『삼론현의』 일역서들은 일본 내의 판본들을 위주로 하고, 중국의 판본을 참조하지 않았다. 원문 교정에 공을 들인 가나쿠라 엔쇼(金倉圓照) 역의『삼론현의(三論玄義)』도 일본 내의 네 가지 판본을 대조한 것이다. 한정 걸(韓廷傑) 교석(校釋)의『삼론현의(三論玄義)』는 금릉각경처본(金陵閣經處本)을 저본으로 삼고 대정 장본과 속장경본(續藏經本)을 대조하였다고 하지만, 서로 다른 어휘에 대한 지적과 설명은 부분적이다. 역주자는 번역 초기에 저본인 대정장경본(大正藏經本)과 중국의 판본들 사이에, 누락된 글귀를 제외하 고도, 의미상 서로 비슷하거나 다른 글자들이 전체적으로 약 40군데에 이르는 것을 발견하고, 원문의 대조·교정이 불가피함을 느꼈다. 그리하여 많이 사용하는 대정장경본을 저본으로 삼고, 금릉각경처본 과 만속장경본을 대조하여 교정하였다. 역자는 이 세 가지를 대조하여, 그 의미가 같거나 달라지는 경우 대부분을 망라하여 주석란에서 지적하였다.

2. 원문 번역

   원문의 번역은 본래의 저자가 말하고자 하는 바를 충실히 전달하는 데 중점을 두었다. 국역은 우선 원문 위주로 진행하여, 원문에 들어 있지 않은 어휘나 구절 같은 해석은 가급적 배제하였다.

   그 다음 원문에 없는 말들의 보충설명은 문장 이해에 필요한 경우에 한하여 (   ) 안에 넣어 보충하였다. 또 이 저서에는 고전 산스크리트 용어가 적지 않게 등장하는데, 소리가 나는 대로 음사(晉辭)한 경우, 한글 표기가 그렇게 수월하지는 않다. 고대의 한역어(漢譯語)는 지금도 관습상 사용하지만, 오늘날 범 어(梵語, Sanskrit)의 한글 표기에 반드시 부합하지 않다는 것은 이미 알려진 사실이다. 일단 대부분의 경우 원문의 한역어를 그대로 사용하면서, 범어를 병기하였다.

   또 오늘날 잘 사용하지 않는 한자 용어의 우리말 번역은, 가급적 원어를 병기하고 풀이하였다. 또 원문 에 여러 번 나오는 동일한 어휘는 대개의 경우 변화를 가하지 않고 동일하게 역출하였다. 일부 원문의 경우, 번역이나 주석에서 번역서에 따라 미묘한 차이가 나는 부분들이 있다. 이 경우 아래의 참고문헌 에서 열거한 종래에 간행된 번역서들의 해석을 주석란에 소개하고, 그 출처는 간략하게 '역주자(本名 표시) 역(譯), 면수'로 표시하였다.

3. 주석

   『삼론현의』는 그리 많지 않은 분량의 불교문헌치고는 인용문도 매우 많고 생소한 용어도 많다. 그 때문 에 기존의 번역서도 주석의 많은 부분이 인용문의 출처 확인과 용어의 개념 해설에 집중되어 있다. 대조 확인을 위하여 주석란에 제시된 경론의 인용문은, 일중(日中)의 대부분의 번역서들이 한문 본문을 그대로 인용하듯이, 여기서도 대개 원문을 제시하였으며, 필요한 경우 우리말 번역을 인용된 원문 앞에 덧붙이기도 하였다.

4. 보충 설명

   원문에는 들어 있지 않아 번역에 해당하지는 않지만, 한 단원의 장이나 절이 끝난 후에 별도의 보충적 인 설명이 요구되는 경우가 있다. 주석에서 처리하기에는 적절하지 않고 또 설명의 분량이 다소 많아, 이 경우 해당 번역문이 종료된 뒤에 이 표시(※)를 하고 보충 설명하였다. 그 보충 설명의 종류는 목차 의 말미에 첨부하였다.

5. 참고문헌

   이『삼론현의』는 1927년에 처음으로 일본의『대정대장경』에 교정 수록되어 출간된 지 오랜 세월을 경과하였다. 역주자는 국역하면서 원문과 관련 주석서 이외에, 그동안 일역으로 간행된 시이오 벤쿄(椎 尾辨匡) 역,『삼론현의(三論玄義)』(1937); 다카오 기켄(高雄義堅) 역,『삼론현의해설(三論玄義解說)』 (1939); 가나쿠라 엔쇼 역주,『삼론현의(三論玄義)』(1941); 사이구사 미쓰요시(三枝充恵) 역,『삼론현의 (三論玄義)』(1971); 히라이 슌에이(平井俊榮) 역,『삼론현의(三論玄義)』(1990) 등을 참조하였고, 한정걸 (韓廷傑) 교석,『삼론현의교석(三論玄義校釋)』(中華書局, 1987)도 열람하였다. 이들 역주서에 대한 보 다 자세한 사항은 권말의 참고문헌을 참조하기 바란다.

인도 중관학(中觀學)의 시조 용수(龍樹)의 교학사상 연구로 박사학위 취득 전후하여, 역주자는 동국역경원에서 오랫동안 추진해온 『고려대장경(高麗大藏經)』의 한글번역에 참여하여 몇 해 동안 주로 중관학과 화엄학 분야를 번역하였다. 그러나 중국과 한국의 중관학이라 할 수 있는 삼론학(三論學)의 문헌은 하나도 역경하지 못하였다. 그 까닭이 무엇인지, 고려시대에 제조된 『고려대장경』에 삼론학 분야의 문헌이 하나도 들어 있지 않을 뿐만 아니라, 원효나 원측 같은 삼국시대 석학들의 삼론학 주석서들 역시 소실되고 수록되지 않았기 때문이다.

그러나 근세 일본에서 성립된 『대장경』과 『속장경』에는 삼론학 문헌이 다수 수록되어 있고, 중국의 『속장경』에도 여러 종류가 수록되어 있다. 『삼론현의』는 지난날 중국·한국·일본에서 흥기한 삼론종(三論宗), 또는 삼론학의 불교개론서에 해당하는 대표적인 불교 입문서이다. 이 『삼론현의』를 한국학술진흥재단에서 번역서로 선정하여 지원해준 덕택에 이에 한글번역을 처음으로 내놓게 되었다. 그런데『삼론현의』의 판본들은 대부분 일본에 남아 있고, 그 일본어 역주서 또한 거의 일세기 전부터 비롯되어 지금은 다수에 이른다. 중국에도 일부 판본이 있고 그 중국어역도 나왔으니, 한글역이 가장 늦은 셈이다.

이『삼론현의』의 저자는 삼론학을 대성한 가상대사(嘉祥大師) 길장(吉藏)이다. 길장은 동시대의 정영사(淨影寺) 혜원(慧遠)과 천태대사(天台大師) 지의(智顗)와 함께 당대 최고의 삼대학승으로 활약하였다. 현재 20여 종의 저술이 남아 있는 길장의 저술 가운데,『삼론현의』는 인도 중관학의 시조 용수의 저술『중론』·『십이문론』과 그 제자 제바(堤婆)의 저술『백론』의 사상을 해설한 주석서이다. 당연히 삼론학의 불교 개론서일 뿐 아니라, 초기 대승불교 중관학의 공관(空觀)이나 반야(般若)의 공사상(空思想) 설명에 있어서도 중요한 입문서이다. 뿐만 아니라『삼론현의』에는 인도의 전통종교와 비전통사상은 물론, 심지어 중국의 도교와 유교에 대한 비난도 수록되어 있고, 동양 삼국에서 한때 중시하던 소승 부파불교의 비판과, 대승이라 간주되던 성실학(成實學)은 대승이 아니라는 주장도 담겨 있다. 이런 특출한 학설 덕택에 오래전부터 다른 불교문헌보다 많은 관심을 유발하였고, 오늘날에도 여전히 관심의 대상이 되고 있다.

이『삼론현의』의 한글역에서, 역주자는 일본의『대정신수대장경(大正新修大藏經)』제45권에 수록된 원문을 저본으로 삼고, 중국에 남아 있는 금릉각경처본(金陵閣經處本)과 만속장경본(卍續藏經本)을 대조하여 교정하였다. 그리고 한글번역과 주석을 하면서, 중관학과 삼론학 분야의 연구서적 이외에, 이미 간행된 일역 5종과 중국어역을 참조하며 적지 않은 도움을 받았다. 애매모호한 문제점이 있는 원문의 부분들은 기존 역주서의 해석을 주석란에 제시하여, 다양한 답변을 들어보며 정곡을 모색하기도 하였다.

2003년 초엽부터 번역과 주석을 시작하였으나, 그동안 몇 편의 연구논문과 동국대 출판부에서 작업한 한국불교전서 두 권의 편집교정에 시간이 다소 지체되어, 이제야 원고를 마감하게 되었다. 뒤늦게 원고를 마감하고 나니, 정년을 1년가량 남겨두고 1999년 중추절 지나 말기암으로 타계하신 고(故) 김인덕(金仁德) 지도교수님께 왜 그런지 송구한 마음이 들고, 역시 같은 중관학 분야로 학술진흥재단에서 위촉받아 연구하다 과제를 완성하지 못하고 2005년 가을에 병사한 후배 이현옥(李賢玉) 강사도 생각이 난다. 대학원 시절부터 지도교수님 연구실에서 십여 년 넘게 함께 차를 마시며 공(空)을 담론하였는데, 이제 나는 메아리 없는 공(空)의 법고(法鼓)를 울려대는가.

책의 완역에 시일이 걸려 후원한 학술진흥재단에 고마움과 미안함을 함께 느끼며, 번역연구에 추천해주신 전 학국불교학회장 권기종(權奇悰) 교수님께 감사드리고, 지체되던 역주작업에 도움을 주신 전 동국대 출판부 문기곤(文寄坤) 부장님께 고마움을 표시하고 싶다. 한차례 교정을 보아준 방경일 학부 동기에게도 감사하며, 또한 이 책의 제작에 힘써주신 소명출판 박성모 대표님과 편집부 여러분께도 감사드린다.

2008년 12월
도봉산(道峰山)이 비치는 상계(上溪) 서재에서
박상수 합장

삼론현의 하권

제1장 삼론(三論)과 삼론의 전승(傳承)

『삼론현의(三論玄義)』에서 말하는 삼론은 『중론(中論)』·『백론(百論)』·『십이문론(十二門論)』의 세 가지 논서를 말한다. 그중에서 『중론』과 『십이문론』은 인도불교 중관학(中觀學, Mādhyamika)의 시조 나가르주나(Nāgārjuna, 龍樹)의 저술이고, 『백론』은 그의 수제자인 아리야데바(Āryadeva, 提婆 또는 聖天)의 저술이다. 그리고 이 세 가지 논서는 모두 유명한 번역가로 알려진 쿠마라지바(Kumārajīva, 鳩摩羅什, 줄여서 羅什, 또는 什)에 의해 5세기 초엽에 한역(漢譯)되었다. 이 삼론의 교의(敎義)를 기본으로 하여 중국에서 성립된 불교의 일파가 삼론종(三論宗) 또는 삼론학(三論學)이다.

대략 기원 일세기 전후 인도에서 발생한 대승불교는, 『팔천송반야경(八千頌般若經)』·『금강반야경(金剛般若經)』·『십지경(十地經)』·『법화경(法

華經)』·『유마경(維摩經)』 등의 다양한 초기 대승경전들을 선보이며, 소승불교로 불리던 이전의 불교계에 일대 사상적 개혁을 제시하였다. 소승불교에서는 삼세실유법체항유(三世實有法體恒有)를 표방하여, 과거부터 현재와 미래의 삼세에 걸쳐 제법(諸法)이 실재한다고 주장하였다. 그러나 대승사상의 주축이 되는 근본이념은 『반야경』의 공(空, śūnya)사상으로서, 소승불교의 삼세실유론(三世實有論)을 전적으로 부정하고, 모든 법의 본질은 영원히 실재하는 것이 아니라 환영이나 물거품처럼 공허하다고 역설하였다. 이와 더불어 인간을 포함한 모든 존재에 불성(佛性)이 내재하여, 일체의 번뇌와 괴로움을 소멸하고 대자유의 해탈을 성취하여 성불할 수 있다는 사상도 주장하였다.

그런데 초기에 성립된 많은 대승경전의 내용은 모두 통일된 것도 아니고, 주장하는 바가 서로 다른 것도 있었다. 이러한 상황에서 최초로 자신의 대승학설을 주장하며 대승의 논서를 저술한 사람이 바로 나가르주나(150~250년경), 용수보살(龍樹菩薩)이다.

구마라집(鳩摩羅什)이 역출한 한역의 『용수보살전(龍樹菩薩傳)』에 따르면, 바라문(婆羅門) 출신의 용수는 약관의 나이에 이미 세상의 학문과 예능, 천문과 지리, 비참과 도술 등을 두루 연마하였다. 그리고는 몇 명의 친구와 함께 세상을 사는 보람을 일신의 영욕 추구에 두고, 몸이 보이지 않는 은신술(隱身術)을 써서 왕궁에 잠입하여 많은 궁녀들을 희롱하여, 마침내 궁녀들이 회임하는 사태가 발생하였다. 이 돌발적인 사태에 놀란 국왕이 책사의 도움으로 궁궐바닥에 모래를 뿌려 잠입한 용수 일행의 발자국을 발견하고, 수많은 호위병과 무사들을 풀어 무차별적으로 칼날을 휘두르게 하여 용수의 도반들은 모두 처참하게 살해되었다. 왕의 뒤에 몸을 감추어 살아남은 용수는 이에 인생의 덧없음을 절감하고, 궁궐을 벗어나자 크게 참회하며 한 불탑(佛塔) 아래서 출가하였다. 그 후 종래의 불교경론을 모두 학습하고, 다시 바다 밑 용궁(龍宮)에 사는 대용보살(大龍菩薩)의 도움으로 용궁에 가서 많은 대승경전을 열람하고, 특별히『화엄경(華嚴經)』을 가지고 지상으로 돌아와 대승불교를 널리 선양하였다고 전한다.

이상의 전기는 그야말로 전설로서 엄밀하게 사실이라 말할 수는 없으나, 이러한 전설을 통하여 어느 정도 실제적인 면모를 반영한다고 생각된다. 용수가 대승불교의 선구자일 뿐 아니라, 그 전에 소승불교를 섭렵하였다는 것과, 용궁을 탐방하여 특별히『화엄경』을 가지고 돌아왔다는 것은, 실제로 후대의 불교 전개에 많은 영향을 끼쳤다. 용수는 후대에 끼친 사상적 영향이 너무 지대하여 제2의 부처로 간주되었으며, 중관학파(中觀學派)을 비롯하여, 삼론종·천태종·화엄종·율종·정토종·진언종 등 대부분의 종파에서 시조(始祖)로 추앙되었고, 일본에서는 일본불교 전체를 가리키는 팔종(八宗)의 조사라고 일컬어졌다.

또한 저술도 매우 많아 용수는 천부논사(千部論師)라고 호칭되기도 하였다. 현재 산스크리트본은『중론』과『회쟁론(迴諍論)』서너 가지 밖에 남아있지 않지만, 한역(漢譯) 스무여 가지와 티베트역 백여 종류가 전해지고 있다. 그러나 티베트의 불교사에서는 용수가 육백 년 동안 생존하였다고 보았기 때문에 용수의 저작이 많아진 것이며, 또한 후대 다른 사람의 저술이 용수의 이름으로 포장된 것도 섞여 있다고 본다.

연구자마다 일정하지 않지만, 지금은 그중에서『중론』을 비롯한『공칠십론(空七十論)』·『육십송여리론(六十頌如理論)』·『회쟁론(迴諍論)』·『광파론(廣破論)』·『보행왕정론(寶行王正論)』·『권계왕송(勸誡王頌)』·『대승이십송론(大乘二十頌論)』·『보리자량론(菩堤資糧論)』·『인연심론송석(因緣心論頌釋)』·『십이문론(十二門論)』·『십주비바사론(十住毘婆沙論)』 등의 약 십여 가지 정도가 용수의 진찬이라 간주되고 있으며,『대지도론(大智度論)』도 일부에서는 의혹을 제기하였으나 동양에서는 대개 진찬이라 간주하고 있다.

용수의 불교사상은 아직도 다 규명하지 못하였을 정도로 광박하지만, 그 중심사상은『반야경』의 공사상과『십지경』의 화엄사상이라 볼 수 있다. 이 중에서 공사상은 자신의 대표적 저서『중론』에 응집되어 있다. 현재 존재하는『중론』은 제1「관인연품(觀因緣品)」부터 제27「관사견품(觀邪見品)」까지 27품의 게송[韻文]과 장행석[散文]으로 이루어져 있는데, 그중에서 게송 부문만이 용수의 저작이며, 산문의 해석 부문은 용수 이후 배출된 여러 중관학자들의 주석이다. 이『중론』의 주석서는 오늘날 산스크리트·한문·티베트어로 남아있는 것을 합쳐서 여섯 가지 이상이 현존하고 있지만, 이『삼론현의』에 사용되고 있는 것은 바라문(婆羅門) 출신의 청목(青目, Piṅgala)이 주석한 청목석(青目釋)의『중론』으로, 별칭하여『중관론(中觀論)』이라 부르기도 하며, 예전에는『정관론(正觀論)』이라 말하기도 하였다. 이 청목석(青目釋)『중론』이 바로 삼론종에서 연구하던 첫 번째 소의경론(所依經論)이었다. 그러나『중론』의 한역 주석서 가운데 안혜(安慧)의『대승중관석론(大乘中觀釋論)』과 청변(清弁)의『반야등론(般若燈論)』은 그 역문이 난삽하고 또한 길장 이후의 번역이라 삼론종에서 연구되지 않았고, 유식학파 무착(無着)의『순중론(順中論)』역시 후대의 번역이라 주목받지 않았다.

　『중론』과 함께 용수의 저서인『십이문론』은『중론』에서 논의하는 많은 주제 가운데, 제1 인연문(因緣門)·제2 유과무과문(有果無果門)·제3 연문(緣門)·제4 상문(相門)·제5 유상무상문(有相無相門)·제6 일이문(一異門)·제7 유무문(有無門)·제8 성문(性門)·제9 인과문(因果門)·제10 작문(作門)·제11 삼시문(三時門)·제12 생문(生門) 등의 열두 가지 주제를 추출하여 그 의미를 부연 설명한 것이다. 이 저서도 게송과 산문으로 이루어졌고, 그 게송은 거의 전부『중론』에 근거하고 있다.『십이문론』은『중론』처럼 많은 주목을 받지는 못하였으며, 지금은 오직 구마라집의 한역만 전해지고 있다.

　『백론』의 저자는 데바(Deva), 또는 제바(提婆, 170~270년경)이다. 당(唐)의 현장(玄奘)이 기록한『대당서역기(大唐西域記)』제10권에 의하면, 제바가 용수의 명성을 흠모하여 찾아가자, 용수는 제자를 시켜 아무 말 없이 발위[鉢]에 물을 가득 채워 제바에게 내밀었다고 한다. 그러자 제바는 물그릇에 바늘을 던져놓았으며, 이를 전해들은 용수는 제바의 지혜를 칭찬하며 제자로 거두었다고 한다. 그릇에 가득찬 물은 용수의 학식이 치밀함을 의미한 것이었고, 제바가 물그릇에 바늘을 던진 것은 그 궁극적인 깊이를 살피려 한 것이었다. 또한 전기에 의하면 용수에게는 이 제바 외에 용지(龍智, Nāgabodhi)라고 하는 제자가 더 있었다고 하는데, 그 생애는 명확하지 않다.

『백론』이 논의하는 내용도 『중론』과 그다지 다르지 않은데, 여기서는 공(空)의 사상을 한층 더 철저히 강조한다. 『백론』은 상하 2권의 경문과 주석으로 이루어져 있으며, 제바가 지은 경문에 바수개사(婆藪開士, Vasu)가 주석을 덧붙였다. 그 전체의 내용은 제1「사죄복품(捨罪福品)」·제2「파신품(破神品)」·제3「파일품(破一品)」·제4「파이품(破異品)」·제5「파정품(破情品)」·제6「파진품(破塵品)」·제7「파인중유과품(破因中有果品)」·제8「파인중무과품(破因中無果)」·제9「파상품(破常品)」·제10「파공품(破空品)」의 10품으로 구성되어 있다. 『백론』은 특히 파사(破邪), 곧 삿된 견해를 논파하는 것에 역점을 두어, 불교내의 다른 학설은 물론, 당시 점차로 흥기하던 인도철학의 주류인 상키야(Sāṃkhya)나 바이셰시카(Vaiśeṣika) 등 소위 불교 이외 외도들의 교리 반박에 열중하였다.

역시 구마라집이 한역한 『제바보살전(提婆菩薩傳)』에 의하면, 논쟁에 패한 외도의 제자가 제바를 흉기로 찔러 살해하였는데, 그때 남긴 제바의 유언은 다음과 같이 전해지고 있다. "제법은 원래 공하여, 살해하는 자도 없고, 살해당하는 자도 없다. 친숙한 자도 없고, 원한을 품고 미워하는 자도 없다. 그가 죽인 것은 단지 많은 업보를 살해한 것이며, 나를 죽인 것은 아니다." 그리고 가해자에게 도망갈 길을 가르쳐 주고, 제바의 제자에게 그의 뒤를 추적하는 짓을 그만두도록 만류했다고 한다. 그러나 티베트의 전승에는 이러한 기록이 보이지 않고, 일생동안 인도의 중부에서 북부와 남부에 이르기까지 용수의 사상을 선전하였다고 한다.

　제바에게는 『백론』 외에 『백자론(百字論)』·『사백론(四百論)』·『광백론(廣百論)』의 저술이 전해진다. 『사백론』은 한역되지 않았으나 티베트역이 현존하는데, 인도의 다른 저서에서 (Bodhisattvayogācāra-)Catuḥśataka-śāstrakātikā의 명칭으로 자주 언급되어 왔으며, 최근 일부의 산스크리트단편이 발견되어 공표되었다. 『광백론』은 현장의 한역으로, 각품 25게송씩 전체 8품 이백 게송으로 이루어졌으며, 대략 『사백론』의 후반 부분으로 추정된다. 『백론』과 『광백론』은 때때로 혼동되었지만, 『백론』은 대략 『사백론』이나 『광백론』의 일종의 다이제스트에 상당하는 것으로 생각되기도 한다. 이 『광백론』 등은 길장 이후에 전해져 삼론종에서 연구되지는 않았다.

　『삼론현의』에는 삼론이외에 사론(四論)이라는 말도 종종 등장하는데, 사론은 앞의 삼론에 『대지도론』을 더 추가한 것이다. 지금은 삼론이라는 말을 주로 사용하지만, 예전의 삼론학자 중에는 사론이라는 표현을 애용한 이도 하였다. 『대지도론』 역시 용수의 저술에 구마라집역으로 전해진다. 다만 일부 서구학자에 의하여 그 저자가 논란되기는 하였지만, 그 당시의 불교계는 용수의 저서로 인정하고 연구하였다. 이 저서는 원래 『마하반야바라밀경(摩訶般若波羅蜜經)』 소위 『대품반야경(大品般若經)』의 주석서이지만, 여기에는 긍정적이고 설득적인 설명이 많고 다양한 경전들의 인용과 학설이 소개되어 있어, 예로부터 불교의 백과사전으로 널리 학습되었다. 지금은 한역만 남아있고, 산스크리트본도 없고 티베트역도 존재하지 않는다.

　제바(提婆)의 법을 계승한 사람은 라후라바드라(Rāhulabhadra, 羅睺羅跋陀羅, 약칭하여 羅睺羅라고 말함)라고 전한다. 라후라의 전기는 명확하지 않지만, 무착(無着)의 『순중론(順中論)』과 진제(眞諦)가 역출한 『섭대승론석(攝

大乘論釋)』에 라후라(羅睺羅)의 게송이 일부 인용되어 있어, 그는 제바 이후 무착 이전(200~300)의 인물이라는 사실이 알려졌다. 또한 길장의 『중관론소(中觀論疏)』 제3권에서, "라후라는 용수와 같은 시대의 사람으로, 팔부(八不)를 해석하며 상락아정(常樂我淨)의 네 가지 덕으로 설명하였다"고 하였다. 따라서 라후라에게 『중론』의 주석이 있었던 것으로 추측되기도 한다.

라후라 이후 중관학파(中觀學派)의 계승은 한 동안 명확하지 않다. 다만 구마라집이 인도에서 수리야소마(須利耶蘇摩)에게 삼론을 수학하였고, 구마라집이 역출한 『중론』은 청목(青目)이 주석하였으므로, 제바의 『백론』에 주석한 바수개사(婆藪開士)를 제외하면, 인도의 초기 중관학파는 용수(龍樹) → 제바(提婆) → 라후라(羅睺羅) → 청목(青目) → 수리야소마(須利耶蘇摩) → 구마라집(鳩摩羅什)의 계보가 성립된다.

그 이후 인도의 중관파는 중기 중관학파와 후기 중관학파로 이어지며, 인도 불교가 존속할 때까지 장구한 세월 동안 계승되고 발전하였다. 중기 중관학파의 저술 대부분과 후기 중관학파의 저술들은 한역되지 않았으나, 그 대신 티베트로 전해지며 티베트불교[西藏佛敎]의 토대가 되었다. 중국에는 용수와 제바로 대표되는 초기 중관학파의 저서 대부분이 한역으로 전해지며 삼론종의 토대가 되었다. 오늘날 초기 중관학파의 저술들이 가장 많이 보존되어 있는 것은 산스크리트본이 아니라 한역본이다. 삼론종 성립 이후에도 중기 중관학파 청변의 저술과, 유식학파(唯識學派)의 학장 무착과 안혜의 중론 주석서 몇 가지가 더 한역되었다. 그러나 그 무렵 불교학의 탐구 열정은 이미 삼론종을 지나 법상종(法相宗)이나 화엄종(華嚴宗)을 향하여 치닫고 있었으며, 삼론학의 연구도 지속되지 않아 그 이전에 일단 성립된 삼론종의 교의에 별다른 변화를 가져오지는 못하였다.

중국에 불교가 전해진 것은 기원후 1세기라고 알려져 있다. 그 이후 4백 년 동안 전역시대(傳譯時代)로 구분되며, 이 시기에 원시불교 경전과 소승불교의 논서들, 그리고 초기의 대승경전 일부분이 한문으로 번역되었다. 이윽고 중국불교는 다음의 연구시대로 접어드는데, 이 시대에 뚜렷한 선을 긋는 사건은 구마라집(鳩摩羅什, Kumārajīva, 344~413)의 장안(長安; 지금의 시안[西安]) 도착이다.

구마라집은 서역의 구자국(龜玆國; 지금의 신강(新疆, 신장)지역 부근)에서 인도출신의 구마라염(鳩摩羅炎, Kumārāyaṇa)과 구자국왕의 누이 기바(耆婆, Jīva)를 부모로 출생하였다. 본래의 이름은 부모의 이름을 합하여 구마라기바(鳩摩羅耆婆), 또는 구마라지바(鳩摩羅什婆)라고 하였는데, 일반적으로 구마라집(鳩摩羅什)이라 칭한다. 구마라집은 7세의 어린 나이에 출가하여, 9세 때 모친에게 이끌려 인도의 카슈미르(罽賓, Kaśmīra)에서 원시불교를 수학하고, 일단 귀국한 뒤 사륵(沙勒) 혹은 소륵(疏勒, Kashgar)에 이르러 아비달마불교를 배우고 인도종교의 고전인 베다(Veda)를 읽었다. 그 후 다시 인도에 유학 가서 사차(莎車, Yarkand) 왕자(王子)의 아우 수리야소마(須利耶蘇摩)에게 삼론(三論)을 수학하고 서역으로 돌아왔다. 그 뒤로 대승불교에 전념하여『반야경』과 용수의 중관학 저술에 달통하여 명성이 높았다. 382년 전진(前秦)의 부견(苻堅)이 여광(呂光)을 서역에 파견하여 구자국을 정벌하고 구마라집을 동반하여 귀국하던 중 전진이 멸망하여, 구마라집도 여광이 고장(姑藏; 지금의 甘肅省 지역)에 건국한 후량(後凉)에서 십 수 년을 머물렀다. 그러다가 401년 후량을 정벌한 후진(後秦)의 요흥(姚興)왕에게 초빙되어 중국의 장안에 왔다. 구마라집은 장안에 도착하고 나서 국사(國師)의 예를 받으며 소요원(逍遙園)의 서문각(西門閣)에서 십여 년 동안 경전을 번역하여, 역경사상 현장(玄奘)에 이어 두 번째로 많이 번역하였다. 그가 역출한 경전은 승우(僧佑)가 찬술한『출삼장기집(出三藏記集)』에 따르면 35부 300권, 비장방(費長房)의『역대삼보기(歷代三寶記)』에 의하면 98부 425권에 이른다고 하였다. 그 번역들은 대부분 초기의 대승경론에 해당하며, 『반야경』·『법화경』·『유마경』이나, 삼론과 사론 등도 여기에 포함된다. 중국에서 이루어진 불경의 한역은 전후 약 팔백 년에 걸쳐서 꾸준히 진행되었지만, 구마라집의 역출은 지금도 달의적으로 대단히 훌륭한 번역으로 알려져 있다. 특히 삼론의 번역으로 인하여 인도의 중관학(中觀學)이 처음으로 중국에 이식되어, 나중에 삼론종으로 전개되는 기초가 마련되었다. 이로 인하여 구마라집은 자연히 중국 삼론종(三論宗)의 초조(初祖)가 되었다.

한편 구마라집은 장안에서 번역에 종사하였을 뿐만 아니라, 동시에 많은 제자들에게 인도의 불교를 직접 전수하여 구마라집 문하 삼천이라고 불리었다. 그중에서 승예(僧叡)·승조(僧肇)·도생(道生)·도융(道融)을 관내(關內)의 사성(四聖)이라 칭하였다. 나이가 많았던 승예는 구마라집이 역출한 『중론(中論)』과 『십이문론(十二門論)』 등 많은 번역본에 서문을 지어 남겼으며, 젊은 승조는 『조론(肇論)』을 지어 불교의 진리를 명확히 규명하였는데, 이들의 학설 일부가 함께 『삼론현의』에서 몇 차례 인용되고 있다. 또 도생은 천제성불(闡提成佛)과 돈오사상(頓悟思想)을 주장하여 후대의 불교 전개에 많은 파급을 불러일으켰다. 이 관내의 사성에 담영(曇影)·도항(道恒)·혜엄(慧嚴)·혜관(慧觀)을 더한 여덟 명을 팔준(八俊), 혹은 팔숙(八宿)이라고 칭하였다. 이들 팔숙(八宿)은 구마라집 문하 삼천 중에서 가장 뛰어난 인재들로서, 모두 삼론과 반야의 공사상 연구와 선양에 매진하였다. 담영(曇影)은 본격적인 삼론의 주석서 『중론소(中論疏)』를 저술하였으나 산일되어 전하지 않고, 혜관(慧觀)은 중국 최초로 오시교판(五時敎判)을 제창하여 이후에 등장한 여러 교판설에 지대한 영향을 끼쳤다. 그러나 도생·혜엄 등과 더불어 『열반경(涅槃經)』의 사상에도 심취한 혜관이 제창한 오시교판은, 길장에 의하여 이 『삼론현의』에서 그 타당성이 비판되어 홍미를 자극하고 있다.

구마라집 이후 삼론의 연구는 팔준(八俊)·팔준(八俊)의 제자·승랑(僧

朗)·승전(僧詮)·법랑(法朗)·길장(吉藏)에게 차례로 전승되었다. 이 전승에 대해서는 다음의 제5장 삼론학의 원류계보에서 다시 설명하기로 한다.

구마라집과 승조 등은 중국의 북지(北地)에서 삼론학을 선양하였으며, 그것이 남지(南地)에서 선전되기 시작한 것은 승랑(僧朗) 이후의 일이다. 승랑은 여러 문헌에서 보통 도랑(道朗)이라 표기되어 있으나, 지금은 대개 승랑으로 인정되고 있다. 승랑은 본래 고구려(高句麗) 요동(遼東) 출신으로 장수왕(長壽王) 때 중국 북지(北地)에서 삼론을 수학하고, 도강하여 남지에 와서 처음에는 종산(鍾山)의 초당사(草堂寺)에 거주하며 은사 주옹(周顒)에게 삼론을 가르쳤고, 주옹은 이로 인하여 『삼종론(三宗論)』을 저술하였다고 전한다. 나중에 승랑은 섭산(攝山; 지금의 江蘇省 江寧縣 동북에 위치한 명산) 서하사(棲霞寺)에 기거하며, 대승의 무소득 삼론을 가르쳤다. 그때 불심천자(佛心天子) 양무제(梁武帝)는 승랑의 명성을 전해 듣고, 천감(天監) 11년(512) 열 명의 뛰어난 학승을 파견하여 승랑에게 삼론을 수학하게 하였으나, 오직 승전(僧詮)만 학업에 성공하였다고 한다.

길장의 삼론 주석서에는 '섭령홍황상승(攝嶺興皇相承)'이라는 표현이 자주 등장한다. 이것은 길장이 주장하는 많은 삼론학설이 원래 섭산(攝山)의 승랑에서 시작되어, 그 이후 승전을 거쳐 길장의 스승인 홍황(興皇) 법랑(法朗)에게 서로 전승된 것임을 말하는 것이다. 길장이 『삼론현의』와 삼론 주석서에서 주장하는 여러 가지 삼론학설은 사실 이렇게 승랑으로부터 전승된 것이 적지 않다. 학계에서는 삼론종을 고삼론(古三論)과 신삼론(新三論)으로 구분하는 일이 있는데, 제기된 몇 가지 견해 중에서 구마라집을 고삼론의 시조로 보고, 승랑(僧朗)을 신삼론의 시조로 보는 견해가 가장 타당하다고 여겨진다.

승전(僧詮)은 승랑에게 삼론을 수학하고, 역시 섭산(攝山)의 지관사(止觀寺)에 머무르며 『이제장(二諦章)』을 저술하였으나 이미 산일하였다. 승전의 문하에는 사우(四友)라 칭하는 홍황사(興皇寺) 법랑(法朗), 서하사(棲霞寺) 혜포(慧布), 장간사(長干寺) 혜변(慧辯), 선중사(禪衆寺) 혜용(慧勇)이 있었는데, 그중에서 가장 저명한 이는 흥황 법랑이었다.

법랑(法朗, 507~581)은 출가하여 처음에 『성실론(成實論)』과 아비달마, 선(禪)과 율(律)을 배우고, 나중에 승전에게 삼론을 수학하였다. 진(陳) 무제(武帝) 때 칙명으로 흥황사(興皇寺)에 거주하였으며, 삼론 내지 사론을 강의할 때면 청중들이 항상 천명에 달하였다고 한다. 법랑의 문하 중에서 뛰어난 제자들을 25철(哲)이라 칭하였으며, 『삼론현의』 저자 길장은 그 가운데 한 명이었다.

제2장 『삼론현의』 저자와 그 저술

1. 저자의 생애

이제 『삼론현의』의 저자 길장(吉藏)의 전기를 『속고승전(續高僧傳)』에 의거하여 살펴보기로 한다. 이 전기는 길장의 후배에 해당하는 도선(道宣, 596~667)이 지은 『속고승전(續高僧傳)』 제11권(『대정장』 50권, 513下)에 상세히 기록되어 있는데, 도선은 그 생애의 전반기가 길장의 후반기와 중복되는 만큼, 도선의 이 기록은 다소의 오류를 내포하고 있음에도 불구하고 전체적으로 가장 신뢰할 수 있는 것으로 알려져 있다.

길장의 성씨는 안(安)으로, 그의 선조는 안식(安息)의 사람이라고 하였으며, 조부 때에 원수를 피하여 중국으로 이주하였다고 한다. 안식은 오늘날 서남아시아의 파르티아로 알려져 있으며, 그 때문에 길장에게는 이란민족의 피가 흐르고 있고, 그 용모에도 서역인 같은 모습이 남아있었다고 한다. 중국의 전국시대 동안, 길장의 조부는 남해의 해로를 경유하여 교주(交州, 베트남 하노이 지역)와 광주(廣州) 사이, 곧 광동(廣東)과 광서(廣西) 지역 및 안남(安南)의 변경 양자강 남부로 이주하였고, 길장이 태어날 무렵에는 금릉(金陵) 곧 지금의 남경(南京)으로 거처를 옮기었다. 길장의 집안은 대대로 불교에 귀의하였으며, 그의 아버지는 출가하여 도량(道諒)이라 이름하고 항상 탁발하며 열심히 법을 설하였다.

위대한 역경승 구마라집 이후 진제(眞諦, Paramārtha, 499~569)가 중국에 건너왔다. 진제도 뛰어난 번역가의 한 사람으로 명성이 높지만, 여기서 특별히 주목해야 할 점은 『삼론현의』의 저자 길장의 이름은 바로 이 진제가 지어준 것이라는 사실이다. 그 시기에 대하여, 길장의 아버지가 태청(太淸) 2년(548) 처음 금릉에 체류한 진제삼장을 만나서 길장이란 이름을 부여받았다는 설에 의하면, 길장이 갓 태어난 때에 해당한다. 그러나 진제가 두 번째 금릉에 왔던 승성(承聖) 원년(552)부터 그 삼년(554)이라고 보는 설에 따르면, 길장의 나이 5세 전후가 되기도 한다. 그 후 그의 아버지는 길장을 데리고 흥황사(興皇寺)의 법랑(法朗, 507~581; 고승전에는 도랑(道朗)이라 되어 있으나 이것은 법랑의 誤記임)의 강설을 들었는데, 그 감화에 의하여 7세 또는 11세에 출가한 길장은 유년 소년시대에 이미 불교에 깊이 통하였다. 길장의 스승 법랑은 많은 제자를 양성했지만, 길장은 법랑의 천여 명의 청중 중에서도 유달리 재능이 뛰어나, 19세에 대중들 앞에서 강의를 했다고 한다. 그 후 구족계를 받고 법랑이 입적할 때까지 그 문하에서 거주하였다.

그 후 진(陳)의 계양왕(桂陽王)이 길장의 풍채를 흠모하여, 수나라(隋, 581~618)가 천하를 통일하기 조금 전에 절강성(浙江省) 소흥부(紹興府) 회계(會稽)에 있는 가상사(嘉祥寺)에 들어가게 되었으며, 스스로 배우는 동시에 사람들을 교화하였다. 이것은 길장이 사십대 전후에 걸친 시기였다. 그 뒤에 수(隋)가 강남의 진(陳)을 멸망시킨 개황(開皇) 9년(589) 무렵, 길장은 여전히 가상사에 머물고 있었기 때문에, 이로 인하여 길장은 가상대사(嘉祥大師)라고 불리게 되었다. 그 당시 대사라는 명칭은 가장 존경받는 호칭이었다. 지금도 길장의 저서를 읽어보면 대단히 많은 경전과 문헌이 모집되어 인용되고 있어, 사실 그의 저술에는 주인굉광(注引宏廣) 또는 박수광인(博收廣引)이라는 표현이 잘 들어맞는다. 길장은 진(陳)이 망하고 수(隋)가 흥하는 동안 도속(道俗)이 성읍을 버리고 도주하자, 휘하의 소속을 거느리고 여러 사찰을 돌아다니며 많은 문소(文疏)를 수집하여 삼간(三間)의 당내(堂內)에 보관하였다. 전란이 평정되자 그것을 살펴보았기 때문에, 그 학식이 증장하는 것이 길장을 능가하는 이가 없게 되었다. 그의 저술에 주석과 인용이 굉박한 것은 모두 이 일로 말미암은 것이라 추정되고 있다.

나중에 수나라 양제(煬帝)가 된 진왕(晉王) 광(廣)은 태자 시절에 양주(揚州)의 혜일사(慧日寺), 장안(長安)의 일엄사(日嚴寺), 청선사(淸禪寺), 향태사(香台寺) 네 개의 도량을 설치하였는데, 즉위 후 곧바로 양주(揚州)의 혜일도량(慧日道場)에 명성이 높은 길장을 초빙하였다. 『삼론현의』의 제서(題署)에 '혜일도량사문길장봉명찬(慧日道場沙門吉藏奉命撰)'이라고 되어 있기 때문에, 이 저서는 여기에서 이루어졌을 것이다(다만 이 저서의 인용문 등으로 미루어보아, 현존하는 텍스트는 여기에서 이루어진 『삼론현의』에 길장 자신이 나중에 몇 번의 가필을 하였을 것이라는 추측도 있다). 그 연대에 대해서는 여러 가지 설이 있지만, 길장이 혜일도량에 거주한 것은 길장의 나이 50세 전이었을 것이라고 전해지고 있다. 589년 수나라가 천하를 통일하고 수양제가 장안으로 입성하자, 다시 장안에 있는 일엄사(日嚴寺)에 초빙된 길장은 여기에서 광범위한 경론들을 강설하여 제자에게 가르치고, 또한 많은 저술을 지었다.

이렇게 하여 가상대사(嘉祥大師) 길장(吉藏, 549~623)은 수나라 초기에, 정영사(淨影寺)의 혜원(慧遠, 523~592)과 천태대사(天台大師) 지의(智顗, 538~597)와 더불어 소위 수(隋)의 삼대법사라고 불리게 되었다. 불교 개론적으로 말하자면 혜원은 지론종(地論宗), 지의는 천태종(天台宗), 길장은 삼론종(三論宗)의 완성자이다. 이들은 서로 경쟁자의 관계에 있지는 않았으나, 모두 중국불교사상 주목할 만한 걸출한 사상들을 창안하고 확립하였다.

　길장의 전기 중에서 특히 유명한 일화의 하나는, 수양제의 둘째 아들 곧 수의 제왕(齊王) 간(暕)이 개최한 토론회에서 일어난 사건이었다. 이 회합에는 60여명의 명사가 모여 토론을 하고 있었는데, 그 무렵 장안에서 이름을 떨치던 영언(英彦)이나 전덕충(傳德充)은 오로지 길장의 학식에 감탄하였다고 한다. 최후에 길장은, 제(齊)·진(陳)·주(周) 삼대(三代)의 존경을 받아 스스로 삼국논사(三國論師)라고 일컫던 승걸(僧桀, 529~613)과 토론하였는데, 승걸의 웅변은 하천이 경도될 지경이고 토하는 언변은 뿔을 꺾을 정도였으나, 40여 번의 문답이 오고가며 이틀에 걸친 토론 끝에 길장은 마침내 그를 논파하였다. 이에 왕은 길장에게 귀의하여 길상한 불자(拂子)와 많은 옷감 등을 시여하였고, 대중들은 분분히 길장에게 보시하고 공양하였다. 이 일은 같은 『속고승전』 승걸의 전기(대정장 50권, 500下)에 의하면, 대업(大業) 오년(609) 곧 길장의 나이 61세 때의 일이었다.

　이윽고 수나라가 당으로 바뀔 무렵, 대업(大業) 초년(605)부터 길장은 그에게 바쳐진 보시와 공양의 재화로 불사(佛事)를 일으키며, 『법화경』 이천 부를 사경하고, 25존 불상을 조성하여 방(房)에 안치하고 조석으로 예참하였다. 또 보현보살상(普賢菩薩像)을 설치하고, 이를 마주하여 좌선하며 중도실상(中道實相)의 이치를 관하였다.

　당나라 시대가 되어 당(唐) 고조(高祖)가 무덕(武德) 초기에 불교를 보호하고 열 명의 대덕을 초빙할 때도 길장은 그 가운데 한 명으로 선발되었으며, 말년에는 태종(太宗) 문무(文武) 황제의 아우 제왕(齊王) 원길(元吉)의 요청을 수용하여 연흥사(延興寺)에 머물렀다. 이렇게 길장이 진(陣)·수(隋)·당(唐) 삼대의 왕실로부터 귀의 받고 존숭하게 우대 받은 사실은, 그의 학덕이 일세에 빼어난 것을 보여주는 것이다. 길장은 그 뒤 오래 되지 않아 기력이 쇠하여 병에 쓰러져 칙령으로 귀한 약을 하사받았으나, 스스로 치유하기 어려움을 알고 제왕에게 사표를 올렸다. 그리고는 청단(淸旦)에 목욕하고 정갈한 옷으로 갈아입고, 시자에게 향을 사르고 부처님 명호를 칭하게 하여, 제(齋)를 올릴 때가 되자 암연히 천화하였다. 그때가 무덕(武德) 6년(623) 5월, 춘추 75세로 서거하였다. 이에 칙령으로 위로하는 부의를 올리고, 남산에서 석감(石龕)을 찾아 안치하고, 동궁(東宮)이하 여러 왕공(王公)들이 글로 치사하여 조문하고 금전과 비단을 기증하였다. 금상황제 태종은 처음 진왕(秦王)이었을 때부터 길장을 숭배하였기 때문에 조문하는 글을 바쳐 위로하였다.

길장은 목숨을 마칠 때에 사불외론(死不畏論)을 지었으며, 필(筆)을 뗄 구자 임종하였다. 그 글귀에서 이르되, "대략 십문(十門)을 거론하여 스스로 위로하노라. 대저 함치(含齒) 대발(戴髮)하여 삶을 좋아하고 죽음을 두려워하지 않음이 없는 것은, 체달하지 못하였기 때문이라. 그 죽음은 삶으로 인하여 찾아오니, 마땅히 태어남을 두려워해야 하리라. 내가 만약 태어나지 않았다면, 무엇 때문에 죽음이 있으리. 그 처음의 탄생을 보노라면, 곧 마지막의 죽음을 알 것이다. 마땅히 태어남을 슬퍼할 것이며, 죽음을 두려워하지 말지니라"라고 하였다.

2. 저술

길장의 저술은 삼론학에만 제한되지 않고 불교학의 여러 분야에 걸쳐서 저술되었다. 전기를 찾아보면, 길장이 많은 경론 중에서도 특히 애호한 것은 삼론과 『법화경』으로, 전기에는 삼론을 강론한 것이 백여 편, 『법화경』은 삼백여 편[원(元)과 명(明)의 판본에 의하면 30여 편]에 이르며, 『대품반야경』·『대지도론』·『화엄경』·『유마경』 등은 각각 수십 편이라고 한다. 그 저술도 여러 종류의 관련 자료에 열거되어 있는 것을 합하면 모두 50여 종에 이른다. 그중에는 이미 유실된 것도 있고, 진위(眞僞)가 결정되지 않은 것도 있다. 현존하는 것은 26부 120권이 있으며, 이것들은 대장경이나 속장경에 이미 모아져 있다.

그러나 1236~1251년 고려시대에 제작된 『고려대장경(高麗大藏經)』에
는 대장경을 제작할 무렵 무슨 사연이 있었는지, 길장의 삼론학 분야를
비롯하여 길장의 저술이 모두 누락되어 수록되지 않았다. 그 뿐만 아니
라 또한 삼국시대에 저술된 원효(元曉)나 원측(圓測)의 삼론학 분야 저술
도 역시 수록되지 않았다. 여하튼 길장의 저서들을 순서에 따라서 열거
하는데, 1927년 일본에서 편찬된 『대정신수대장경(大正新修大藏經)』과
1983년 타이베이(臺灣)에서 복간된 『만속장경(卍續藏經)』에 수록되어 있
는 것은 그 권수를 표시하면 다음과 같다.

① 『화엄경유의(華嚴經遊意)』 1권(『대정장』 35권, 『卍續藏』 1-3-5)
② 『정명현론(淨名玄論)』 8권(『대정장』 38권, 『卍續藏』 1-28-5)
③ 『유마경유의(維摩經遊意)』 1권(『維摩經義疏』의 1권과 같음)
④ 『유마경의소(維摩經義疏)』 6권(『대정장』 38권, 『卍續藏』 1-29-1)
⑤ 『유마경약소(維摩經略疏)』 5권(『卍續藏』 1-29-2)
⑥ 『승만보굴(勝鬘寶窟)』 6권(『대정장』 37권, 『卍續藏』 1-30-3)
⑦ 『금광명경소(金光明經疏)』 1권(『대정장』 39권, 『卍續藏』 1-30-5)
⑧ 『무량수경의소(無量壽經義疏)』 1권(『대정장』 37권, 『卍續藏』 1-32-2)
⑨ 『관무량수경의소(觀無量壽經義疏)』 1권(『대정장』 37권, 『卍續藏』 1-32-4)
⑩ 『미륵경유의(彌勒經遊意)』 1권(『대정장』 38권, 『卍續藏』 1-35-4)
⑪ 『대품경유의(大品經遊意)』 1권(『대정장』 33권, 『卍續藏』 1-38-1)
⑫ 『대품경의소(大品經義疏)』 10권(『卍續藏』 1-38-1, 2)
⑬ 『금강경의소(金剛經義疏)』 4권(『대정장』 33권, 『卍續藏』 1-38-3)
⑭ 『인왕경소(仁王經疏)』 6권(『대정장』 33권, 『卍續藏』 1-40-3)
⑮ 『법화현론(法華玄論)』 10권(『대정장』 34권, 『卍續藏』 1-42-3)
⑯ 『법화유의(法華遊意)』 2권 또는 1권(『대정장』 34권, 『卍續藏』 1-42-4)
⑰ 『법화의소(法華義疏)』 12권(『대정장』 34권, 『卍續藏』 1-42-4, 5)
⑱ 『법화경통략(法華經統略)』 6권(『卍續藏』 1-43-1)
⑲ 『열반경유의(涅槃經遊意)』 1권(『대정장』 38권, 『卍續藏』 1-56-2)
⑳ 『법화론소(法華論疏)』 3권(『대정장』 40권, 『卍續藏』 1-74-2)

㉑『삼론현의(三論玄義)』2권 또는 1권(『대정장』 45권, 『卍續藏』 1-73-3)

㉒『중관론소(中觀論疏)』 20권 또는 10권(『대정장』 42권, 『卍續藏』 1-73-3, 4)

㉓『백론소(百論疏)』 9권 또는 3권(『대정장』 42권, 『卍續藏』 1-87-2)

㉔『십이문론소(十二門論疏)』 6권 또는 3권(『대정장』 42권, 『卍續藏』 1-73-5)

㉕『이제장(二諦章)』, 『이제의(二諦義)』 3권(『대정장』 45권, 『卍續藏』 2-2-3)

㉖『대승현론(大乘玄論)』 5권(『대정장』 45권, 『卍續藏』 2-2-4)

이 저서들의 저작연대나 순서는 몇 종류를 제외하고 거의 알지 못한다. 저작연대가 명기된 것은 두 가지뿐이다. ⑫『대품경의소(大品經義疏)』는 개황(開皇) 15년(595) 정월 20일, ㉔『십이문론소(十二門論疏)』는 대업(大業) 4년(606) 6월 27일로 되어 있어, 전서는 길장의 나이 47세 때의 저작이고, 후서는 60세 때의 저작임을 말해주고 있다. 길장의 연령으로 미루어보면, 년대가 명확하지 않은 저작의 대부분은 이 범위를 그다지 벗어나지 않는 기간에 저술되었을 것으로 추정된다. ㉓『백론소(百論疏)』 벽두의 설명을 보면, 길장이 대업 4년 60세에 이 주석서를 재차 수정한 것을 알 수 있고, ㉒『중관론소(中觀論疏)』에는 '大業四年 更作一勢釋之'라는 말이 있어, 이 주석서가 606년 전후에 저작되었음을 시사한다. 따라서 이들 삼론의 주석서는 모두 길장이 장안에 거주한 이후에 저술되었다.

㉑『삼론현의(三論玄義)』는 그 제서(題署)에 '慧日道場沙門吉藏奉命撰'이라 하였기 때문에, 이 저서는 길장이 양주(揚州)에 머물 때 찬술한 것을 알 수 있다. 그 밖에 ①『화엄경유의(華嚴經遊意)』와 ⑥『승만보굴(勝鬘寶窟)』에도 이와 비슷하게 '慧日道場沙門釋吉藏撰'이라 하였기 때문에, 이들도 역시 같은 시기에 저술되었다고 볼 수 있다.

이 중에서 ⑧『무량수경의소(無量壽經義疏)』 1권, ⑩『미륵경유의(彌勒經遊意)』 1권, ⑪『대품경유의(大品經遊意)』 1권, ㉖『대승현론(大乘玄論)』 5권은 그 진위가 의심되기도 한다. 또 ㉑『삼론현의』부터 ㉖『대승현론』까지의 여섯 가지는 삼론학 분야에 해당하는 저작이다.

제3장 『삼론현의』 내용 개관

『삼론현의』에 표현된 삼론(三論)은 용수의 『중론』과 『십이문론』 및 제바의 『백론』을 말하고, 현의(玄義)는 '심오한 의의(意義)'라는 정도의 의미이다. 그러므로 그것은 용수와 제바가 저술한 세 가지 논서의 근본적 취지가 될 것이며, 이 점에서 중관학(中觀學)의 입문서 혹은 개론서가 된다. 동시에 그것은 또한 인도의 중관학을 계승한 중국 삼론종의 기본적 교의(敎義), 곧 삼론학의 개론서라고도 말할 수 있다. 단지 여기에서 말하는 종(宗)은 후대의 불교에서 말하는 종파들과는 달리 학파 정도의 의미를 갖고 있다. 그러한 의미에서 역주자는 불교의 여러 종파를 나타내는 경우, 가급적 종(宗)이라는 말을 사용하기보다 학파적인 말로 표현하였다.

길장의 다른 저술들이 체계적인 논의를 선호한 것처럼, 『삼론현의』도 치밀하게 논리적인 구성으로 전개되었다. 본서에서도 그것을 될 수 있는 한 명료하게 부각시키기 위해 편(篇)·장(章)·절(節)로 나누고, 다시 1·2·3 등으로 상세하게 분류하였다. 여기서 구분한 편·장·절의 제목들은 모두가 『삼론현의』의 본문에 표현된 문구(文句)를 그대로 사용하는 전통에 따른 것이다. 현대의 일·중의 역주서들도 제목은 대부분 본문의 문구를 그대로 차용하고 있다. 다만 우리의 경우 한글을 중시하기 때문에, 그 제목들의 의미를 풀이한 뒤에 원래의 한문 문구를 병기하기도 하였다. 먼저 전체적인 목차의 구조를 대부분 본문의 문구 그대로 표현하고, 그 다음 그 주요 내용을 대략적으로 설명하기로 한다.

목차와 관련하여 한 가지 지적하자면, 『삼론현의』 전체는 제1편 통서대귀(通序大歸)와 제2편 별석중품(別釋衆品)으로 나누어진다. 다만 이 구분이 본문에 명료하게 제시되지 않아, 나중에 저술된 『삼론현의』의 주석서에 따라서 세 가지로 구별되었고, 그 후 일본에서 간행된 역주서들은 대개 이 가운데 어느 하나를 추종하여 구분하고 있다. 한편 중국의 판본 금릉각경처본(金陵閣經處本)과 만속장경본(卍續藏經本)은 모두 '차명경론상자(次明經論相資)' 이후를 하권 곧 제2편으로 분류하였다. 본 역주서는 상하가 구분된 금릉각경처본과 존우(存祐)의 『과주삼론현의(科註三論玄義)』에 따라 목차를 구분하여, '차명경론상자(次明經論相資)' 이후를 하권의 제2편으로 설정하였다. 이에 대한 설명은 상권 마지막의 보충설명을 참조하기 바란다.

1. 『삼론현의』 전체 구조

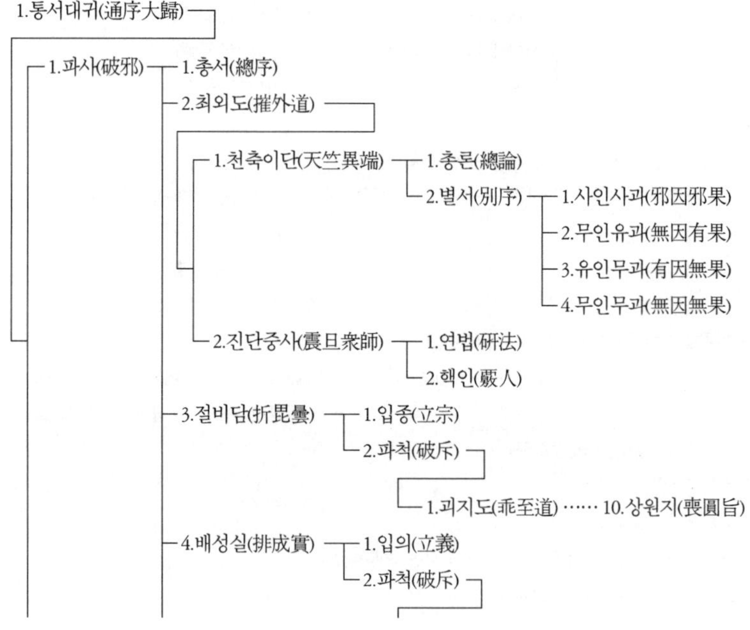

└─1.구서증(舊序證)······10.검세인(檢世人)

5. 가대집(呵大執) ┬ 1.입종(立宗)
                  └ 2.파척(破斥) ┬ 1.문답분별(問答分別)
                                 ├ 2.전책오시(前責五時) ┬ 1.총난(總難)
                                 │   └ 2.별책(別責)
                                 └ 3.차난이제(次難二諦)

2.현정(顯正) ┬ 1.서언(序言)
             ├ 2.일명인정(一明人正)
             ├ 3.차현법정(次顯法正)
             └ 4.삼종정(三種正)

2.별석중품(別釋衆品) ┐

├ 1.경론상자(經論相資)
├ 2.경론능소교락(經論能所絞絡) ┬ 1.경능논소(經能論所) ─ 2.경소논능(經所論能)
│   └ 3.논능경소(論能經所) ─ 4.논소경능(論所經能)
├ 3.조론연기(造論緣起) ┬ 1.총설(總說) ─────── 2.이부(二部)분열
│   ├ 3.대중부(大衆部)분열 ─ 4.상좌부(上座部)분열
│   ├ 5.이세오사(異世五師) ─ 동세오사(同世五師)
│   └ 6.오백부(五百部) ───── 7.조론파미(造論破迷)
├ 4.제부통별의(諸部通別義) ┬ 1.통론(通論)
│   └ 2.별론(別論)
├ 5.중론입명부동(衆論立名不同) ┬ 1.삼종입명(三種立名) ┬ 1.종법입명(從法立名)
│   │   ├ 2.종인입명(從喩立名)
│   │   └ 3.종유입명(從喩立名)
│   └ 2.사론입명(四論立名)
├ 6.중론지귀(衆論旨歸) ┬ 1.총설(總說)
│   └ 2.사종차별(四宗差別) ┬ 1.대지도론(大智度論) ─ 2.중론(中論)
│   └ 3.백론(百論) ─── 4.십이문론(十二門論)
├ 7.사론파신부동(四論破申不同)
├ 8.별석삼론(別釋三論)
├ 9.삼론통별(三論通別)
├ 10.사론용가부동(四論用假不同) ── 1.사종가(四種假)
└ 11.사론대연부동(四論對緣不同)

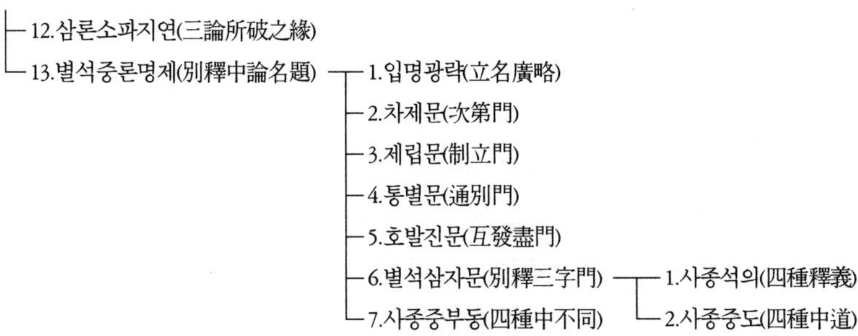

2. 『삼론현의』 내용 개관

1) 통서대귀(通序大歸)

통괄적으로 근본 취지를 서술하는 통서대귀(通序大歸)는 총론으로서, 제1장「파사(破邪)」와 제2장「현정(顯正)」으로 구별된다. 파사현정(破邪顯正)이란, 대개 삿된 견해[邪見]를 파척하여 비판하고, 바른 견해[正見]를 나타내어 취하는 것을 의미한다. 삼론학에서는 특히 파사가 그대로 현정으로, 파사 외에 따로 현정이 없다고 역설한다. 그러나 여기서는 일단 그것을 둘로 구분하여, 양쪽의 내용을 상세히 설명하고 있다.

　　제1장 파사(破邪)
　　제1절 서언 : 먼저 파사(破邪)의 경우, 불교 내외의 삿된 견해를 파척하고, 그 삿된 견해를 그치게 하기 위하여 삼론이 저술된 근거 등을 설명한다. 그 파척하는 대상으로서 길장의 삼론학 이전에 흥기하였던 인도와 중국의 외도와 잘못된 불교사상을 네 가지로 망라하여 비판한다. 어느 경우도 먼저 각각의 논지를 요약하여 제시하고, 그 다음에 그것을 비판하는 자세를 취하였다.
　　제2절 외도에 대한 비판[摧外道] : 첫째로 인도사상 및 중국사상에 대하여

비판한다. 먼저 인과(因果)에 대하여 원인과 결과가 있다거나 없다고
분분하게 논의한 인도 외도들의 주장을 유인무과(有因無果), 무인유
과(無因有果) 등 네 가지로 분류하여 비판한다. 여기에서 고대인도의
바라문(婆羅門) 종교, 육사외도(六師外道)와 자이나교, 육파 철학의
수론(數論)과 승론(勝論) 등이 포괄적으로 비판된다. 그 다음 중국의
사상으로서 도교(道敎)의 노자(老子)와 장자(莊子), 유교(儒敎)의 공자
(孔子)가 편집한 주역(周易) 등 이른 바 삼현(三玄)의 학설을 비판하
는데, 먼저 불교와 유교, 도교, 삼교(三敎)의 법을 비교하고, 그 다음
삼교 교조의 출신성분과 인물됨을 비교한다. 특히 중국의 삼현을 비
판하면서 중국의 도교와 유교의 사상이 불교에 미치지 못한다고 열거
한 여섯 가지 설명은, 오늘날에도 흥미로운 견해로서 주목을 끈다.

제3절 아비달마에 대한 비판[折毘曇] : 둘째로 소승불교(小乘佛敎)로 대변되
는 아비달마(Abhidharma, 阿毘曇)의 교학을 비판한다. 소승불교의 논
서들은 그 무렵 대부분 이미 한역되어 아비달마불교의 학습 열기가
한창이었는데, 이러한 때에 삼론종에서 아비달마 소승의 학설이 대승
에 비하여 열등하다고 주장한 것이다. 그것은 소승불교의 핵심교리에
해당하는 삼세실유(三世實有)의 주장을, ① 지극한 도리에 어긋남[乖
至道] (…중략…) ⑩ 원만한 종지를 상실함[喪圓旨]의 열 가지 논거를
들어 비판한 것이다. 이렇게 북방불교권에서 소승불교를 비판한 것은
실로 이 삼론종의 성과라고 보아야 하며, 여기에 예전부터 이 저서가
중시되는 이유가 있다고 말해지기도 한다.

제4절 『성실론(成實論)』에 대한 비판[排成實] : 셋째로 아비달마불교와 더불
어 당시에 유행하던 『성실론』은 대승이 아니라는 주장을, ① 예전의
서문에 의거하여 증명함[舊序證] (…중략…) ⑩ 세상 사람들의 견해를
검증함[檢世人]의 열 가지 근거를 들어 비판한 것이다. 『성실론』은
삼론과 더불어 구마라집이 역출한 이래 그 문하에서 학습되어, 승도
(僧導)와 승숭(僧嵩) 두 계통에서 성실학파(成實學派)가 발생하였다.
특히 중국의 남지(南地)에서 성행한 성실학파(成實學派)의 교의는 길
장이 소승이라고 판단하기 전까지 대승과 소승에 걸치는 것으로 알려
져 있었지만, 길장은 본론에서 대승이 아니라는 판단을 내렸다. 실제

로는 신삼론(新三論)의 시조 승랑(僧朗) 때부터 성실론은 대승이 못된
다고 비판되던 것이, 승전(僧詮)과 법랑(法朗)을 거쳐 길장의 저서에
서 소승과 크게 다를 바가 없다고 자세하게 명시된 것이라 볼 수 있
다. 이러한 비판은 지금도 대부분 타당한 것으로 인정되고 있다.

제5절 대승의 집착에 대한 비판[呵大執] : 넷째로 중국의 대승불교가 잘못
이해하는 점을 교판설(敎判說)과 이제설(二諦說)의 두 분야에 관하여
비판한다. 교판설은 그 이후 중국에서 제창된 여러 가지 교판설에 지
대한 영향을 끼친 혜관(慧觀)의 오시교판(五時敎判)을 선택하여 비판
하는데, 불교의 진실한 관점에서 바라본다면 그러한 단계적인 차례의
수립은 무의미하다고 평가한다. 한편 성실학파의 지장(智藏)과 승작
(僧綽)이 속제(俗諦)와 진제(眞諦)의 이제(二諦)의 본체는 같다거나 다
르다고 주장하였는데, 이들의 주장은 모두 진실한 이제의 불일불이
(不一不異)에 도달하지 못하였다고 비판한다. 하권까지 포함하여 고
찰하면, 길장은 중국 초기에 대승으로 간주되던 성실사(成實師)부터
대승학파의 지론사(地論師)와 섭론사(攝論師) 등을 두루 비판한 것을
알 수 있다.

제2장 현정(顯正)

제1절 서언 : 그 다음 현정(顯正)에서는 앞의 파사에서 비판한 불교 내외의
네 종파가 주체가 되어, 이번에는 역으로 비난하는 삼론 저자의 정통
성과 그 가르침의 정법에 대하여 삼론학의 입장에서 해명하고 있다.

제2절 사람이 바름[人正]을 해명함 : 먼저 삼론 가운데 『중론』을 저술한 용수
(龍樹)의 정통성을 설명하면서, 용수는 이미 『능가경(楞伽經)』과 『마
야경(摩耶經)』에서 설해진 부처님의 예언에 의하여 세상에 출세한 보
살이라고 입증한다.

제3절 법이 바름[法正]을 나타냄 : 삼론의 가르침이 정리(正理)와 정관(正觀)
임을 해명하고, 또한 파사와 현정, 부정과 긍정, 삿됨과 바름 등에 대
하여 상세하게 문답한다. 이 법정(法正)에서는, 삼론의 가르침이 공
(空)에 편중되어 궁극적인 것이 못 된다는 반론에 대하여 해명한다.
우선 사람이 그 심정을 불교의 내부와 외부 및 소승과 대승에 기탁하
면, 정리를 상실하고 정관을 발생하지 못하여 영원히 윤회하는 괴로

움을 받게 된다고 한다. 그러나 그 심정을 내외와 대소에 두지 않으면, 정리를 깨닫고 정관을 발생하여 윤회하는 괴로움의 수레바퀴가 멈춘다고 하며, 이것이 삼론의 큰 의미 큰 종지라고 한다. 이어 삼론에서 표방하는 정관을 해명한다.

제4절 논서의 제명(題名)에 의거하여 바름을 나타냄: 『중관론』의 별칭인 『정관론(正觀論)』이라는 제명에 의하여 바름을 설명하되, 그것을 일정(一正) 내지 삼정(三正)에 의하여 논의한다. 그중에서 체정(体正)과 용정(用正)의 이정(二正)에서 말하기를, 제법의 실상은 언망려절(言忘慮絶)이며, 본래 사구(四句)를 초월하고 백비(百非)를 단절하여 진(眞)도 아니고 속(俗)도 아니라, 이에 가명으로 체정(体正)이라 한다. 그리고 언어와 명칭을 단절하여 있는 것도 아니고 없는 것도 아닌 그것을 깨닫게 하기 위하여, 진제와 속제의 이제를 설하는 것을 용정(用正)이라 한다. 삼론학에서는 이 이제가 곧 중도를 표현하는 수단이 되며, 용수의 저서가 설하는 바는 바로 여기로 귀결된다고 한다.

제2편 별석중품(別釋衆品)

개별적으로 여러 품을 해석하는 별석중품(別釋衆品)은 각론으로서, 다음의 13장으로 이루어진다.

제1장 경전과 논서가 서로 보조하는 관계[經論相資] : 경전도 논서도 모두 중생의 미혹을 소멸하기 위해 설해진 바, 그 경전과 논서가 서로 보조하는 관계를 설명한다.

제2장 경전과 논서가 능동적 수동적으로 교착하는 관계[經論能所絞絡] : 경전과 논서가 서로 능동적 수동적으로 교착하는 관계에 놓여 있는 네 가지 형태에 대하여 해명한다.

제3장 논서를 지은 연기[造論緣起] : 이 장에서 다루는 것은 일종의 인도불교사(印度佛教史)로서, 특히 소승불교 20부파들이 분열하게 된 역사를 상세하게 설명하고, 마침내 삼론이 저술되어 출현하게 된 배경에 이른다. 다만 여기서는 진제(眞諦)가 한역한 『부집이론(部執異論)』과 진제가 주석한 『부집이론소(部執異論疏)』가 자료로 사용되고 있어, 현재의 불교사 연구의 성과와 반드시 일치하지는 않는다. 그러나 진

제의 『부집이론소(部執異論疏)』는 오래 전에 산실되었기 때문에, 여기에 소개되는 길장의 설명은 귀중한 자료적 가치를 갖고 있다.

방편을 설명하고, 『중론』은 이제(二諦), 『백론』은 이지(二智), 『십이문론』은 경지(境智)를 종지로 한다는 것을 밝힌다. 이 가운데 『중론』의 이제(二諦)는 불법(佛法)의 근본이며, 여래의 자신을 위한 수행과 타인을 교화하는 것도 모두 이제에 의거하는 바, 이제야말로 제법의 실상(實相)이며, 이제가 그대로 중도(中道)라고 선언한다.

제7장 사론의 파사와 현정이 같지 않음[四論破申不同] : 사론의 각각에서 파사와 현정이 어떻게 같지 않은가에 대하여 서술한다.

제8장 삼론(三論)의 별석(別釋) : 사론을 채용하지 않고 삼론을 취하는 여덟 가지 이유를 열거한다.

제9장 삼론(三論)의 통별(通別) : 『대지도론』은 별론(別論)이지만, 『백론』은 통론(通論)의 광(廣), 『중론』은 통론의 차(次), 『십이문론』은 통론의 약(略)이라 판별한다. 말하자면 사론 각각이 독자적으로 존재하는 이유를 설명한다.

제10장 사론의 교화 수단이 같지 않음[四論用假不同] : 사론의 교화하는 수단이 동일하지 않다는 것을, 네 가지 이유를 들어 설명한다.

제11장 사론의 대연(對緣)이 같지 않음[四論對緣不同] : 사론이 상대하는 반연, 곧 상대의 측면에서 사론의 저작 동기와 각각의 차이를 논의한다.

제12장 삼론이 파척하는 연고[三論所破之緣] : 삼론이 비판하는 상대의 근기에 네 가지의 차별이 있다는 것을, 삼론과 연계하여 설명한다.

제13장 별도로 중론의 명제를 해석함[別釋中論名題] : 『중론(中論)』 또는 『중관론(中觀論)』이라는 제명에 대하여 일곱 가지(廣畧, 次第, 制立, 通別, 發盡, 別釋, 不同)의 관점에서 상세하게 고찰한다. 그리고 중 · 관 · 론의 세 글자가 상호 연관되는 것을 변증하며, 중(中)의 근본은 실상 · 바름 · 중(中)이 아님 · 색(色)과 마음 등을 그 의미로 삼기도 하는데, 결국은 무주(無住)를 바른 의미로 삼는다고 귀결 짓는다.

이상의 대략적인 설명에 의하여 『삼론현의』의 내용을 요약하면, 전편의 「통서대귀(通序大歸)」에서는 삼론의 주요한 의미를 파사와 현정에 두고 있으며, 후편의 「별석중품(別釋衆品)」에서는 삼론에 관련된 여러 가지 세부적인 설명을 보충하여 중도의 실상을 밝히는데 주력하고 있다. 이것은 삼론을 중심으로 불교의 이념과 사상을 해명한 것으로서, 특히 삼론 중에서도 『중론』을 주축으로 삼고 있으며, 그중에서도 이제설(二諦說)이 전편과 후편의 근간을 이루고 있음을 보게 된다.

제4장 삼론학(三論學)의 기본 교의(敎義)

『삼론현의』의 내용이 이와 같다면, 그것은 삼론종의 교학에서 바라볼 때 얼마만큼 삼론학의 정수(精髓)를 표현해낸 것일까? 삼론학의 핵심 사상은 크게 다음과 같이 세 가지로 요약된다.

첫째는 이제설(二諦說)이다. 이제(二諦)는 이른바 속제(俗諦; 또는 세제(世諦) 세속제(世俗諦)라고 말함)와 제일의제(第一義諦; 또는 승의제(勝義諦), 진제(眞諦)라고 말함)이다. 일체의 사물은 인연이 화합하여 발생하는 것이기 때문에, 그 성품은 본래 자성(自性)이 없어 공(空)하다. 그런데 세간(世間)의 범부들은 무명(無明)에 미혹되어, 일체의 사물이 실제로 존재하여 있다고 생각하며, 세속의 도리에 집착하고 그것을 소유하고자 추구한다. 이러한 세속적 도리, 세간의 상식을 속제라고 한다. 그러나 출세간(出世間)의 성현에게는 일체의 만물이 허환(虛幻)하여 실재적이지 않고, 본래 생하고 멸함이 없는 공한 것으로 인식된다. 이러한 진리에 입각한 도리를 진제라고 한다. 삼론학에서는 이제가 바로 불교의 근본이라는 자각 하에, 그 이제에 근거하여 삼중이제(三中二諦)·사중이제(四中二諦)·어교이제(於敎二諦) 등 다양한 이제설을 전개하여, 이제의 본질과 역할을 보다 철저히 해명하였다.

길장은 『삼론현의』 상권 파사현정(破邪顯正)에서 이제(二諦)에 기초하여, 한편으로는 실재적이고 속제적인 견해를 추구하는 인도사상과 중국의 학설 등 불교 외부의 사상을 비판하고, 또 한편으로는 일체 만법의 실유를 주장하는 아비달마 부파불교와, 무자성(無自性)의 공관(空觀)이 반야 삼론만큼 철저하지 못한 성실론과, 법에 대한 일부의 집착이 여전한 대승불교인 등 불교 내부의 학설들을 비판하였다. 이것은 이제에 깊이 침잠하여 궁극적으로 그 무엇에도 집착하지 않는 무득정관(無得正觀)의 발현에 근거하여 파사적으로 표명한 것이라 볼 수 있다.

길장은 이에 그치지 않고『삼론현의』하권 도처에서 이제에 대하여 설명하며, 또 이 저서의 주요 선전과제라고 할 수 있는『중론』의 요지도 이제에 있다고 규정하였다. 그러나 그 설명의 대부분을 이제의 기본개념과 그 의미의 중요성 등에 할애하여, 이제설의 해명에는 충실할지언정 정작 삼론학의 이제설에 대한 특징이 그다지 드러나지 않는 편이다. 삼론학 특유의 해석이 배제된 이제의 설명은, 인도의 중관학에서 성립된 이제설의 충실한 해석을 벗어나지 않는다. 하지만 이제설은 구마라집이 삼론을 번역하기 이전에도 여러 가지『반야경』의 한역을 통하여 중국에 전해졌으며, 이에 심취한 초기의 반야사상가들로부터 삼론종이 성립되기 이전에 이미 육가칠종(六家七宗; 이에 대한 것은 하권의 제6장 제2절의 보충설명을 참조 바람)의 이제설(二諦說)이 주장되었다. 그리하여 고삼론(古三論)에 속하는 승조가『조론(肇論)』에서 삼론학 이전에 주장되던 7종의 이제설 가운데 4종을 비판하고, 나중에 길장이『중관론소(中觀論疏)』에서 7종을 거론하고 그 대부분을 비판한 것도, 초기의 오류를 시정하기 위한 것일 뿐만 아니라, 중관학의 정통 계승자로서 그들과의 차별화가 필요했기 때문이었다. 길장의『중관론소』등에 의거하면, 다른 학설과 구별되는 삼론학의 이제설로서 이제시교론(二諦是敎論)이나 어교이제설(於敎二諦說)이 거론된다.

이제시교론(二諦是敎論)은 이 이제(二諦)가 경리(境理)와 관계없는 교문(敎門)이라는 것이다. 섭산(攝山)의 삼론학파가 흥기할 무렵, 그 이전의 다른 학설에서는 진제와 속제의 이제를 객관적 진리인 경리로 간주하였다. 그러나 섭산의 승랑대사는 이제가 교문이라 주장하였고, 이러한 주장은 그 이후 면면히 계승되어 길장에 이르러 중요한 삼론학의 일부분이 되었다. 이제(二諦)가 교(敎)라고 주장하는 이유는 두 가지이다. 그 하나는 성실학파에서 이제가 경계(境界)로서, 미혹과 깨달음의 경계가 된다고 말하는 것을 대치하기 위함이라고 한다. 또 하나는 불교의 경론에서 설하는 이제가 본래 중생을 위한 교설임을 해명하기 위한 것이라고 한다.

그러나 삼론학의 보다 특색있는 이제설로서, 이제시교론(二諦是敎論)과 더불어 거론되는 어교이제설(於敎二諦說)이 있다. 어교이제(於敎二諦)는 어이제(於二諦)와 교이제(敎二諦)의 두 가지 이제를 말한다. 곧 어이제(於二諦)는 속제와 제일의제의 이제를 범부와 성인의 심정에서 말한 것이고, 교이제(敎二諦)는 제불(諸佛)이 설한 이제를 말한 것인데, 어이제(於二諦)와 교이제(敎二諦)는 모두 부처님이 중생을 위하여 설하였기 때문에 불교라는 것이다. 다만 어제(於諦)의 경우는 중생을 위하여 이제를 설하는데, 속유(俗有)를 설하면 범부에게 진실로 받아들여져 속제가 되고, 진공(眞空)을 설하면 성인에게 수용되어 진제가 된다. 이와 같이 속제와 진제가 범부와 성인의 심정에 모두 진실이 되기 때문에, 이 이제를 어이제(於二諦)라 하는 것이다. 그러나 삼론가는 어이제(於二諦)는 실(失)이고, 교이제(敎二諦)는 득(得)이라 하였다. 어이제(於二諦)는 이제의 유를 설하면 범부에게 실유(實有)이고, 공을 설하면 성인에게 실공(實空)이라서 과실이 된다는 것이다. 교이제(敎二諦)는 범부의 유(有)에 의하여 유를 설하지만 불유(不有)를 표현하는 것이고, 성인의 무(無)에 의하여 무를 설하지만 불무(不無)를 표현하는 것이다. 이것은 유무(有無)의 둘이 비유비무(非有非無)의 둘이 아님을 표현하는 것이라, 그러므로 이득이 된다는 것이다.

둘째는 팔부설(八不說)이다. 팔부(八不)는 『중론』의 귀경게송에서 선설(宣說)된 것으로, '불생불멸(不生不滅)·부단불상(不斷不常)·불일불이(不一不異)·불래불거(不來不去)'를 말한다. 일체의 제법이 연기(緣起)로 말미암아 발생하여 그 자성이 공함을, 다만 이 여덟 가지 부정적 언어로 표현한 것이다. 만약 제법이 자성이 없다면 생함이 없고, 이미 생함이 없다면 또한 멸함이 없을 것이다. 이미 그렇게 제법이 생함이 없고 멸함이 없다면, 또한 단절되거나 상속하지도 않을 것이며, 내지 동일하거나 다르지도 않고, 오거나 가지도 않을 것이다. 이렇게 부정적인 표현방법으로 일체의 제법이 모두 공하다는 사상을 선전한 것이다. 이 팔부설은 인도의 중관학에서 역설되었고, 중국의 삼론학에서도 누차 강조되었다. 길장은 『삼론현의』 하권에서 팔부(八不)를 언급하며, 그것이 중도를 지향하고 있음을 해명하였다.

셋째는 중도설(中道說)이다. 중도(中道)란 어느 한 쪽으로 치우친 양극단을 떠나 불이(不二)적 경계에 중립하여, 어떠한 소득에도 집착하지 않는 것이다. 중도는 본래 석가모니(釋迦牟尼 Śākyamuni) 부처님이 원시근본불교시대부터 설한 것이다. 예를 들면 세상의 만물이 영원히 존속한다거나 아니면 갑자기 단절되어 소멸된다는 단상중도(斷常中道), 또는 사람의 삶이 지나치게 쾌락적이어도 좋지 않고 너무 고행(苦行)에 치중하여도 이롭지 않다는 고락중도(苦樂中道) 등이 그것이다. 그러나 삼론학에서 말하는 중도설은 그 근원을 『중론』의 「관사제품(觀四諦品)」에 두고 있으며, 거기서는 간단하게 유(有)와 공(空)으로부터 중도를 도출해내었다. 그 이후 이 『중론』의 중도설은 인도의 중관학파와 중국 불교 여러 학파에서 널리 선전되고 연구되었는데, 특히 삼론학과 천태학에서 각각 특색 있는 중도설이 전개되었다.

삼론학에서는 초기의 『중론』에 시설된 간단한 중도설(中道說)에 만족하지 않고, 팔부(八不)와 이제(二諦)를 결합하여 몇 가지 색다른 중도설을 제창하였다. 『삼론현의』 하권 제13장 후반부에서 사중(四中)을 설명한 것은 현정에 입각하여 중도와 결합된 이제(二諦)를 밝힌 것이다. 그리고 팔부(八不)와 이제(二諦)를 결합하여 중도설을 제창하되, 그것을 궁극의 지경까지 끌어올려 전개한 것이 삼론학 특유의 삼종중도설(三種中道說)이다. 이 삼종중도를 해석하는 방법은 몇 가지가 전해진다. 팔부 중에서 불생불멸(不生不滅)을 예로 들어 설명하면, 속제중도(俗諦中道)는 생하고 멸하지 않는 것이고, 진제중도(眞諦)는 생하고 멸하지 않는 것이 아니며, 이제합명중도(二諦合明中道)는 생하고 멸하는 것도 아니고 생하고 멸하지 않는 것도 아니라는 것이다. 팔부의 나머지 단상(斷常)·일이(一異)·거래(去來)의 해석도 이와 다르지 않다. 이 중도설, 더 나아가 완비된 모습의 삼종중도설은 현상계에 대한 고차원의 관찰로서, 삼론학에서는 이로 인하여 사람들이 현실의 세속적 견해에서 벗어나서 무소득(無所得)의 정관(正觀)에 들게 하는 중도실상(中道實相)의 법문으로 간주하였다. 이 삼종중도설도 역시 길장시대에 갑자기 등장한 것이 아니라, 신삼론의 시조 승랑(僧朗)시대부터 구사되기 시작하여, 승전(僧詮)과 법랑(法朗)에게 상승되며 보충되고, 길장에 이르러 그의 저술에서 자세하게 설명되었다.

길장은『삼론현의』하권에서 이 삼종중도를 개념위주로 간단하게 보여주고는, 곧 다른 주제로 말을 바꾸었다. 그 까닭은 아마도 이 삼종중도를 자세히 논의하기에는 그 자리가 너무 협소하기 때문이었을 것이다. 이 학설은『중관론소』에 장황하게 설명되어 있는데, 또한 충분히 규명되었다고 보기에는 아직도 탐구할 여지가 남아있어 보인다.

이상으로 중요한 교의 몇 가지를 요약하여 설명하였는데, 삼론학의 교의는 일견하기에 무소득공(無所得空)에 치중한 것처럼 보이기도 한다. 이 점에서 일부 역주서에서는 이 학파의 교학이 현실의 소유와 소득, 향상과 발전 등을 무시하고, 무집착 무소유 무소득에 일관하며, 그것도 언어로 표현할 수 없는 언어도단(言語道斷)의 지경까지 몰입하여 신비주의와 허무주의에 빠졌다고 비판하였으며, 또한 그 때문에 중국사상의 특징인 현실주의에 힘을 기울인 다른 학파나 종파에 비하여 일찍 쇠퇴하였다고 말하였다.

이러한 비판은 어느 정도 타당성이 있어 보인다. 그러나 그러한 시각으로 바라보자면, 이것은 다만 삼론종에만 해당하는 것이 아니라, 반야사상과 중관사상 나아가 선사상에도 해당할 것이다. 불교학파로서 진제의 공무(空無)를 언급하며, 그 추구하는 경지가 끝내 언망려절(言忘慮絶)이나 언어도단(言語道斷)으로 표현되는 것은 삼론학의 무득정관(無得正觀)에만 한정되지 않는다. 인도의 중관학(中觀學)은 용수보살 이래 수많은 중관학자들이 이 방면으로 역설하며, 때로는 실유적인 주장을 내세우는 유식학(唯識學)과 충돌하기도 하였거나와, 현세적인 성향이 깊이 배어든 중국 선종(禪宗)의 교의(敎義)에도 무집착의 사려와 무소유의 실천은 그에 못지않게 깊이 스며들어 있다. 그 모두가 반야공의 철저한 추구와 실천에서 벗어나지 않는다고 볼 수 있다.

불교학의 내면에는 속제의 실유(實有)적인 측면과 진제의 공무(空無)적인 요소가 있으며, 학파나 종파에 따라 그 어느 한 쪽에 보다 치중하여 이론과 교의를 전개하기도 하였다. 삼론학은 이 중에서 무소득 공의 방면으로 전력 질주하여, 후대의 학습자로 하여금 그 지극한 무소득의 종착지를 헤아리기 난처하게 한 흔적도 남겨 놓았다. 그러나 인도불교에서 선양된 무자성의 공사상이 중국의 삼론학에 이르러 철저하게 무득공관(無得空觀)으로 심화된 것은, 사실 불교학의 발달사에서 보면 이것은 공관의 철저화, 더 나아가 무소득의 실천화라고도 할 만하다. 하지만 이것은 결코 신비주의나 허무주의의 발로라 볼 것이 아니라, 반야와 삼론의 공관(空觀)이 언어와 사변을 통하여 표현되는 교의가 궁극적으로 발휘된 것으로 보는 것이 타당할 것이다. 언어도단의 무소득공의 정점을 투철하게 넘어서지 않고서 유소득의 현세적인 현상을 논의하는 것은, 오히려 세속의 표면적이고 실유적인 이해에 머물기 십상이다. 이 점에서 삼론학은 실유적인 측면의 추구와 활용에 있어서는 다른 학파에 비하여 미진하였다고 볼 수 있지만, 무소득의 진공을 언어적 교리로 확립한 점에서 장점을 발휘하여, 불교교학사상 이 분야에서 그 정점에 이르렀다고 평가해야 마땅할 것이다.

제5장 삼론학과 『삼론현의』 연구

길장에게는 제자가 많았으며, 저명한 제자로 혜원(慧遠)과 석법사(碩法師), 그리고 일본에 삼론학을 처음으로 전파한 고구려의 혜관(慧灌)이 있었다. 혜원은 오진사(悟眞寺)에 머무르며 항상 장안에 가서 홍법하였고, 석법사는 『삼론유의의(三論遊意義)』 1권을 지었으며 현존한다. 석법사의 문하에 원강(元康)이 있었으며, 원강은 『조론소(肇論疏)』 3권을 지었으며 역시 현존한다. 이렇게 하여 길장에 의해 저술된 『삼론현의』는 길장(吉藏)—석법사(碩法師)—원강(元康)의 계보를 중심으로 잠시 읽혔다. 그러나 오래지 않아 지의(智顗)의 천태학(天台學)을 시작으로, 현장(玄奘, 602~664)의 법상교학(法相敎學)과 마침내 만개한 법장(法藏, 643~712)의 화엄학(華嚴學) 등의 출현에 의하여, 그 이후 삼론학은 그다지 번창하지 않았다. 그 때문인지 당대(唐代) 초기 이후에 중국에서 삼론학과 『삼론현의』에 대한 주석서가 저작된 흔적이 거의 발견되지 않는다.

한국에서는 삼국시대에 고구려와 백제에서 삼론학을 널리 학습하였던 것으로 보인다. 현재 전하는 자료가 충분하지는 않지만, 우리나라에서 저작된 삼론학 관계 저술은 많이 알려져 있지 않았으며, 또한 지의(智顗)나 법장(法藏)처럼 길장이 중시되거나 그의 저술에 대한 주석이 홍성하게 저작되지는 않았던 듯하다.

고구려의 삼론학자로서 오늘날 그 이름만이라도 전해지고 있는 이들은, 대개 국내가 아닌 중국과 일본에서 활약한 학승들이다. 그중에서 가장 유명한 승랑(僧朗)대사는 중국 북지의 수도 장안에서 구마라집의 문하 중에서도 가장 뛰어난 팔준(八俊)의 제자에게 직접 수학하고, 송말(宋末) 제초(齊初, 479)에 남쪽으로 내려와서, 남경 근처의 섭산(攝山) 서하사(棲霞

寺)의 주지가 되어 삼론학을 가르쳐 신삼론(新三論)의 시조가 되었다. 그 밖에 실법사(實法師)와 인법사(印法師)도 남지의 촉(蜀)에서 강론하였으나, 이들은 모두 길장 이전의 스승들이었으며, 남겨진 자료가 별로 없어 어떤 저술을 지었는지 알 길이 없다. 추고(推古) 3년(595) 일본으로 건너가 성덕태자(聖德太子)의 스승이 되고 삼론을 종지로 삼은 혜자(慧慈)와, 길장에게 직접 수학하고 추고 33년(625) 도일하여 궁중에서 삼론을 처음으로 전한 혜관(慧灌)도, 삼론에 대한 저술을 남겼다는 말은 보이지 않는다.

백제의 경우도 삼론에 관한 기록이 거의 남아있지 않다. 그러나 추고 3년(595) 도일하여 법흥사(法興寺)에 거주한 혜총(慧聰)과, 추고 10년(602) 도일한 관륵(觀勒)이 삼론종의 학승이었다고 한다. 또 정관(貞觀, 627~649) 초년에 덕숭산 수덕사(修德寺)에서 혜현(惠顯)이 삼론을 학습하고 법화를 수지하였다고 전한다. 이로 미루어 볼 때, 백제에서도 삼론학이 널리 학습되었던 것으로 추측된다.

전하는 자료마다 조금씩 차이가 있지만, 신라에서는 원측(圓測)과 문궤(文軌)가 각각 『광백론소(廣百論疏)』를 지었고, 원효(元曉)는 『삼론종요(三論宗要)』·『중관론종요(中觀論宗要)』·『광백론종요(廣百論宗要)』·『광백론촬요(廣百論撮要)』·『초장관문(初章觀文)』 등의 삼론학 분야의 저술을 지었다고 한다. 하지만 이 저작들은 지금은 서명만 전해질 뿐, 단 하나도 남아있지 않아 더 이상 자세히 언급하기 어렵다.

정말로 『삼론현의』가 널리 유행한 것은 일본에서였다. 삼론학이 일본에 전래된 것에 삼전(三傳)이 있다고 하는데, 그중에서 제1전은, 고구려의 학승 혜관(慧灌, 600~681)이 중국에 유학 가서 길장에게 직접 가르침을 받은 뒤, 추고(推古) 33년(625) 일본에 도래하여 원흥사(元興寺)에 머물며, 645년에 처음으로 궁중에서 삼론을 강설한 것을 말한다. 제2전은 그의 손제자 지장(智藏, 625~672)이 입당하여 삼론을 수학한 후, 귀국하여 법륭사(法隆寺)에서 삼론을 강설한 것이다. 제3전은 그의 제자 도자(道慈, 670?~744)가 입당하여 원강(元康)에게 삼론을 수학하고, 귀조하여 대안사(大安寺)를 건립하여 삼론종을 흥기시킨 것이다. 그리하여 삼론학은 나라[奈良]불교 이전과 그 초기를 장식하여 최대로 흥성하였으나, 그 이후 여러 종파가 차례로 전해지며 삼론종은 남도육종(南都六宗)의 하나로 헤아려지게 되었고, 지금은 독립된 종파로서의 위세를 상실한 상태이다. 삼론학은 나라시대에 가장 성대하게 학습되어, 여러 종류의 삼론학 주석서가 저술되어 지금까지 전해지고 있다. 특히『삼론현의』는 삼론종이 쇠퇴한 이후에도 연구대상으로 주목받아 명맥을 유지하였기 때문에, 대략 40종류에 이를 정도로 매우 많은 주석서가 연속적으로 저작되었고, 또 여러 가지 사본(寫本)이 유포되었다. 이에 대해서는 권말의 참고문헌을 참조하기 바란다.

제6장 삼론학파(三論學派) 원류계보(源流系譜)

구마라집(鳩摩羅什)이 5세기 초엽에『중론』·『백론』·『십이문론』의 삼론을 역출하자, 그 문하 가운데 삼론을 학습하는 많은 제자들이 생겨났다. 이에 따라 구마라집은 삼론종(三論宗)의 초조(初祖)가 되었다. 그런데 승랑(僧朗) 이후 길장(吉藏)까지의 전승은 명백하지만, 구마라집 이후 승랑에 이르기까지 어떠한 계보를 거쳐 삼론학(三論學)이 전승되었는지 아직도 명백하게 확인되지 않은 점이 있다.

삼론학이 전승된 일본에서 가마쿠라[鎌倉]시대의 응연(凝然, 1240~1321)은『내전진로장(內典塵露章)』및『팔종강요(八宗綱要)』에서, ① 구마라집(鳩摩羅什) → ② 도생(道生) → ③ 담제(曇濟) → ④ 도랑(道朗) → ⑤ 승전(僧詮) → ⑥ 법랑(法朗) → ⑦ 길장(吉藏)이라고 하는 7대의 전승 계통을 수립하였고, 이 설은 그 이후 일본 삼론종에서 전통적 정설이 되었다.

그러나 근현대의 학자들 중에는 이 계보를 의심하여 몇 가지 수정된 설을 제시하였다. 먼저 마에다 에운(前田慧雲, 1857~1930)은 앞의 계보설에서 문제가 되는, ② 도생(道生) → ③ 담제(曇濟)의 전승이 문헌 자료에서 근거가 없다고 보았으며, 그리하여 ② 도생(道生) → ③ 담제(曇濟)의 전승을 승조(僧肇)와 도융(道融)으로 대치하여, ① 구마라집(鳩摩羅什) → ② 승조(僧肇), 도융(道融) → ③ 도랑(道朗)으로 수정하였다.[1] 이와 관련하여 여징(呂澂), 탕용동(湯用彤) 등도 담제(曇濟)가 도생(道生)에게 법을 얻어 도랑(道朗)에게 전하였다는 것은 잘못된 전승이라고 지적하였다.[2]

그 다음에 사카이노 고-요(境野黃洋, ~1933)는 이 두 가지 설에 대하여 다시 수정된 계보설을 주장하였다. 이 설의 최대 특징은『양고승전(梁高僧傳)』의 기록에 의거하여, 도랑(道朗)이 사실은 승랑(僧朗)의 오기(誤記)이며, 법도(法度)의 제자로 기록되었으므로, 이에 따라 구마라집(鳩摩羅什) → 승호(僧嵩) → 승연(僧淵) → 법도(法度) → 승랑(僧朗) → 승전(僧詮) → 법랑(法朗) → 길장(吉藏)이라는 8대 상승을 주장하였다.[3] 그러나 이 수정설의 취약점은 승호(僧嵩)가 확실하게 구마라집에게 결부되지 않고, 승연(僧淵)과 법도(法度)의 사제관계도 추측에 의존할 뿐더러, 승호(僧嵩) → 승연(僧淵)의 전승은 팽성계(彭城系) 성실학파(成實學派)라는 것이다.[4] 또한 법도(法度)는 정토사상에 열중하여 삼론을 습득하고 강론한 흔적이 전혀 없다는 것이 별도로 고찰되었다.[5]

그 뒤로 학계에서는 고구려 요동성(遼東城) 출신 승랑(僧朗)의 수학과 교화에 대하여 집중 거론하게 되었다. 그런데 이 승랑의 생애에 대하여

---

1) 前田慧雲,『三論宗綱要』, 48~67면.
2) 呂澂,『中國佛學源流略講』, 中華書局, 1963, 312면; 湯用彤,『隋唐佛教史稿』, 108면.
3) 境野黃洋,『支那佛教精』, 境野黃洋博士遺稿刊行會, 1937, 405면;『支那佛教史講話』下卷, 共立社, 1929, 52면.
4) 平井俊榮,『中國般若思想史研究』, 春秋社, 1976, 61면.
5) 金芿石,「高句麗 僧朗과 三論學」,『白性郁頌壽 佛教學論文集』, 동국대, 1959, 65면.

언급한 자료는 최근까지 길장의 전한 기록이 전부로 여겨졌다. 길장이 지은 『중관론소(中觀論疏)』와 『대승현론(大乘玄論)』 등 여러 저술에서 말하기를, 승랑은 장안의 북지(北地)에서 구마라집의 교의(敎義)를 수학하고, 남래(南來)하여 은사(隱士) 주옹(周顒)을 가르쳐 그로 하여금 『삼종론(三宗論)』을 저술하게 하였으며, 당시에 성행하던 성실학파(成實學派)에 대하여 삼론학을 선전하였다고 전하였다. 그런데 근세에 이르러 일본과 중국의 일부 학자들은 이러한 길장의 전언을 의심하여 부정하거나, 오히려 역으로 승랑이 주옹에게 사사하였을 것이라고 말하기도 하였다.6) 이렇게 되어 한동안 삼론학의 전승 계보가 승랑의 사승(師承)을 중심으로 문제시되어 왔었다.

그러나 근래의 논문에서 두 가지 새로운 사실이 확인되어, 길장의 전언이 틀림없는 사실이었음을 말해주는 근거가 확보되었다. 그 하나는 승랑이 팔숙(八宿)의 제자에게 수학하였다는 사실이 길장과 동시대에 수학한 삼론학자 혜균(慧均, ~633~)의 『대승사론현의(大乘四論玄義)』에서 발견되었는데,7) 이 사실은 그 자료가 잘 알려지지 않은 탓인지 이전에 그 누구도 언급하지 않은 것이었다. 실은 그보다 먼저 이러한 사실을 지적한 논문이 있었지만,8) 그 부분이 뚜렷이 제시되지 않아 학계에서 간과한 것으로 추측된다. 팔숙(八宿)은 구마라집의 삼천 문하 중에서 관내(關內)의 사성(四聖)인 승예(僧叡)·승조(僧肇)·도생(道生)·도융(道融)에, 담영(曇影)·도항(道恒)·혜엄(慧嚴)·혜관(慧觀)을 더한 여덟 명의 팔준(八俊)을 말한다. 그러므로 이 증언에 의거하면, 승랑은 분명히 북지에서 활약한 구마라집의 제자들에게 삼론학을 수학하였다는 것이고, 이것은 길장의 전언과 서로 일치한다는 것이 사실로 밝혀진 것이다.

또 하나는 승랑(僧朗)이 주옹(周顒)을 가르쳐 그로 하여금 『삼종론(三宗

<hr>

6) 朴商洙, 「僧郞의 三論學과 師弟說에 대한 誤解와 眞實 (I)」, 『불교학연구』 창간호, 2000, 7~39면.
7) 石井公成, 「朝鮮佛敎における三論敎學」, 『三論敎學の硏究』(平井俊榮監修), 春秋社, 1990, 460면.
8) 伊藤隆壽, 「三論宗學系史に關する傳說の成立」, 『佛敎學部硏究紀要』 제36호, 駒澤大學, 1978, 201면.

論)』을 저술하게 하였다는 증거가 확인되었다는 것이다. 승랑의 사제설(師弟說)에 대하여 고찰한 역주자는 그 두 번째 논문에서 승랑이 주옹을 가르쳐『사종론(四宗論)』을 저술하게 하였다는 구절을 전승되는 문헌 외에 또한『대승사론현의(大乘四論玄義)』일문(逸文)에서도 발견하였다.9)『사종론(四宗論)』은『삼종론(三宗論)』의 같은 제목이거나 혹은 혼용이라 생각되는데, 그것은 어찌됐든 승랑이 주옹을 가르친 것이지 주옹에게 승랑이 사사한 것은 아니라는 점이 입증된 것이다.

그러므로 이제 근래에 확인된 이 두 가지 사실에 근거하여 삼론학의 계보를 다시 작성하면, 구마라집→팔숙(八宿)→팔숙(八宿)의 제자→승랑(僧朗)→승전(僧詮)→법랑(法朗)→길장이라는 7대 상승의 계보가 차례로 성립된다. 이 계보설에 의하면 팔숙(八宿)의 제자가 구체적으로 누구인지, 곧 승랑의 직계 스승이 누구인지, 이것이 해명되어야 할 과제로 남아있다. 이 점을 제외하고 길장이 전한 승랑의 북지 수업과 교화 내용이 전부 사실로 증명되었기 때문에, 지금까지 제안된 여러 가지 삼론종 계보설 중에서 삼론의 전승을 가장 합당하게 설명할 수 있는 계보가 마련되었다고 보는 바이다.

여기에 삼론종의 계보를 첨부하는데, 일단 전래되는 계승에 의거하였다. 그러나 그동안 발견된 자료의 내용에 의하여 수정되거나 첨삭되어야 할 사항이 있어, 예전의 전승이 지금과 완전히 일치하지는 않는다. 예를 들면, 승랑(僧朗)을 도랑(道朗)이라 잘못 표기한 것을 제외하고도, 담제(曇濟)는 도생(道生)을 계승하였다고 하였으나 지금은 승도(僧導)의 문하로 보는 경우도 있고, 법랑(法朗) 문하의 명법사(明法師)와 길장 문하의 일부가 누락된 것도 있다. 그리하여 종래에 전승된 계보설을 그대로 수용하여 작성하되, 근대 이후에 알려진 인물 가운데 일부를 ( ) 안에 첨가하였다. 또한 승랑의 사승은 일단 전승 문헌에서 말한 도생(道生)→담제(曇濟)의 계통을

___

9) 박상수, 「僧朗의 三論學과 師弟說에 대한 誤解와 眞實 (II)」,『韓國佛敎學』제50집, 2008, 217~223면.

그대로 표시하였다. 고구려의 혜관(慧灌)부터 전개된 일본 삼론종의 계보는 『삼론현소문의요(三論玄疏文義要)』를 저술한 진해(珍海, 1091~1151)까지 열거하였다.

三論源流系譜

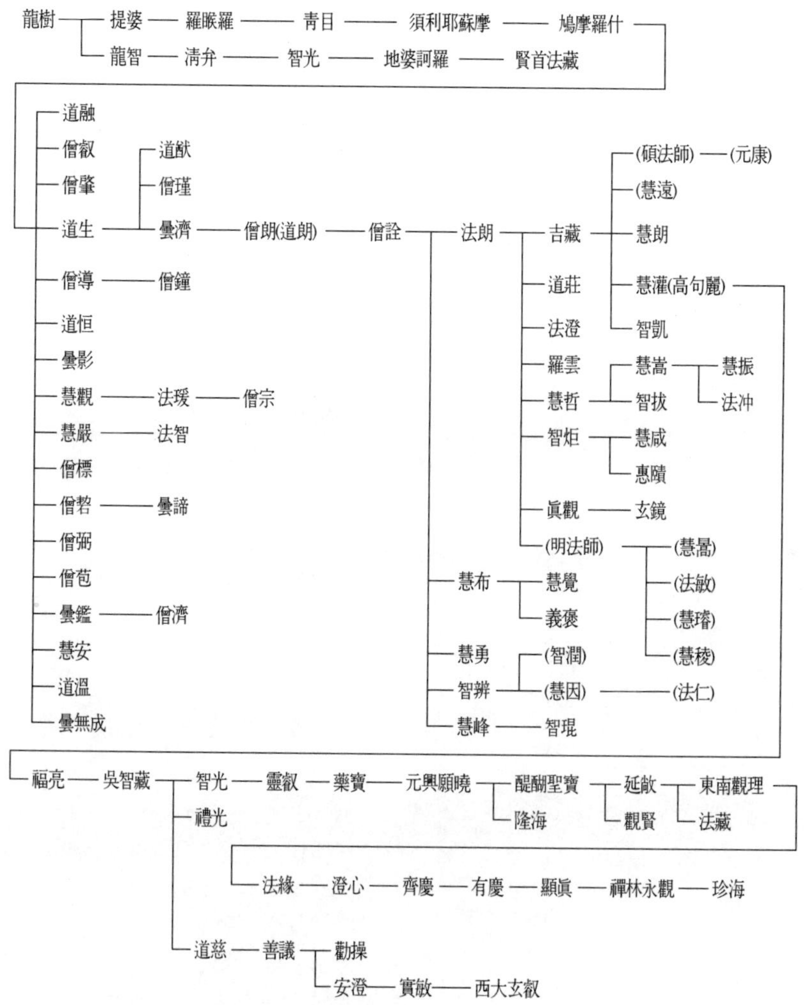

삼론현의 상권

三論玄義 上

 慧日道場沙門吉藏奉命撰

 혜일도량(慧日道場)1)에서 사문(沙門) 길장(吉藏)이 명을 받들어[奉命]2) 편찬하다.

---

1) 혜일도량(慧日道場): 길장이 양주(楊州)에 위치한 혜일도량에 머물던 시기(597~599)의 저술을 의미한다. 『불조통기(佛祖統紀)』 제39권의 기록에 근거하면, 수(隋) 양제(煬帝)는 대업(大業) 9년(613)에 전국의 사원에 일률적으로 칙령을 내려 '도량(道場)'이라고 개명하도록 하였다. 도량은 불도를 수행하고 학습하는 장소를 말한다.
2) 봉명(奉命): 길장이 혜일도량에 머무를 때, 수양제의 명을 받아 이 『삼론현의』를 저술한 것을 말한다.

총서(總序)

 總序宗要, 開爲二門. 一, 通序大歸. 二, 別釋衆品.

총괄적으로 (삼론(三論)의) 종요(宗要)[3]를 서술하는데, 열어서 두 부문으로 분류한다. 첫째는 (삼론 전체를) 통괄하는 대체적인 취지(大歸)[4]를 서술하고, 둘째는 개별적으로 여러 품목[衆品; 제2편 「경론상자(經論相資)」 이하의 많은 장절(章節)]을 해석한다.[5]

---

3) 종요(宗要): 『삼론현의과주(三論玄義科註)』에서, "종(宗)은 주(主)가 되고, 요(要)는 간요(肝要)가 된다. 『법화현의』에서 '망라(網羅, 법도)를 드리움에 눈짓하니 움직이지 아니함이 없고, 옷의 한 끝을 끌어당김에 실 한 오라기라도 오지 아니함이 없는 것을 종요(宗要)라고 한다'"라고 하였다(『佛教大系 三論玄義』, 12면). 경전이나 논서의 근본적인 견해나 주장을 의미한다.

4) 대귀(大歸): 귀(歸)는 취(趣), 곧 소귀(所歸)의 의미이다. 따라서 대귀(大歸)란 대망(大網), 대지(大旨)의 의미임. 여기서는 삼론학에서 말하는 파시(破邪)와 현정(顯正)의 두 가지를 가리킨다.

5) 통서대귀(通序大歸)와 별석중품(別釋衆品): 이 두 부문의 문단에 대하여 고래(古來)로 세 가지 학설이 있다. 첫째는 『삼론현의』 일부는 통서대귀(通序大歸)이고 삼론소(三論疏) 각각을 별석중품(別釋衆品)으로 보는 설(『三論玄義檢幽集』의 설)이고, 둘째는 『삼론현의』 중반부에 나오는 「경론상자(經論相資)」 이후를 별석중품으로 보는 설(『三論玄義科註』와 『誘蒙』의 설)이며, 셋째는 역시 중반부에 나오는 「조론연기(造論緣起)」 이후를 별석중품으로 보는 설(『頭書三論玄義』의 설)이다. 『삼론현의』의 문장 가운데에 별석중품이라는 표제어가 없기 때문에, 주석자들의 견해에 따라서 이렇게 다른 구분이 파생하였다. 이 구분에 대해서는 상권 제1편을 마감하는 곳의 보충설명을 참조 바람.

제1편 통괄적으로 근본 취지를 서술함[通序大歸]

初門有二. 一, 破邪. 二, 顯正.

처음 부문에 두 가지가 있으니, 첫째는 삿됨을 파척하는 것이고, 둘째는 바름을 드러내는 것이다.

제1장 파사(破邪)

제1절 서언

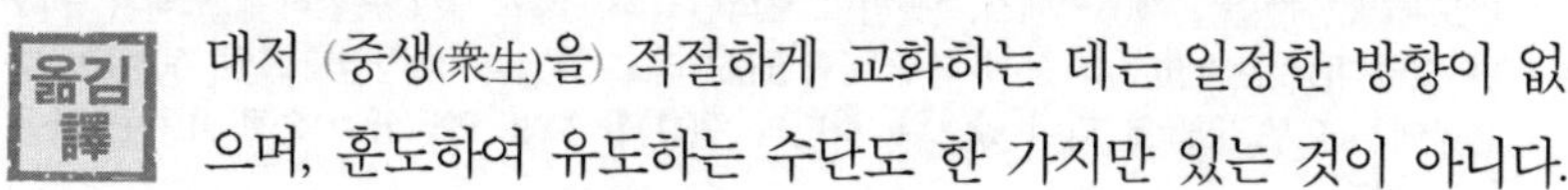

夫適化無方, 陶誘非一. 考聖心, 以息患爲主. 統敎意, 以通理爲宗. 但九十六術, 栖火宅爲淨道. 五百異部, 縈見網爲泥洹. 遂使鹿苑坵墟, 鷲山荊蕀.[1] 善逝以之流慟, 薩埵所以大悲.

四依爲此而興, 三論由斯而作. 但論雖有三, 義唯二轍. 一曰顯正, 二曰破邪. 破邪則下拯沈淪, 顯正則上弘大法. 故振領提網, 理唯斯二也.

대저 (중생(衆生)을) 적절하게 교화하는 데는 일정한 방향이 없으며, 훈도하여 유도하는 수단도 한 가지만 있는 것이 아니다.

---

1) 형극(荊蕀): 荊蕀의 '蕀'이, 만속장경(卍續藏經)과 금릉각경처(金陵閣經處) 목판본에는 '棘'으로 표기되어 있다.

성인의 마음[聖心; 부처님의 심정]을 헤아려 보면, 중생의 병환을 치료하여 그치게 하는 것을 주된 일로 삼고, 가르침의 의미[教意; 부처님이 남기신 가르침의 의미]를 통괄하여 보면 진리를 통달하는 것을 근본으로 삼는다.2)

단지 (인도(印度)에서 생겨난) 96술(九十六術; 96종의 외도)3)은 불난 집[火宅]4)에 거처하면서도 그것을 청정한 도(道)라 여기며, 오백 가지 견해가 다른 부파[五百異部]5)들은 저마다 견해의 그물[見網]6)에 얽혀 있으면서도 그것을 니원(泥洹)7)이라 여기어, 마침내 녹야원(鹿苑)8)을 황폐하게 하

---

2) 적화무방(適化無方) : 길장의 『중관론소(中觀論疏)』 1권(大正藏 42권, 7下)에 "師云, 夫適化無方, 陶誘非一. 考聖心以息患爲主, 統教意以通理爲宗"라고 설해져 있다. 그러므로 이 구절은 길장의 스승이었던 법랑(法朗)이 설한 것을 알 수 있다. 다만 『중관론소』에는 『삼론현의』의 '患'을 '病'으로 '統'을 '緣'으로, '通理'를 '開道'로 표기하였다. 또한 길장의 『법화의소(法華義疏)』 1권(『대정장』 34권, 452中)에도 같은 내용이 등장하며, 『법화유의(法華遊意)』(『대정장』 34권, 633中), 『법화현론(法華玄論)』 제3권(『대정장』 34권, 386中)에는 '適化無方'이라 설해져 있다.

3) 구십육술(九十六術) : 불교가 형성될 때, 불교와 동일하지 않은 견해를 가진 인도의 96종의 외도를 말한다. 당시의 대표적인 외도에는 여섯 명이 있어 육사외도(六師外道)라 하였으며, 매 일사(一師)마다 15명의 같지 않은 견해를 가진 제자들을 거느렸다고 한다. 따라서 육사에다 90명의 제자들을 합하면 전체 96종류가 된다. 이에 대해서는 북본(北本) 『대반열반경(大般涅槃經)』 제18권, 『범행품(梵行品)』, 『백론소(百論疏)』 상권, 『사문과경(沙門果經)』(『대정장』 1권, 107上), 『대비바사론(大毘婆沙論)』 제19권 등에 수록되어 있다. 보다 자세한 설명은 '제2절 인도의 이단(異端)'이 끝나는 곳의 보충설명을 참조 바람.

4) 화택(火宅) : 『법화경(法華經)』 「비유품(譬喩品)」에 나오는 "삼계는 불난 집과 같다[三界火宅]"라는 고사에서 유래하는 말(『대정장』 9권, 14下). 화택(火宅)은 불난 집처럼, 번뇌와 고통으로 가득 찬 이 세상을 말하고, 삼계는 욕계(欲界)·색계(色界)·무색계(無色界)의 세 가지 세계를 말한다. 욕계는 식욕·성욕·명예욕·재물욕·수면욕의 오욕(五欲)이 들끓는 이 세계, 색계는 물질적 감각적인 욕망을 단절하였으나 물질적인 형태가 존재하는 세계, 무색계는 그 물질적인 형태마저 초월한 정신적인 세계를 의미한다.

5) 오백이부(五百異部) : 부처님 입멸 후 근본불교에서 분열한 오백의 부파를 말한다. 『대지도론(大智度論)』 제63권에서, "불법이 오백년을 지난 후 각각 분별하여 오백의 부파가 있었다[佛法過五百歲後, 各各分別有五部]"라고 하였다(『대정장』 25권, 503下). 그 본문에는 오부(五部)로 되어 있으나, 하단의 주(註)를 보면 오백(五百)으로 표기된 판본들도 있다.

6) 견망(見網) : 그 원문은 『대반열반경』 제14권에 "一切世間, 無量衆生, 常爲諸見, 羅網所覆"라고 되어 있다(『대정장』 12권, 450中).

7) 니원(泥洹) : nirvāṇa의 음사(音寫). 열반(涅槃)과 동일함.

고 영축산(鷲山)[9]을 가시밭으로 만들었다. 선서(善逝)[10]는 그 때문에 눈물을 흘리셨고, 보리살타[薩埵][11]는 그 까닭에 크게 슬퍼하셨다.

사의보살(四依)[12]은 이를 위하여 홍기하였으며, 삼론(三論)은 이로 말미암아 지어졌다. 단지 논(論)은 비록 세 가지가 있어도 (교설되는) 의미는 오직 두 가지 길이 있을 뿐이니, 하나는 바름을 드러내는 것이라 하고, 둘은 삿됨을 파척하는 것이라 한다. 삿된 것을 파척하면 곧 아래로 (삿된 견해에) 빠져서 허우적대는 자를 구제하고, 바른 것을 드러내면 곧 위로 큰 법[大法; 불법(佛法)을 말함]을 선양하는 것이다. 그러므로 그 요긴한 점을 정돈하여 제시하면, (삼론의) 이치는 오직 이 두 가지뿐이다.

---

8) 녹원(鹿苑) : Mṛgadāva의 의역(意譯). 녹야원(鹿野苑), 녹원(鹿園), 녹림(鹿林)이라고도 한다. 사슴이 놀던 동산. 지금의 베나레스(Bārāṇasī) 교외 지역 사르나트(Sārnāth)에 있었다. 부처님이 초전법륜(初轉法輪)을 비롯하여 원시불교를 설하신 곳.

9) 영축산 : Gṛdhrakūṭa의 의역. 기사굴산(耆闍崛山)이라 음사함. 독수리 형상의 봉우리 산. 마가다국 왕사성(王舍城)의 동북쪽에 있다. 부처님이 『법화경』, 『무량수경』과 대승불교를 설하신 유명한 곳.

10) 선서(善逝) : sugata의 의역. 수가타(修伽陀)라 음사함. 깨달음에 잘 도달한 사람. 석가모니 부처님의 별칭.

11) 살타(薩埵) : sattva의 음사. 살타(薩埵, sattva)는 보리살타(菩提薩埵, bodhisattva)의 후반부이자 보리살타의 줄임말에 해당한다. 대사(大士)·개사(開士)·고사(高士)·각유정(覺有情) 등으로 번역하였다. 보리살타 또는 보살은 한편으로는 자신의 깨달음을 추구하고, 한편으로는 다른 중생들을 구제하는 사람을 말한다.

12) 사의(四依) : 남본(南本) 『대반열반경(大般涅槃經)』 제6권에서, "세간이 의지하는 바가 되어 사람과 하늘을 안락하게 해주는 네 종류의 사람이 있으니, 첫째는 번뇌를 구족한 사람이고, 둘째는 수다원(須陀洹)과 사다함(斯陀含)이고, 셋째는 아나함(阿那含)이며, 넷째는 아라한(阿羅漢)이다"라고 하였다(『대정장』 12권, 637上). 그러나 『중관론소』에서는, "소승의 경우라면 견도(見道) 이전은 번뇌를 구족한 사람으로서 一依가 되고, 수다원(須陀洹)과 사다함(斯陀含)은 二依, 아나함(阿那含)은 三依, 아라한(阿羅漢)은 四依가 된다. 대승은 십회향(十廻向)은 一依, 초지(初地)부터 칠지까지는 二依, 팔지는 三依, 십지는 四依가 된다"라고 하였다(『대정장』 42권, 1下). 『삼론현의』에서는 대승의 제10지(第十地)에 오른 보살을 사의(四依)로 보고 있다. 따라서 여기에서 언급하는 사의는 곧 다름 아닌 삼론의 저자인 용수보살과 제바보살을 가리킨다.

 但邪謬紛綸, 難可備序. 三論所斥, 略辨四宗. 一摧外道, 二折
毘曇, 三排成實, 四呵大執.

 단지 삿된 견해와 오류는 대단히 분분하여 모두 자세하게 서술
하기 어렵지만, 삼론에서 배척하는 바는 대략 네 가지 종파[四
宗][13]로 구별한다. 첫째는 외도를 물리치는 것이고, 둘째는 아비달마[毘
曇][14]을 척파하는 것이며, 셋째는 성실(成實)[15]을 배척하는 것이고, 넷째
는 대승불교의 집착을 꾸짖는 것이다.

 問, 以何義故, 遍斥衆師?
答, 論主究其原, 盡其理也. 一源不究, 則戱論不滅. 毫理不盡,
則至道不彰. 以無源不究, 群異乃息. 無理不盡, 玄道始通. 是以斯文遍
排衆計.

---

13) 사종(四宗): 이하의 파사(破邪) 부문에서 개별적으로 파척되어 부정되는, 외도(外
道)·부파불교(部派佛教, 아비달마)·성실론(成實論)·일부 대승불교인의 집착 등, 네
가지 종파 또는 학파를 말한다. 이 '四宗'의 '宗'이 만속장경(卍續藏經)에는 '安'으로
되어 있으나, 오기(誤記)로 보인다.
14) 비담(毘曇): Abhidharma의 음사로서, 『삼론현의』에서 말하는 비담(毘曇)은 아비담(阿
毘曇)의 약칭이다. 이 아비담(阿毘曇)은 구역(舊譯)이고, 신역(新譯)에서는 아비달마(阿
毘達磨)로 표기하였다. 아비달마는 원시불교경전을 연구하여 주석한 논서를 지칭하는
데, 여기서는 대승불교에 대립되는 소승불교의 의미로 사용되기도 한다. 본 번역에서는
이 비담(毘曇)이라는 용어를 현재 자주 사용하는 '아비달마'로 통일하여 표현하였다.
15) 성실(成實): 『성실론(成實論)』(Satyasiddhi-śāstra), 혹은 성실학파(成實學派)를 의미한다.
『성실론』은 하리발마(訶梨跋摩, Harivarman, 250~350)가 저작한 것으로서, 인도에서는
그렇게 중시되지 않았다. 이 저서는 소승불교(部派佛教)의 중요한 교리를 거의 망라하
였으나, 대승적 견해를 첨부하여 자주 설일체유부(說一切有部)의 해석을 파척하고, 주
로 경량부의 입장을 취하였다. 다수의 경전을 인용했을 뿐만 아니라, 자이나(Jaina)교·
상키야(Sāṃkhya, 數論)학파·바이셰시카(Vaiśeṣika, 勝論)학파·니야야(Nyāya, 正理)학파
같은 인도의 일반적 사상과 학설도 언급하였다.
　구라마집(344~413)이 16권 혹은 20권으로 한역하자 그 문하에서 왕성하게 연구되었
으며, 그 문하의 법손들에 이르러 성실학파가 흥기하여, 남북조시대부터 초당까지 많은
성실사(成實師)가 배출되었다. 그 초기에는 대승의 논서로 취급하였으나, 삼론종의 고
승 승랑(僧朗) 때부터 대승이 못된다고 비판받기 시작하다가, 길장(吉藏)에 이르러 본
저서에서 열 가지의 이유를 들어 소승의 논서로 단정하게 되었다.

질문 : 무슨 의미로 여러 논사들을 두루 배척하는가?

대답 : 논주(論主)[16]께서는 불교의 근원을 궁구하여 그 이치를 다하고자 하는 것이다. 하나의 근원이라도 규명하지 못하면 곧 희론(戲論)[17]이 사라지지 않고, 한 터럭의 이치라도 다하지 못하면 곧 지극한 도[至道]가 드러나지 않는다. 근원을 궁구하지 못함이 없으면 여러 가지 다른 견해들이 이에 사라지고, 이치를 다하지 못함이 없으면 현묘한 도[玄道]가 비로소 통하게 된다. 그 때문에 이 (삼론의) 문장에서 여러 견해들을 두루 배척하는 것이다.

問, 旣無法不究, 無言不盡, 應遍排群異. 何故但斥四宗也?

答, 初一爲外, 後三爲內, 內外並收. 毘曇明有, 成實辨空, 空有俱攝. 斯二爲小, 方等稱大, 大小該羅. 略洗四迷, 則紛累都盡耳.

질문 : 이미 법(法)으로서 궁구하지 못한 것이 없고, 말[言]로서 표현하지 못한 것이 없으면, 응당 여러 가지 다른 견해들을 두루 배척해야 한다. 무엇 때문에 단지 네 종파만을 파척하는가?

대답 : 처음의 하나는 외교[外; 불교 외부의 가르침]이고, 나중의 셋은 내교[內; 불교 내부의 가르침]이니, (이에 의하여) 안과 밖이 함께 거두어진다. (내교 가운데) 아비달마에서는 제법(諸法)의 유(有)를 해명하고, 성실에서는 제법의 공(空)[18]을 변론하여, (이에 의하여) 공(空)과 유(有)가 모두 포

---

16) 논주(論主) : 삼론의 저자인 용수보살과 제바보살을 말한다.

17) 희론(戲論) : prapañca의 의역. 불교의 도리에 부합하지 않는 쓸데없는 허언(虛言)을 의미한다. 예를 들면, 제법(諸法)의 실상(實相)을 알지 못하고, 사물이 생겨나거나 소멸하고, 항상 존재하거나 단멸하고, 한 가지이거나 다르다고 하고, 오거나 간다고 하는 등 갖가지로 사유하며 집착하는 것이다.

　『중관론소』 제1권本에 의하면, 이 희론에는 애론(愛論)과 견론(見論)의 두 가지가 있다고 한다. 애론(愛論)이란 일체의 법에 집착하는 마음이 있는 것으로, 재가인과 천인, 마군이와 범부가 일으킨다. 견론(見論)은 일체 법에 결정적인 모습이 있다고 고집하는 것으로, 출가인과 외도, 소승의 이승이 일으킨다. 이 애론과 견론은 어린아이가 희롱하는 것과 같기 때문에 비유하여 희론이라 이름한다는 것이다(『대정장』 42권, 12中).

섭된다. 이 둘은 소승(小乘)이 되는데, 방등(方等)[19]은 대승(大乘)이라 칭하여, (이에 의하여) 대승과 소승이 망라된다. 대략 이 네 가지 종파의 미혹을 씻어버리면, 곧 분분하게 연관된 것들이 모두 없어질 것이다.

 問, 此之四執, 優降云何?
答, 外道不達二空, 橫存人法. 毘曇已得無我, 而執法有性. 跋摩具辨二空, 而照猶未盡. 大乘乃言究竟, 但封執成迷. 自淺至深, 四宗階級.

질문 : 이 네 가지에 미혹하여 집착하는 (주장의) 우열은 어떠한가?

대답 : 외도는 (인공(人空)과 법공(法空)의) 두 가지의 공[二空][20]을 통달하지 못하였기 때문에, 억지로 인(人)과 법(法)이 존재한다고 여긴다.[21] 아비달마는 이미 (인간존재에 대하여) 무아(無我)[22]는 증득했으나, 법에

---

18) 유(有)와 공(空) : 현상적인 모든 존재에 고정적인 본질이 존재한다고 생각하는 것을 유(有)라 하고, 그 반대로 모든 법에는 실체가 존재하지 않는다는 것을 공(空)이라 한다. 공(空)과 유(有)는 서로 상대적인 의미로, 제법의 양면성을 지적하는 불교 고유의 용어이다.

19) 방등(方等) : vaipulya의 의역. 방광(方廣)이라고도 한다. 원래는 원시불교 경전의 한 가지 형태였으나, 대승불교에서는 주로 대승경전을 가리키는 말로 사용되었다. 여기서는 대승불교의 교리를 잘못 이해하고 그것에 집착하는 일부의 중국 대승불교를 말한다.

20) 이공(二空) : 인공(人空)과 법공(法空), 또는 아공(我空)과 법공을 말하며, 인무아(人無我)와 법무아(法無我)라고도 부른다. 인간존재의 본질이 실유(實有)적이지 않다는 것이 인공이고, 모든 사물의 구성 요소가 실체적이지 않다는 것이 법공이다.

21) 인도의 외도들 가운데 인(人)과 법(法)에 집착하는 이들로서, 길장은 『백론소(百論疏)』에서 인도 학파 가운데 수론(數論, Sāṃkhya)과 승론(勝論, Vaiśeṣika)을 거론하였다. 『금칠십론(金七十論)』 등을 저작한 수론학파에서는 25제(諦)가 있다고 하였는데, 앞의 24제는 법집이고, 제25 신아제(神我諦)는 아집이라고 하였다. 승론학파에서는 육구의(六句義)를 수립하였는데, 제1 실구의(實句義)에 ①地, ②水, ③火 ④風 ⑤空, ⑥時, ⑦方, ⑧我, ⑨意의 아홉 가지가 있으며, 그 제⑧의 아(我)가 자아의 주체이고 그 나머지는 법의 주체라고 하였다. 보다 자세한 설명은 '제1장 제2절 인도의 이단' 번역 말미의 보충설명을 참조 바람.

22) 무아(無我) : 우파니샤드(Upaniṣad) 같은 인도의 고대사상에서는 개인적인 존재의 본질

는 실재하는 성품이 있다고 집착한다. 하리발마(跋摩)[23)는 두 가지의 공에 대하여 모두 변론하였지만, 관조하는 것이 아직도 다하지 못하였다. 대승은 이에 그 말하는 바가 궁극적이라고는 하지만, 단지 그 말에 굳게 집착하여 미혹을 발생한다. 이와 같이 얕은 데부터 깊은 데까지 네 가지 (주장에는 우열의) 계급이 있다.

問, 外道邪言, 可得稱破. 餘爲內敎, 何[24)得亦破?
答, 總談破顯, 凡有四門. 一破不收, 二收不破, 三亦破亦收, 四不破不收.

言不會道, 破而不收. 說必契理, 收而不破. 學敎起迷, 亦破亦收. 破其能迷之情, 收取所惑之敎. 諸法實相, 言忘慮絶. 實無可破, 亦無可取. 泯上三門, 歸乎一相. 照斯四句, 破立皎然. **自此以來總明申破, 從此已去別斥四宗**(원문주해).[25)

질문 : 외도의 잘못된 말은 파척해야한다고 칭할 수 있겠지만, 나머지 (세 가지)는 불교내부의 가르침이다. 어떻게 또한 이것을 파척할 수 있겠는가?

은 아트만(ātman)으로서, 그 아트만은 생사의 윤회를 겪으면서도 실재한다고 주장하였다. 그러나 불교가 성립되면서 그러한 아트만을 아(我)라고 부르며, 그러한 아(我)는 고정적으로 실재하지 않는다고 비판하였다. 그러한 주장이 바로 불교의 무아(無我, ni-rātman, anātman)사상이다. 원시경전에서는 이 무아를 때때로 비아(非我)라고도 하였다.

23) 하리발마(訶梨跋摩) : Harivarman의 음사로서, 요약하여 발마(跋摩)라고도 한다. 사자개(師子鎧, 獅子鎧), 사자위(師子胃)라고 의역한다. 250~350년경의 사람으로, 중인도(中印度)의 바라문 출신이다. 처음에는 베다(veda) 같은 인도의 사상을 배워 통달하고, 나중에는 설일체유부에 출가하여 구마라타(鳩摩羅陀, Kumāralāta)에게 사사(師事)하였다. 하리발마는 스승의 지시로 가다연니자(迦多衍尼子)의 『이비달마발지론(阿毘達磨發智論)』을 배웠으나, 그 설에 만족하지 않고 스스로 삼장(三藏)을 연구하여 『성실론』을 지었다고 전해진다.
24) 하득역파(何得亦破) : 대정장경본의 '何'자가 금릉각경처본에는 '可'로 표기되어 있다. 질문하는 내용이므로 '何'가 타당할 것이다.
25) 이 원주(原註)가 금릉각경처본을 수록한 중국문헌에는 누락되었다. 이하의 원주가 있는 경우에도 그 사정은 동일하다.

답변 : 총괄적으로 파사와 현정을 담론하는 데 무릇 네 가지 부문이 있다. 첫째는 파척하고 수용하지 않는 것이고[破不收], 둘째는 수용하고 파척하지 않는 것이며[收不破], 셋째는 또한 파척하기도 하고 또한 수용하기도 하는 것이고[亦破亦收], 넷째는 파척하지도 않고 수용하지도 않는 것이다[不破不收].[26]

말하는 바가 도(道)에 계합하지 않으면 파척하여 수용하지 않고, 설하는 바가 반드시 이치에 계합하면 수용하고 파척하지 않는다. 가르침을 학습하다가 미혹을 일으키는 것은 또한 파척하기도 하고 또한 수용하기도 한다. 곧 그 미혹을 일으키는 감정은 파척하고, 미혹의 대상인 가르침은 수용하여 거둔다. 모든 법의 실상[諸法實相][27]은 언어가 사라지고 생각이 끊어져서[言忘慮絶], 이것은 실로 파척할 수도 없고 또한 수용할 수도 없다. 앞에서 설명한 세 가지 부문을 없애야 하나의 실상[一相]으로 회귀하는 것이다. 이 네 가지 구절을 관조하면, 파척하고 수립하는 것이 명료해질 것이다. (여기까지는 총괄적으로 파척하는 것을 밝혔으며, 이후부터는 별도로 네 종파에 대하여 비판한다 …… 原註)

---

26) 여기에서 말하는 파척(破)은 부정(否定), 수용(收)은 긍정(肯定)을 의미한다.
27) 제법실상(諸法實相) : 모든 법의 여실한 모습, 진실한 모습을 말한다. 그 원어로는 dharmatā, tattva, tattva-lakṣaṇa 등의 여러 가지 범어(梵語)가 있다. 중국불교의 삼론종과 천태종에서 이 용어를 잘 구사하였다. 삼론종에서는 일체 존재의 실상은 중도(中道)이므로, 곧 중도의 실상을 의미하는 언어로서 사용되었다.

제2절 외도를 물리침 [摧外道]

1. 총설

 所言摧外道者, 夫至妙虛[28]通, 目之爲道. 心遊道外, 故名外道. 外道多端, 略陳其二. 一天竺異執, 二震旦衆師.

 외도를 물리친다고 말하는 것은, 대저 지극히 미묘하여 걸림 없이 통하는 것을 이름하여 도(道)라 하는데, 마음이 도의 밖에서 노닐기 때문에 외도(外道)라고 이름한다. 외도의 종류는 많지만 대략 그 두 가지로 나누어 진술하면, 첫째는 천축(天竺; 印度)[29]의 불교와 다른 견해에 집착하는 부류들이고, 둘째는 진단(震旦; 中國)[30]의 여러 스승들이다.

2. 인도의 이단(異端)

總論西域, 九十六術. 別序宗要, 則四執盛行. 一計邪因邪果, 二執無因有果, 三立有因無果, 四辨無因無果.

---

28) 허(虛) : 만속장경본에는 '虛'가 '虗'로 표기되어 있으나, 의미는 서로 통한다. 이 후에도 대정장경본에 나오는 '虛'는 만속장경본에서 모두 '虗'로 표기되어 있으나, 이 글자에 대해서는 더 이상 지적하지 않기로 한다.

29) 천축(天竺) : Sindhu. 인도(印度)의 옛 명칭.『대당서역기』2권에서, "예전에는 신독(身毒), 현두(賢豆)라고 불렀는데, 바른 소리는 인도(印度)"라고 하였다. 현두(賢豆)의 원음은 Hendhu.

30) 진단(震旦) : Cinisthāna. 고대에는 중국을 '진단'이라고 불렀다.『번역명의집(翻譯名義集)』3권에서, "진단(震旦)을 더러 진단(眞丹)이라고 불렀고, 더러는 전단(旃旦)이라고도 하였다. 혜림법사는 '동방은 진(震)에 소속되는데, 해가 뜨는 지역이기 때문이며, 그래서 진단이라고 한다'라고 하였다. 운운"(『대정장』54권, 1098中)

 총괄적으로 서역(西域)31)의 이단(異端)을 논하면 96종류의 외도[九十六術]가 있으며, 별도로 그들의 종요(宗要; 주장하는 내용의 요점)를 서술하면 곧 네 가지의 집착[四執]32)이 성행한다. 첫째는 잘못된 원인에 잘못된 결과의 견해[邪因邪果]를 계탁하는 것이고, 둘째는 원인이 없는데도 결과가 있다는 견해[無因有果]33)에 집착하는 것이고, 셋째는 원인이 있는데도 결과가 없다는 견해[有因無果]를 건립하는 것이고, 넷째는 원인도 없고 결과도 없다는 견해[無因無果]를 변론하는 것이다.

1) 사인사과(邪因邪果)

問, 云何名爲邪因邪果?

答, 有外道云, "大自在天, 能生萬物. 萬物若滅, 還歸本天. 故云自在. 天若瞋, 四生皆苦. 自在若喜, 則六道咸樂." 然天非物因, 物非天果. 蓋是邪心所畫. 故名邪因邪果. **自在旣爾, 七計例然**(원문주해).

질문 : 어떠한 것을 잘못된 원인에 잘못된 결과의 견해[邪因邪果]라고 이름하는가?

 대답 : 어떤 외도가34) 말하기를, "대자재천(大自在天)35)은 능히 만물(萬

---

31) 서역(西域) : 지금은 인도 북부와 중국 사이의 타클라마칸(Taklamakan) 사막 주변에 번성하던 서역지역을 말하는데, 여기서는 고대의 인도(印度)를 의미한다.

32) 사집(四執) : 원인[因]과 결과[果]의 관계에 대한 네 가지 미혹한 집착. 인과설은 인도 불교 이래의 전통적 해석이지만, 사집(四執)에 대한 비판은 실제로 인도에서 행해졌던 것을 수용한 것은 아니다. 다분히 길장이 스승과 많은 불교경전으로부터 학습하고 삼론학에 입각하여 네 가지로 분류 비판한 것으로 짐작된다.

33) 무인유과(無因有果) : 신수대장경본의 '無因有果'의 '有'가 금릉각경처본에는 '無'로 되어 있다. 그러나 여기서 비판하는 네 가지 외도의 집착 가운데 네 번째가 '無因無果' 이므로, 이 두 번째의 경우는 '無因有果'로 되어야 타당하다.

34) 이 외도는 육사외도의 하나인 가라구다 가전연(迦羅鳩馱迦旃延, Krakuda-Kātyāyana) 을 말하며, 북본(北本)의 『대반열반경』 제19권에 여기의 인용문과 같은 내용이 설해져 있다. "有大師名迦羅鳩馱迦旃延 (…중략…) 一切衆生, 悉是自在天之所生. 自在天喜, 衆生安樂. 自在天瞋, 衆生苦惱. 一切衆生若罪若福, 乃是自在天之所爲."(『대정장』 12

物)을 생기게 하며, 만물이 만약 소멸하면 본원이었던 천(天; 대자재천을 말함)으로 다시 돌아간다. 그 때문에 자재(自在; 대자재천의 줄임말)라고 한다. 대자재천이 만약 진노하면 사생(四生)[36]이 모두 괴롭고, 대자재천이 만약 기뻐하면 곧 육도(六道)[37]가 다 즐겁다"라고 하였다. 그러나 천신[天]은 만물을 창조한 원인이 아니며, 만물은 천신이 창조한 결과가 아니다. 이러한 견해는 대개 잘못된 생각으로 획책한 것이다. 그 때문에 이것을 잘못된 원인에 잘못된 결과의 견해라고 이름한다. (자재(천이 만물의 근원이라는 주장)의 경우가 이미 잘못되었으며, (자재천 이외에 만물의 근원이라고 말하는) 일곱 가지 주장[七計][38]도 이 예(例)에 따라 그러하다 …… 原註)

권, 476中)

35) 대자재천(大自在天) : Maheśvara의 의역이며, 마혜수라(摩醯首羅), 또는 마혜수바라(摩醯首婆羅)라고 음사한다. 현재 인도 힌두교의 전신인 고대 바라문(婆羅門) 종교의 시바(Śiva)신의 이명(異名)으로, 인도종교에서는 이 대자재천을 우주세계를 창조한 최고신, 곧 창조주로 신앙한다. 길장의 『중관론소(中觀論疏)』 제1권末의 설명에 의하면, 그 대자재천이 고행을 하여 모든 생명체를 창조할 때, 하품(下品)의 고행으로 기어 다니는 곤충을 파생하고, 중품(中品) 고행으로 날아다니는 조류를 파생하고, 상품(上品) 고행으로 사람과 천신을 파생하여, 육도(六道)의 모든 생명을 자재천이 창조하였다고 한다. 그 형상은 눈이 세 개에 팔이 여덟이고, 흰 소를 타고 있으며, 손에는 흰 불진(拂塵)이나 촉루를 쥐고, 머리에는 일월(日月)을 이고 있다고 묘사한다(『대정장』 42권, 14中). 또한 『백론소(百論疏)』 상권에도 소개되어 있다. 이 대자재천은 나중에 불교에 수용되어 색계(色界) 최고위의 색구경천(色究竟天)에 거주한다고 여겼으며, 삼천세계의 주(主)라고 이름하였다.

36) 사생(四生) : 모든 생명체가 태어나는 네 가지 방식인 난생(卵生; 알로 태어나는 것)·태생(胎生; 모태에서 태어나는 것)·습생(濕生; 습지에서 태어나는 것)·화생(化生; 업력으로 변화하여 태어나는 것)을 말한다.

37) 육도(六度) : 육도(六道), 육취(六趣)라고도 한다. 모든 생명체가 태어나 사는 장소를 여섯 세계로 구분한 것. 불교에서는 해탈하여 열반할 때까지, 자신의 선악 행위에 따라 죄와 복을 받으며, 위로부터 아래까지 하늘[天]·인간[人]·아수라(阿修羅)·축생(畜生)·아귀(餓鬼)·지옥(地獄)의 여섯 세계를 윤회 전생한다고 말한다. 하늘은 살기 좋은 하늘나라, 인간은 사람세상, 아수라는 호전적인 귀신, 축생은 동물과 곤충들, 아귀는 배는 큰데 목구멍은 가늘어 늘 배고픈 귀신의 일종, 지옥은 갖가지로 핍박받는 죄인이 사는 곳이다.

38) 칠계(七計) : 만물이 생겨나는 근원, 원인에 대하여 인도의 종교철학에서 말하는 일곱 가지 견해. 『중론(中論)』 제1권에서, "어떤 사람이 말하되 만물(萬物)은 대자재천(大自在天)으로부터 생한다, 어떤 사람이 말하되 위뉴천(韋紐天, 바라문교의 Viṣṇu신. 창조

難曰, 夫善招樂報, 惡感苦果. 蓋是交謝之宅, 報應之場. 以不達義理, 故生斯謬. 又夫人類生人, 萬類生物. 人類生人, 則人還似人. 萬類生物, 物還似物. 蓋是相生之道也. 而謂一天之因, 産萬類之報, 豈不謬哉.

(앞의 사인사과(邪因邪果)를) 비난하여 말한다. 대저 선(善)은 즐거운 과보를 초래하고, 악(惡)은 괴로운 과보를 가져온다. 대개 (삼계육도의 이 세상은 선하거나 악한 일들이) 서로 교대로 이전하는 거처이며, (괴롭거나 즐거운) 과보가 감응하는 처소이다.39) 이 사인사과(邪因邪果)는 그러한 의미와 도리에 통달하지 못하였기 때문에 이러한 오류를 파생한 것이다. 또 대저 사람의 부류는 사람을 출생하고, 사물의 부류는 사물을 출생한다. 사람의 부류가 사람을 출생하면 그 사람은 다시 사람과 유사하고, 사물의 부류가 사물을 출생하면 그 사물은 다시 사물과 유사하게 된다. 대개 이것이 (사람과 사물이) 상생하는 도리인 것이다. 그런데도 하나의 천신[一天; 대자재천]이라는 원인이 만 가지 종류의 과보를 출생한다고 말하니, 이 어찌 잘못이 아니겠는가.

주 범천(梵天)이 변화한 형상)으로부터 생한다, 어떤 사람이 말하되 원소의 화합(和合)으로부터 생한다, 어떤 사람이 말하되 시절[時]로부터 생한다, 어떤 사람이 말하되 세성(世性, prakrti)으로부터 생한다, 어떤 사람이 말하되 변화(變化)로부터 생한다, 어떤 사람이 말하되 자연(自然)으로부터 생한다, 어떤 사람이 말하되 미진(微塵)으로부터 생한다고 하였다"라고 하였는데,(『대정장』 30권, 1中) 그중에서 대자재천을 제외한 나머지 일곱 가지 견해를 말한다.

39) 교사지택보응지장(交謝之宅報應之場) : 선악(善惡)은 서로 적대상번(敵對相翻)하여, 선(善)이 생하면 악(惡)은 물러가고 악(惡)이 생하면 선(善)은 가버린다. 이렇게 선과 악이 교대로 초래하고, 선악의 원인과 과보는 서로 천사(遷謝)하기 때문에 교사(交謝)라고 한다. 현재의 괴로운 과보는 과거의 악인(惡因)에 응하고, 현재의 행복한 과보는 과거의 선인(善因)에 답하기 때문에 보응(報應)이라고 한다. 또 선악의 인과를 초감(招感)하는 것은 삼계육도(三界六道)의 의택처(依宅處)이므로 택(宅)이라 비유하였는데, 택(宅)은 거처(居處)라 하였고, 육도삼승(六道三乘)의 의주처(依住處)이므로 장(場)이라 비유한다고 하였다(『三論玄義檢幽集』, 『佛教大系 三論玄義』, 50면).

2) 무인유과(無因有果)

問, 云何名爲無因有果?

答, 復有外道, 窮推萬物, 無所由籍, 故謂無因. 而現觀諸法, 當知有果. 例如莊周魍魎問影. 影由形有, 形因造化, 造化則無所由. 本旣自有, 卽末不因他. 是故無因而有果也.

질문 : 어떠한 것을 원인이 없는데도 결과가 있다는 견해[無因有果]라고 이름하는가?

대답 : 다시 어떤 외도가[40] 만물의 원인을 궁리하여 추구하였는데도 근원에서 비롯됨이 없어, 그 때문에 이것을 원인이 없음이라고 한다. 그러나 현실에서 제법(諸法)을 바라보면, 마땅히 결과가 있다는 것을 알 것이다. 예를 들면 장주(莊周)[41]가 말한 '망량이 그림자에게 묻다[魍魎問影]'[42]와 같다. 그림자[影]는 형상으로 말미암아 존재하고, 형상은 조화(造化; 自然의 조화)로 인하여 존재하는데, 그 조화는 곧 유래하는 데가 없다는 것이다. (이와 같이) 근본[本][43]이 이미 스스로 존재하고, 곧 지말[末]도 (근본에

---

40) 『중론소기(中論疏記)』 1권본에 의하면, 이 견해는 육사외도 중에 제2의 막카리 고살라(Makkhali-Gosāla, 末伽梨俱舍梨子)의 사견으로, 사명외도(邪命外道)의 교조이다. 그는 형극(棘莿)의 가시는 사람에 의하여 만들어진 것이 아니며, 비조(飛鳥)의 색은 다르지만 사람에 의하여 만들어진 것이 아니라, 일체만물은 자연적으로 발생하고 자연적으로 사멸하는 것이므로, 어떤 특정한 원인으로부터 생하는 것이 아니라고 주장하였다. 소위 무인론(無因論)이다(『佛敎大系 三論玄義』, 52면).

41) 장주(莊周) : 주(周)는 도교(道敎)의 사상가 장자(莊子)의 이름.

42) 망량문영(魍魎問影) : 『장자(莊子)』 제물론(齊物論)에 나오는 문답이다. 망량이 그림자에게 물었다. '아까는 그대가 거닐더니 지금은 그쳤고 또 아까는 앉았더니 지금은 일어섰구나. 왜 그토록 지조가 없는가?' 그림자가 대답했다. '아마 내게는 의지하는 무엇이 있어서 그런가 보다. 내가 의지하는 그 무엇에는 그것이 의지하는 그 무엇이 또 있어서 그런 것 같다. 내가 의지하는 것은 뱀의 발이나 매미의 날개라고나 할까. 그러니 내가 거닐고 그치는 줄을 어찌 알겠으며, 또 앉았다 일어서는 줄을 어찌 알겠는가'라고[罔兩(魍魎)問景(影)曰, 曩子行, 今子止. 曩子坐, 今子起. 何其無特操與? 景曰, 吾有待而然者邪? 吾所待, 又有待而然者邪? 吾待蛇蚹蜩翼邪? 惡識所以然, 惡識所以不然?]."

43) 조화~타(造化~他) : 『삼론현의과주』에서는 조화(造化)를 본(本), 그림자와 형체[影形]를 말(末)로 보았으며, 다른 것(他)은 지인(指因)이라 하였다(『佛敎大系 三論玄義』, 54면).

서 파생하여 독자적으로 존재하기 때문에) 다른 것[他]에 인하지 않고 존재한다는 것이다. 그러므로 원인이 없는데도 결과가 있다고 하는 것이다.

 問, 無因自然, 此有何異?
答, 無因據其因無, 自然明乎果有. 約義不同, 猶是一執.

 질문 : 원인이 없음과 (장자가 말한) 자연(自然)[44] 사이에는 어떠한 차이가 있는가?

　대답 : 원인이 없음은 그 원인이 없는 것을 근거로 삼고, 자연은 결과가 있는 것을 밝힌다. 그 의미에 의하면 같지는 않지만, 오히려 이것들은 동일하게 집착하는 것이다.

 難曰, 夫因果相生, 猶長短相形. 旣其有果, 何得無因? 如其無因, 何獨有果? 若必無因而有果者, 則善招地獄, 惡感天堂.

 (앞의 무인유과(無因有果)를) 비난하여 말한다. 대저 원인과 결과가 상응하여 생기는 것은, 마치 긴 것과 짧은 것이 서로 상대하여 그 형상이 존재하는 것과 같다. 이미 그 결과가 있다면, 어떻게 그 원인이 없을 수 있겠는가? 만약 그 원인이 없다면, 어떻게 독자적으로 결과가 있겠는가? 만약 반드시 원인이 없는데도 결과가 있다고 한다면, 곧 선(善)을 행해도 지옥(地獄)[45]에 갈 것이고, 악(惡)을 행해도 천당(天堂)[46]에 태어날 것이다.[47]

---

44) 자연(自然) : 위에서 해설한 장자(莊子)의 주장과 조화(造化)를 의미함.

45) 지옥(地獄) : naraka의 번역. 나락가(奈落迦)라 음사하며, 나락이라고도 한다. 불교에서 말하는 지옥의 종류는 매우 많지만, 그중에서 특히 팔대지옥(八大地獄)이 악명 높다. 팔대지옥은 팔열지옥(八熱地獄)과 팔한지옥(八寒地獄)으로 구분되며, 일반적으로 거론되는 팔열지옥은 등활(等活)지옥 · 흑승(黑繩)지옥 · 중합(衆合)지옥 · 규환(叫喚)지옥 · 대규환(大叫喚)지옥 · 초열(焦熱)지옥 · 대초열(大焦熱)지옥 · 무간(無間)지옥 등이다.

46) 천당(天堂) : 천상의 세계를 말하는데, 많은 천상계 가운데 욕망을 충족시켜주는 욕계 육천(欲界六天)이 회자된다.

問曰, 有人言, "自然有因, 自然無因. 萬化不同, 皆自然有, 故
無同前過."

答曰, 蓋未審察之, 故生斯謬. 如其精究, 理必不然. 夫論自者, 謂非
他爲義. 必是因他, 則非自矣. 故自則不因, 因則不自. 遂言因而復自,
則義成桙楯.[48]

질문 : 어떤 사람이 말하기를, "자연에는 원인이 있어 존재하는
것도 있고, 자연에는 원인이 없이 존재하는 것도 있다. 만물이
동일하지는 않지만, 모두 자연적으로 존재한다"라고 하였다. 그러므로
이 주장에는 앞의 (원인이 없다는 견해와 같은) 과오가 없다.

대답 : 대개 그것을 깊이 살피지 않았기 때문에 이러한 오류를 파생
하는 것이다. 만약 (자연에 대하여) 정밀하게 추구해보면 이치가 반드시
그렇지는 않다. 대저 자(自; 자연적인 것)에 대하여 논하자면, 그것은 다른
것[他; 사물을 생기게 하는 원인]에 의하지 아니하는 것을 그 의미로 삼는다.
그래서 반드시 (어느 한 쪽이) 원인이 있다고 한다면 그것은 다른 것으
로서, 곧 자(自)는 아니다. 그러므로 자(自)라는 것을 말한다면 곧 원인이
성립하지 않으며, 원인이라는 것을 말한다면 곧 자(自)가 성립하지 않는
다. 그런데도 원인이면서도 또한 자(自)라고 말한다면, 곧 그 의미가 모
순(桙楯)을 이루게 될 것이다.

---

47) 이것과 같은 내용의 문장이 이미 『중론』「관인연품(觀因緣品)」의 장행석에 설해져
있다. "若無因而有果者, 布施持戒等應墮地獄, 十惡五逆應當生天, 以無因故."(『대정
장』30권, 2中)

48) 모순(桙楯) : '桙'가 불교대계본(佛敎大系本)에는 '鉾'로 표기되어 있다. '桙'와 '鉾'는
같은 글자이며, 모순(鉾楯)과 모순(矛盾)은 같은 의미임.

3) 유인무과(有因無果)

問, 云何名爲有因無果?

答, 斷見之流, 唯有現在, 更無後世. 類如草木盡在一期.

難曰, 夫神道幽玄, 惑人多昧. 義經丘而未曉, 理涉旦而猶昏. 唯有佛宗, 乃盡其致. 經云, “如雀在瓶中, 羅穀覆其口, 穀穿雀飛去, 形壞而神走.” 匡山慧遠釋曰, “火之傳於薪, 猶神之傳於形. 火之傳異薪, 猶神之傳異形. 前薪非後薪, 則知指窮之術妙. 前形非後形, 則悟情數之感深. 不得見形朽於一生, 便謂識神俱喪, 火窮於一木, 乃曰終期都盡矣.”

(問曰)[49] 後學稱黃帝之言曰, “形雖糜, 而神不化, 乘化至變無窮.” 雖未彰言三世, 意已明未來不斷.

질문 : 어떠한 것을 원인이 있는데도 결과가 없다는 견해[有因無果]라고 이름하는가?

대답 : 단견(斷見)의 무리들[50]은 오직 현재만 있고 다시 후세가 없다고 말하는데, 예를 들면 마치 초목이 한 시기에 고사하여 없어지는 것과 같다고 한다.

(앞의 유인무과(有因無果)를) 비난하여 말한다. 대저 신명[神]에 관한 도리는 그윽하고 깊어서[神道幽玄],[51] 어리석은 사람들은 잘 알지 못한다. 그

---

49) 이 '問曰'이 대정장경본에는 누락되었으나, 금릉각경처본과 만속장경본에는 들어있다. 그러나 『두서(頭書)』에서는 이 두 글자가 없는 것이 옳다고 보았다.

50) 단견지류(斷見之流) : 단견(斷見)이란 이 세상이나 인간은 항상 존재하는 것이 아니라, 파멸이나 죽음에 의하여 소멸하면 허무로 돌아간다고 주장하는 설로서, 인과의 이법(理法)을 부정하여 선악(善惡)의 원인과 그 과보(果報)를 무시하는 견해이다. 『유가사지론』 7권에서 단견외도를 해석하여 "나의 몸이 이미 단괴하여 없어지는 것이 마치 와석(瓦石)이 한번 깨지면 다시 합할 수 없는 것과 같다"라고 하였으며,(『대정장』 3권, 310上) 『과주(科註)』 1권에서는 "『중론소(中論疏)』에서 말하기를, 사견(邪)을 단견이라 하였다"라고 하였다(『佛教大系 三論玄義』, 60면).

51) 신도(神道) : 번역서에 따라 그 해석이 다양하다.

① 신(神)은 측량할 수 없다는 뜻이고, 도(道)는 허통무애(虛通無碍)의 뜻으로, 심법(心法)을 말한다고 해석하였다(高雄義堅譯, 96면).

의미는 공구[丘; 공자(孔子)]52)를 거쳤어도 아직 깨닫지 못하였고, 그 도리
는 주단[旦; 주공(周公)]53)을 지나쳤어도 오히려 혼미하다. 오직 불교의 종
지만이 그 극치에 도달하였을 뿐이다.

경전에서 말하기를, "참새가 병(甁) 속에 들어있을 때에 나곡(羅穀; 얇
은 비단)으로 그 입구를 덮었지만, 그 얇은 비단에 구멍이 뚫어지면 참새
가 날아가는 것처럼, (육신의) 형체가 허물어지면 (그 육체에 머물던) 신
명[神]54)이 떠나간다"라고55) 하였다. 광산(匡山)의 혜원(慧遠)56)은 (이에

---

② 『조론서(肇論序)』에 신도(神道不形)이라는 말이 있는데, 쇼(疏; 그 역자가 다음에
제시한 출처(『대정장』 45권, 158上, 150中, 163下)를 보면, 원강(元康)의 『조론쇼(肇論
疏)』를 지적한 것임)에서 "謂神妙之道, 卽佛道也"라 한 것에 의하여, 지금의 신도(神
道)도 바로 불도(佛道)라고 해석하는 자도 있지만, 그대로 묵과하기 어렵다는 것은 전
후를 숙고하면 명백하다고 지적하며, 神(たましひ; 魂, 靈, 정신)의 道라 번역하였다(金
倉圓照譯, 18면의 주5, 19면).
③ 정신(精神)에 관한 도(道)라고 번역하였다(三枝充悳譯, 51면).
④ "神道謂神之道, 卽佛道也"라는 원강(元康)의 『조론쇼(肇論疏)』 상권의 주석(『대정
장』 45권, 163)을 제시하며, 불도(佛道)나 불교도리(佛敎道道)라고 번역하였다(韓廷傑譯,
21, 23면).
⑤ 神(たましい; 魂, 靈, 정신)의 道라 번역하였다(平井俊榮譯, 121면). 신(神)에 대하
여 다음의 주석 54)를 참조 바람.
52) 구(丘) : 구(丘)는 공자(孔子, 552~479년의 이름. 자(字)는 중니(仲尼), 성(姓)은 공씨(孔
氏)이다. 노나라[魯] 사람으로, 유가(儒家)의 시조. 3세 때 아버지를 여의고 가난한 가정
에서 성장하여, 15세 무렵 학문의 도(道)에 뜻을 둠. 특정한 스승은 없었으나, 예(禮)를
노담(老聃)에게 묻고, 악(樂)을 장홍(萇弘)에게 배우고, 금(琴)은 사양(師襄)에게 배웠다.
노(魯)에서 대사관(大司寇)까지 올랐으나, 그 후 14년간 여러 나라를 주유하면서 인의
(仁義)의 정치를 강조하며 유세하다가, 69세에 다시 노(魯)에 돌아와 그때부터 제자들의
교육과 저술에 전념하였다. 그의 중심사상은 인(仁)으로, 인(仁)의 덕에 의한 정치를 주
장했다.
53) 단(旦) : 주공(周公). 생몰년대 미상. 단(旦)은 주공의 이름. 시호는 문(文), 또는 원(元)
이다. B.C. 1000년 전 사람으로, 쥬(周)의 문왕(文王)의 아들로 태어나 무왕(武王)의 제
자가 되었으며, 무왕을 보좌하여 은의 주왕(紂王)을 토벌하였다. 무왕의 사후에는 연소
한 성왕(成王)을 도와 정치를 하였다. 공자가 매우 흠모한 인물로, 후세에 공자와 함께
주공(周孔)으로 호칭되며 성인으로 존경하였다.
54) 신(神) : 이하에서 여러 번 언급되는데, 번역서에 따라 다소 다르다.
① 신식(神識)이라 번역하였다(高雄義堅譯, 99~100면).
② 정신(精神)이라 번역하였다(三枝充悳譯, 52면).
③ 영혼(靈魂)이라 번역하였다(韓廷傑譯, 23~24면. 平井俊榮譯, 121~122면).

여기에서 언급되는 신(神)이란 어휘는, 유신론(有神論)적 종교에서 말하는 일신(一神)이나 다신(多神) 같은 신(God, Deva)을 의미하는 것이 아니라, 사람이나 중생의 육신이 소멸한 뒤에도 계속 존속하여 윤회하는 존재로 설명되고 있다. 이 점은 그 다음에 논의하는 내용에서도 명확히 드러난다. 따라서 그 신(神)은 불멸의 영혼 같은 존재를 의미하는 신아(神我)·신령(神靈)·신명(神明)의 개념에 해당한다고 볼 수 있다.

그런데 실제로 이 『삼론현의』에서 인용하는 관련 경전의 인용문을 더 찾아보면, 이 신(神)이란 말이 『불설칠녀관경(佛說七女觀經)』에는 본래 신명(神明), 또는 혼신(魂神)이라 표현되어 있다. 곧 돈황본 『불설칠녀관경(佛說七女觀經)』에 여기의 인용문과 일치하는 문장이 있어, "如雀在瓶中, 羅縠覆其口, 縠穿雀飛去, 神明隨所受"라고 되어 있다(『대정장』 85권, 1459中~下). 이 인용문은 칠녀(七女)가 무덤에 묻힌 시신을 보고 한 게송씩 송할 때 제7女가 읊은 게송이다. 다만 마지막의 "神明隨所受(신명(神明)은 받은 바를 따른다)"라는 구문이 『삼론현의』에는 "形壞而神走"로 되어 있을 뿐이다. 그리고 제3女는 "비유하면 말이 수레를 이끄는데, 수레가 파손되면 말이 떠나가는 것처럼, (시신의) 사대가 해산할 때에 혼신이 무엇에 의지하여 머물겠는가[譬如馬駕車, 車破而馬去, 四大解散時, 魂神依何住]"라고 송하여, 명백하게 혼신(魂神)이라 표현하였다(『대정장』 85권, 1459中). 그러므로 길장은 원래의 신명(神明)이나 혼신(魂神)을 신(神)이라 표현한 사실을 알 수 있다. 따라서 역주자는 이 신(神)을 신명(神明)이라 번역하기로 하였다.

55) 경(經) : 돈황본 『불설칠녀관경(佛說七女觀經)』에서 "如雀在瓶中, 羅縠覆其口, 縠穿雀飛去, 神明隨所受"라고 하였다(『대정장』 85권, 1459中~下). 다만 마지막의 "神明隨所受"라는 구문이 『삼론현의』에는 "形壞而神走"로 되어 있다. 이 가운데 참새는 영혼을 뜻하는 신명(神明)에, 병(瓶)은 사대(四大)가 화합한 육체적 신체에 비유하였고, 나곡(羅縠)은 얇은 비단옷으로 업력의 얽힘이나 명줄에, 구멍이 뚫림은 생명의 단절에, 형(形)은 육신의 형체에 비유하였다. 이 경전 외에 지겸역(支謙譯)의 『칠녀경(七女經)』에도 이와 비슷하게 "雀在餅中, 覆蓋其口, 不能出飛. 今餅已破, 雀飛而去"라고 되어 있으나, 완전히 일치하지는 않는다(『대정장』 14권, 908中~下).

56) 여산혜원(廬山慧遠) : 여산(廬山)의 혜원(334~416)은 동진(東晋)의 명승으로, 안문군(雁門郡) 누번현(樓煩縣) 출생. 13세에 도교와 유교의 고전을 배우고, 21세에 석도안(釋道安)에게 출가하여 불문(佛門)에 들어갔다. 25년간 수도에 주력하고, 도안을 전진(前秦)의 부견(符堅)이 모셔감에 따라, 스승과 헤어져 스스로 384년경 양자강을 지나 여산(廬山)으로 들어갔다. 그 후 여산의 동림사(東林寺)에 거주하며, 많은 승속(僧俗)을 교화하는 교단의 주체가 되었다. 그는 30여 년을 그 산에서 나오지 않았으며, 83세에 입적하였다. 정영사(淨影寺)의 혜원(慧遠)과 구별하기 위하여 여산혜원이라 말한다. 그 여산(廬山)을 예전에는 남장산(南障山)이라 하였는데, 광속(匡俗, 匡裕)이 여기에 숨어서 노(盧)를 엮었다는 전설이 있어서, 여산(廬山), 광산(匡山), 혹은 광려산(匡廬山)이라고 부른다.

혜원은 당시 중국 불교계를 대표하는 지도자의 한 사람으로, 태원(太元) 15년(390) 유유민(劉遺民) 등과 더불어 여산에서 백련결사(白蓮結社)를 맺고 함께 정토신앙을 수행하였다. 만년에는 장안에 있었던 구마라집과 서간(書簡)을 왕래하였으며, 구마라집과 혜원의 문답은 후에 『대승대의장(大乘大義章)』(『대정장』 45권 수록)으로 정리되어 전

대하여 이렇게) 해석하였다. "불이 땔감에 전해지는 것은 마치 신명이 육체에 전해지는 것과 같고, 불이 다른 땔감에 전해지는 것은 마치 신명이 다른 육체에 전해지는 것과 같다. 이전의 땔감은 나중의 땔감이 아닌데도 (불은 전해지니) 곧 지궁(指窮)의 술수[57]가 미묘함을 알 것이고, 이전의 육체는 나중의 육체가 아닌데도 (신명은 전해지니) 곧 정수(情數)의 감응[感][58]이 깊음을 깨달을 것이다.[59] 육신의 형체가 한 번의 삶에서 부패하는 것을 보고 문득 식신(識神)[60]이 함께 없어진다고 말하

해지고 있다. 혜원의 저작은 10권 50여 편이 있었으나 대부분 산일되었고, 『사문불경왕자론(沙門不敬王者論)』과 『명보은론(明報恩論)』 등이 『홍명집(弘明集)』과 『광홍명집(廣弘明集)』에 수록되어 전해진다. 그의 전기에 대해서는 『출삼장기집(出三藏記集)』 권15 「혜원전(慧遠傳)」, 『고승전』 권6 『혜원전』 등이 있다.

57) 지궁지술(指窮之術) : 『장자』 양생주(養生主)에, "막대기의 장작불이 다 피는 것을 불은 전할 수 있지만, 그 끝나는 것은 알 수 없다[指窮於爲薪, 火傳也, 不知其盡也]"라고 설해져 있다. 지궁(指窮)은 사람이 불을 피우는데 손가락[指]으로 땔감을 추진하여 이전의 땔감에서 다음의 땔감으로 불을 옮기어 꺼지지 않게 하는 것이다. 이것은 불이 이전의 땔감에서 다 타고, 다시 나중의 땔감으로 이전하여 계속 타는 현상을 깊이 알기 어렵다는 것을 의미한다. 양생(養生)도 이와 마찬가지 의미로서, 이것을 지궁(指窮)의 술묘(術妙)라고 말한다.

58) 정수의 감응(情數之感) : 정(情)은 유정(有情)의 뜻이고, 수(數)는 여럿이라는 말이다. 감응[感]은 원인에 따라 과보를 받는다는 뜻이다. 이것은 일체중생의 정식(情識)이 삼세에 걸쳐 원인에 상응하는 결과를 받으며 상속 윤회한다는 의미이다. 대부분의 번역 주석이 이와 동일하다.

59) 『사문불경왕자론(沙門不敬王者論)』의 제5 「형진신불멸론(形盡神不滅論)」에는, "불이 장작에 전해지는 것은 곧 신명이 형체에 전해지는 것과 같고, 불이 다른 장작에 전해지는 것은, 곧 신명이 다른 형체에 전해지는 것과 같다. 이전의 장작은 나중의 장작이 아니라면, 곧 지궁(指窮)의 술묘(術妙)를 알 것이고, 이전의 형체는 나중의 형체가 아니라면, 곧 정수(情數)의 감응이 깊은 것을 깨달을 것이다[火之傳於薪, 猶神之傳於形. 火之傳異薪, 猶神之傳異形. 前薪非後薪, 則知指窮之術妙. 前形非後形, 則悟情數之感深]"라고 설해져 있다[『홍명집(弘明集)』 제5권, 『대정장』 52권, 32上). 이것은 『장자』 양생주(養生主)에서 설명한 비유(앞의 주석 57) 참조)를 여산의 혜원이 차용하여, 인간과 중생의 신명(神明)이나 식신(識神)이 과거·현재·미래의 삼세에 상속 윤회하여 단절되지 않음을 설명한 것이며, 길장도 그 혜원의 주장을 인용하여 강조한 것이다.

60) 식신(識神) : 번역서에 따라 그 해석이 다양하다.
　① 신식(神識) 곧 제6 의근(意根)이라 번역하였다(高雄義堅譯, 100면).
　② 그대로 식신(識神)이라 번역하였다(椎尾辨匡譯, 4면. 金倉圓照譯, 21면).
　③ 인식(認識)도 정신(精神)도라고 번역하였다(三枝充悳譯, 52면).

거나, 불이 한 나무에서 다 타버렸다고 해서 끝나는 시기가 다 소진되었다고 말할 수는 없는 것이다."61) 후학(後學)62)이 황제(黃帝)63)의 말을 칭탁하여 말하기를, "육신의 형체는 비록 사라져도 신명은 변화하지 않는다. (육체의) 변화를 타서 (신명의) 변화에 이르기까지 (요구되는 시기는) 끝이 없다"라고 하였다. 비록 드러내어 삼세[三世; 과거·현재·미래의 세 시기]를 말하지는 않았지만, 그 의미는 (신명은) 이미 미래에도 단절되지 않는다는 것을 밝힌 것이다.

---

④ 의식(意識)과 영혼(靈魂)이라 번역하였다(韓廷傑譯, 23면).

⑤ 영혼(靈魂)이라 번역하였다(平井俊榮譯, 122면).

길장이 구사한 이 식신(識神)이란 어휘는, 본래의 출처인 『사문불경왕자론(沙門不敬王者論)』과 대조해보면 신정(神情)이라 표현된 것임을 알 수 있다. 이에 대해서는 다음 주석의 인용문을 참조 바란다. 그런데 『사문불경왕자론(沙門不敬王者論)』(『대정장』52권, 32上)에 의하면 그 신정(神情)은 신(神)을 표현한 것이고, 또 『불설칠녀관경(佛說七女觀經)』에 의하면 신(神)은 신명(神明)을 의미한다는 것을 앞의 주석 54)에서 해명한 바 있다. 그렇다면 이 식신(識神)도 신명(神明)과 같은 의미로 간주될 수 있을 것이라 본다. 길장은 신명(神明)이나 신정(神情) 같은 어휘 대신, 신(神)이나 식신(識神)을 사용한 것이 아닌가 추측된다.

61) 이 문장 역시 앞에서 인용한 『사문불경왕자론』에 계속되는 인용문이다. "미혹한 자가 형체가 일생에 부패하는 것을 보고 문득 신정(神情)이 모두 없어졌다고 하는 것은, 곧 불이 한 나무에서 다 타는 것을 보고 끝나는 시기가 다 소진되었다고 말하는 것과 같다[惑者見形朽於一生, 便以爲神情俱喪, 猶覩火窮於一木, 謂終期都盡耳]" 길장은 본래의 이 문장을, "不得見形朽於一生, 便謂識神俱喪, 火窮於一木, 乃曰終期都盡矣"라고 일부 개작하였으나, 의미적으로 같은 내용을 설명한 것이다.

62) 후학(後學) : 『문자(文子)』「수복편(守僕篇)」에는 황제(黃帝)가 아닌 노자(老子)의 설로서, "형체는 부패하여도 신명은 일찍이 변화하지 않는다. 변화하지 않음으로써 변화에 응하고, 천변만전(千變萬轉)해도 아직 처음부터 다함이 없다"라고 설해져 있다. 단지 『문자』의 저자로서 주(周)의 신근(辛鈃)이 기록되어 있으나, 후세의 위작이라고 추측되고 있다. 혹은 길장이 그것을 알고 있기 때문에 「後의 學者」라고 고쳤는지도 모른다.

63) 황제(黃帝) : 고대의 전설적인 황제. 신선술(神仙術)의 시조로서 도가(道家)에서 존중되었다. 나중에는 도교의 신(神)으로서 민간에서 숭배되었고, 또는 노자(老子)와 합하여 황노(黃老)라고도 칭한다.

『사문불경왕자론』에는 "문자(文子)가 황제의 말을 칭해서 말하되, 형체는 없어져도 신명은 변화하지 않는다. 변화하지 않는 것으로써 변화에 타서, 그 변화는 다함이 없다.[文子稱黃帝之言曰, 形有靡而神不化, 以不化乘化, 其變無窮]"라고 되어 있다(『홍명집』 5권(『대정장』 52권, 31下). 이것을 길장은 앞의 주석에 표현된 부분과 이어서 인용하고 있으나, 그 인용 처소가 다르기 때문에 여기서는 둘로 나누었다.

4) 무인무과(無因無果)

問曰, 云何名爲無因無果?

答, 旣撥無後世受果, 亦無現在之因. 故六師云, "無有黑業, 無有黑業報. 無有白業, 無有白業報." 四邪之間, 最爲尤弊. 現在斷善, 後生惡趣.

問, 斯之紛謬, 起自何時?

答, 釋迦未興, 盛行天竺. 能仁旣出, 殄斯謬計. 佛滅度後, 柯條更繁. 龍樹後興, 重加剪伐.

질문 : 어떠한 것을 원인도 없고 결과도 없는 견해[無因無果]라고 이름하는가?

대답 : (이 견해는) 이미 후세에 결과를 받는다는 것도 무시하여 없다고 하고, 또한 (결과를 초래하는) 현재의 원인도 없다고 한다. 그러므로 육사외도(六師)64)가 말하기를, "흑업(黑業; 악업(惡業)을 의미함)이 없으면 흑업의 과보도 없고, 백업(白業; 선업(善業)을 의미함)이 없으면 백업의 과보도 없다"라고 하였다. (이상에서 열거한) 네 가지의 잘못된 견해 중에서 이것이 가장 큰 폐단이다. (이 견해에 따르면) 현재에는 선(善)을 행하지 않고, 후세에는 악취(惡趣)65)에 태어난다.

질문 : 이렇게 분분한 과오는 어느 때부터 일어났는가?

대답 : 석가모니(釋迦)가 출세하기 전에 천축에서 성행하였고, 능인(能仁)66)께서 이미 출현하자 이러한 잘못된 생각이 없어졌다. (그렇지만)

---

64) 육사운(六師云) : 원문에는 단지 "六師"라고 하였으나, 『대반열반경』 제17권에는 부란나(富蘭那)의 설로서, "흑업(黑業)도 없고 흑업(黑業)의 과보도 없으며, 백업(白業)도 없고 백업(白業)의 과보도 없다"라고 설해져 있다(『대정장』 12권, 717中).

65) 악취(惡趣) : 악도(惡道)라고도 말하며, 육도(六道) 가운데 살아가기에 고통이 많은 세상을 말한다. 지옥·축생·아귀의 세계를 삼악도(三惡道)라 부른다.

66) 능인(能仁) : Śākya-muni의 의역. 석가(Śākya)족 출신의 성자로, 부처님을 말함. 석가모

부처님이 입멸한 뒤에 지엽적인 분파가 다시금 번성하였고, (여기에) 용
수(龍樹)가 후세에 출현하여 거듭 그 지엽을 베어버렸다.

※ 길장의 인도사상 비판

인도(印度)에서 발생한 많은 종교 철학 가운데, 불교를 제외하고 길장이 여
기에서 비판한 인도의 사상은 크게 구십육술(九十六術)과 사종외도(四種外道)
로 대변된다.

구십육술(九十六術)은 인도에서 불교가 발생할 무렵, 불교와 견해가 다른 96
종류의 외도를 의미한다. 구십육술이란 수효는, 여섯 종파나 학파의 스승 육사
(六師)와 그 여섯 종파 각각에 15가지의 견해가 다른 제자 90명이 있어, 합하
여 모두 96종류가 된다. 다만 인도종교의 입장에서 볼 때, 현재 힌두교
(Hinduism)의 전신인 고대의 바라문(婆羅門, Brahmana) 종교와 중세의 고전 육
파철학(六派哲學)은 전통적 종교철학으로 분류되기 때문에 이 구십육술에 포
함되지 않는다. 곧 구십육술은 바라문종교나 육파철학 같은 인도의 전통적인
종교 철학에 비하여 이른 바 비주류에 속하는 것들이며, 인도의 전통적 종교에
서도 이단으로 취급되는 경향이 있다. 그러나 길장은 인도의 이단을 비판하는
자리에서 구십육술은 물론 인도의 바라문종교와 육파철학의 일부를 모두 비판
하였다. 그것은 불교를 제외하고 길장 당시까지 성립되어 중국에 알려진 인도
의 모든 종교사상의 총체적 집합이라고 볼 수 있다.

여기서 길장에 의하여 비판되는 구십육술과 사종외도의 관계를 고찰해보면,
제일 먼저 고대인도의 바라문종교에서 말하는 대자재천(大自在天, 시바(Śiva)
신의 별칭)이 세상의 만물을 창조한 것을 사인사과(邪因邪果)라고 파척하였다.
바라문종교에 의하면 이 우주의 최초에 브라만, 또는 브라흐만(Brahman, 범천
(梵天)이라 한역함)이라 불리는 신(神)이 있어 이 세계와 인간을 창조하였으며,
세상만물을 창조한 후에 그 브라만신은 미세하게 분화하여 생명체와 비생명체
에 고루 침투하였다고 한다. 이러한 주장으로 인하여 다소 후대의 우파니샤드
(Upaniṣad)시대에 많은 사상가가 배출되어 창조신 브라만과 개인적 자아의 주체
인 아트만(Ātman)은 본래 동일하다는 범아일여(梵我一如)사상이 잉태되었으며,

니(釋迦牟尼), 석가문(釋迦文) 등으로 음사한다.

이에 의하여 우주와 인생의 근원과 해탈을 추구하게 되었다. 그리고 인도의 신들은 그 수효가 매우 많아 대략 삼천을 헤아리는데, 그 정점에 있던 초기의 브라만신은 나중에 그 역할이 분담되어, 사물을 파괴하는 역할의 시바(Śiva)신과 그것을 수호하는 비슈누(Viṣṇu)신과 더불어 인도종교의 삼신(三神)으로 자리 잡는다. 여기에서 초기의 브라만신 대신에 창조와 파괴의 성향이 강한 대자재천 시바신이 거론된 것은 후대에 전개된 사상에 의거한 것이라 볼 수 있다.

그 다음 구십육술의 대표 육사외도(六師外道)의 주장과 길장이 분류한 사종외도(四種外道)의 관계를 설명하면 대략 다음과 같다.

① 푸라나 캇사파(Pūraṇa-Kassapa(巴), Pūraṇa-Kāśyapa(梵), 富蘭那迦葉) : 푸라나는 원인이 있으면 결과가 있다는 인과응보(因果應報)의 학설을 부정하고, 원인도 없고 과보도 없다고 주장하였다. 이 주장은 길장이 앞에서 비판한 사종외도(四種外道) 가운데 네 번째 무인무과(無因無果)에 해당한다.

② 막카리 고살라(Makkhali-Gosāla, Maskāri-Gośālīputra, 末伽梨俱舍梨子) : 막카리(末伽梨)는 본래 자이나교의 교도였으나, 동시대의 자이나 교조와 주장이 달라 분열하여 사명외도(邪命外道)를 수립하였다. 모든 법은 자연적으로 결정되어 있어서 지혜로운 자나 어리석은 자나 모두 840만 대겁(大劫)을 경과해야 해탈할 수 있으며, 그동안에 생사에 윤회하는 것도 특별한 원인이 없고 해탈하는 것도 원인이 없어, 수행을 하여도 소용없다고 주장하였다. 이른바 무인론(無因論)을 주장하여, 불교에서는 이들을 사명외도(邪命外道)라 칭하며 배척하였다. 길장이 비판한 사종외도(四種外道) 가운데 두 번째 무인유과(無因有果)에 해당한다.

③ 산자야 벨라티풋타(Sañjaya-Velaṭṭhiputta, Sañjaya-Vairaṭṭiputra, 刪闍耶毘羅尼子) : 산자야(刪闍耶)는 인도의 사상가 중에서 최초로 회의론(懷疑論)을 신봉한 인물이다. 그는 선악의 과보나 내세(來世) 같은 문제를 있는 그대로 인식하는 것이 불가능하다는 불가지론(不可知論)을 내세워, 그렇다고도 할 수 있고 아니라고도 할 수 있어 결정적인 설명을 하지 않았다. 석가모니 부처의 두 뛰어난 제자 사리불(舍利弗)과 목련(目連)은 본래 산자야의 제자였으며, 나중에 사리불과 목련이 불교로 개종하자 만류하던 산자야는 각혈하며 쓰러졌다고 전한다.

④ 아지타 케사캄발린(Ajita-Kesakambalin, Ajita-Keśakambala, 阿耆多翅舍欽婆羅) : 인간이나 사물 등 세상의 만물은 모두 지(地)·수(水)·화(火)·풍(風)의 네 가지 원소[四大]로 구성되었으며, 죽으면 사후에 영혼도 없고 업보도 윤회

도 없다고 주장하였다. 그 주장은 전통적 인도 종교의 이론적 바탕이 되는 선악의 과보와 현세 내세를 부정하여 철저한 유물론(唯物論)에 근거하였으며, 인생의 의미는 오직 쾌락에 있다는 순세론(順世論)을 추종하였다. 불교에서는 일찍부터 이러한 이들을 순세파(順世派)라 부르며 배척하였다. 길장이 비판한 사종외도(四種外道) 가운데 세 번째 유인무과(有因無果)에 해당한다.

⑤ 파쿠다 캇차야나(Pakudha-Kaccāyana, Krakuda-Kātyāyana, 迦羅鳩馱迦旃延) : 파쿠다는 인간존재는 지(地)·수(水)·화(火)·풍(風)의 네 가지 원소에 고(苦)·락(樂)·영혼(靈魂)을 더한 일곱 가지 원소로 구성되어 있으며, 사람이 죽으면 그 일곱 가지 원소로 흩어져 버린다고 주장하였다. 그 일곱 가지 원소는 물질적인 요소로 취급되었다.

⑥ 니간타 나타풋타(Nigantha-Nātaputta, Nirgranta-Jñātiputra, 尼犍陀若提子) : 니간타(尼犍陀)는 출가하여 몸담았던 종교의 일파를 칭하며, 나타풋타는 나타족(族) 출신으로 모친을 따라 이름하였다. 그의 본명은 바르다마나(Vardhamāna)이며, 수행하여 깨달은 후에는 마하비라(Mahāvīra)라고 존칭되며, 그가 개창한 종교가 자이나교(Jaina敎)이다. 모든 존재는 영혼을 의미하는 지바(jīva, 命)와 물질·허공·법[운동의 조건]·비법[정지의 조건]을 뜻하는 아지바(ajīva, 非命)의 두 가지로 결합되어 있다는 이원론적 세계관을 제시하였으며, 영혼은 물질적 업에 속박되어 타락하였기 때문에 고행(苦行)을 하여 미세한 물질적 때를 제거해야 영혼이 해탈하여 승천할 수 있다고 하였다. 극단적인 불살생과 무소유 사상 때문에 알몸으로 수행하는 나체파가 등장하였고, 나중에 흰옷을 걸치는 백의파(白衣派)가 있었는데, 그 때문에 불교에서는 이 종파를 나형외도(裸形外道)라고 비난하였다. 이상의 육사 중에서 자이나교는 아직도 소멸되지 않고 오늘날에도 인도에서 신봉되고 있으며, 불살생주의 영향으로 인하여 신도들은 주로 상업에 종사하며, 또한 경제적으로 영향력이 있다고 한다. 현대의 연구자들 중에는 이 자이나교를 여타의 외도들과 같이 취급하는 것은 다소 문제가 있다고 보기도 한다.

길장이 비판한 인도 종교철학의 대상에는 이 밖에도 고전 육파철학의 범주에 들어가는 상키야(Sāṃkhya, 數論)학파와 바이세시카(Vaiśeṣika, 勝論)학파가 더 있다. 그 비판 내용은 인간과 제법의 구성요소에 대한 집착(제1장 제1절의 일부)과 중도(中道)에 관한 것(제13장 제7절의 일부)이다. 이들은 인간의 본질을 의미하는 인(人)과 모든 존재의 물질적 요소를 뜻하는 법(法)의 두 가지가 실재한다고 집착하는 인도의 외도들로서, 『삼론현의』에서는 간략한 설명 외에 학파적 명칭을 표현하지 않았지만, 길장은 『백론소(百論疏)』에서 육파철학 가운데 수론(數論, Sāṃkhya)과 승론(勝論, Vaiśeṣika)을 거론하였다. 이 두 학파의 요지를 간단히 설명하면 다음과 같다.

상키야학파에서는 25제(諦)가 있다고 하였는데, 앞의 24제는 법집이고, 제25 신아제(神我諦)는 아집이라고 하였다. 25제(諦)는 자연세계의 생성과 인간의 윤회와 해탈의 문제를 설명하는 25 종류의 형이상학적 요소로서, 그 모두가 실재적인 존재로 간주되었다. 이 학파는 기본적으로 이원론(二元論)을 제시하여, 세상의 만물은 물질적 질료인 프라크리티(prakṛti)와 정신적 요소인 푸루샤(Puruṣa)의 두 가지로 형성되었다고 하였다. 프라크리티는 한역으로 세성(世性), 승인(勝因), 자성(自性) 등으로 번역되었고, 푸루샤는 신아(神我)로 번역되었으며 자아(自我, Ātman)에 해당한다. 먼저 유일한 물질적 질료인 프라크리티로부터 붓디(buddhi, 覺)가 생기고, 그로부터 아함카라(ahaṃkāra, 我慢)가 생겨나며, 아함카라로부터 11근(根)과 오유(五唯)가 생겨나고, 오유로부터 다시 오대(五大)가 생겨난다고 하였다. 이렇게 하여 전체적인 물질적 자연계를 구성하는 24제가 성립한다. 붓디는 법과 비법, 지혜, 신통 등의 여덟 가지를 판단하는 작용을 특징으로 하는 이지(理智)적 성격이며, 초개인적인 존재로서 세계전개의 원리이다. 아함카라도 개인적 자아의식을 발생하는 심리적인 원리이며, 또한 붓디처럼 초개인적인 창조의 원리이다. 11근은 다섯 가지의 지각기관[五知根]과 다섯 가지의 행위능력[五作根]과 그것을 통괄하는 의식[意]이다. 오유는 지(地)·수(水)·화(火)·풍(風)·공(空)의 다섯 가지 미세한 원소이며, 오대는 오유로부터 발생한 경험할 수 있는 보다 큰 다섯 가지 물질적 요소이다. 이로부터 만물이 생겨난다고 하였다. 이렇게 물질계의 제1원인인 프라크리티로부터 붓디 이하 모든 존재가 발생하는 까닭은, 그 모두에 물질적이거나 심리적인 세 가지 성질의 삼덕(三德, triguṇa)이 내재하여 상호 작용하며 영향을 미치기 때문이라는 것이다. 여기에 객관적인 물질적 세계를 경험하는 순수한 정신적 존재인 다수의 푸루샤가 독립적으로 존재하여, 모두 25제가 된다는 것이다. 프라크리티와 푸루샤가 서로 결합하는 이유는, 업력과 무지로 말미암아 세계가 전개되는 것을 경험하려는 푸루샤의 욕구와, 미세한 신체[細身, liṅga]가 형성되어 푸루샤와 결합된 상태에서 벗어나 해탈하려는 프라크리티의 요구 때문이라고 한다. 이 학파의 이러한 주장은 아직도 완성된 것이 되지는 못하였으나, 그럼에도 많은 의미를 시사하고 있는 것으로 평가받고 있다.

바이셰시카학파에서는 육구의(六句義)를 수립하였는데, 구의(句義, padārtha)는 말의 의미 또는 말의 대상이라는 내용으로, 언어의 대상이나 개념의 근거가 되는 객관적 실체를 뜻한다. 그리하여 실(實, dravya), 덕(德, guṇa), 업(業, karma), 동(同, āsānya), 이(異, viśeṣa), 화합(和合, samavāya)의 육구의(六句義)를 현상계의 만물이 내포하고 있는 여섯 가지 실체적 원리로 간주하고, 이로부터 현상계가 성립된다고 하였다. 그중 나머지 다섯 가지의 의지처가 되는 근본적인 실체적 원리의 제1 실구의(實句義)에 ①地, ②水, ③火 ④風 ⑤空, ⑥時, ⑦方, ⑧我, ⑨意의 아홉 가지의 실체가 있다고 하였다. 이 중에서 제⑧의 아(我, ātman)는 주관적 관념의 요소가 되는 자아의 주체이고, 제⑨의 의(意, manas)는 심리현상의 요소로서, 자아와 감각기관을 연결하는 하나의 물질적인 기관으로 간주하였다. 그러므로 제⑧의 아트만은 자아의 주체이고, 그 이외의 나머지는 객관세계를 구성하는 물질적 요소로 모두 법의 주체인 것이다. 이 실구의의 아홉 가지 실체의 속성이나 성질을 설명한 것이 덕구의(德句義)이며, 보통 24 종류를 내세우나 길장의 『백론소』에서는 21 종류를 말하고 있다. 그 다음 현상계를 구성하는 육구의 가운데 모든 존재의 운동의 작용을 설명한 것이 업구의(業句義)이고, 모든 존재에 공통되는 보편적 원리는 동구의(同句義), 차별되는 특수한 원리는 이구의(異句義)이다. 이상의 속성과 운동, 보편과 특수는 본래 실체에 이미 내재되어 있어 서로 분리될 수 없는 관계에 있으며, 이것이 결합의 원리로서 화합구의(和合句義)이다.

이상과 같이 길장은 먼저 고대 인도종교에서 말하는 창조주 대자재천(大自在天)이 세상의 만물을 창조한 것을 사인사과(邪因邪果)라고 파척하였다. 그 이외에 비전통적인 나머지 구십육술, 곧 육사외도들은 무인무과(無因無果)나 무인유과(無因有果), 유인무과(有因無果)에 해당한다고 파척하였다. 그리고 초기의 바라문종교 이후에 전개된 육파철학 가운데 상키야와 바이셰시카학파는 자아와 법에 집착하였다고 파척하였다. 불교의 입장에서 교의와 사상이 다른 전통적인 인도의 종교 철학에도 비판을 하였으며, 또한 비전통적이고 비주류인 구십육술도 비판한 사실이 한 눈에 들어온다.

3. 중국의 중사(衆師)

 次排震旦衆師. 一研法, 二覈人.

다음에 중국[震旦]의 여러 스승들을 배척한다. 처음에는 (그들이 주장하는) 법(法)을 궁구하고, 두 번째는 (그들이 말하는) 사람[人]을 자세히 살펴본다.

問曰, 天竺四術, 旣是外言. 震旦三玄, 應爲內敎?
答, 釋僧肇云, "每讀老子莊周之書, 因而歎曰, '美卽[67]美矣. 然棲[68]神冥累之方, 猶未盡也.' 後見淨名經, 欣然頂戴, 謂親友曰, '吾知所歸極矣.' 遂棄俗出家." 羅什昔聞, 三玄與九部同極, 伯陽與牟尼抗行. 乃喟然歎曰, "老莊入玄故, 應易惑耳目. 凡夫之智, 孟浪之言. 言之似極, 而未始詣也. 推之似盡, 而未誰至也."

질문 : (앞에서 설명한) 인도[天竺]의 네 가지 교설은 이미 외도의 말이지만, 중국[震旦]의 삼현(三玄)[69]은 마땅히 내교(內敎; 불교에 포함되는 가르침)라 할 수 있지 않겠는가?

대답 : 승조(僧肇)[70] 스님이 (승조의 전기에서) 말하였다. "나는 예전

---

67) 즉(卽) : 만속장경본에는 '則'으로 되어 있다.
68) 서(棲) : 대정장경본의 '棲'가 금릉각경처본에는 '期(棲)'로, 만속장경에는 '期'로 되어 있다.
69) 삼현(三玄) : 삼(三)은 노자·장자·주역의 세 가지를 말하고, 현(玄)은 심오하고 현묘한 이치를 뜻한다. 남조(南朝)의 송(宋) 때부터 사용된 삼현이라는 명칭은 『언씨가훈(顔氏家訓)』의 「면학편(勉學編)」 제8에 나오며, 『종경록(宗鏡錄)』과 『화엄경소초현담(華嚴經疏鈔玄談)』에도 나온다. 『종경록』 제46권 주홍정(周弘正)의 해석을 보면, "주역은 約有明玄, 노자는 約無明玄, 장자는 約有無明玄"라고 하였다(『대정장』 48권, 685下). 주홍정은 삼론학과 도교에 심취한 은둔가 주옹(周顒)의 아들 사(捨)의 제자의 자식으로, 당시 청담(淸談)의 대가였다.
70) 승조(僧肇) : 『조론(肇論)』의 저자(374~414). 구마라집 문하의 고제자로서 『반야경』과

에) 노자(老子)와 장자[莊周]의 저서를 읽을 적에, 그로 인하여 탄식하여 말하기를, '훌륭하기는 훌륭하다. 그러나 정신을 고요하게 진정시키고 마음의 불안함을 없애는 방도로는 오히려 아직도 충분하지 못하구나'라고 하였다. 훗날 『정명경(淨名經)』71)을 읽어보다가 기뻐하면서 경전을 머리에 이고서 친한 벗에게 말하기를, '나는 이제야 귀의해야 할 궁극(의 진리)을 알게 되었노라'라고 하였으며, 마침내 속세를 버리고 출가하였다."72)

구마라집(鳩摩羅什)은 일찍이 삼현(三玄)과 구분교[九部]73)는 그 궁극을 같이 하며, 백양(伯陽)74)과 석가모니 는 행적을 서로 겨룬다고 말하는 것을 듣고는, 이에 크게 한숨을 쉬며 탄식하여 말하였다. "노자와 장자의 학설은 깊은 데까지 들어가 있기 때문에 응당 사람들의 귀와 눈을 미혹시키기 쉬울 것이나, 그것은 범부의 지혜이며 맹랑한 말이다. 말하는 것

삼론에 조예가 깊었다. 그의 언행은 『양고승전(梁高僧傳)』에 수록되어 있다(『대정장』 50권, 365上).

71) 『정명경(淨名經)』: Vimalakirti-sūtra. 『유마경(維摩經)』을 말하는데, 일곱 가지 한역본이 있었으나 현존하는 것은 세 가지다. ① 오(吳) 지겸(支謙)역 『유마힐경(維摩詰經)』 2권, ② 구마라집역, 『유마힐소설경(維摩詰所說經)』 3권, 홍시(弘施) 8년(406)에 번역. ③ 당 현장역의 『무구칭경(無垢稱經)』 6권, 영휘(永徽) 원년(650)에 번역되었다.

72) 승조의 전기 : 여기의 인용문은 『양고승전(梁高僧傳)』 제6권에 나오는 기사다(『대정장』 50권, 365上). 「본전」에는 "일찍이 노자의 도덕경을 읽고는 이어 탄식하기를, '훌륭하긴 훌륭한데 신명을 깃들이고 번뇌를 끊어줄 방법으로는 여전히 만족스럽지 못하다'라고 하였다. 나중에 구(舊)유마경을 보고 환희하여 머리로 받들어 아끼고 놓지 않았다. 그리고 비로소 귀의할 곳을 알았다고 말하고는 이때에 출가하였다"라고 하였다.

73) 구부(九部) : 소위 구분경(九分經)을 말한다. 이것은 nava-aṅga-buddha-śāsana의 번역어로, 성스러운 언어로 기록된 석가모니 부처님의 가르침이 9가지 형태로 정리된 것을 말한다. 여기에는 소승구분교와 대승구분교가 있는데, 여기서는 후자를 말한다. 곧 계경(契經, 修多羅, sūtra), 중송(重頌, 應頌, 祈夜, geya), 수기(授記, 和伽羅, vyākaraṇa), 게송(偈頌, 孤起頌, 伽陀, gathā), 감흥어(感興語, 自說, 優陀那, udāna), 여시어(如是語, 本事, 伊帝目多伽, itivṛttaka), 본생담(本生譚, 闍多伽, jātaka), 미증유법(未曾有法, 阿浮達磨, adbhūta-dharma), 방광(方廣, 毘佛略, vaipulya)을 말한다. 여기에 인연(因緣, 尼陀那, nidāna), 비유(譬喩, 阿波陀那, avadāna), 논의(論議, 優婆提舍, upadeśa)를 더하여 12분교(十二分敎)라고 분류하기도 한다. 구분교 쪽이 먼저 성립되었으며, 그 어느 것도 불경의 서술 형식이나 내용에 의하여 분류한 것이다.

74) 백양(伯陽) : 노자(老子) 이이(李耳)의 자(字).

이 궁극에 다다른 것 같지만 그러나 애초부터 극치에 도달하지 못하였고, 추구하여 행함이 극진한 것 같지만 그러나 (그들 가운데) 누구도 궁극에 도달한 자가 없다."

略陳六義, 明其優劣. 外但辨乎一形, 內則朗鑒三世. 外則五情未達, 內則說六通窮微. 外未即萬有而爲太虛, 內說不壞假名而演實相. 外未能即無爲而遊萬有, 內說不動眞際建立諸法. 外存得失之門, 內冥二際於絶句之理. 外未境智兩泯, 內則緣觀俱寂.

以此詳之, 短羽之於鵬翼, 坎井之於天池, 未足喩其懸矣. 秦人疑其極, 吾復何言哉.

대략 여섯 가지 교의를 진술하여, 그 (삼현과 불교의) 우열을 밝히겠다.

① 외교(外敎; 삼현(三玄)을 말함)는 단지 (현재라는) 일형(一形; 일생(一生), 일세(一世)를 말함) 만을 변론하지만, 내교(內敎; 불교를 말함)는 (과거・현재・미래의) 삼세(三世)를 밝게 비추어본다.

② 외교는 아직 다섯 가지 감각[五情][75]에 대해서도 통달하지 못하지만, 내교는 여섯 가지 신통[六通][76]의 미묘함을 다 추궁한다고 말한다.

③ 외교는 아직 만유(萬有)에 즉(即)하면서도 태허(太虛)[77]라고 하지 못

---

75) 오정(五情) : 안(眼)・이(耳)・비(鼻)・설(舌)・신(身)의 다섯 가지 감각기관을 말한다. 오근(五根).

76) 육통(六通) : 부처와 보살이 구사하는 여섯 가지 신통력. 곧 천안통(天眼通)・천이통(天耳通)・타심통(他心通)・숙명통(宿命通)・신족통(神足通)・누진통(漏盡通)을 말한다. 천안통은 먼 곳이나 미래에 발생하는 일을 투시하는 능력이고, 천이통은 사람이나 동물, 벌레 등이 속삭이는 것을 알아듣는 능력이다. 타심통은 타인이 마음속으로 생각하는 것을 아는 능력이고, 숙명통은 자신이나 타인의 과거의 생애를 보고 아는 능력이다. 신족통은 맨몸으로 하늘을 날고, 바위와 절벽을 통과하며, 지상에서 해와 달을 어루만지는 등의 신묘한 능력이다. 누진통은 인생의 큰 진리를 깨달아 수많은 번뇌와 근심이 사라진 상태를 말한다. 불교에서는 외도들도 수행하면 오신통을 얻을 수 있으나, 누진통은 부처님 같이 깨달은 사람만이 누릴 수 있다고 말한다.

77) 태허(太虛) : 성현영(成玄英)은 '깊이 현묘한 이치[深玄之理]'라고 해석하였다. 그러나

하지만, 내교는 가명(假名)[78]을 허물어뜨리지 않고서도 실상(實相)을 연설한다고 말한다.[79]

④ 외교는 아직 무위(無爲)에 즉(卽)하면서도 만유(萬有)에서 노니는 것이 가능하지 않지만, 내교는 진제(眞際)를 움직이지 않고서도 모든 법을 건립한다고 말한다.[80]

⑤ 외교는 얻는다거나 잃는다는 차별적인 부문을 지니고 있지만, 내교는 이제(二際)[81]의 차별을 사구(四句)[82]를 끊어버리는 도리 중에서 부정하며 합치시킨다.

⑥ 외교는 아직 경계[境; 인식의 대상인 외부의 객관적 존재]와 지혜[智; 외부의 대상을 감지하는 주관적 인식]의 둘을 없애버리지 못하지만, 내교는 곧 반연[緣; 객관적 대상]과 관찰[觀; 주관적 의식]을 모두 초월하여 적적하게 한다.

이상의 여섯 가지 교의를 가지고 자세히 살펴보건대, (삼현을 불교에

송대 장횡거[張載]는 '태허는 바로 기[太虛卽氣]'라는 학설을 제창하여, 태허·기·만물은 동일한 물질의 실체로서 다른 상태라고 인식했다.

78) 가명(假名) : 임시적 방편으로 부르는 모든 사물의 명칭. 모든 존재는 많은 인연의 조건에 의하여 성립되는 것이며, 거기에는 불변의 고정적인 실체 같은 것은 없지만, 임시적으로 이름하여 가명(假名)이라 한다.

79) 불괴가명이연실상(不壞假名而演實相) :『마하반야바라밀경(摩訶般若波羅蜜經)』제8권「산화품(散花品)」에서, "須菩提其智甚深, 不壞假名而說諸法相"이라 하였고,(『대정장』8권, 277中) 길장의『정명현론(淨名玄論)』제5권에서, "俗故無無, 雖有而無, 卽是不壞假名而說實相"이라 하였다(속장경 제1輯 제28套 제5冊, 452면).

80) 부동진제건립제법(不動眞際建立諸法) :『마하반야바라밀경』제25권「실제품(實際品)」에서, "須菩提, 菩薩摩訶薩行般若波羅蜜時, 以不壞實際法立衆生於實際中"이라 하였고,(『대정장』8권, 400下~401上)길장의『정명현론』제5권에서, "眞故無有 雖無而有 卽是不動眞際建立諸法"이라 하였다(속장경 제1輯 제28套 제5冊, 452면). 진제(眞際)는 진제(眞諦)의 진공(眞空)의 실상을 의미함.

81) 이제(二際) :『중론』제25「관열반품(觀涅槃品)」제24게송에 나오는 말로서, "열반의 실제(實際)와 세간제(世間際)의 이러한 이제(二際)는 호리(毫釐)만큼의 차별도 없다"라고 하였다(『대정장』30권, 36上). 곧 번뇌와 해탈, 또는 생사와 열반 같은 대립적인 두 법을 말한다.

82) 사구(四句) : 네 가지 구(句)란, 예를 들면 有·無·亦有亦無·非有非無 같은 것을 말한다. 모든 존재와 법이 성립할 수 있는 상태를 네 가지로 구별하여 고찰하는 불교의 사유 방식.

대비한다는 것은, 초명(蕉冥)의) 자그마한 날개[短翅]83)를 붕새의 날개 [鵬翼]84)에 비교하거나, 얕은 구덩이의 우물을 하늘만한 호수[天池]에 비교하여도, 그 둘의 현격한 차이를 비유하기에는 아직도 부족하다. 진단의 사람들[秦人; 중국의 승조나 구마라집 등을 말함]이 그 삼현이 궁극적이지 못하다는 것을 의심하였거늘, 내가 다시 무슨 말을 더하겠는가.

問, 伯陽之道, 道曰太虛. 牟尼之道, 道稱無相. 理源旣一, 則萬流並同. 什肇抑揚, 乃諂於佛. **此王弼舊疏, 以無爲爲道體**(원문주해).
答, 伯陽之道, 道指虛無. 牟尼之道, 道超四句. 淺深旣懸, 體何由一. 蓋是子侫於道, 非余諂佛.

질문 : 백양[伯陽; 老子의 字]의 도(道)는 그 도를 태허(太虛)라 말하고, 석가모니의 도(道)는 그 도를 무상(無相)이라 일컫는다. 도리의 근원이 이미 동일하다면, 곧 (그로부터 파생하는) 만 갈래의 가르침도 모두 같을 터이다. 구마라집과 승조가 (삼현을) 낮추고 (불교를) 높인 것이야말로 부처에게 아첨한 것이다. (이것은 왕필(王弼)85)의 구소(舊疏; 노자주(老子註)를 말함)에서 (노자의 도는) 무위(無爲)를 도(道)의 체(體)로 삼았다는 것에 의거한다…… 원주(原註)).

대답 : 노자의 도는 그 도가 허무를 가리키지만, 석가모니의 도는 그

---

83) 단우(短翅) : 『안자춘추(晏子春秋)』에서, 모기의 속눈썹에 깃들어 사는 초명(蕉冥)이라고 하는 조그마한 벌레의 날개를 가리켜 단우(短翅)라고 하였다. 또한 『문선(文選)』 제35권 '장경양(張景陽)'의 칠명(七命)에서, "단우(短翅)는 예회(翳薈)에 서식한다"라고 하였다.

84) 붕익(鵬翼) : 붕새[鵬]는 『장자』 소요유(消遙遊)에 나오는 새의 이름. 그 날개가 매우 커서 펼치면 천리(千里)에 이르며, 하루에 만리(萬里)를 날아간다는 상상속의 큰 새를 말함.

85) 왕필(王弼) : 삼국시대 위(魏)의 현학자(226~249). 『장자』의 사상을 가지고 『노자』를 해석한 『노자주(老子註)』와, 역경[易]의 주석서 『주역주(周易註)』를 저술하였다. 이 왕필의 『노자주(老子註)』를 구소(舊疏)라 하며, 양무제(梁武帝)의 『노자』 주석서를 신소(新疏)라 한다.

도가 사구의 분별[四句]을 초월하였다. 깊고 얕음의 차이가 이미 현격하
거늘, 어떻게 그 본질이 동일할 수 있겠는가. 대개 이것은 그대가 노자
의 도에 아부하는 것이지, 내가 부처의 가르침에 아첨하는 것이 아니다.

問, 牟尼之道, 道爲眞諦, 而體絶百非. 伯陽之道, 道曰杳冥, 理
超四句. 彌驗體一, 奚有淺深? 此梁武帝新義, 用佛經以眞空爲
道體(원문주해).

　答, 九流統攝, 七略該含, 唯辨有無, 未明絶四. 若言老敎亦辨雙非,
蓋以砂糅金, 同盜牛之論. 周弘政張機, 並斥老有雙非之義也(원문주해).

질문 : 석가모니의 도는 그 도를 진제(眞諦)[86]라고 하며, 그 본질
은 백 가지의 부정[百非; 언어로 표현되는 모든 견해가 옳지 않다고 부
정하는 것]을 끊어버린다. 노자의 도는 그 도를 그윽하고 어둡다[杳冥; 깊고
심오하여 알기 어렵다는 뜻]고 말하며, 그 도리는 사구의 분별[四句]을 초월한
다. 생각하면 생각할수록 더욱 그 본질은 동일하니, 어떻게 깊고 얕음이
차이가 있겠는가. (이것은 양무제(梁武帝)의 새로운 해석[87]으로, 불경(佛經)을 사용
하여 진공(眞空)으로써 노자의 도의 본질로 삼은 것이다 …… 원주(原註))

　대답 : 구류(九流)[88]를 통섭하고 칠략(七略)[89]을 포함하여도, (삼현은)

---

86) 진제(眞諦) : Paramārtha-satya. 궁극적인 진리를 가리킨다. 보통은 세속(世俗)에서의 진
　리를 속제(俗諦)라고 하는 것에 대하여, 세속을 초월한 진리라는 뜻으로 쓰이지만, 여
　기서는 그러한 상대적 관계를 초월한 궁극적·절대적인 진리라는 의미로 사용되고 있다.
87) 양무제(梁武帝)의 신의(新義) : 불심천자(佛心天子)라 불리는 양(梁)의 무제(武帝,
　464~549)의 『노자』 주석서를 말하며, 현존하지는 않는다. 『대품주해(大品注解)』와 『정
　명경의기(淨名經義記)』, 『제지대열반경강소(制旨大涅槃經講疏)』 등을 저작하였다.
88) 구류(九流) : 중국에서 말하는 전통적인 9가지 학문의 유파를 일컫는 말. 곧 유가(儒
　家)·도가(道家)·음양가(陰陽家)·법가(法家)·명가(名家)·묵가(墨家)·종횡가(縱橫
　家)·잡가(雜家)·농가(農家)를 가말한다. 『한서(漢書)』 「예문지(藝文志)」에 그 상세한
　내용이 나온다.
89) 칠략(七略) : 전한(前漢)시대 유향(劉向)의 『별록(別錄)』에 근거하여 그의 아들 유흠(劉
　歆)이 만든 학술서적의 분류목록이다. 곧 집략(輯略)·육예략(六藝略)·제자략(諸子
　略)·시부략(詩賦略)·병서략(兵書略)·술수략(術數略)·방기략(方技略)의 일곱 가지

오직 있음[有]과 없음[無]을 구별할 뿐이며, 아직 사구의 분별을 초월하
는 것은 밝히지 못하였다. 만약 노자의 가르침에도 또한 (불교와 같이
있음[有]과 없음[無]을) 쌍으로 부정하는 것을 변론한다고 말한다면, 그
것은 대개 모래와 금을 같다고 뒤섞어버리는 것이며, 도둑이 (우유를 짜
는 방법도 모르면서) 소[牛]를 훔쳤다는 논설90)과 같다. (주홍정(周弘政)과
장기(張機)91)는 모두 노자에게 (있음[有]과 없음[無]을) 쌍으로 부정하는 논의가 있다
는 것을 배척하였다 …… 원주(原註))

覈人第二.
　問, 佛名大覺, 老曰天尊. 人同上聖, 法俱妙極. 苟欲存異, 將非杜
不二之玄門, 傷得一之淵府哉? 蓋是道士, 用三洞靈寶等經立義(원문주해).
　答, 悉達處宮, 方紹金輪聖帝, 能仁出俗, 遂爲三界法王. 老爲周朝之
柱史, 淸虛是九流之派. 子若欲令人一法同, 何異堆92)阜共安明等高,
螢燭與日月齊照?

　를 말한다.
90)『대반열반경』제3권「장수품(長壽品)」에 나오는 이야기. 소떼를 기르던 어떤 장자(長
　子)가 사망하자 도적들이 소를 훔쳐가지만, 그 도적들은 젖을 짜는 방법을 몰라 제호(醍
　醐)를 만들어 내지 못하는 것과 같이, 여래(如來)께서 입멸한 후, 여래가 남기신 계·
　정·혜의 좋은 법들을 훔쳐가서 자기 것으로 하는 자들이 있을 것이나, 그들은 올바른
　방편이 없는 까닭에 결코 해탈할 수는 없을 것이라는 말씀에서 비롯된 비유이다(『대정
　장』12권, 621下~622上).
91) 주홍정(周弘政)은『남사(南史)』제34권과『진서(陳書)』제24권에는 주홍정(周弘正)이
　라 표기하는데, 자(字)는 사행(思行)이며, 생몰 년대는 자세하지 않다. 은둔한 삼론학자
　주옹(周顒)의 손자이며, 양대(梁代)의 저명한 청담가(淸談家)였다.『노자소(老子疏)』5
　권,『장자소(老子疏)』8권,『주역강소(周易講疏)』16권,『논어소(論語疏)』11권 등을 저
　술하였다.
　　장기(張機)는『남사』제71권과『진서(陳書)』제33권에는 모두 장기(張譏)라 표기하는
　데, 자(字)는 직언(直言)이며, 생몰 년대는 자세하지 않다. 주홍정의 제자로 현학을 좋아
　하였으며,『주역의(周易義)』30권,『노자의(老子義)』11권,『모시의(毛詩義)』20권 등을
　저술하였다.
92) 퇴(堆) : 대정장경본의 '퇴(堆)'가 금릉각경처본과 만속장경본에는 모두 '퇴(槌)'로 표기
　되어 있다. 석문(釋門)에서 퇴(堆)는 본래 퇴(槌)로 지었다고 하며, 서로 같은 의미이다.

두 번째로 (그들이 말하는) 사람에 대하여 자세히 살펴본다.

질문 : 부처를 대각(大覺)93)이라 이름하고, 노자를 천존(天尊)94)이라 부른다. 그 두 사람은 똑같이 으뜸가는 성인이며, 그들이 가르친 법은 다함께 미묘하여 궁극적이다. 그런데도 그 둘 사이에 차이점이 존재하게끔 하고자 한다면, 진실로 (불교에서 말하는) 불이(不二; 예를 들면 있음[有]과 없음[無]이 둘이 아니라는 것)의 현문(玄門)95)을 막아버리고, (노자가 말하는) 득일(得一)96)의 연부(淵府)97)를 훼손해버리는 것이 아니겠는가? (대개 이것은 도사(道士)가 삼동(三洞)98)과 『영보(靈寶)』99)등의 경전을 이용하여 교의를

---

93) 대각(大覺) : 크게 깨달은 사람을 말하며, 여기서는 부처님을 가리킨다. 『대반열반경』 제31권에, "열반의 깊은 의미를 지각하였기 때문에, 부처님을 대각(大覺)이라 칭한다"라고 하였다(『대정장』 12권, 806中).

94) 천존(天尊) : 천존이란 명칭은 본래 부처님의 이명(異名)으로, 『무량수경(無量壽經)』에 그 용례가 보이기도 한다(『대정장』 12권, 266下). 그러나 북위(北魏)의 구겸지(寇謙之, 363~448)가 도교를 정비할 무렵부터, 천존은 도교에서 가장 존귀한 신앙대상에게 붙이는 호칭으로 사용되었다. 그 후 도교에서는 노자를 교조로 신봉하여, 그를 원시천존(元始天尊) 또는 태상노군(太上老君)이라고 불렀다.

95) 현문(玄門) : 『유마경』「입불이법문품(入不二法門品)」에 나오는 대목이다. 불이법문(不二法門)에 대하여, 지혜제일이라는 문수보살은 언어와 문자로 표현할 수 없다고 말하였으며, 유마거사는 침묵(沈默)으로 대응하였다는 그 현묘한 경계를 말한다(『대정장』 14권, 550下).

96) 득일(得一) : 『노자(老子)』 제39장에서, "하늘은 하나[一; 도(道), 기(氣)]를 얻어야 청명하고, 땅은 하나를 얻어야 안정되고, 신(神)은 하나를 얻어야 신령스럽고, 계곡은 하나를 얻어야 충만하고, 만물은 하나를 얻어야 생성하며, 군주는 하나를 얻어야 천하가 공정해진다. 그것들은 극치에 있어 하나일 뿐이다[天得一以淸, 地得一以寧, 神得一以靈, 谷得一以盈, 萬物得一以生, 侯王得一以爲天下貞, 其致之一也]"라고 말한 것을 가리킨다. 곧 노자는 一에서 二를 생하고, 二에서 三을 생하는 도(道)를 근본으로 삼았기 때문에, 절대적인 도를 얻어 그 근본으로 돌아가는 것을 '득일(得一)'이라 말한 것이다.

97) 연부(淵府) : 승조(僧肇)의 「열반무명론(涅槃無名論)」에서 "열반의 도는 대개 삼승의 귀의처이자 대승의 연부(淵府)이다"라고 하였으며,(『대정장』 45권, 157上) 원강(元康)의 『조론소(肇論疏)』에서, "연지(淵池)는 물이 깊고, 부고(府庫)에는 재물이 많다"라고 해석하였다(『대정장』 45권, 190中). 대승불교의 열반의 의미가 심오한 것을 비유한 말이다.

98) 삼동(三洞) : 도교의 『현도관목록(玄都觀目錄)』에서 도교의 전적(典籍)을 분류하여 『동현(洞玄)』·『동진(洞眞)』·『동신(洞神)』으로 나누었는데, 이것은 불교의 삼장(三藏)을 모방하여 도교의 경전을 삼부로 구분한 것이다. 곧 동진부(洞眞部)는 불교의 대승, 동현부(洞玄部)는 중승, 동신부(洞神部)는 소승에 해당한다.

수립한 것이다 …… 원주(原註))

대답 : 싯다르타(悉達)100)가 출가하지 않고 궁전에 머물렀다면 바야흐로 금륜성왕(金輪聖帝)101)의 왕위를 계승하였을 것이나, 능인(能仁; 석가모니(Śākyamuni)의 역어)께서는 세속을 떠나서 마침내 삼계(三界; 욕계(欲界)·색계(色界)·무색계(無色界)를 말함)의 법왕이 되셨다. 노자는 주(周) 왕조의 주사(柱史)102)였으며, 청허(淸虛)103)는 구류(九流; 모든 학문을 통칭하는 말임)의 일파일 뿐이다. 그대가 만약 (석가모니와 노자라는) 사람을 하나가 되게 하고 (석가모니와 노자의) 법을 같게 하고자 한다면, 어찌 작은 흙 무더기 언덕[堆阜]104)과 안명(安明)105)의 높이를 동등하게 하고, 반딧불이의 불빛과 해와 달의 광명을 균등하게 하고자 하는 것과 무엇이 다르겠는가?

---

99) 『영보(靈寶)』: 『영보경(靈寶經)』을 말하는데, 후한(後漢)의 장도릉(張道陵)이 24권으로 저작한 것으로, 동진부에 속한다. 『변정론(弁正論)』(『대정장』 52권 수록)에 그 명칭이 보이지만, 현존하지는 않는다. 현재의 『영보경』은 후대의 개작으로, 여기서 말하는 『영보경』에 해당하지 않는다.

100) 실달(悉達) : Siddhārtha의 음사. 석가모니의 태자시절 이름. 소원을 성취한다는 의미가 담겨 있음.

101) 금륜성왕[金輪聖帝] : 전륜왕(轉輪王)의 한 가지. 전륜왕은 불교의 이상적 군주를 말하며, 무기 대신 그 윤보(輪寶)를 굴리어 적들을 항복받는다고 한다. 이 전륜왕에는 금륜왕(金輪王)·은륜왕(銀輪王)·동륜왕(銅輪王)·철륜왕(鐵輪王)이 있으며, 각각 금·은·동·철로 만든 윤보를 지니고 사천하(四天下)·삼천하(三天下)·이천하(二天下)·일천하(一天下)를 분할 통치한다고 한다. 불교에서는 석가모니가 출가하지 않았다면, 금륜왕이 되어 세상을 평화롭게 통치하였을 것이라고 하였다.

102) 주사(柱史) : 주(周)왕조 궁정도서관의 기록계통의 사관(史官). 주하사(柱下史)라고도 부름. 『사기(史記)』 제63권 「열전」 제3 「노자전(老子傳)」에서, 노자의 세속적 직업은 주사(柱史)였다고 한다.

103) 청허(淸虛) : 곧 허무(虛無)를 말하니, 구류(九流)의 두 번째 도가류(道家流)를 칭한다.

104) 퇴부(堆阜) : 대정장경본의 '퇴(堆)'가 금릉각경처본과 만속장경본에는 모두 '퇴(槌)'로 표기되어 있다. 퇴부는 흙으로 쌓은 나지막한 산이나 언덕을 말한다.

105) 안명(安明) : 인도의 전설적 산인 수메루(Sumeru)의 한역이며, 수미산(須彌山)이라 음사한다. 높이가 8만 4천 유순(由旬)이고, 산정은 제석천이 되며, 사면의 산허리는 사천왕천이라 한다. 주위에 7향해(七香海)·7금산(七金山)이 있으며, 7금산 외곽에 철위산(鐵圍山)으로 둘러싸인 바다가 있는데, 그 바다의 사방에 사대주(四大洲)가 있으며, 인간은 남섬부주 또는 남염부주에 산다고 한다.

問, 同人者之五情, 異人者之神明. 迹爲柱史, 本實天尊. 據實
而談, 齊之一貫.

答, 漢書亦顯品類, 以伯陽爲賢. 何晏·王弼, 稱老未及聖. 設令孔是
儒童, 老爲迦葉, 雖同聖迹, 聖迹不同. 若圓應十方, 八相成佛, 人稱大
覺, 法名出世. 小利卽生人天福善, 大益卽有三乘賢聖. 如斯之流, 爲上
迹也. 至如孔稱素王, 說有名儒, 老居柱史, 談無曰道, 辨益卽無人得聖,
明利卽止在世間. 如此之流, 爲次迹矣.

질문 : 노자가 여느 사람과 같은 것은 오정(五情)이 있다는 것이
며, 다른 사람과 다른 것은 신지(神智)가 명석하다는 것이다.106)
(세상에 드러난) 노자의 행적은 주나라의 주사(柱史)였지만, 본래는 진실
로 천존이시다. 진실에 의거하여 담론하자면, (노자와 석가모니를) 동일
시하여야 일관될 것이다.

대답 :『한서(漢書)』107)에서도 또한 인품의 분류를 나타내었는데, 노자
를 (성인 다음의) 현인이라고 하였으며, 하안(何晏)108)과 왕필(王弼)은 노
자가 아직 성인에 미치지 못한다고 하였다. 설령 공자를 유동보살[儒
童]109)이라 하고 노자를 가섭(迦葉)110)이라고 하여 비록 성스러운 행적

---

106)『삼국지(三國志)』「위서(魏書)」제28권 「종회전(鐘會傳)」의 주석에 인용된 하소(何
劭) 저작 왕필(王弼)의 전기에 들어있는 말로서, "성인(聖人)이 사람보다 빼어난 것은
신명(神明)이고, 사람과 동일한 것은 오정(五情)이다"라고 하였다. 오정(五情)은 다섯
가지 감각적 심정을 의미한다.

107)『한서(漢書)』:『한서(漢書)』제20권에서 고금의 인물을 상상(上上)에서 하하(下下)까
지 구품(九品)으로 분류하며, 공자를 상상(上上, 聖人)으로, 노자를 중상(中上, 賢人)으
로 하였다. 또한 「변혹론(辯惑論)」 가운데서 도안(道安)의 「이교론(二敎論)」을 인용하
여 말하기를, "『전한서(前漢書)』에 의거하면 공자를 상상(上上)의 부류로 구분하였는데
모두 성인이며, 노자는 중상(中上)으로 분류되는데 현인이다. 또한 하안(何晏)과 왕필
(王弼) 모두 노자는 성인에 미치지 못한다고 하였다"라고 하였다(『광홍명집(廣弘明集)』
제8권,『대정장』 52권, 138中).

108) 하안(何晏) : (~249). 노자와 장자의 말을 좋아한 도가(道家)의 학자로, 하후현(夏侯玄)
등과 청담(淸談)을 유행시켰으며,『논어집해(論語集解)』를 저술하였다. 왕필(王弼)과 더
불어 호칭되는 일이 많다.

109) 유동(儒童) : Kumāra의 의역. 동자(童子), 나이 어린 아이를 말한다. 불교에서는 석가

을 같게 하고자 하여도,111) (석가모니의) 성스러운 행적과는 동일하지 않다. 만약 (석가모니처럼) 원만하게 시방세계에 상응하여 팔상성불(八相成佛)112)한다면, 그 사람을 대각(大覺)이라 일컫고, 그 법을 출세(出世)라고 이름한다. (사람들이 그 법을 실천한다면) 작게는 곧 인간세계와 천상세계에 태어나는 복을 받는 선을 발생하는 이익이 있고, 크게는 곧 삼승(三乘; 성문승(聲聞乘)·연각승(緣覺乘)·보살승(菩薩乘)의 삼승)의 현자와 성자가 되는 이익이 있다. 이와 같은 부류의 사람을 세상에서 으뜸가는 행적이라고 한다.

공자는 소왕(素王)113)이라 호칭되는데 있음[有]을 설하여 유(儒)(교(敎))라 이름하고, 노자는 주사(柱史)로 지내며 없음[無]을 담론하여 도(道)라 말하였다. 이러한 데에 이르러 (그들의 가르침을 실천하여 얻는) 이익을 변론하여 보면 곧 성인의 경지를 획득하는 사람이 없고, 그 이로움을 해명하여보면 곧 세간에 한정된다. 이와 같은 부류는 성인보다 한 단계 낮은 사람의 행적이라고 한다.

모니가 성도하기 이전, 구도자로서 수행하던 보살시절을 가리킨다.『서응본기경(瑞應本起經)』참조(『대정장』3권, 472下).

110) 가섭(迦葉) : Kāśapa의 음사. 부처님 십대제자(十大弟子)의 첫째로, 고행을 잘하는 두타(頭陀) 제일이었으며, 불멸 후 제1차 경전결집의 중심이 되었다.

111) 도안(道安)의「이교론(二敎論)」을 보면, "『청정법행경(淸淨法行經)』에서 말하기를, 부처님은 세 제자를 진단(震旦, 중국)에 보내어 교화하게 하였으니, 유동보살(儒童菩薩)을 공구(孔丘, 孔子)라 칭하고, 광정보살(光淨菩薩)을 안연(顔淵, 顔回)이라 칭하며, 마하가섭(摩訶迦葉)을 노자(老子)라 칭하였다"라고 하였다(『광홍명집』제8권,『대정장』52권, 140上).

112) 팔상성불(八相成佛) : 석가모니가 도솔천에서 백상(白象)을 타고 강림·입태·탄생·출가·항마·성도·초전법륜·입멸의 여덟 가지 모습으로 세상을 교화한 것을 말함.

113) 소왕(素王) :『광홍명집(廣弘明集)』「오서(吳書)」의 "臣間魯孔君者 …… 世号素王"의 인용(『대정장』52권, 100上). 또『장자(莊子)』의 천도(天道)에서는, "이 이상[위]에 처하는 것은 제왕이나 천자의 덕이고, 이 이하[아래]에 처하는 것은 현성(玄聖)과 소왕(素王)의 도이다"라고 하였다. 소왕(素王)이라고 하면 일반적인 왕이 갖추는 복식을 갖추지 않았다는 것이다. 이것은 공자가 백성을 다스릴만한 덕성을 가지고 있었지만, 실제로 왕위에는 오르지 못했음을 말한다.

※ 길장의 중국사상 비판

인도에서 발생한 불교가 일찍이 기원 전후 중국에 전래된 이후, 불교(佛教)와 중국 고유의 사상 도교(道教) 및 유교(儒教)와의 알력과 마찰은 피하기 어려운 예상된 일이었다. 그 삼교(三教)의 근본사상에는 같은 점도 있었으나 다른 점도 많았기 때문이다.

길장이 여기에서 거론한 불교와 유교 도교 삼교의 차이점은, 삼교의 가르침인 법을 비교한 교의(教義)와 삼교의 교조(教祖)를 비교한 인물에 관한 것이다. 먼저 삼교의 법을 비교하는 자리에서, 노자 장자와 공자의 학설을 뜻하는 삼현(三玄)의 중국사상을 비판한 요지는 앞의 본문에 열거된 바와 같이 여섯 가지 사항에 요약되어 있는데, 그 내용은 다음과 같다.

첫째, 중국사상은 단지 인간세상의 현세만을 설명하지만, 불교에서는 과거·현재·미래의 삼세에 걸친 모습을 명료하게 해명한다.

둘째, 중국사상은 인간의 현실적 감각인 오감(五感)도 철저하게 규명하지 못하였으나, 불교에서는 오감이 극도로 발휘된 초월적인 여섯 가지 신통력[六神通]도 해명한다.

셋째, 중국사상은 우주 만유(萬有)와 그 만유의 근원으로 여기는 태허(太虛)를 구별하여 그 양자가 서로 상즉(相卽)함을 말하지 못하지만, 불교에서는 모든 법에 임시적인 가명(假名)을 수립하여 현실의 존재를 부정하지 않고서도 궁극의 진실한 모습을 연설한다.

넷째, 중국사상은 무위자연(無爲自然)의 모습 그대로 만유(萬有)에 유희하는 것이 가능하지 않지만, 불교에서는 궁극의 진리를 움직이지 않고서도 현실의 모든 존재를 성립시킨다고 말한다.

다섯째, 중국사상에는 무언가를 얻는다거나 잃어버린다는 옳고 그름의 차별이 대립하는 이원적인 개념이 있지만, 불교에는 현실의 존재와 궁극의 경지를 이원적으로 단절하는 대립적인 의미가 없다.

여섯째, 중국사상은 객관적 대상과 주관적 인식을 함께 소멸시키지 못하였지만, 불교에서는 객관적 대상과 주관적 인식을 모두 초월하여 고요하게 한다.

이와 같이 길장은 불교의 진리는 현실의 존재와 진리의 세계를 서로 허물지 않고서도 모두 성립시키고, 현실에 속박되기 쉬운 주관적 의식을 절대적 평온에 이르게 하는 심오한 사상이라고 규정하여, 중국사상에서 찾아볼 수 없는 불교의 우수한 장점이라고 갈파하였다. 삼교를 비교한 여섯 가지 교의를 내용적으로 분류하여 보면, 그 여섯 가지 대부분은 도교의 세계관이 불교에 비하여 미진함을 말한 것이며, 처음의 두 가지는 특히 유교의 비난에 대한 불교의 답변이라고 볼 수 있다. 길장이 이렇게 유교와 도교의 이교(二敎)에 대하여 불교의 인간관과 세계관을 구별하여 제시하게 된 데에는, 역사적으로 그만한 사건들이 중국에서 발생하여 삼교 간에 치열한 논쟁이 이루어졌기 때문이다.

먼저 불교와 유교의 논쟁을 간략히 설명하자면, 불교와 유교 간에 신멸불멸(神滅不滅)과 인과응보(因果應報)의 문제가 논란의 쟁점이 되었다. 유교는 인간이 사망한 이후에 형신(形神; 형체와 신명, 곧 육신과 영혼)이 모두 없어지고, 따라서 현세의 행위에 대하여 후세에 보응을 받는 일이 없다고 주장하였다. 이에 비하여 불교는 육체적 형체는 소멸하여도 영혼에 해당하는 혼신(魂神)이나 신명(神明)은 소멸하지 않는다는 신불멸(神不滅)을 말하고, 후세에 업보를 받는다는 삼세의 인과응보를 주장하였다. 3세기 초엽 후한(後漢) 말기 중국인에 의하여 찬술된 초기의 불교저서 『이혹론(理惑論)』은 그 저자와 찬술시기가 명확하지는 않아도, 그 해석이 다분히 중국적이기는 하지만 이러한 사상에 근거하여 작성되었다. 그 뒤로 동진(東晉)시대에 나함(羅含)은 『갱생론(更生論)』을, 축승부(竺僧敷)는 『신무형론(神無形論)』을 저술하였다. 또 이 『삼론현의』에서 길장이 인용한 여산(廬山)의 혜원(慧遠)도 『사문불경왕자론(沙門不敬王者論)』에서 형진신불멸(形盡神不滅)을 논의하였다.

그러다가 이교(二敎)의 근본적인 차이점이 남북조시대에 중시되었는데, 특히 남조(南朝)에서 유교와 불교의 대립이 격렬하였다. 문제의 발단은 유송(劉宋)의 혜림(慧琳)이 『백흑론(白黑論)』을 저술하여 불교를 공박하면서 촉발하였다. 불교는 본무(本無; 공(空)의 현학적 번역어)를 설하는 것에 의미와 가치가 있고, 윤회와 업보의 설명은 진실한 것이 되지 못한다는 것이 그 주요 내용이었다. 이 주장은 불교의 본무사상과 유사한 개념이 노장사상에 이미 있고, 중국사상에서는 찾아볼 수 없었던 윤회와 업보설은 사실이 아니므로, 결국 유교와 도교만으로도 충분하다는 결론을 이끌어내는 효과가 있었다. 이에 당시 대표적 유학자이며 천문학자인 하승천(何承天, 370~447)도 혜림을 옹호하며 『달성론(達性論)』을 지어 불교를 비난하였다. 다만 유교에서 지내는 제사에는 제사의 대상인 선왕이나 선조의 혼령 혹은 정령(精靈)을 인정하는 태도가 있었기 때문에, 이를 정당화하는 하승천의 신멸론(神滅論)의 주장은 그렇게 철저하지 못하였다. 이 점에 대하여 여산(廬山) 혜원(慧遠)의 제자 종병(宗炳)은 『난백흑론(難白黑論)』과 『명불론(明佛論)』을 저술하고, 안연지(顔延之)는 『석달성론(釋達性論)』을 지어 하승천을 반박하였다. 또 정도자(鄭道子)는 하승천(何承天)의 신멸론(神滅論)을 극복하려는 관점에서 『신불멸론(神不滅論)』을 저술하였다. 그 뒤 양대(梁代)에 법가(法家)의 범진(范縝, 450~515)이 다시 유물론적 무신론(無神論)에 근거하여 『신멸론(神滅論)』을 지었다. 그 내용은 형신(形神)이 서로 별개가 아니라 상즉하여, 육체가 죽으면 사후에는 어떠한 영적 존재도 남지 않는다는 철저한 무신론이었다. 이 때문에 신(神)의 존재를 둘러싸고 또 한 차례 논쟁이 비등하였다. 조사문(曹思文)은 신형(神形)이 합하여 작용한다는 관점에서 『난신멸론(難神滅論)』을 지어 논쟁하였고, 소침(蕭琛)은 형신(形神)이 서로 별개라는 이원적인 사상에 기초하여 사람에게만 혼신이 있다고 반론하였다. 또 심약(沈約)도 『난신멸론(難神滅論)』을 지어 그것을 반박하였다.

인도의 전통적 종교철학은 명백하게 사후의 영혼불멸과 윤회를 주장하였다. 인도불교는 윤회업보를 주장하여 사후의 세계를 인정하면서도, 교리적 관점의 차이 때문인지 원시불교시대에는 영혼불멸에 대하여 인도종교 만큼 그렇게 확정적인 답변을 제시하지는 않았다. 그 불교가 중국에 전해지며 신불멸(神不滅)이 강조되어 중국불교의 한 가지 특성으로 인식되기에 이르렀다. 길장이 인도의 사종외도를 비판한 세 번째 유인무과(有因無果)에서 오직 현세만 있고 후세가 없다고 말한 이들을 나무라며, 그 비판의 근거로 제시된 내용이 바로 영혼의 불멸에 대한 것이었으며, 유교의 공자와 주공조차도 이 신불멸(神不滅)의 심오한 이치를 잘 모른다고 비판한 것이다.

바로 이 점이 또한 길장이 비교한 삼교의 여섯 가지 차이 가운데 앞의 두 가지에 관계되는 사항이라 판단된다. 첫 번째는 삼세의 성립에 대하여, 두 번째는 육신통에 대하여 말하였는데, 이 두 가지가 거론되는 이유는 바로 삼세의 인과설과 그 보응을 받는 주체인 신불멸(神不滅)의 주장과 밀접한 관계에 있기 때문이다. 육신통 중에서 숙명통(宿命通)은 자신이나 타인의 전생을 보고 아는 능력을 말하는데, 과거에 자신이나 타인의 전생이 있었음을 알게 되면, 미래에도 그 자신의 후생이 존재함을 알게 될 것이다. 이것은 또한 육신통 중의 천안통(天眼通)에 미래를 내다보는 능력이 내포되어 있음을 고려하면 더욱 그러하다. 따라서 숙명통이 포함된 육신통을 거론함으로써 삼세가 성립하는 근거로 삼고, 삼세가 있으면 현재와 과거의 행위에 대하여 후세에 그 결과를 받는 주체가 존재함을 뒷받침하는 근거가 되는 것이다. 불교로서는 삼세윤회의 신불멸(神不滅)을 입증함과 동시에, 세상의 무책임한 행동과 무분별한 행위에 대하여 윤리적, 도덕적 의미를 부여하는 근거를 마련한 것이라 볼 수 있다.

한편 불교와 도교의 논쟁은, 북위(北魏) 태무제(太武帝)시대(425)에 구겸지(寇謙之)에 의하여 개창된 도교가 송대(宋代)의 육수정(陸修靜)과 양대(梁代)의 도홍경(陶弘景)의 출현으로 교학을 정리하고 교단을 정비하면서, 같은 남북조시대에 큰 세력으로 번성하던 불교와 대립하여 충돌하게 되었다. 도교에서 원시천존(元始天尊) 또는 태상노군(太上老君)이라 존칭되는 노자(老子)는 본래 유교의 시조 공자(孔子)보다 약간 앞선 동시대의 인물로서 노자(老子)라는 저서를 남겼는데, 북위시대에 구겸지가 불교의 의식(儀式)을 수용하여 성립한 도교의 교주로 부활하여, 노자의 사상을 이은 장자(莊子)를 수반하고 불교와 대적하게 된 것이다. 길장이 비판한 중국사상의 삼현(三玄) 가운데 둘이 바로 이 도교의 중심인물 노자와 장자를 말한다.

그 도교와의 논쟁은 송(宋) 명제(明帝) 태시(泰始) 3년(467) 고환(顧歡)이 지은 『이하론(夷夏論)』이 쟁점의 중심지가 되었다. 그 주요 내용은 이적(夷狄; 중국 변방의 미개한 민족)의 종교인 불교는 중하(中夏; 중화가 세계의 중심이라는 생각)가 취할 바가 못 된다고 불교를 배척한 것이다. 그것이 끼친 영향이 적지 않아, 곧바로 명승소(明僧紹)의 『정이교론(正二敎論)』, 혜통(慧通)의 『박고도사이하론(駁顧道士夷夏論)』을 비롯한 여러 반박서가 저술되었다. 또 고환과 동시대의 장융(張融)은 『문율(門律)』을, 맹경익(孟景翼)은 『정일론(正一論)』을 저술하여 도불일치(道佛一致)를 주장했는데, 그것은 도교를 본거지로 삼고 불교를 주변으로 간주한 것이었다. 한편 장융은 도교의 입장에서 불교를 공격한 『삼파론(三破論)』을 지었으며, 양대(梁代)의 유협(劉勰)은 『멸혹론(滅惑論)』, 승순(僧順)은 『답도사가칭장융삼파론십구조(答道士假稱張融三破論十九

條)』를 지어 반박하였다. 또 북위(北魏) 효명제(孝明帝) 정광(正光) 원년(520)에
는 궁중에서 부처와 노자가 출세한 시기의 전후에 대하여 양측이 대론하여, 불
교의 담무최(曇無最)에게 패배한 청도관(淸道觀)의 도사(道士) 강빈(姜斌)이
유배당했다고 전한다.

그러나 불도이교(佛道二敎)의 논쟁은 단순히 논쟁에서 그치지 않았다. 중국
불교사상 전후 4회에 걸쳐서 불교를 탄압한 폐불(廢佛)사건으로 '삼무일종(三
武一宗)의 법난(法難)'이 있었다. 삼무(三武)는 북위(北魏)의 태무제(太武帝),
북주(北周)의 무제(武帝), 당(唐)의 무종(武宗)이고, 일종(一宗)은 후주(後周)의
세종(世宗)이다. 이 네 번의 폐불사건 중에서 마지막 후주(後周)의 탄압을 제외
한 삼무(三武)의 법난이 공교롭게도 모두 도교의 도사(道士)들의 계책에 의하
여 촉발되었다.

먼저 첫 번째 북위(北魏) 태무제(太武帝)의 폐불은, 도교를 창시한 구겸지(寇
謙之, 363~448)와 재상(宰相) 최호(崔浩, 381~450)가 정략적으로 결탁하여 발
생하였다. 태연(太延) 4년(438) 최호는 구겸지를 책동하여 50세 이하는 스님이
될 수 없다는 승려제한의 조칙을 발하였다. 2년 뒤 연호를 태평진군(太平眞君)
이라 개정하여 태무제는 도교의 군주가 되었으며, 태평진군 2년(441) 최호는
태자 황(晃)이 사사한 고승 현고(玄高)와 혜숭(慧崇)을 처형하였다. 태평진군 7
년(446) 태무제는 개오(蓋吳)를 토벌하기 위하여 장안에 들어갔는데, 장안의 사
원에 비리가 있다고 불교단멸을 진언한 최호의 주장에 따라 폐불의 칙령을 내
려, 승려를 살육하고 불상과 경전을 태우고 파손하여, 북위 전체에서 가혹한
폐불을 단행하였다. 태평진군 9년(448) 격렬한 폐불령에 찬성하지 않은 최호와
다투던 구겸지가 먼저 죽고, 태평진군 11년(450) 구겸지를 이용하여 불교를 탄
압한 최호는 호족을 천시하는 태도로 국사를 편찬하다 호족출신 태무제의 격
노를 사서 그 일족과 소속 128명이 주살되었고, 태무제도 2년 뒤에 종애(宗愛)
등에게 참살되어, 처절한 폐불의 막을 내렸다.

그 다음 두 번째의 폐불 사태는 북주(北周)에서 발생하였다. 북주(北周)의 무
제(武帝) 천화(天和) 2년(567), 도사 위원숭(衛元嵩)은 무제에게 상서를 올려 불
교탄압을 진언하여, 천화 4년(569) 무제는 신하들 앞에서 도교와 불교를 토론
시켰다. 그 이듬 해, 불교승려 진란(甄鸞, 견란)이 『소도론(笑道論)』을 지어 도
교가 위선이며 허망하다고 해명하였으나, 무제는 그것을 신하들 앞에서 태워

버렸다. 이에 도안(道安)이 『이교론(二敎論)』을 봉정하여 이교(二敎)의 우열을 논하였다. 그러나 무제는 차제에 불교와 도교를 배척하고 유교를 우대하는 정책을 실행하여, 건덕(建德) 3년(574) 불도이교를 단절하고, 경전을 태우고 성상을 파괴하며, 불교승려 삼백만 명과 도사를 강제로 환속시켰다. 건덕 6년(577), 무제가 북제(北齊)를 정벌하면서 똑같이 폐불을 단행하여, 임도림(任道林)과 정영사(淨影寺) 혜원(慧遠)이 반대의견을 진술하였다. 그 이듬 해 무제가 죽고 선제(宣帝)가 즉위하자, 임도림의 청원을 받아들여 불교부흥을 허락하였다.

길장이 삼교를 논의하며 불교의 우수함을 선전한 배경에는, 불교와 도교의 이러한 역사적인 상황이 이미 전개되어 있었다. 길장이 후반부에서 삼교의 교조를 비교한 내용의 대부분은 부처와 노자의 출신 성분과 후대의 인물 평가가 주축을 이루고 있는데, 그 비교는 자못 노골적이고도 신랄하다. 이것은 길장 이전부터 발생한 불도이교의 논쟁이 교조의 출생과 교화를 둘러싸고 벌어진 것과, 그로 인하여 불교가 당한 폐불의 사태와 관련이 깊은 것이라 사료된다. 그러나 당나라 초기 623년에 입적한 길장이 그 뒤로 한층 강화된 도교의 불교 핍박을 예상하기나 하였을까?

당나라가 되자 당(唐) 고조(高祖)는 도교의 교조로 추대된 노자(老子)의 이(李)씨 성(姓)을 당조의 이씨 성과 결부지어 노자를 당조의 시조로 하는 설을 채용하여, 도교는 당조 내내 특별한 존숭을 받았다. 그리하여 고조 무덕(武德) 8년(625)에 도교·유교·불교의 순위를 결정하였고, 당 태종은 정관(貞觀) 11년(637) 도교를 불교의 위에 두는 조칙을 내려 도선불후(道先佛後)의 석차(席次)가 마련되었다. 무주조(武周朝) 때 잠시 이 석차가 바뀌어 불교가 도교의 상위에 오기도 하였으나, 도교를 우선시하는 이 질서는 당조의 일관된 방침이었다. 또한 도교와 불교의 논쟁도 타올랐다. 당고조 때 도사 부혁(傅奕)은 부국위민의 책략으로 사찰과 승려를 감축해야한다는 11조항을 건의하였다. 불교의 법림(法琳)은 이에 『파사론(破邪論)』을 저술하여 도사들이 나라와 사회를 파괴하는 실례를 지적하였고, 명개(明槩)는 『결대론(決對論)』을 지어 전변의 11조항중 앞의 8조항을 깨뜨렸으며, 유교의 이사정(李師政)도 『내덕론(內德論)』을 지어 전변의 주장을 반박하였다. 한편 부혁을 보조하여 도사 이중경(李仲卿)은 『십이구미론(十異九迷論)』을, 유진희(劉進喜)는 『현정론(顯正論)』을 지어 불교를 공격하였으며, 법림은 다시 『변정론(弁正論)』을 지어 그것을 반격

하였다. 그러나 당태종 정관 13년(639)에 도사 진세영(秦世英)이 『변정론』은 황제를 비방하는 것이라고 상주하여, 법림은 익주(益州)로 유배되어 병들어 죽었다. 그 밖에도 두 종교의 교리와 선후가 문제되어 이교의 우월에 대한 논쟁도 몇 차례 발생하였다. 또한 '삼무일종(三武一宗)의 법난(法難)' 가운데 세 번째 당(唐)의 무종(武宗) 회창(會昌) 5년(845)에 발생한 폐불도, 도사 조귀진(趙歸眞)이 도교신앙이 깊은 무종(武宗)에게 사주하여 비롯되었다. 이 폐불로 인하여 사원과 승니를 대규모로 감축하는 사태가 빚어졌다. 그 원인에는 불교사원이 소유한 장원과 승니의 증가에 따른 경제적 이유도 개입되어 있어서, 이폐불은 불교의 멸절을 기도한 것이 아니라 불교교단을 정리하는 개혁의 성격이 더해진 것이었다. 여하튼 당대에 이렇게 많은 논쟁과 탄압이 발생한 이유는 당 황실이 초기부터 도교를 지극히 후대하며 비호한 것이 원인이었다.

　그러나 당의 중기가 되면서 불교계에서 삼교일치를 주장하는 사고방식이 파생하였다. 천태종 담연(湛然)의 제자 원호(元皓)는 유교와 불교의 일치를 주장하였고, 신청(神淸)은 삼교일치를 기본으로 삼고 『북산록(北山錄)』을 저술하였다. 화엄종의 종밀(宗密)은 『원인론(原人論)』을 지어 유교와 도교를 비판하면서도 그 이교를 불교의 체계 안에 수용하여 조직하였다. 나중에 당의 말기에 유학자 한유(韓愈, 768~824)가 등장하여 『원도(原道)』·『논불골표(論佛骨表)』·『여맹간서(與孟簡書)』 등을 지어 불교와 도교를 배척하였다. 그러나 송대(宋代) 이후에는 계숭(契嵩)의 『비한(非韓)』과 『보교편(輔敎篇)』, 장상영(張商英)의 『호법론(護法論)』, 유밀(劉謐)의 『삼교평심론(三敎平心論)』, 이병산(李屛山)의 『명도집설(鳴道集說)』 등이 저술되어 한유의 배불론을 반박하였다.

제3절 아비달마를 파척함 [折毘曇]

 折毘曇第二. 一立宗, 二破斥.

 둘째로 아비달마[毘曇]114)를 파척한다. 처음에는 종지[宗]를 수립하고, 다음에는 그것을 파척한다.

1. 아비달마 종지 수립

【원문】 有薩衛門人, 序其宗曰, "阿毘曇者, 名無比法. 無漏慧根, 會理隔凡. 其功冠絶, 故云無比. 超四執之外, 越三界之表. 群聖之所讚歎, 六道之所歸崇. 敢有抗言, 當屈之以理."

【옮김譯】 설일체유부[薩衛]115)의 (교의를 신봉하는) 사람이 그들의 종지를 서술하여 말하기를, "아비달마는 (다른 법과) 비교할 수 없는 법[無比法]116)이라고 이름하는데, 무루의 지혜[無漏慧根]117)가 이치에 계

---

114) 비담(毘曇): 아비담(阿毘曇)을 줄인 말이며, 현재는 아비달마라고도 표현함. 그 원어는 abhidharma로서, 보통 abhi는 '~에 대하여' 라는 의미로, dharma는 법(法)이라는 의미로 사용되어, '법에 대한 주석'을 말한다. 여기서는 소승불교(小乘佛敎)의 논장(論藏)을 가리키며, 이 소승불교의 논장을 근거로 하여 중국에서 성립된 불교의 종파가 바로 비담종(毘曇宗)이다. 이 번역서에서는 '비담'이나, '아비담'이라는 한역어(漢譯語)를 모두 현재 자주 사용하는 언어인 '아비달마'로 표기하기로 한다.

115) 살위(薩衛): Sarvāsti(vādin)의 음사로서, 살바다(薩婆多), 또는 살바다부(薩婆多部)라고도 한다. 소승 20부파 가운데 가장 유력했던 설일체유부(說一切有部)를 말하며, 간략하게 유부(有部)라고 한다.

116) 무비(無比): 여기서는 범어 abhidharma 가운데 abhi를 a(無, 非)+bhi(比)로 보아, '무비(無比)'로 해석하였다. 이러한 해석은 『대승의장(大乘義章)』1권에서 다음과 같이 설명

합하여 범부를 초월하고, 그 공덕이 무엇보다 가장 뛰어나기 때문에 '비교할 수 없다'고 한다. (그 법은) 네 가지에 집착[四執][118]하는 밖으로 초월하고, (미혹한) 삼계(三界)[119]의 표면을 벗어나서, 여러 성인들이 찬탄하는 바이고, 육도(六道)에 (윤회하는) 중생들이 귀의하고 숭배하는 바이다. (그런데도 아비달마에) 감히 대항하여 말하는 자가 있다면, 마땅히 이치로써 그를 굴복시켜야 할 것이다"라고 하였다.

問, 夫欲立理, 先須序宗源. 未知毘曇凡有幾種?
答, 部類甚多, 略明其六. 一者, 如來自說法相毘曇, 盛行天竺, 不傳震旦. 二者, 隣極亞聖, 名舍利弗, 解佛語故, 造阿毘曇, 凡二十卷, 傳來此土. 三者, 佛滅度後, 三百餘年, 有三明六通大阿羅漢, 姓迦旃延, 造八犍度, 凡二十卷, 傳來此土. 所言八者, 一雜, 二使, 三智, 四業, 五大, 六根, 七定, 八見. 言犍度者, 翻之爲聚. 以其八義, 各有部類, 因[120]之爲聚也. 四者, 六百年間, 有五百羅漢, 是旃延弟子. 於北天竺, 共造毘婆沙, 釋八犍度. 毘婆沙者, 此云廣解. 於西涼州譯出, 凡有百卷, 値兵火燒之, 唯六十卷現在, 止解三犍度也. 五者, 七百餘年, 有法勝羅漢, 嫌婆沙太博, 略撰要義, 作二百五十偈, 名阿毘曇心. 凡有四卷, 亦傳此

되었다. "아비담(阿毘曇)은 여기 말로 번역하면 무비법(無比法)이다. 아(阿)는 무(無)를 말하고, 비(毘)는 비(比)를 말하며, 담마(曇磨)는 법(法)이라고 이름한다."(『대정장』 44권, 468上~下)

117) 무루(無漏) : anāsrava의 역어. '루(漏)'는 누설(漏泄)이라는 의미로, 범부의 신체 이목구비에서 흘러나오는 오염된 물질처럼, 탐욕과 성냄과 무지로 인하여 발생하는 번뇌(煩惱)를 말한다. 무루는 진리와 법을 깨달아서 번뇌가 더 이상 생겨나지 않는 상태로, 견도(見道) 수도(修道) 무학도(無學道)의 지위에 오른 성자들이 여기에 해당한다.
118) 사집(四執) : 삼론에서 비판하는 네 가지 종파와 그 주장. 곧 인도와 중국의 외도, 아비달마, 『성실론』, 잘못된 일부의 대승을 말한다.
119) 삼계(三界) : 일반 범부들의 갖가지 욕망이 들끓는 세상인 욕계(欲界), 탐욕은 제거되었어도 물질적 요소가 존재하는 세계인 색계(色界), 탐욕도 물질적 존재도 초월한 비물질적 세계인 무색계(無色界)를 말한다. 여기서는 삼계를 모두 미혹한 세계로 보고 있음.
120) 인(因) : 금릉본과 만속장경본에는 '因'이 '目'으로 표기되어 있다. 양쪽 다 해석이 가능하다.

土. 六者, 千年之間, 有達磨多羅, 以婆沙太博, 四卷極略, 更撰三百五
十偈, 足四卷, 合六百偈, 名爲雜心也.

其間復有六分毘曇. 釋論云, 目連·和須密, 及餘論師共造. 並不傳此
土. 唯衆事分毘曇, 是六內之一, 此土有之. 復有甘露味毘曇二卷, 未詳
作者, 並傳此土. 毘曇雖部類不同, 大宗明見有得道也.

질문 : 대저 이치를 수립하고자 하면 먼저 모름지기 종지의 근
원을 서술해야 하는데, 아비달마에는 모두 몇 가지가 있는지 모
르겠다.

대답 : 그 부류는 매우 많지만 (그중에서) 대략 여섯 가지를 해명하겠다.

첫째, 여래가 스스로 설한 『법상비담(法相毘曇)』[121]이 있는데, (이것은)
인도[天竺]에서는 성행하였지만 중국[震旦]에는 전해지지 않았다.

둘째, 세존에 인접하고 성인에 버금가는[隣極亞聖][122] 사리불(舍利
弗)[123]이라고 이름하는 존자가 부처님 말씀을 잘 이해하여 『사리불아비
담론(舍利弗阿毘曇論)』[124]을 지었는데, (이 논서는) 모두 20권으로 이 나
라[此土; 중국을 말함]에 전래되었다.

셋째, 부처님이 입멸한 후 300여 년에 삼명육통(三明六通)[125]을 지닌

---

121) 『법상비담(法相毘曇)』: 고래로부터 여러 가지 설이 있으나, 무엇을 가리키는 것인지
    명확하지 않다. 법상(法相)은 여러 가지 교법의 특징이나 분류를 말함.
122) 인극아성(隣極亞聖) : 인극(隣極)은 극점에 인접한다는 뜻으로, 그 극점은 부처님 세
    존을 말한다.
123) 사리불(舍利弗) : Śāriputra. 사리자(舍利子)라고도 말한다. 석가모니 부처님의 십대제
    자 가운데 지혜가 제일이었던 존자
124) 『사리불아비담론(舍利弗阿毘曇論)』: 이 저서에 대한 설명은 『대지도론』의 다음과
    같은 기록에 의거한 것이다. "佛在時, 舍利弗解佛語故, 作阿毘曇. 後犢子道人等, 讀
    誦乃至今, 名爲舍利弗阿毘曇."(『대정장』 25권, 70上) 현존하는 『사리불아비담론』(『대
    정장』 28권)은 30권이지만, 『출삼장기집』에는 22권, 혹은 20권(『대정장』 55권, 11中)이
    라고 하였다. 이 논서에 대하여 근래 평하기를, "『사리불아비담론』은 30권의 대부(大
    部)의 논서이며, 법장부(法藏部)의 논장으로 보인다. 여기에는 유부(有部)의 논장처럼
    발달한 교리는 보이지 않지만, 팔리 상좌부와 유부 이외의 논장이 알려지고 있다는 점
    에서 귀중하다. 기원 전 2세기 혹은 1세기 무렵에 성립되었을 것이다"라고 하였다(平川
    彰, 『インド佛教史』 上卷, 春秋社, 181면).

위대한 아라한(阿羅漢)126)이 있었는데, 성(姓)은 가전연(迦旃延)127)이다. 『팔건도론(八犍度論)』128)을 지었는데, (이 논서는) 모두 20권으로 이 나라에 전래되었다. (이 논서에서) 말하는 여덟이란, ① 잡(雜), ② 사(使), ③ 지(智), ④ 업(業),129) ⑤ 대(大), ⑥ 근(根), ⑦ 정(定), ⑧ 견(見)130)이다. 건도(犍度)131)라고 말하는 것은, 이것을 번역하면 '모으다[聚]'이니, (그 본래의) 여덟 가지 의미에 각각의 부류가 있기 때문에, 그것을 가리켜 '모으다'라고 한다.

넷째, 부처님이 입멸한 후 600년 무렵에 오백 명의 아라한이 있었는데, 그들은 가전연의 제자들이다. 북인도 지역에서 함께 『비바사론(毘婆沙論)』132)을 지어 『팔건도(八犍度)론』을 주석하였다. '비바사(毘婆沙, vibhā-

---

125) 삼명(三明) : 삼명은 여섯 가지 신통력 중에서, 숙명통(宿命通), 천안통(天眼通), 누진통(漏盡通)의 세 가지를 말한다.

126) 아라한(阿羅漢) : arhat의 음사. 존경 받을 만하고, 공양 받을 만한 성자를 일컫는 말. 본래는 석가세존을 지칭하였으나, 나중에 소승불교에서는 일반인이 수행하여 도달할 수 있는 최고의 성자를 의미하게 되었다. 중국이나 한국에서는 간략하게 '나한(羅漢)'이라고도 말한다.

127) 가전연(迦旃延) : Kātyāyanīputra의 음사. 가다연니자(迦多衍尼子)라고도 한다. 부처님 십대제자의 한 명으로 논의(論議) 제일이었다. 그러나 여기서 말하는 가전연은 불멸 후 삼백 년에 출세한 『팔건도론(八犍度論)』, 곧 『발지론(發智論)』의 저자를 말한다.

128) 『팔건도론(八犍度論)』 : 『출삼장기집』 제2권에서 "『아비담팔건도(阿毘曇八犍度)』 20권은 승가제바(僧伽提婆)가 역출하였으며, 일명 『가전연아비담(迦旃延阿毘曇)』"이라 하였으며,(『대정장』 55권, 10下) 『개원석교록(開元釋敎錄)』 제13권에서는 『아비담팔건도론(阿毘曇八犍度論)』 30권은 가전연자(迦旃延子)가 지었으며, 혹은 20권에 삼질(三帙)이며, 승가제바(僧伽提婆)와 축불념(竺佛念)이 공역하였다고 하였다(『대정장』 55권, 620上). 현존하는 『아비담팔건도론』(『대정장』 26권)은 승가제바와 축불념이 공역한 30권이며, 나중에 현장(玄奘)이 다시 번역하여 『아비달마발지론(阿毘達磨發智論)』 20권(『대정장』 26권)이 되었다. 아비달마의 중요 문헌으로, 설일체유부의 주장을 기술하였다.

129) 사업(四業) : 현존하는 『팔건도론』에는 '四行'으로, 『발지론』에는 '四業'으로 되어 있다.

130) 팔건도(八犍度) : ① 잡(雜)건도는 사물의 구별을 해석하고, ② 사(使)건도는 번뇌의 계박을 해석하고, ③ 지(智)건도는 지혜에 대하여 해석하고, ④ 업(業)건도는 삼업(三業)에 대하여 해석하며, ⑤ 대(大)건도는 지·수·화·풍의 사대(四大)를 해석하고, ⑥ 근(根)건도는 육근(六根)에 대하여 해석하고, ⑦ 정(定)건도는 선정(禪定)에 대하여 해석하며, ⑧ 견(見)건도는 정견(正見)을 드러내고 사견(邪見)을 제거하는 해석이다.

131) 건도(犍度) : 건도는 grantha, 또는 skandhaka의 음사로서, '취(聚)'라 의역하며, 같은 부류를 모집하여 정리한 것이라는 의미임.

ṣā의 음사'라는 것은, '자세히 해석한다'라는 말이다. 서량주(西涼州)133)에서 역출하였으며, 모두 100권이었으나 전쟁으로 인하여 불에 타버리고 지금은 오직 60권만 존재하는데, (그것은 팔건도 가운데) 다만 삼건도(三犍度)를 주석할 뿐이다.

다섯째, 부처님이 입멸한 후 700여 년에 법승(法勝)134) 아라한이 있었는데, (법승은) 『비바사론』이 너무 광박한 것을 꺼려하여, 그 중요한 의미만을 요약 찬술해서 250게송을 지어 『아비담심론(阿毘曇心論)』135)이라 이름하였다. (이 논서는) 모두 4권으로, 역시 이 나라에 전래되었다.

여섯째, 부처님이 입멸한 후 1000년 무렵에 달마다라(達磨多羅)136)가 있었다. 『비바사론』은 너무 방대하고 (『아비담심론』) 4권은 극히 간략하여, 다시 350게송을 찬술하여, (『아비담심론』) 4권에 보충해서 합하여 모두 600게송이 되었으며, 이것을 『잡아비담심론[雜心]』137)이라 이름하였다.

그 사이에 다시 『육분비담(六分毘曇)』138)이 있었다. 『석론(釋論)』(『대지도

---

132) 『비바사론(毘婆沙論)』: 『아비달마비바사론(阿毘達磨毘婆沙論)』 60권(『대정장』 28권 수록)을 가리킨다. 북량(北涼)의 부다발마(浮陀跋摩)와 도태(道泰)가 437~439년에 번역하였으며, 본래는 100권이었으나 40권을 유실하고 60권이 되었다. 이것은 『아비담팔건도론(阿毘曇八犍度論)』을 주석한 것이다. 나중에 현장이 565~569년에 다시 번역하여 『아비달마대비바사론(阿毘達磨大毘婆沙論)』 200권(『대정장』 27권 수록)이 되었다. 그리하여 전자를 구바사(舊婆沙), 후자를 신바사(新婆沙)라고 불렀다.

133) 서량주(西涼州): 현재 중국의 서쪽 감숙성(甘肅省) 무위(武威) 지역.

134) 법승(法勝): Dharma-śreṣṭhin. 유부(有部)의 학승. 생몰년대가 자세하지 않다. 당(唐) 보광(普光)의 『구사론기(俱舍論記)』에 의하면, 토화라국(土火羅國, Tukhāra) 사람으로, 부처님 입멸 후 오백년에 출생했다고 한다(『대정장』 41권, 11下).

135) 『아비담심론(阿毘曇心論)』: 『출삼장기집』 제2권에 의하면, 『아비담심(阿毘曇心)』 16권 혹은 13권은 승가제바(僧伽提婆)가 역출하였으며, 또 『아비담심(阿毘曇心)』 4권은 승가제바가 여산의 혜원(慧遠)을 위하여 공역하였다고 한다(『대정장』 55권, 10下). 현재는 후자의 『아비담심론(阿毘曇心論)』 4권을 말한다.

136) 달마다라(達磨多羅): Dharmatrāta의 음사로서, 법구(法求)라 의역함. 4세기 중반 유부(有部)의 학승. 생몰년대가 자세하지 않다.

137) 『잡아비담심론[雜心]』: 『출삼장기집』 제2권에 의하면 세 가지 번역이 있었다고 하는데,(『대정장』 55권, 12 上~中) 현존하는 것은 남송(南宋)의 승가발마(僧伽跋摩)가 433년에 역출한 『잡아비담심론(雜阿毘曇心論)』 11권이다(『대정장』 28권 수록).

138) 육분비담(六分毘曇): 소위 육족론(六足論), 곧 『집이문족론(集異門足論)』·『법온족

론』을 말함)에서 말하기를,[139] "목련(目連)[140]과 화수밀(和須密)[141] 그 밖의 다른 논사들이 함께 지었다"라고 하였는데, 모두 이 나라에 전해지지 않았다. 다만 『중사분비담(衆事分毘曇)』[142]이 그 여섯 비담 가운데 하나로서, 이 나라에 전해져 존재한다. 다시 『감로미비담(甘露味毘曇)』[143] 2권이 있는데, 그 저자는 누구인지 모르지만 이것도 또한 이 나라에 전래되었다.

아비달마는 이와 같이 비록 그 부류가 같지는 않지만, 근본 주장은 유(有; 모든 법의 성품이 고정적으로 실재한다고 보는 견해)를 보아 도(道)를 증득하는 것을 밝히는 것이다.

2. 아비달마에 대한 파척

 破斥第二, 凡有十門. 一乖至道, 二扶衆見, 三違大教, 四守小筌, 五迷自宗, 六無本信, 七有偏執, 八非學本, 九弊[144]眞言,

---

론(法蘊足論)』·『시설족론(施設足論)』·『식신족론(識身足論)』·『계신족론(界身足論)』·『품류족론(品類足論)』(모두 『대정장』 26권에 수록)을 말한다. 길장 당시에는 일부분 밖에 역출되지 않아, "모두 이 나라에 전해지지 않았다"라고 하였으나, 나중에 현장에 의하여 전부 한역되었다.

139) 『석론』운(釋論云): 금릉본에는 이 뒤에 '云'자가 하나 더 추가되어 있다.

140) 목련(目連): Maudgalnāyana. 부처님 십대제자의 한명으로, 신통력이 제일이었음.

141) 화수밀(和須密): Vasumitra의 음사로서, 세우(世友)라 번역함. 불교 역사상 세우라고 번역된 인물이 많았으며, 자세한 것은 山田龍城, 『大乘佛教成立論序說』 제2부 제3장, 經典成立に 關與した 人人, 1 世友 참조.

142) 『중사분비담(衆事分毘曇)』: 현존하는 『중사분아비담론(衆事分阿毘曇論)』 12권이다(『대정장』 28권 수록). 세우(世友)가 지었으며, 남송의 구나발타라(求那跋陀羅)와 보리야사(菩提耶舍)가 공역하였다. 육족론(六足論) 중에서 『품류족론』 18권에 해당한다.

143) 『감로미비담(甘露味毘曇)』: 현존하는 『아비담감로미론(阿毘曇甘露味論)』 2권이다(『대정장』 28권 수록). 『개원석교록(開元釋教錄)』 제13권에 '『아비담감로미론』 2권의 저자는 존자(尊者) 구사(瞿沙), Ghoṣa(妙音)造'라고 되어 있으나, 그 번역자는 명확하지 않다(『대정장』 55권, 621上).

144) 금릉본과 만속장경본에는 '弊'가 '蔽'로 표기되어 있다. 은폐한다는 의미에서 양자 상통함.

十喪圓旨. 蓋無比之名有餘, 所明之理不足. 非但違乖方等, 亦近迷三
藏. 略擧十門, 顯其虛實.

 두 번째로 아비달마를 파척한다.
(아비달마의 오류에는) 모두 열 가지 부문이 있다. 첫째로 지극
한 도리를 거역하는 것, 둘째로 여러 가지 (잘못된) 견해를 부지하는 것,
셋째로 대승의 가르침에 위배되는 것, 넷째로 작은 통발[小筌; 소승불교를
의미함]을 고수하는 것, 다섯째로 자기 종파의 주장에도 미혹하는 것, 여
섯째로 (대승이 소승의) 근본이라는 것을 믿지 않는 것, 일곱째로 편벽되
게 집착하는 것, 여덟째로 근본을 배우지 않는 것, 아홉째로 진실한 말을
엄폐하는 것, 열째로 원만한 가르침의 종지를 상실하는 것이다.
  생각하건대 '(아비달마에) 비교할 만한 것이 없다'는 명칭(을 부여하는
것)도 과분함이 있으며, 해명하고 있는 이치도 충분하지 않다. 단지 멀리
로는 방등(方等; 대승불교의 경전을 말함)을 거역할 뿐만 아니라, 또한 가까이
로는 삼장(三藏; 소승불교의 경전을 말함)에도 미혹하다. 대략 열 가지 부문을
들어서 그 (아비달마의) 허(虛)와 (대승불교의) 실(實)을 밝히겠다.

 乖至道者, 夫道之爲狀也, 體絶百非, 理超四句. 言之者失其
眞, 知之者反其愚. 有之者乖其性, 無之者傷其體. 故七辨輟
音, 五眼冥照. 釋迦掩室, 淨名杜口. 豈可以有而爲道哉.

 (첫째로) 지극한 도리를 거역하는 것이란, 대저 도(道)의 형상이
란, 그 본체는 백 가지의 부정[百非]145)을 단절하고, 그 이치는
네 가지 구절의 분별[四句]146)을 초월한다. 그것을 말하고자 하면 그 진
실을 잃어버리고, 그것을 알고자 하면 그 반대로 어리석어진다. 그것을

---

145) 백비(百非) : 백은 그 수효가 많은 것을 의미함. 수많은 부정적인 표현을 동원하여 진
  리의 형상을 묘사하는 것을 말한다.
146) 사구(四句) : 모든 존재가 성립할 수 있는 상태를 표현하는 네 가지 구절. 예를 들면
  어떤 존재를, 有·無·亦有亦無·非有非無로 분별하는 것을 말한다.

있다고 하면 그 본성을 거역하고, 그것을 없다고 하면 그 본체를 손상시킨다.147) 그러므로 일곱 가지 변설[七辨]148)이 있어도 (그것을) 설명하지 못하였고, 다섯 가지 눈[五眼]149)이 있어도 잘 보지 못하였다. (이 지극한 도리에 대하여) 석가모니도 방을 엄폐하였고, 정명(淨名)150)도 입을 다물었으니,151) 어떻게 (아비달마에서 말하는 것처럼) 유(有)를 도(道)라고 할 수 있겠는가.

 第二扶衆見. 然道實非有, 遂言見有得道, 乃是見有, 非見道也. 故淨名云, "法名無染, 若染於法, 乃是染著, 非求法也." 又夫見有者, 名爲有見, 非見道矣. 故法華云, "入邪見稠林, 若有若無等, 依止此諸見, 具足六十二."

問, 若執有無, 此有何失?

答, 正觀論云, "淺智見諸法, 若有若無等, 是則不能見, 滅見安隱法." 於彼有大過矣.

---

147) 언지자(言之者–傷其體): 『조론(肇論)』의 「열반무명론(涅槃無名論)」에 이와 같은 구문이 들어있다(『대정장』 45권, 157下).

148) 칠변(七辨): 일곱 가지 교묘한 변설. 곧 첩질변(捷疾辨; 신속하게 불법을 이해하는 것)·이변(利辨; 깊이 불법을 이해하는 것)·부진변(不盡辨; 불법이 무궁무진함을 체득하는 것)·불가단변(不可斷辨; 반야의 지혜에는 희론이 없어, 어떤 비난과 힐난에도 단절시킬 수 없다는 것)·수응변(隨應辨; 중생의 요구에 응하여 불법을 연설하는 것)·의변(義辨; 불교의 의리를 강설하여 중생을 이롭게 하는 것)·최상변(最上辨; 세간 중생을 위하여 최고의 진리를 연설하는 것)을 말한다. 『대품반야경』(『대정장』 8권, 276下), 『대지도론』(『대정장』 25권, 450下) 등에 설해져 있다.

149) 오안(五眼): 제법을 관찰하는 다섯 가지 눈. 곧 범부의 육안(肉眼)·천신의 천안(天眼)·아라한의 혜안(慧眼)·보살의 법안(法眼)·부처님의 불안(佛眼)을 말한다. 『금강반야경』, 『대품반야경』(『대정장』 8권, 220中), 『대지도론』(『대정장』 25권, 305下) 등에 설해져 있다.

150) 정명(淨名): Vimalakīrti의 역어. 보통 유마힐(維摩詰)이라고 음사함. 『유마힐소설경』의 주인공.

151) 석가엄실정명두구(釋迦掩室淨名杜口): 『조론(肇論)』의 「열반무명론」에서 "釋迦掩室於摩竭, 淨名杜口於毘耶"라고 하였다(『대정장』 45권, 157下). 이에 앞서 『대지도론』 제7권에서 부처님은 보리수나무 아래에서 득도 후 57일 동안 법을 설하지 않았다고 하였으며(『대정장』 25권, 109中), 『유마힐소설경』에서 유마힐(維摩詰)은 불이법문(不二法門)에 대하여 묵연히 말하지 않았다고 하였다(『대정장』 14권, 551下).

둘째로 여러 가지 (잘못된) 견해를 부지하는 것이란, 그런데 도(道)란 실제로 유(有)가 아니기 때문에, (아비달마에서) 마침내 유를 보아 도를 증득한다고 말하는 것은, 곧 유를 보는 것이지 도를 보는 것이 아니다. 그러므로 『정명경(淨名經)』에서 말하기를, "법은 일체에 오염되지 않은 것을 이름한다. 만약 그 법에 오염된다면, 이것은 오염된 집착으로서, 법을 구하는 것이 아니다"라고[152] 하였다. 또 유(有)를 본다는 것은 유견(有見; 유(有)에 집착하는 견해)이라 이름하며, 도를 보는 것이 아니다. 그러므로 『법화경』에서 말하기를, "잘못된 견해의 밀림에서 (길을 잃고) 혹은 있다거나 혹은 없다거나 하는 것에 빠져들면, 이러한 여러 견해에 의지하여 62가지 잘못된 견해[153]를 구족하게 된다"라고[154] 하였다.

질문 : 만약 유(有)와 무(無)에 집착한다면. 여기에 어떠한 과실이 있는가?

대답 : 『정관론(正觀論)』(『중론(中論)』을 말함)에서 말하기를, "지혜가 얕은 사람은 모든 법에서 혹은 있다거나 혹은 없다거나 하는 것을 본다. 이러한 것은 곧 (사견(邪見)을) 소멸시키는 안은한 법을 보지 못한다"라고[155] 하였다. (유(有)나 무(無)에 집착하는) 그들에게는 이렇게 커다란 과오가 있는 것이다.

---

152) 『정명』운 : 『유마힐소설경』으로부터의 인용(『대정장』 14권, 546上).

153) 62사견(邪見) : 불교에서 말하는 외도들의 삿된 견해 62가지에 대한 해석은 불교문헌에 따라 반드시 동일하지는 않다. 유견(有見)과 무견(無見)으로부터 계산하기도 하고, 오온(五蘊)으로부터 아(我)를 추구하여 합산하기도 한다. 한 가지를 거론하면, 오온의 색(色) 중에서 ①색 중에 자아가 있는가, ②자아 중에 색이 있는가, ③색을 떠나서 자아가 있는가, ④색에 즉하여 자아가 있는가라고 추구하여 네 가지가 있게 되고, 오온 전체에 20가지가 있게 된다. 이것이 과거 현재 미래의 삼세에 걸쳐 모두 60가지가 되고, 여기에 근본이 되는 단견과 상견을 더하여 총계 62가지 견해가 성립한다. 『장아함경』 14권의 「범동경(梵動經)」(『대정장』 1권, 89下), 『대품반야경』 제14권(『대정장』 8권, 323上~325中), 『대반열반경』 제23권(『대정장』 12권, 759上), 『유가사지론』 87권 등에 설해져 있다.

154) 『법화경』운 : 『묘법연화경』 「방편품(方便品)」으로부터의 인용(『대정장』 9권, 8中).

155) 『정관론』운 : 『중론』 제5 「관육종품(觀六種品)」의 게송으로부터의 인용(『대정장』 30권, 8上). 다만 게송에서는 '若無等'을 '若無相'이라고 하였다.

第三違大敎. 思益經云, “於未來世, 有惡比丘, 說有相法, 得成
聖道.” 佛垂此勅, 懸誡將來. 旣曰惡人, 理是邪說. 違背大敎.
宜須破之.

셋째로 대승의 가르침을 위배하는 것이란, 『사익경(思益經)』(『사
익범천소문경(思益梵天所問經)』을 말함)에서 말하기를, “미래 세상에
나쁜 비구가 출현하여, 유상(有相; 제법의 본성이 실재한다고 주장하는 것)의 법
을 가지고 성스러운 도를 성취할 수 있다고 말할 것이다”라고[156] 하였
다. 부처님은 이러한 교칙[勅; 경전의 유훈]을 제시하여 아득한 장래의 사람
들을 경계하였다. (그 경전에서) 이미 나쁜 사람이라고 말하였기에, 그가
설하는 이치는 삿된 교설이며, 대승의 가르침을 위배한 것이라, 마땅히
그것을 파척하는 것이다.

第四守小筌. 夫爲未識源者, 示之以流, 令尋流以得源. 未見月
者, 示之以指, 令因指以得月. 窮流則唯是一源, 亡指則但是一
月. 蓋是如來說小之意也. 而毘曇之徒, 執固小宗, 不趣大道, 守筌喪實,
故造論破之.

 넷째로 작은 통발[小筌; 소승불교를 비유함]을 고수하는 것이란,[157]
대저 근원을 알지 못하는 자를 위해서는, 지류로 그것을 가리키

---

156) 『사익경』운 : 『사익경』의 본래 명칭은 『사익범천소문경(思益梵天所問經)』이며, 구마
라집이 홍시(弘始) 4년(402)에 번역하였다. 사익(思益)은 인도 바라문종교에서 이 세상
을 창조했다고 말해지는 범천(梵天, Brahman)의 이름으로, 범천은 나중에 부처님의 신
봉자가 되었다고 한다. 이 경전의 주요 내용은 대승을 선양하고 소승을 배척하는 것이
다. 위의 인용문에 대하여, 『사익경』「해제법품(解諸法品)」에서 “當來有比丘…… 佛言
我說此愚人, 是外道徒黨, 我非彼人師, 彼非我弟子. 是人墮於邪道, 破失法故, 說言有
諦”라고 하였다(『대정장』 15권, 39上).
157) 수소전(守小筌) : 이 내용과 관련하여, 『장자』의 외물편(外物篇)에서 “통발[筌]은 물
고기를 잡는 것으로, 물고기를 잡고 나면 통발을 잊어버린다[筌者所以在魚, 得魚而忘
筌]”라고 하였다. 여기서는 아비달마 교도들이 물고기를 잡는 통발을 소중히 지키고,
그 안에 들어 있는 물고기를 상실한 것을 비유하였다.

어 그 지류를 찾아봄으로써 근원을 획득하게 한다. 달을 보지 못하는 자를 위해서는, 손가락으로 그것을 가리키어 손가락으로 인하여 달을 보게 한다.[158] 지류를 궁구하면 곧 오직 하나의 근원이 있을 뿐이고, 손가락을 잊는다면 곧 단지 하나의 달이 있을 뿐이다. 대개 이것이 여래께서 소승을 설하신 의도이다. 그런데도 아비달마의 무리들은 작은 종지[小宗; 소승의 교리]를 고집하여 큰 도[大道; 대승의 진리]로 나아가지 않는다. 이것은 (물고기를 잡는) 통발을 고수하고, (그 안에 들어있는 물고기라는) 실물을 상실하는 것이다. 그러므로 논서를 지어 파척하는 것이다.

원문 第五迷自宗. 諸聖弟子, 有所述作, 本爲通經. 而阿含之文, 親說無相. 故善吉觀法空而悟道, 身子入空定而佛歎. 阿毘曇人, 但明見有, 故自迷本宗.

옮김譯 다섯째로 자기 종파의 주장에도 미혹하는 것이란, 여러 성제자(聖弟子)[159]가 논서를 저술한 것은, 본래 (부처님이 설하신) 경전을 통달하기 위한 것이다. 그리하여 『아함경』의 글에서 부처님이 친히 무상(無相)을 설하였다.[160] 그 때문에 선길(善吉; 수보리(須菩提)를 말함)[161]은

---

158) 손가락으로 인하여 달을 보게 한다[因指以得月]:『능가아발다라보경(楞伽阿跋多羅寶經)』제4권에서 "어리석은 자는 달을 가리키는 것을 보는데, 손가락을 보고 달을 관하지 않는 것처럼, 명자에 집착하는 자는 나의 진실을 보지 못한다[如愚見指月, 觀指不觀月, 計著名字者, 不見我眞實]"라고 하였고,(『대정장』 16권, 510下) 『대지도론』 제9권에서 "사람이 손가락으로 달을 가리키며 미혹한 자에게 보여주는데, 미혹한 자는 손가락을 보고 달을 바라보지 않는다[如人以指指月以示惑者, 惑者視指而不視月]"라고 하였다 (『대정장』 25권, 125中). 선종에서 중시하는 『능엄경(楞嚴經)』 제2권에서도 "如人以手指月示人, 彼人因指當應看月. 若復觀指以爲月體, 此人豈唯亡失月體, 亦亡其指. 何以故, 以所標指爲月故"(『대정장』 19권, 111上)라고 하여, 역시 같은 의미를 설하였다.
159) 제성제자(諸聖弟子): 많은 성제자(聖弟子), 많은 불제자(佛弟子)로서, 불재세(佛在世) 혹은 불멸후(佛滅後)의 아라한들을 말한다.
160) 아함지문(阿含之文親說無相):『성실론』의 「신견품(身見品)」에서 인용하는 것으로서, 예를 들면 『중아함경』 제49권의 『대공경(大空經)』(『대정장』 1권, 738上)이나, 『잡아함경』 제13권의 『제일의공경(第一義空經)』(『대정장』 2권, 92下) 등을 의미한다.
161) 선길(善吉): Subhūti 곧 수보리(須菩提)의 음사. 선현(善現)이라고도 한역한다. 부처님

법공(法空)을 관찰하여 도를 깨달았고,162) 신자(身子; 사리불(舍利弗)을 말함)
는 공정(空定; 공을 관찰하는 선정)에 들어서,163) 부처님에게 찬탄 받았다. 그
런데 아비달마 사람들은 단지 유(有)를 보는 것만을 해명하고 있으니, 그
때문에 스스로 본래의 종지에 미혹한 것이다.

第六無本信. 文殊問經云, "十八及本二, 皆從大乘出, 無是亦
無非, 我說未來起." 十八者, 謂十八部異執也. 及本二者, 根本
唯二部. 一大衆部, 二上座部. 而阿毘曇, 是十八部內薩婆多部, 從大乘
出, 卽大爲小本. 而執小之流, 聞大乘不信, 是以破之.

問, 何以知執小之人不信大法耶?

答, 智度論云, "旃延弟子答龍樹云, 我聞大乘, 心不都信." 故外國執
小乘者, 與學大乘人, 分河飮水.

여섯째로 (대승이 소승의) 근본이라는 것을 믿지 않는 것이란,
『문수문경(文殊問經)』(『문수사리문경(文殊師利問經)』을 말함)에서 말
하기를, "18과 근본 2는 모두 대승불교로부터 나와서, 옳은 것도 없고 틀
린 것도 없다. 나는 이것들이 장래에 흥기할 것이라고 말하노라"라고164)
하였다. '18(十八者)'이라는 것은, (소승불교의) 18부파가 저마다 다르게
집착하는 주장이다. '또 근본 2[及本二者]'라는 것은, 근본이 되는 것은 오
직 2부파이니, 하나는 대중부(大衆部)165)이고, 둘은 상좌부(上座部)166)이다.

의 십대제자 가운데 공성(空性)을 가장 잘 이해하여 해공제일(解空第一)이라 칭하였다.

162)『증일아함경』제3권에서 "항상 공정(空定)을 즐기어 공의(空義)를 분별하는 것은, 이
른바 수보리비구이다[恒樂空定分別空義, 所謂須菩提比丘是]"라고 하였다(『대정장』2
권, 558中).

163)『증일아함경』제41권에서 "부처님이 사리불에게 고하였다. '선재, 선재라. 사리불은
이에 능히 공삼매(空三昧)에 유희하도다. 그러한 까닭은 모든 공삼매가 가장 제일이기
때문이다[佛告舍利弗言, 善哉善哉, 舍利弗乃能遊於空三昧. 所以然者, 諸空三昧者最
爲第一]"라고 하였다(『대정장』2권, 773中). 『중아함경』에서는 "사리불은 공삼매를 얻
었다[身子得空三昧]"고 하였다.

164)『문수문경』운:『문수사리문경』하권 게송의 내용(『대정장』14권, 501中). 이 경전은
양(梁)의 승가바라(僧伽婆羅)가 천감(天監) 17년(518)에 2권으로 한역하였다.

아비달마부파는 18부파 중에서 살바다부(薩婆多部; 설일체유부)이며, 대승으로부터 파생한 것이기에, 곧 대승은 소승의 근본이 된다.[167] 그런데도 소승을 고집하는 부류들은 대승을 듣고도 믿지 않는다. 그 때문에 이것을 파척하는 것이다.

질문 : 어떻게 소승을 고집하는 사람들이 대승을 믿지 않는다고 아는가?

대답 : 『대지도론』에서 말하기를, "가전연(迦旃延)의 제자가 용수(龍樹)에게 대답하였다. '나는 대승을 들었어도, 마음은 도무지 믿지 못하겠다'"라고[168] 하였다. 그러므로 외국(外國; 인도를 말함)에서는 소승을 고집하는 사람들이, 대승을 배우는 사람들과 (동일한) 하천의 물을 구분하여 마신 것이다.[169]

第七有偏執. 大集經云, "雖有五部, 並不防如來法界及大涅槃." 而阿毘曇人保執自宗, 排斥他說. 便違法界, 拒大涅槃. 累障旣深, 宜須傷歎.

일곱째로 편벽되게 집착하는 것이란, 『대집경(大集經)』에서 말하기를, "비록 5부(五部)[170]가 있어도, 어느 것도 여래의 법계(法

---

165) 대중부(大衆部) : Mahāsaṅghika의 한역어. 소승불교에서 분파된 최초의 근본 2부 가운데 진보파에 해당하는 학파. 본 역주서 하권 제3장 제2절 참조.

166) 상좌부(上座部) : Sthaviravāda의 한역어. 소승불교 최초의 근본 2부 가운데 보수파에 해당하는 학파. 본 역주서 하권 제3장 제2절 참조.

167) 이 부분의 서술은 역사적 사실과는 다르게 설명되고 있다. 불교의 발달사에 의하면, 기원전 6~5세기는 원시(근본)불교, 기원전 4세기~기원후 1세기는 부파(소승)불교시대였으며, 기원 1세기 이후에 대승불교가 형성되었다. 따라서 실제로는 원시불교와 소승불교가 먼저 전개되었고, 그 뒤에 대승불교가 흥기하였다.

168) 『대지도론』운 : 이 내용과 관련하여 『대지도론』 제4권에서 "摩訶衍中雖有此語, 我亦不能都信"라고 하였다(『대정장』 25권, 92中). 그러나 현존하는 가전연이 저술한 『발지론』 곧 『팔건도론』에는 이러한 내용이 보이지 않는다고 말하기도 한다.

169) 현장이 인도에서 구법하고 돌아와 기록한 『대당서역기(大唐西域記)』에도, 소승인과 대승인이 같은 하천의 물을 구별하여 마셨다는 기록이 남아있다.

170) 오부(五部) : 석가모니 입멸 후 백년 무렵, 이세(異世)의 오사(五師) 가운데 제5조 우바굴다(優婆堀多)로부터 소위 동세오사(同世五師)라 불리는 다섯 스승이 배출되어, 불교

界)와 대열반(大涅槃)을 방해하지 않는다"라고[171] 하였다. 그런데 아비달마 사람은 자신의 종지만 보호하여 고집하고, 다른 학설을 배척한다. 이것은 문득 법계를 어기고 대열반을 거역하는 것이다. 장애가 누적되어 이미 심하니, 마땅히 그를 상심하여 탄식하는 바이다.

第八非學本. 大品經云, "欲知四緣, 當學般若." 外人問龍樹云, "欲學四緣, 應學毘曇, 云何乃學般若?" 論主答曰, "初學毘曇, 似如可解, 轉久推求, 則成邪見."

問曰, 學毘曇, 云何乃成邪見?

答, 若言四緣生諸法者, 誰復生於四緣? 若四緣更從他生, 則他復從他, 如是無窮. 若其四緣自然而有, 不從他生者, 萬物亦應不由四緣, 當墮無因. 故從則無窮, 窮則無因. 由此二門, 則不信因果. 故久學毘曇, 成於邪見.

여덟째로 근본을 배우지 않는 것이란, 『대품경(大品經)』(『대품반야경(大品般若經)』을 말함)에서 말하기를, "사연(四緣)[172]을 알려고 하면, 마땅히 반야(般若)를 배워야 한다"라고[173] 하였다. 외부 사람이 용

가 다섯 부파, 곧 ① 담무덕(曇無德), ② 마하승기(摩訶僧祇) 곧 살바다부(薩婆多部), ③ 미사색(彌沙塞), ④ 가섭유(迦葉維), ⑤ 독자부(犢子部)로 나누어지게 되었다. 자세한 것은 이 역주서 하권의 제3장 제5절 참조 바람.

171) 『대집경』운 : 『대방등대집경(大方等大集經)』 제22권의 인용(『대정장』 13권, 159中). 『대방등대집경』은 부처님이 욕계와 색계의 여러 지위에 있는 보살들에게 대승의 법을 설한 경전이다. 이 경전은 60권 17분(分)으로 구성되어 있으며, 그 전체를 담무참(曇無讖), 안세고(安世高) 등 여러 명이 4회에 걸쳐 부분적으로 한역하였다.

172) 사연(四緣) : 모든 법을 발생시키는 네 가지 원인. 곧 인연(因緣), 차제연(次第緣), 소연연(所緣緣), 증상연(增上緣)을 말한다. 인연(因緣)은 일체 법이 발생하는 직접적 원인을 말한다. 차제연(次第緣)은 앞의 생각이 나중의 생각을 이끌어 발생시킬 때, 앞의 생각이 나중 생각의 연이 되는 것을 말한다. 그 두 사념이 균등하고 간격이 없기 때문에 신역(新譯)에서는 등무간연(等無間緣)이라 부른다. 소연연(所緣緣)은 주관적 인식을 발생시키는 일체의 객관적 대상이고, 증상연(增上緣)은 사물의 형성을 방해하지 않고 보조하는 그 밖의 조건을 말한다.

173) 『대품경』운 : 『대품반야경』 서품(序品)에서 "菩薩摩訶薩 欲知諸法 因緣 次第緣 緣

수에게 질문하였다.[174] "사연을 배우려고 하면 응당 아비달마를 배워야 하거늘, 어찌하여 반야를 배워야 한다고 하는가?" 논주(論主; 용수를 말함)가 대답하였다. "처음에 아비달마를 배우면 (사연을) 이해할 것 같지만, 오랫동안 추구하면 마침내 잘못된 견해를 이루게 된다."

질문 : 아비달마를 배우면, 어찌하여 마침내 잘못된 견해를 이루게 되는가?

대답 : 만약 사연(四緣)으로부터 모든 법이 생겨난다고 말한다면, 누가 다시 그 사연을 생겨나게 하는가? 만약 사연이 다시 다른 것으로부터 생겨난다고 한다면, 곧 그 다른 것도 다시 다른 것으로부터 생겨날 것이다. 이와 같이 하여, (다른 것으로부터 또 다른 것을 추구한다면, 그 한계가 끝이 없이) 무궁할 것이다. (또한) 만약 그 사연이 자연적으로 존재하여 다른 것으로부터 생겨나지 않는다고 한다면, (사연으로부터 생겨난다는) 만물도 또한 응당 사연으로부터 말미암지 않을 것이니, 마땅히 원인이 없다는 견해에 떨어질 것이다. 그러므로 아비달마의 교설에 따른다면 곧 무궁할 것이며, 이러한 이치를 추궁하면 곧 원인이 없다는 견해에 떨어져버린다. 이 두 가지 부문(의 어느 것에)에 의하여도 곧 (바른) 인과(因果)를 믿지 못한다. 그 때문에 오랫동안 아비달마를 배우면 잘못된 견해를 이루게 되는 것이다.

원문 第九弊[175]眞言. 大集經云, "甚深之義不可說, 第一義諦無聲字. 眞如比丘於諸法, 獲得眞實之知見." 本起經云, "頗鞞沙門, 卽五人之一. 爲身子說偈云, '一切諸法本, 因緣空無主. 息心達本源, 故

緣 增上緣, 當學般若波羅蜜"이라고 하였다(『대정장』8권, 219下).
174) 이하의 문답은 『대지도론』제32권에 수록되어 있는 유부(有部)와의 문답을 요약한 것이다(『대정장』25권, 297中). 설일체유부(說一切有部)의 논서인 『아비달마발지론(阿毘達磨發智論)』과 『아비달마대비바사론(阿毘達磨大毘婆沙論)』 등에서 사연(四緣)에 대하여 자세히 논의하기 때문에, 길장이 이렇게 서술하였을 것이다.
175) 폐(弊) : 금릉본과 만속장경본에는 '蔽'로 표기되어 있다.

號爲沙門.’ 身子聞之, 即得初果.” 尋大小二經, 皆明見空成聖. 而阿毘
曇謂觀有得道, 故隱覆眞言.

아홉째로 진실한 말을 엄폐하는 것이란,『대집경』에서 말하기를, “매우 깊은 의미는 설할 수 없으며, 제일의제(第一義諦)176)는 언어로도 문자로도 (표현할 수) 없다. 진여(眞如)177)비구는 (부처님이 설한 그 법문을 듣고) 모든 법에서 진실한 지견(知見)을 획득하였다”라고178) 하였으며,『본기경(本起經)』에서 말하기를, “알비(頞鞞)179) 사문은 곧 (부처님의 초전법륜을 들은) 다섯 사람[五人]180)의 한 사람이었는데, 그는 사리불[身子]을 위하여 게송을 설하였다. ‘일체 모든 법은 본래 그 인연(因緣)이 공(空)하여 주체가 없다. (요동치는) 마음을 그치면, 본원(本源)에 도달한다, 그러므로 (이러한 사람을) 사문(沙門)181)이라 호칭한다.’ 사리불은 이 말을 듣고 곧바로 최초의 과보[初果]182)를 증득하였다”라고183) 하였다.

---

176) 제일의제(第一義諦) : paramārtha-satya의 역어. 가장 뛰어난 진리를 의미하며, 진제(眞諦) 또는 승의제(勝義諦)라고도 부른다.

177) 진여(陳如) : 교진여(憍陳如, Kauṇḍinya)의 줄임말. 부처님의 초전법륜을 들은 다섯 비구 가운데 첫 번째 인물.

178)『대집경』운 :『대집경』제2권 게송의 인용(『대정장』13권, 13下). 다만 원문에서는 ‘第一義諦’를 ‘第一實義’로, ‘陳如’를 ‘憍陳’이라고 표현하였다.

179) 알비(頞鞞) : Aśvajit의 음사로서, 아설시(阿說示)라고도 부르며, 마승(馬勝)이라 의역한다. 석가모니의 초전법륜을 듣고 깨달음을 얻은 다섯 비구 가운데 한 사람.

180) 오인(五人) : 부처님의 초전법륜을 들은 최초의 다섯 사람들. 곧 ① 아야교진여(阿若憍陳如, Ājñātakauṇḍinya, 憍陳如, 陳如), ② 아설시(阿說示, Aśvajit, 頞鞞, 馬勝), ③ 발제(跋提, Bhadrika), ④ 십력가섭(十力迦葉, Daśabalakāśyapa), ⑤ 마하남구리(摩訶男拘利, Mahānāmakulika) 또는 마하나마(摩訶那摩, Mahānāma) 등이다. 전승에 따라서 십력가섭(十力迦葉) 대신에 바사파(婆師波, Vāṣpa)를 열거하기도 한다.

181) 사문(沙門) : śramaṇa의 음사. 빈도(貧道), 핍도(乏道)라 한역하였다. 원래는 인도 고대 바라문종교의 권위를 부정하고, 출가하여 수행하는 이들을 총칭하였으나, 중국과 한국 일본에서는 불교의 수행자를 말한다.

182) 최초의 과보[初果] : 소승불교에서 말하는 네 종류의 성자 가운데 첫 번째 수다원(須陀洹, srota-āpanna)을 말한다. 이 수다원부터 비로소 성자의 흐름에 들어가기 때문에 예류(預流), 입류(入流)라고 한역한다.

183)『본기경』운 :『중본기경(中本起經)』상권의 기록에 의거한 것으로서, 문장 가운데 게송만 경전의 인용문이고, 그 밖의 것은 그 전후의 문장을 모은 것이다(『대정장』4권,

이렇게 대승과 소승의 두 가지 경전을 찾아보아도, 모두 공(空)을 보아 성자가 된다고 해명하고 있다. 그런데 아비달마에서는 유(有)를 관찰하여 도(道)를 획득한다고 말하고 있다. 그 때문에 부처님의 진실한 말씀을 가리어 덮는 것이다.

第十喪圓旨. 涅槃經云, "欲令衆生深識眞諦, 是故如來宣說於俗. 若使衆生不因俗諦而識眞者, 諸佛如來終不說俗." 毘曇之流, 雖知俗有, 不悟眞空. 旣惑眞空, 亦迷俗有. 是故眞俗二俱並喪.

열째로 원만한 가르침의 종지를 상실하는 것이란, 『열반경(涅槃經)』에서 말하기를, "중생들로 하여금 깊이 진제(眞諦)를 알게 하기 위하여, 여래는 속제(俗諦)184)를 선설(宣說)하셨다. 만약 중생들로 하여금 속제에 의하지 않고서도 진제를 알게 한다면, 모든 부처님 여래는 끝내 속제를 설하시지 않았을 것이다"라고185) 하였다. 아비달마 무리들은 비록 속유(俗有; 속제의 유(有)를 말함)를 알고 있었지만, 진공(眞空; 진제의 공

153下). 『본기경』은 석가모니의 전생과 금생의 신화와 고사를 설하고 있다. 이역(異譯)으로 『수행본기경(修行本起經)』과 『과거현재인과경(過去現在因果經)』이 있다. 여기에 등장하는 교진여와 알비 등의 다섯 비구는 본래 석가모니의 부왕(父王)이 수행 중이던 싯다르타태자의 신변을 보호하기 위하여 파견한 사람들이었다. 원래 사리불은 육사외도(六師外道)의 한 명이던 산자야의 제자였으나, 거리에서 만난 알비(Aśvajit) 비구의 단정한 용모에 감탄하여 그 내력에 관하여 질문하고, 석가모니의 초전법륜을 듣고 깨달음을 얻은 알비 비구로부터 위에서 인용한 게송을 듣고, 곧바로 법에 대하여 눈을 뜨고 부처님의 제자가 되었다는 유명한 일화를 말한다.

184) 속제(俗諦) : saṃvṛtti-satya의 역어. 세제(世諦), 또는 세속제(世俗諦)라고도 말한다. 세속제란 세상에서 통용되는 일반적 상식적인 진리를 의미한다. 이에 비하여 불교의 수승한 진리를 제일의제(第一義諦, paramārtha-satya), 혹은 진제(眞諦), 승의제(勝義諦)라고 하였다.

185) 『열반경』운: 『대반열반경』 「범행품(梵行品)」에서 "諸佛世尊爲第一義故說於世諦, 亦令衆生得第一義諦, 若使衆生不得如是第一義者, 諸佛終不宣說世諦"라고 하였다(『대정장』 12권, 465中). 또한 『중론』 「관사제품(觀四諦品)」에서도 이와 비슷하게 주장하며, 그 진제는 속제와 떨어져 있는 것이 아니라 바로 속제에 의하여 표현된다고 말하였다(『대정장』 30권, 33上).

(空)을 말함)을 깨닫지는 못하였다.186) 이미 진공에 대하여 미혹하기 때문에, 또한 속유에 대해서도 미혹하다. 그러므로 아비달마는 진제와 속제의 두 가지를 모두 함께 상실한 것이다.

제4절 『성실론』을 배척함 [排成實]

 排成實第三. 一立義, 二破斥.

 셋째로 『성실론(成實論)』을 배척한다. 처음에는 『성실론』의 교의를 수립하고, 다음에는 그것을 파척한다.

1. 『성실론』의 교의 수립

有訶梨跋摩高足弟子. 序其宗曰, "成實論者, 佛滅度後九百年內, 有訶梨跋摩, 此云師子鎧之所造也. 其人本是薩婆多部鳩摩羅陀弟子. 慨其所釋近在名相. 遂徙轍僧祇, 大小兼學. 鑽仰九經, 澄187)汰五部. 再卷邪霧, 重舒慧日." 於是道振罽賓, 聲流赤縣. 成是能

---

186) 아비달마불교도 또한 진제(眞諦)와 속제(俗諦)라는 이제(二諦)의 개념을 알고 사용하였다. 아비달마의 『대비바사론(大毘婆沙論)』이나 『구사론(俱舍論)』에서는 진제의 개념을 제법의 본질을 이루는 극미(極微) 같은 실유(實有)적인 존재로 파악하였다. 그러나 대승의 중관학이나 삼론학에서는 일체의 법공(法空)을 의미하였기 때문에, 이와 같이 비판된 것이다.

187) 징(澄) : 금릉본과 만속장경본에는 '澄'이 '澂'으로 표기되어 있으며, 의미는 양자가 동일하다.

成之文, 實謂所成之理. 二百二品, 十六卷文. 四諦建章, 五聚明義. 說
旣精巧, 歸衆若林.

하리발마(訶梨跋摩)188)에게 뛰어난 제자가189) 있어, 그 『성실
론』의 종지를 서술하여 말하였다. "『성실론』은 부처님 입멸 후
900년 이내에 하리발마가 있었는데, 여기[중국]에서 사자개(師子鎧)라고
불리는 그가 저술한 것이다. 그 사람은 본래 살바다부(薩婆多部; 설일체유
부(說一切有部)를 말함)의 구마라타(鳩摩羅陀)190)의 제자였다. 그러나 그 구
마라타의 해석이 명상(名相; 명자(名字)와 상상(相狀), 곧 명칭의 자태)에만 근접
하여 논의한 것을 개탄하고, 마침내 그 궤철을 승기(僧祇)191)로 이전하여
대승과 소승을 겸하여 배웠다. (하리발마는 소승불교의) 구분경[九經]192)

---

188) 하리발마(訶梨跋摩) : Harivarman의 음사로서, 사자개(師子鎧)라고 의역한다. 약 250~
     350년 무렵에 활약한 인도의 불교학자이며, 소승불교와 대승불교의 중간 정도에 해당
     하는 『성실론(成實論)』의 저자이다. 나중에 이 저서가 구마라집(Kumarajiva)에 의하여
     한역되자, 구마라집 문하에서 『성실론』을 연구하여 불교학파의 하나였던 성실종(成實
     宗) 혹은 성실학파(成實學派)가 형성되었다.
189) 고족제자(高足弟子) : 여기에 인용된 기록은 『출삼장기집』 제11권에 수록된 현창(玄
     暢)의 「하리발마전(訶梨跋摩傳)」의 서문과 일치하지만,(『대정장』 55권, 78中~79中) 그
     고족제자가 누구인지는 명확하지 않다.
190) 구마라타(鳩摩羅陀) : Kumāralāta의 음사로서, 구마라다(鳩摩羅多)라고도 음사하며, 동
     수(童受) 또는 동수(童首)라고 의역한다. 소승부파 가운데 살바다부(薩婆多部)의 학자
     이며, 하리발마의 스승이다. 불교 역사상 같은 이름의 구마라타가 세 명 보인다. 첫째는
     『서역기(西域記)』 3권과 『성유식론술기(成唯識論述記)』 2본(本) 등에 나오는 경부(經
     部)의 논사로서, 불멸후 백년에 출생하였다고 한다. 둘째는 『부법장인연전(付法藏因緣
     傳)』에 보이는 선종(禪宗)의 조사로서, 전등(傳燈) 제19조(祖)이다. 셋째는 여기 『삼론현
     의』에서 말하는 살바다부의 논사로서, 『법화현론약술(法華玄論略述)』에서는 불멸 후
     팔백 년의 출생이라고 하였다.
191) 승기(僧祇) : 마하승기(摩訶僧祇, Mahāsaṅghika)의 약칭. 소승불교 근본이부(根本二部)
     의 하나인 대중부(大衆部)를 말한다.
192) 구경(九經) : 여기서는 원시불교 경전을 총칭하는 아홉 가지 경전인 구분경(九分經)을
     말한다. 이 구분경은 경전의 내용과 형식에 의거하여 분류한 것이다. ① Sūtra(須多羅,
     契經); 불경 가운데 장행(산문) 부분. ② Geya(祇夜, 應頌); 시문(詩文)으로, 수다라와 상
     응하여 장행 사이에 섞어 사용한다. ③ Gātha(伽陀, 頌); 소위 게송(偈頌)이다. ④ Nidāna
     (尼陀那, 因緣); 부처님이 설법 교화하게 된 인연으로, 경전의 서품(序品)에 해당한다.
     ⑤ Avadāna(阿婆陀那, 譬喩); 경문 가운데 비유하는 부분. ⑥ Itivṛttaka(伊提目多伽, 本

을 우러러 연찬하고, (대중부(大衆部)의) 5부(五部)[193]를 남김없이 도태시
켜 버렸으며, 다시금 삿된 견해의 안개를 걷어내 버리고, 거듭 태양같이
빛나는 지혜를 서술하였다." 그리하여 (그가 가르친) 도(道)는 계빈(罽
賓)[194]에 떨쳤고, 그 명성은 적현(赤縣)[195]에까지 흘러들었다.

『성실론』의 '성(成)'은 능동적으로 완성시키는 문장이며, '실(實)'은 수
동적으로 완성되는 이치를 이르는 것이다. (『성실론』은) 2백 2품 16권
의 문장으로 구성되었는데, 사제(四諦; 원시근본불교의 가르침인 사성제)의
각각으로써 장(章)을 수립하였으며, 오취(五聚)[196]로써 그 의미를 해명하
였다. 그 교설은 이미 매우 정묘하여, 거기에 귀의하는 사람들이 수풀
처럼 많았다.

원
문 問, 跋摩旣排斥八犍, 陶汰五部. 成實之宗, 正依何義?
答, 有人言, "擇善而從, 有能必錄. 棄衆師之短, 取諸部之長."
有人言, "雖復斥排群異, 正用曇無德部." 有人言, "偏斥毘曇, 專同譬
喩." 眞諦三藏云, "用經部義也." 檢俱舍論, 經部之義, 多同成實.

事, 如是語經); 부처님이 제자들의 과거세 인연을 설하는 경문이다. ⑦ Jātaka(本生); 부
처님 자신의 과거세 인연을 설하는 경문이다. ⑧ Adbhutadharma(阿浮陀達磨, 未曾有);
부처님이 여러 가지 신통력을 나타내는 것을 기술한 부분이다. ⑨ Upadeśa(優波提舍,
論議); 제법의 의미에 대하여 문답하고 논의한 것이다.

193) 오부(五部): 대중부 안에서 먼저 파생한 지말의 다섯 부파. 곧 일설부(一說部)·설출세부
(說出世部)·회산주부(灰山住部)·다문부(多聞部)·다문분별부(多聞分別部)를 말한다.

194) 계빈(罽賓): Kaśmīra. 인도의 서북부 지역인 카슈미르 지방. 설일체유부(說一切有部)
의 계통이 이 지역에서 번영하여, 『아비달마대비바사론』도 여기에서 편찬되었고, 세친
의 『구사론(俱舍論)』도 여기에서 저술되었다.

195) 적현(赤縣): 신주(神州), 곧 지나, 중국을 가리킴.

196) 오취(五聚): 『성실론』은 발취(發聚)·고제취(苦諦聚)·집제취(集諦聚)·멸제취(滅諦
聚)·도제취(道諦聚)의 오취로 구성되어 있다. ① 발취는 성실론 전체의 서분(序分)으로
서, 「佛寶論初具足品」 등 35품을 내포한다. ② 고제취는 색·수·상·행·식의 오음을
분별하여 논의하고, 「色相品」 등 59품을 내포한다. ③ 집제취는 업보와 번뇌를 분별 논
의하고, 「業相品」 등 46품을 내포한다. ④ 멸제취는 「入假名品」 등 14품을 내포한다.
⑤ 도제취는 선정과 지혜를 분별 논의하고, 「正因品」 등 48품을 내포한다.

질문 : 하리발마는 이미 『아비담팔건도론』을 배척하였고, (대중부의) 5부파를 도태시켰다. (그렇다면) 『성실론』의 종지는 진정 어떤 의미에 의거한 것인가?

대답 : 어떤 사람은 이렇게 말하였다. "(많은 교설 중에서) 좋은 점은 선택하여 따르고, 유능한 점은 반드시 수록하였다. 여러 논사들의 단점을 버리고, 여러 부파의 장점을 취하였다." 어떤 사람은 이렇게 말하였다. "비록 다시 여러 상이한 교설을 배척하였지만, 진정으로 담무덕부(曇無德部)[197]의 교설을 사용하였다." 어떤 사람은 이렇게 말하였다. "치우쳐서 아비달마의 교설을 배척하였고, 오직 비유자[譬喩][198]의 학설과 일치하였다." 진제삼장(眞諦三藏)[199]은 이렇게 말하였다. "경부(經部; 경량부(經量部)를 말함)[200]의 교의를 사용하였다." 『구사론(俱舍論)』[201]을 조사

---

197) 담무덕부(曇無德部) : Dharmottarīya의 음사. 법상부(法上部) 또는 법상부(法尙部)라고 부른다. 부처님 입멸 후 300년 초엽에 상좌부(上座部)에서 설일체유부(說一切有部)가 파생하였고, 나중에 그 설일체유부에서 독자부(犢子部)가 출현하였으며, 그 독자부에서 이 담무덕부가 출현하였다.

198) 비유(譬喩) : Dārṣṭāntika의 한역어. 비유에 의하여 자신의 주장을 논증하는 불교의 한 가지 학파를 말한다. 이 계통의 명칭이 『아비달마대비바사론』 등에 전해지는데, 독자적인 학파를 형성했는지는 명확하지 않다. 부파의 하나인 경량부(經量部)와 관계가 깊었고, 초기의 대승불교와도 관계가 있었던 것으로 보인다.

199) 진제삼장(眞諦三藏) : Paramārtha의 한역어. 499~569년. 서인도 우선니국(優禪尼國) 출신으로 여러 나라를 돌아다닌 후, 548년 중국 건강(建康)에 도착하여 72세로 입적할 때까지 『섭대승론(攝大乘論)』・『중변분별론(中邊分別論)』・『대승기신론』 등 유식(唯識) 계통의 많은 경론을 한역하여, 구마라집・현장・불공(不空)과 더불어 4대 역경가로 꼽힌다. 『역대삼보기』에 의하면 48부 332권에 이르며, 그 번역은 정확하여 신뢰된다.

200) 경부(經部) : Sautrāntika. 경량부(經量部)라고도 말함. 상좌부─설일체유부에서 분파되었으며, 설일체유부의 학설을 매우 비판하였다.

201) 『구사론(俱舍論)』 : 세친(世親, Vasubandhu, 4세기 무렵)의 저술. 유부의 교학을 교묘하게 체계화하면서 경량부와 대중부 등의 학설을 소개하여, 그것에 의하여 유부의 학설을 비판하였다. 소승불교의 교리를 이해하는데 가장 적합한 저서로 간주되어 널리 연구되었다. 범본(梵本)과 두 종류의 한역본(漢譯本)이 전해지고 있는데, 지금은 보통 현장이 한역한 『아비달마구사론(阿毘達磨俱舍論)』 30권이 사용되고 있지만, 길장 당시에는 진제역(眞諦譯)의 『아비달마구사석론(阿毘達磨俱舍釋論)』 22권(『대정장』 29권 수록)만이 존재하였다. 여기서 거론하는 『성실론』의 교의도 유부의 그것과 비슷한 입장에 있기 때문에, 길장의 이 부분의 지적은 타당하게 여겨진다.

해보면, 경부의 교의는 『성실론』과 일치하는 부분이 많다.

2.『성실론』에 대한 비판

 破斥第二。

問, 成實爲是小乘之論, 爲是大乘, 爲含大小?

答, 有人言, "是大乘也." 有人言, "是小乘."[202] 有人言, "探大乘意以釋小乘, 具含大小."

夫玫玉精麁,[203] 蓋是耳目所覩,[204] 尙有昏明殊鏡. 況妙道眞僞, 言亡[205]慮絶, 豈易識哉? 今以十義證, 則明是小乘, 非大乘矣. 一舊序證, 二依論徵, 三無大文, 四有條例, 五迷本宗, 六分大小, 七格優降, 八無相卽, 九傷解行, 十檢世人.

 질문 :『성실론』은 소승의 논서라고 해야 하는가, 대승의 논서라고 해야 하는가, (아니면) 대승과 소승을 포함한 것이라고 해야 하는가?

대답 : 어떤 사람은 "이것은 대승이다"라고 하였고, 어떤 사람은 "이것은 소승이다"라고 하였으며, 어떤 사람은 "대승의 의미를 탐구하여 소승을 해석했기 때문에, 대승과 소승의 양쪽을 모두 포함한다"라고 하였다.[206]

---

202) 소승(小乘) : 금릉본에는 小乘 뒤에 '也'가 부가되어 있다.

203) 추(麁) : 대정장경본의 '麁'가 금릉본에는 '粗'로 표기되어 있으며, 의미는 서로 통한다.

204) 도(覩) : 금릉본에는 '覩'가 '睹'로 표기되어 있다. '覩'는 '睹'의 고자(古字)이기도 하고, 또는 서로 통하기도 한다.

205) 망(忘) : 대정장경본과 금릉본에는 '亡'으로 되어 있고, 만속장경본에는 '忘'으로 표기되어 있다. '소멸하다, 잊어버리다'라는 의미에서 양자가 상통하지만, 오늘날 '言망慮絶'의 경우 대부분 '忘'자를 사용하고 있어, 여기서도 '忘'으로 표기하기로 한다. 日譯의 경우에는 대정장경본에 사용된 다른 대조본을 참조하여 역시 '忘'자를 채택하고 있다. 이 뒤로도 '언망려절'이 몇 번 더 나오는데, 모두 이 '忘'으로 통일하기로 한다.

206) 어떤 사람의 말 :『두서(頭書三論玄義)』에 의하면,『성실론』을 대승의 논서라고 주장

① 옛날의 서문[舊序]208)에 의하여 논증하는 제1

지난날 구마라집(鳩摩羅什)209) 법사는 『성실론』을 번역하여 마치고, 제자인 승예(僧叡)210)에게 명하여 그것을 강의하게 하였다. 구마라집 법사가 입적한 후에, 승예가 그 유언을 기록하여 『성실론』의 서문을 제작하며 이렇게 말하였다.

"『성실론』은 부처님이 입멸하신 890년 후에, 계빈(현재의 카슈미르 지역)의 소승불교학자의 거장인 구마라타의 상족(上足)제자 하리발마가 지은 것이다. 그 논서에서 말하기를, '색(色)211)·향(香)·미(味)·촉(觸)은 진실한 것이고, 지(地)·수(水)·화(火)·풍(風)212)은 가명적인 것이다'라고213) 하였다. 이러한 설명이 정교하다는 데에는 남음이 있지만, 진실

---

208) 구서(舊序) : 승예(僧叡)가 지은 『성실론』의 서문을 말하는데, 지금은 전해지지 않는다.

209) 구마라집(鳩摩羅什) : Kumārajīva, 344~413년. 인도의 북부지역에서 출생하여 인도에 유학하고, 401년 후진(後秦)의 왕에게 초빙되어 장안(長安)에서 많은 역경사업을 행하였다. 주로 초기대승경론에 해당하는 삼론과 『대지도론』을 비롯하여, 『성실론』·『묘법연화경』·『유마힐소설경』 등을 번역하였다.

210) 승예(僧叡) : 동진(東晋)시대의 학승. 생몰연대는 자세하지 않으며, 67세에 입몰하였다. 위군(魏郡) 장락(長樂, 지금의 河南省 安陽市 동쪽) 사람으로, 18세에 출가하여 승현(僧賢)의 제자가 되었으며, 많은 경론에 해박하여 요흥의 왕(姚興王)에게 추앙받았다. 나중에 장안에 들어가 구마라집의 제자가 되어 그의 문하 사성(四聖)의 한명으로 거론되었으며, 구마라집이 번역한 『중론』·『대지도론』·『성실론』·『법화경』·『유마경』 등 많은 번역서의 서문을 지었다. 그 서문들은 난해하면서도 명문이다.

211) 색(色) : 대개의 경우 인식대상으로 색 뒤에 성(聲)을 보태어, 색·성·향·미·촉이라고 말하지만, 『성실론』은 성(聲)을 제외하고 위에서 열거한 네 가지만을 인정하였다.

212) 지수화풍(地水火風) : 이른 바 사대(四大)라고 칭한다. 일체 존재를 구성하는 근원적 물질요소의 총칭이다. 불교의 설일체유부의 학설에 의하면, 지대(地大)는 만물을 유지하는 견고한 성질[堅]이고, 수대(水大)는 만물을 윤기 있게 하는 습윤한 성질[濕]이고,, 화대(火大)는 만물을 숙성 시키는 온난한 성질[暖]이며, 풍대(風大)는 만물을 생장시키는 요동적 성질[動]이다. 그러므로 견(堅)·습(濕)·난(暖)·동(動)은 실사대(實四大)이고, 지·수·화·풍은 가사대(假四大)라고 칭하였다. 그러나 『성실론』에서는 색·향·미·촉의 네 가지 요소의 사진(四塵)이 모든 물질의 기본적 구성요소이며, 그 네 가지가 모여 지·수·화·풍의 사대(四大)를 구성하고, 그 사대가 모여 안·이·비·설·신의 오근(五根)을 형성하며, 이들 사대와 오근이 서로 접촉하여 성(聲)을 발생한다고 하였다. 그러나 유부(有部)는 물론 대중부(大衆部)와 대승에서는 이와 반대로 사진(四塵)은 소조(所造)이고, 사대는 능조(能造)라고 주장하였다.

213) 『성실론』 제3권 「사대가명품」의 설명 인용(『대정장』 32권, 261中~下).

을 밝히는 데에는 충분하지 않다. 이것을 추구하여 궁리해보면, 그것은 소승의 내부에서 진실할 따름이다. 그것을 대승과 비교하여 보면, 비록 다시 용촉(龍燭)[214]을 반딧불이의 불빛에 비교하더라도, 그 현격한 차이를 비유하기에는 충분하지 않다. 어떤 사람이 말하기를, '이 논서가 (사성제 중에서 세 번째인) 멸제(滅諦)를 해명하는 것은, 대승과 그 취지를 같이한다'라고 하였다. 구마라집은 이 말을 듣고 탄식하여 말하기를, '중국사람[秦人]이 깊이 인식하지 못하는 것이, 어찌 이 지경에 이르렀는가! 나는 매번 중국사람이 대승을 두루 신앙한다는 것을 의아해 하였다. (그 사람들은) 깨달음이 (대승의) 중도에 연유하지 않기 때문에, 잘 인식할 수 있는 데에도 미혹하다는 것을 마땅히 알아야 한다'라고 하였다."[215] 『성실론』은 구마라집이 번역하였으며, 승예가 최초로 이 논서를 강의하였다. (그러므로) 나중에 배우는 사람들은 마땅히 예전 스승의 가르침[前匠; 구마라집과 승예의 교시]에 위배되어서는 안 될 것이다.

依論徵第二. 成實文云, "諸比丘異論種種, 佛皆聽故, 我欲正論三藏內實義." 訶梨自云, "正論三藏." 故知成實理是小乘. 若言斯論亦明大者, 過在門人, 非跋摩之咎.

問, 何以知三藏是小乘耶?

答, 法華云, "亦不親近小乘三藏學者." 恐大照未圓, 小法容染. 故智形宜隔, 行止勿共. 誡於大士, 勿親近小人. 則知三藏非大乘矣. 智度論云, "迦葉・阿難, 結集三藏. 文殊・彌勒, 集大乘藏. 外人問云, '何故不於三藏內集大乘耶?' 論主答云, '小乘不受大, 不應小內而集大.'" 以此推之, 但是小乘耳.

---

214) 용촉(龍燭) : 일륜(日輪), 태양과 같음. 이것은 길장이 대승을 용촉(龍燭)에, 『성실론』을 반딧불이의 불빛[螢輝]에 비교한 것이다.

215) 승예(僧叡)가 지은 『성실론』의 서문은 현존하지 않지만, 여기에서 길장이 인용한 대화 문장의 대부분이 『법화현론(法華玄論)』 제1권에 수록되어 있다(『대정장』 34권, 364上~中).

 ② 논(論)에 의거하여 검증하는 제2

『성실론』의 문장에서 말하기를, "여러 비구들이 거론하는 이론(異論)은 갖가지였지만, 부처님께서는 모두 경청하셨다. 그러므로 나도 바르게 삼장(三藏)216) 내부의 진실한 의미를 논의하고자 한다"라고217) 하였다. 하리발마 자신이 말하기를, "바르게 삼장을 논의하고자 한다"라고 하였다. 그러므로 『성실론』의 교리는 소승이라는 것을 알게 된다. 만약 이 논서가 또한 대승도 해명하고 있다고 말한다면, 그 잘못은 문인(門人)에게 있는 것이지 하리발마의 허물은 아니다.

질문 : 어떻게 삼장은 소승이라는 것을 아는가?

대답 : 『법화경』에서 말하기를, "또한 소승의 삼장을 학습하는 자에게 친근하지 말라"라고218) 하였다. 이것은 대승의 깨달음에 대한 관조가 아직 원만하지 못한 이가 소승의 교법에 오염되기 쉬운 것을 염려하여, 지혜와 신체[智形; 지(智)는 마음, 형(形)은 몸을 의미함]도 마땅히 (소승의 사람으로부터) 간격을 두고, 행동과 멈춤도 (소승의 사람과) 함께 하지 말라고, 대사(大士; 대승을 학습하는 사람)를 경계하여 소승의 사람에게 친근하지 말라고 하는 것이다. 그러므로 삼장은 대승이 아니라는 것을 알게 된다.

(또한) 『대지도론』에서 말하기를, "가섭(迦葉)219)과 아난(阿難)220)은 삼장(三藏)을 결집하고, 문수(文殊)221)와 미륵(彌勒)222)은 대승의 경전을 결

---

216) 삼장(三藏) : 불교경전 전반을 호칭하는 경장·율장·논장의 삼장. 그러나 여기서는 그 설명에서 드러나듯이 소승경전의 총칭으로 사용되고 있다.

217) 이 문장은 『성실론』 첫 부분 귀경계(歸敬偈)의 끝에 있는 구문으로, 현존본에는 '三藏內'를 '三藏中'이라 하였다(『대정장』 32권, 239中).

218) 『법화경』운 : 『묘법연화경』「안락행품(安樂行品)」의 게송에서, "亦不親近, 增上慢人, 貪着小乘, 三藏學者, 破戒比丘, 名字羅漢, 及比丘尼, 好戲笑者"라고 하였다(『대정장』 9권, 37中).

219) 가섭 : Kāśyapa. 부처님 십대제자의 한 명으로, 두타(頭陀) 수행이 제일이었다. 왕사성(王舍城) 교외에서 최초의 삼장결집을 주관하였다.

220) 아난 : Ānanda. 부처님 십대제자의 한 명으로, 항상 부처님을 시봉하였고, 다문(多聞) 제일이었다. 최초로 삼장을 결집할 때에 경장(經藏)을 암송하였다.

집하였다”라고 하였다. 어떤 사람이 질문하였다. “무슨 이유로 삼장 안에서 대승을 결집하지 않았는가?” 논주(論主; 『대지도론』의 저자 용수)가 대답하였다. “소승은 대승을 수용하지 못하기 때문에, 응당 소승 안에서 대승을 결집하지 못한다.”223) 이에 의하여 추구하여 보건대, (삼장은) 단지 소승일 뿐이다.

원문 無大文第三. 原夫作論皆引佛言. 如龍樹釋大, 而還引大經. 訶梨解小經, 唯將小證. 二百二品並探四阿含, 十六卷文竟無方等. 以此詳之, 卽可知矣.

옮김譯 ③(『성실론』의 문장에) 대승의 경문이 없다는 제3

원래 대개 논서를 지을 때는 모두 부처님의 말씀을 인용한다. (예를 들면) 용수가 대승을 해석할 경우에는, 도리어 대승의 경전을 인용하는 것과 같다. 그런데 하리발마는 소승의 경전을 해석하면서, 오직 소승의 경전을 인용하여 증명하였다. (『성실론』의) 2백2품은 모두 네 종류의 『아함경[四阿含]』224)을 탐구할 뿐이며, (『성실론』) 16권의 문장에서는 끝내 방등(方等; 대승경전을 말함)을 찾아볼 수 없다. 이에 의하여 자세히 살펴본다면, 곧 『성실론』은 소승이라는 것을 알 수 있다.

---

221) 문수 : Mañjuśri. 대승경전에 등장하는 보살로서, 보통 지혜의 달인으로 상징된다.

222) 미륵 : Maitreya. 대승경전에 등장하는 보살로서, 석가모니부처 입멸 후 56억 7천만년 뒤에 출현하여 성불한다는 장래의 미래불(未來佛)로 신봉되고 있다. 사상적으로는 불교도의 메시아에 그 기원을 두고 있다고 말해진다.

223) 『대지도론』운 : 『대지도론』 제100권에서, “問曰, 若佛囑累阿難是般若波羅蜜, 般涅槃後, 阿難共大迦葉, 結集三藏. 此中何以不說? 答曰, 摩訶衍甚深, 難信難解難行. 佛在世時, 有諸比丘, 聞摩訶衍, 不信不解, 故從坐而去. 何況佛般涅槃後. 以是故不說”라고 말한 문장을 요약한 것이다(『대정장』 25권, 756上).

224) 사아함(四阿含) : 네 종류의 『아함경』을 말한다. 아함(阿含)은 Āgama의 음사로서, 전승(傳承), 전승된 가르침이라는 의미이다. 전하여 부처님시대부터 전승된 원시경전의 전체를 가리킨다. 그 네 가지는 『장아함경(長阿含經)』·『중아함경(中阿含經)』·『잡아함경(雜阿含經)』·『증일아함경(增壹阿含經)』이다.

有條例第四.

問, 若成實釋小, 不許兼明於大, 亦應三論解大, 不應兼明於小. 答, 義有條例, 不應相濫. 佛經有二, 一者小乘, 二者方等. 若明大乘, 必兼辨小. 若辨小乘, 不兼明大. 故大乘經初有小乘衆, 小乘經首無菩薩僧. 示大能包小, 小不含大. 佛經旣爾, 在論例然. 大乘之論兼明小乘, 小乘之論不兼明大. 若弟子之論探大釋小, 如來之經義亦應然. 則巨細互兼, 何名大小?

④ (대승과 소승에는) 조례(條例)가 있다는 제4

질문 : 만약 『성실론』은 소승을 해석하고 있기 때문에 겸하여 대승을 해명하는 것을 허용하지 않는다면, 삼론(三論)도 또한 응당 대승을 해석하고 있기 때문에 겸하여 소승을 해명하지 말아야 할 것이다.

대답 : (대승과 소승에는) 교의에 조례가 있어, 마땅히 서로 혼란되어서는 아니 된다. 불경(佛經)에는 두 종류가 있으니, 첫째는 소승이고, 둘째는 방등(方等; 대승)이다. 만약 대승을 해명할 때에는 반드시 겸하여 소승을 변론하지만, 그러나 소승을 변론할 때에는 겸하여 대승을 해명하지 않는다. 그러므로 대승경전의 처음에는 소승의 사람들이 설해져 있지만, 소승경전의 처음에는 보살승(菩薩僧)이 설해져 있지 않다.225) 대(大)를 제시하는 때에는 능히 소(小)를 포함하지만, 소(小)(를 제시하는 때)에는 대(大)를 포함하지 않는다. 불경이 이미 그러하며, (불경을 주석하는) 논서에 대하여 그 예(例)를 조사해 보아도 그러하다. 대승의 논서는 겸하여 소승을 해명하지만, 소승의 논서는 겸하여 대승을 해명하지 않는다. 만약 (부처님의) 제자인 하리발마의 논서(『성실론』을 말함)가 대승을 탐구하여 소승을 해석하고 있다고 한다면, 여래의 경전(소승경전을 말함)

---

225) 『대지도론』 제4권에서, 대승경전의 처음에는 먼저 성문들을 열거하고 그 다음에 보살들을 나열하는데 비하여, 소승경전의 처음에는 성문들만을 열거하고 보살들을 설하지 않는 이유에 대하여 설명하고 있다(『대정장』 25권, 85中~86上).

의 의미도 또한 당연히 그러해야 할 것이다. 그렇다면 거대한 것과 세소한 것이 서로 겸하는 것이 되니, 그렇게 되면 무었을 대승이라 하고 무엇을 소승이라 하겠는가?

迷本宗第五.

問, 成實論文盛辨生法二空, 與大品明四諦平等, 義旣無異, 故知應是探大釋小.

答, 四阿含敎內有二空, 論明二空, 則還釋三藏. 云何乃言探大解小? 又身子毘曇亦辨二空, 而是小非大. 訶梨之論義亦應同.

問, 身子毘曇亦探大釋小, 與成實例同. 彼旣探大, 則此非專小.

答, 身子所造, 還釋佛毘曇. 佛說旣是小乘, 彼論寧言探大?

⑤ (대승) 본래의 종지에 미혹한 제5

질문 : 『성실론』의 문장에서 생공(生空)[226]과 법공(法空)의 두 가지 공[二空]을 왕성하게 변론하고 있다.[227] 이것은 『대품반야경』에서 사제(四諦)가 평등하다고 설명하는 것[228]과 의미가 이미 다르지 않다. 그러므로 응당 이것은 대승을 탐구하여 소승을 해석한 것이라고 알아야 한다.

대답 : 네 가지 『아함경』의 교리 안에도 이미 두 가지 공이 설해져 있다. 『성실론』이 두 가지 공을 설명하는 것은 곧 도리어 삼장(『아함경』을 말함)을 주석한 것이다. 어찌하여 이에 대승을 탐구하여 소승을 해석한 것이라고 말할 수 있겠는가. 또 『신자비담(身子毘曇)』(『사리불아비담론』을 말함)도 또한 두 가지 공을 변론하였으나,[229] 이것은 소승이지 대승은

---

226) 생공(生空) : 중생공(衆生空)이라고도 하는데, 아공(我空) 또는 인공(人空)이라고 말하는 것과 같은 의미임.

227) 『성실론』의 문장 : 『성실론』의 「입가명품(立假名品)」 이하에서 오온(五蘊)으로 이루어진 중생의 공(空)과 제법의 공을 설명하는 것을 지적한다(『대정장』 32권, 327上).

228) 『대품경』의 사제(四諦) : 『대품반야경』 제26권 「사제품」에서, "須菩提白弗言, 世尊何等是四聖諦平等相? 須菩提, 若無苦, 無苦智, 無集, 無集智, 無滅, 無滅智, 無道, 無道智, 是名四聖諦平等相"라고 하였다(『대정장』 8권, 412上).

아니다. 하리발마의 논서(『성실론』)가 의미하는 바도 또한 응당 동일하다.

질문 : 『사리불아비담론(舍利弗阿毘曇論)』도 또한 대승을 탐구하여 소승을 해석하였는데, 그것은 『성실론』의 경우와 동일하다. 그것(『사리불아비담론』)이 이미 대승을 탐구하였기 때문에, 곧 이것(『성실론』)도 전적으로 소승은 아닐 것이다.

대답 : 신자(身子; 사리불)가 지은 것(『사리불아비담론』)은 도리어 부처님이 말씀한 아비달마를 주석한 것이다. 부처님의 말씀이 이미 소승이니, 그 논서가 어떻게 대승을 탐구하였다고 말할 수 있겠는가?

[원문] 分大小第六.

問, 小明一空, 大辨二空, 可有差別. 旣同其二空, 大小何異?

答, 雖同辨二空, 二空不同. 略明四種. 一者, 小乘拆[230]法明空, 大乘本性空寂. 二者, 小乘但明三界內人法二空, 空義卽[231]短. 大乘明三界內外人法並空, 空義卽長. 三者, 小乘但明於[232]空, 未說不空. 大乘明空, 亦辨不空. 故涅槃云, "聲聞之人, 但見於空, 不見不空. 智者見空, 及以不空. 空者一切生死, 不空者謂大涅槃." 四者, 小乘名爲但空, 謂但住於空. 菩薩名不可得空, 空亦不可得也. 故知雖明二空, 空義有異. 故分大小.

---

229) 『신자비담(身子毘曇)』:『사리불아비담론』 제16권에서, 공(空)을 내공(內空), 외공(外空), 내외공(內外空), 공공(空空), 대공(大空), 제일의공(第一義空)으로 분류하였는데, 근본적으로 아법(我法)의 이공(二空)으로 귀결하는 것을 말하였다(『대정장』 28권, 633上).

230) 탁(拆) : 이 탁(拆)자에 대하여, 원록본(元祿本)은 탁(拆)으로 대계본(大系本)은 탁(柝)으로 하였으며, 건장본(建長本)은 절(折)로 하였어도 목편(木偏)을 자주 수편(手偏)으로 기록하였기 때문에 석(析)으로 개정한다고 하였다(金倉圓照譯, 52면 註1) 참조). 탁(拆)은 분석(分析)한다는 의미의 절(折)의 오기라고 보는 견해도 있다(三枝充悳譯, 92면 주석 참조).

231) 즉(卽) : 금릉본에는 '卽'이 '旣'로 표기되어 있다. 이 경우는 '卽'이 적중한다고 본다. 전후 문장을 보면, "소승은 …… 空의 의미가 卽 열등하고, 대승은 …… 空의 의미가 卽 우월하다"라고, 대구(對句)를 이루고 있는 구절이기 때문이다.

232) 어(於) : 금릉본에는 '~於空'이 '~于空'으로 표기되어 있다. 의미는 서로 상통한다.

⑥ 대승과 소승을 구분하는 제6

질문 : 소승은 한 가지 공[一空]을 해명하고, 대승은 두 가지 공[二空]을 변론한다면, (그 양자 간에) 차별이 있을 것이다. 그러나 이미 (양자는) 동일하게 그 두 가지 공을 설명하고 있다. 대승과 소승이 어떻게 다르다는 것인가?

대답 : 비록 (양자가) 동일하게 두 가지 공을 변론한다고 하여도, 그 두 가지 공은 (의미하는 바가) 동일하지 않다. 대략 네 가지의 상위를 해명하고자 한다.

첫째, 소승은 법(法)을 분석하여 공(空)을 해명하지만, 대승은 모든 법의 본성이 공적(空寂)하다고 말한다.

둘째, 소승은 단지 삼계(三界; 欲界·色界·無色界의 세 세계) 안에 존재하는 인(人)과 법(法)의 두 가지 공을 해명하여, 공의 의미가 곧 열등하다. 대승은 삼계의 안팎에 존재하는 인과 법이 모두 공함을 해명하여, 공의 의미가 곧 우월하다.

셋째, 소승은 단지 공(空)만을 해명하고, (그것에 대응하는) 불공(不空; 공(空)하지 않음)을 설명하지 않는다. 대승은 공(空)을 해명하는 것과 동시에 또한 불공(不空)도 변론한다. 그러므로 『열반경』에서 말하기를, "성문(聲聞; 소승을 의미함)의 사람은 단지 공만 보고 불공을 보지 못하지만, (대승의) 지혜로운 이는 공만 아니라 불공도 본다. 공은 일체의 생사(生死)이고, 불공은 (생사를 초월한) 대열반(大涅槃)을 말한다"라고[233] 하였다.

넷째, 소승(의 공)은 단공(但空)이라고 이름하는데, 그것은 단지 공에만 머무르는 것을 말한다. 대승보살(의 공)은 불가득공(不可得空)이라고 이름하는데, 그것은 공도 또한 얻을 수 없다고 하기 때문이다.[234]

---

233) 『열반경』운: 『대반열반경』 제25권 「사자후보살품(師子吼菩薩品)」에서, "智者見空及與不空 …… 空者一切生死, 不空者謂大涅槃 …… 聲聞緣覺, 見一切空, 不見不空 …… 以是義故不得第一義空"라고 하였다(『대정장』 12권, 523中).

234) 이 내용과 관련하여 『대지도론』 제37권에서, "空相應有二種, 一者但空, 二者不可得空. 單行空墮聲聞辟支佛地, 行不可得空, 空亦不可得, 則無處可墮"라고 하였다(『대정

그러므로 비록 (소승과 대승의 양자가) 두 가지 공을 해명하고 있어도, 그 공의 의미에는 서로 다름이 있다는 것을 알게 된다. 그 때문에 대승과 소승을 구분하는 것이다.

원문 格優降第七. 龍樹釋般若累教品云, "善吉觀生法二空, 欲比菩薩二空, 譬如毛孔之空比十方空." 卽小空爲淺, 大空爲深. 成實所明, 但是聲聞空, 非大士所得耳.

옮김譯 ⑦ 대승과 소승의 우열을 정하는 제7
용수는『반야경』의 「누교품(累教品)」을 해석하며 말하기를, "선길(善吉; 수보리를 말함)은 생공(生空; 인공(人空)과 같음)과 법공(法空)의 두 가지 공을 관찰하였지만, 그것을 대승의 보살이 관찰하는 두 가지 공에 비교하고자 하는 것은, 마치 털구멍 정도의 공간을 시방(十方)의 허공에 비교하는 것과 같다"라고[235] 하였다. 이것은 곧 소승의 공은 (그 의미가) 얕고, 대승의 공은 깊다는 것이다.『성실론』이 설명하는 것은 단지 소승의 성문의 공이며, 대승의 대사(大士)[236]가 증득하는 것은 아니다.

원문 無相卽第八. 法華信解品云, 四大聲聞自述所得空云, "我等長夜修習空法. 無生無滅, 無小無大, 無漏無爲. 於佛智慧, 不生貪著." 成實所辨, 與此全同, 故知非大也.
問, 何以知然?
答, 法華之文, 辨聲聞證空, 不能卽空觀有, 卽有觀空. 故無相卽. 成

장』 25권, 335上).

235)「누교품(累教品)」운 :『대지도론』 제79권에서, "須菩提所行空行, 欲比菩薩空行, 百分不及一 …… 又如毛孔之空, 欲比十方空"이라고 하였다(『대정장』 25권, 618中~下).

236) 대사(大士) : mahāsattva의 역어. 마하살(摩訶薩)이라고 부른다. 이 말은 보살(菩薩, bodhisattva) 뒤에 붙어 보살마하살이라고 나란히 호칭되기도 하는데, 그 의미는 중생교화와 더불어 깨달음을 추구하는 사람, 또는 이미 깨달은 위대한 사람을 뜻한다.

實所說, 亦無相卽. 若明相卽, 應空有並觀. 若空有並觀, 與大乘何別?

問, 何以知小乘義無相卽耶?

答, 釋論云, “小乘內不明生死卽畢竟空, 唯大乘乃說.” 故知爾也.

옮김譯 ⑧ (공(空)과 유(有)의) 상즉(相卽)이 없다는 제8
『법화경』의 「신해품(信解品)」에서 네 명의 뛰어난 성문[四大聲聞][237]이 스스로 증득한 공에 대하여 서술하여 말하기를, “우리들은 오랜 세월동안 공법(空法)을 수습하였다. (그 결과, 제법은) 생겨나는 것도 없고 소멸하는 것도 없으며, 작은 것도 없고 큰 것도 없으며, 번뇌의 유출도 없고 작위적인 것도 없다. 부처님의 지혜에 대해서도 (그것을 획득하려는) 탐욕과 집착을 생하지 않는다”라고[238] 하였다. 『성실론』에서 변론하는 바도 이것과 전적으로 동일하다. 그 때문에 (『성실론』은) 대승이 아니라는 것을 안다.

질문 : 어떻게 그렇다는 것을 아는가?

대답 : 『법화경』의 문장은, 성문은 공을 증득하였어도, 공(空)에 즉하여 유(有)를 관찰하고, 유에 즉하여 공을 관찰하는 것이 가능하지 않다는 것을 변론한다. 그러므로 (거기에는 공(空)과 유(有)의) 상즉(相卽)이 없다는 것이다. 『성실론』이 설명하는 것도 또한 (공과 유의) 상즉이 없다. 만약 (공과 유의) 상즉을 해명하고 있다면, 응당 공과 유를 함께 관찰할 것이다. 만약 공과 유를 함께 관찰한다면, 대승과 무슨 차별이 있겠는가?

질문 : 어떻게 소승의 교의에 (공(空)과 유(有)의) 상즉이 없다는 것을

---

237) 사대성문(四大聲聞) : 위에서 인용한 구문은 가섭(迦葉)이 설한 게송이지만, 그것을 듣고 수보리, 가전연, 목건련이 동의하였기 때문에, 여기에서 네 명의 대성문이라고 하였다. 『묘법연화경』 제2권 참조(『대정장』 9권, 16中).

238) 『법화경』운 : 『묘법연화경』 「신해품(信解品)」의 다음과 같은 게송의 내용을 요약한 것이다. “我等若聞, 淨佛國土, 敎化衆生, 都無欣樂. 所以者何? 一切諸法, 皆悉空寂, 無生無滅, 無大無少, 無漏無爲. 如是思惟, 不生喜樂. 我等長夜, 於佛智慧, 無貪無著, 無復志願.”(『대정장』 9권, 18中~下) 무루(無漏)는 anāsrava의 한역어로, 이목구비(耳目口鼻)에서 부정한 것이 흘러나오지 않는 것처럼, 번뇌가 파생하지 않는 것을 말한다.

아는가?

　　대답 : 『대지도론[釋論]』에서 말하기를, "소승의 (교의) 안에서는 생사 (生死)가 그대로 필경공(畢竟空)239)이라는 것을 해명하지 못하며, 오직 대 승만이 그렇게 설명할 수 있다"라고240) 하였다. 그러므로 그렇다는 것 을 안다.

傷解行第九. 涅槃經云, "若以聲聞辟支佛心, 言無布施, 是卽 名爲破戒邪見." 小乘人入於空觀, 不見布施, 破大乘行, 故云 破戒. 破大乘解, 故云邪見. 而成實明不見布施是實法空, 以爲宗極. 欲 爲大乘, 勿起小心也.

⑨ (대승의) 이해와 실천[解行]을 훼손하는 제9

『열반경』에서 말하기를, "만약 성문(聲聞)과 벽지불(辟支佛)241) 같은 마음으로써 보시(布施)(를 실천해도 그 과보)가 없다고 말한다면, 그 것은 곧 파계하는 것이며, 삿된 견해라고 이름한다"라고242) 하였다. 소 승의 사람은 공관(空觀; 보시를 실천하는 것도, 그 과보도 모두 공하다고 보는 소승 의 단공(但空)을 말함)에 들어가 보시(의 실천과 그 과보)를 보지 못하고, 대

---

239) 필경공(畢竟空) : 모든 존재가 궁극적, 절대적으로 공(空)이라고 철견하는 것. 18공(十 八空)의 하나.

240) 『대지도론』운 :『대지도론』제19권에서, "復次聲聞辟支佛法中, 不說世間卽是涅槃. 何以故? 智慧不深入諸法故. 菩薩法中說世間卽是涅槃, 智慧深入諸法故"라고 하였 고,(『대정장』25권, 197下~198上) 또『대지도론』제31권에서, "復次略說有二種空, 衆 生空法空, 小乘弟子鈍根故, 爲說衆生空. 我我所無故, 則不著餘法. 大乘弟子利根故, 爲說法空. 卽時知世間, 常空如涅槃……"라고 하였다(『대정장』25권, 287中).

241) 성문(聲聞)과 벽지불(辟支佛) : 성문은 슈라바카(śrāvaka)의 한역어로, 부처님의 가르침 을 듣고 수행하는 사람을 말한다. 벽지불은 쁘라티예카붓다(pratyeka-buddha)의 음사로, 연 각(緣覺) 또는 독각(獨覺)이라 한역하며, 홀로 수행하여 비화낙엽(飛花落葉) 등을 관찰하 여 진리를 깨닫는다고 한다. 이 둘은 주로 자신의 깨달음을 우선시하고, 타인을 위하여 교화를 잘 하지 않는다고 해서, 대승 쪽에서 이승(二乘) 또는 소승(小乘)이라 폄하하였다.

242) 『열반경』운 :『대반열반경』제24권「고귀덕왕보살품(高貴德王菩薩品)」에서, "若依聲 聞, 言不見施及施果報, 是則名爲破戒邪見"이라고 하였다(『대정장』12권, 507上).

승의 수행을 파괴하기 때문에 계율을 파괴한다고 말하며, 대승의 이해를
파괴하기 때문에 삿된 견해라고 말한다. 그런데『성실론』에서는 보시를
보지 않는 것이 진실한 법공(法空)이라고 설명하면서, 그것을 궁극적인
종지라 여기고 있다.243) 만약 대승(불교인)이고자 한다면, (이러한) 소승
의 마음을 일으키지 말아야 할 것이다.

檢世人第十. 秦弘始七年, 天竺有刹利, 浮海至長安. 聞羅什作
大乘學, 以正觀論等, 諮而驗之. 什公爲其敷折, 爲頂受絶歎不
能已. 已白什公曰, "當以此明震暉天竺, 何由蘊此摩尼乃在邊地? 我在
天竺聞, 諸論師深怪, 罽賓小乘學者鳩摩羅陀自稱朗月之照, 偏智小才,
非此喻也. 而訶梨惜其師, 以才自傷, 以智自病. 故作此論, 以辨有法之
實. 明其依實之假, 故以成實爲名." 用天竺刹利之言驗之, 跋摩師資, 皆
小乘學也.

　爰至齊司徒文宣王, 誠信三寶, 每感嘉瑞. 以齊永明十年十月, 延請
名德五百餘人, 於普弘寺敷講. 文宣王每以大乘經論, 爲履道之津涯,
正法之樞鍵. 而後生棄本崇末. 卽請諸法師, 抄此成實以爲九卷, 命周
顒作序. 恐專弘小論, 廢244)大乘業. 自爾已後, 爰至梁武, 盛弘大乘, 排
拆成實衆師, 不可具記.

⑩ 세상 사람들의 견해를 검증하는 제10
　진(秦)의 홍시(弘始) 7년(405)에, 인도에 어떤 찰제리[刹利]245)가 있

---

243)『성실론』「가명품(假名品)」에서 설명하기를, 보시(布施)와 지계(持戒)를 설하는 것은
　　좋은 곳에 태어나는 과보를 말하는 것이며, 그러한 후에 법을 감당할 수 있게 되면 제
　　일의제(第一義諦)를 설한다고 하였다(『대정장』32권, 327中).
244) 폐(廢): 금릉본에는 '廢'가 '癈'로 표기되어 있다. 두 글자는 서로 상통한다.
245) 찰리(刹利): 크샤트리야(kṣatriya)의 음사이며, 찰제리(刹帝利)라고도 한다. 인도에 존
　　재하는 네 가지 계급제도의 두 번째 계급으로, 무사(武士)와 왕족(王族)이 여기에 해당
　　한다. 그런데 여기에서 말하는 크샤트리야가 실제로 누구인지는 자세하지 않다.『수서
　　(首書)』에서는 각현(覺賢, Buddhabhadra, 359~429)이라 보기도 하였다. 그러나 각현이
　　중국의 장안에 도착한 때는 홍시(弘始) 8년(406), 혹은 9년(407)이라 전하기 때문에, 길

었는데, 바닷길을 통하여 장안(長安)에 도착하였다. (그는) 구마라집이 대승의 교학을 선양하고 있다는 것을 듣고서, 『정관론(正觀論)』(『중론』을 말함) 등으로써 질문하여 그를 시험하였다. 구마라집공이 그를 위하여 (그가 추구하는 바를) 부연하여 해석하였더니, (그는 구마라집의 설명을) 정례하여 받들며, 극진하게 찬탄하기를 멈추지 않았다. 그리하여 마침내 그는 구마라집공에게 아뢰었다. "(구마라집공은) 마땅히 이 명철한 지혜로 그 광휘를 천축에서 떨쳐야지, 무슨 이유로 이러한 마니보배[摩尼][246]를 모아놓고, 변두리 지역[邊地; 진단, 곧 중국을 말함]에 머물러 있나이까? 나는 천축에 있을 때에, 많은 논사들이, 계빈(罽賓; 카슈미르 지역)의 소승학자 구마라타가 스스로 밝은 달이 비추는 것과 같다고 칭하는 것을 심히 괴이하게 여기어, 편협한 지혜에 작은 재능(의 구마라타)에게 이 비유는 타당하지 않다고 말하는 것을 들은 일이 있소이다. 그래서 하리발마는 그 스승인 구마라타가 그 재능으로써 스스로 훼손하고, 그 지혜로써 스스로 병든 것을 애석해 하였고, 그 때문에 이 논서(『성실론』)를 지었소. 그리하여 이에 의하여 유법(有法)[247]의 진실을 변론하고, 그 진실에 의거하는 가(假)[248]를 명확하게 하였소. 그 때문에 (이 논서를) '성실(成實)'이라 명칭한 것이외다." 인도에서 온 찰제리의 이 말을 검토해보면, 하리발마의 사자(師資; 구마라타와 하리발마의 사제관계)는 모두 소승학(小乘學)[249]이다. (또한) 여기 제(齊)[250]나라의 사도(司徒)[251] 문선왕(文宣王)[252]에 이르러, 성

장이 말하는 홍시 7년과 미세한 차이가 있다고 지적된다.

246) 마니(摩尼) : maṇi의 음사, 보물의 일종. 구마라집의 명철한 지혜를 비유함.

247) 유법(有法) : 『성실론』의 교의에 따르면, 가법(假法)의 존재를 구성하는 요소들은 실재한다고 주장하였다.

248) 가(假) : 가법(假法)을 의미함. 앞의 유법(有法)에 상대되는 것으로, 여러 인연에 의하여 성립되는 가(假)적인 존재를 말한다.

249) 소승학(小乘學) : '소승의 학문'이라 번역하기도 하였고,(三枝充惠 역, 98면) '소승의 학자'(平井俊榮역, 148면) 또는 '소승불교학자'(韓廷傑 역, 90면)라고 번역하기도 하였다. 그대로 '小乘學'이라는 번역(金倉圓照 역, 59면)도 무난할 듯하다.

250) 제(齊) : 중국 남북조시대에 흥기하였던 남조(南朝)의 하나로서, 보통 남제(南齊)라고도 불린다. 479~502년간 존속하였다.

심으로 삼보(三寶; 불보·법보·승보)를 믿어, 항상 상서로운 조짐을 감응하는 일이 있었다. 제(齊)의 영명(永明) 10년(492)253) 10월에 이름난 대덕 오백여 명을 초대하여, 보홍사(普弘寺)에서 강의할 것을 요청하였다. 문선왕은 항상 대승의 경전과 논서를 불도(佛道)를 실천하는 나루[津涯; 도진(渡津), 도구(渡口)]로 여기고, 정법(正法)의 중요한 열쇠[樞鍵; 관건(關鍵), 요체(要諦)]로 삼았다. 그런데 후생들은 근본[本; 곧 대승경론]을 버리고 지말[末; 곧 소승의 『성실론』]을 숭상하였다. 이에 (문선왕은) 여러 법사에게 요청하여 이 『성실론』을 초략하여 9권으로 하고, 주옹(周顒)254)에게 명하여 그 서문을 짓게 하였다. (그것은) 오직 소승의 논서 만을 선전하고 대승의 수행을 폐지하는 것을 염려하였기 때문이다.

그 이후 여기 양(梁)나라의 무제(武帝)255)에 이르자 흥성하게 대승을

---

251) 사도(司徒) : 관명(官名)으로, 재상(宰相)에 해당함.

252) 문선왕(文宣王) : 459~493년. 남제(南齊)의 제2대 무제(武帝)의 둘째아들. 정식 이름은 숙자량(肅子良)이고, 운영(雲英)은 자(字)이며, 문선(文宣)은 시호(諡號)이다. 무제(武帝)가 즉위하자 경릉왕(竟陵王)에 봉해졌으며, 제3대 울림왕(鬱林王) 소업(昭業)의 재상이 되어 보조하였다. 정치가, 학자, 불교신자로서 이름이 높았다. 『남제서(南齊書)』 제40권, 『남사(南史)』 제44권에 전기가 있다.

253) 영명 10년 : 「약성실론기(略成實論記)」에 의하면, 영명 7년(489)이라고 하였다(『출삼장기집』 제11권, 『대정장』 55권, 78上).

254) 주옹(周顒) : 5세기 후반의 인물로, 생몰년대가 명확하지 않음. 여남(汝南, 河南省) 안성(安城) 출신이며, 자(字)는 언륜(彦倫)이다. 남송(南宋)의 명제(明帝), 남제(南齊)의 고제(高帝), 문선왕(文宣王)의 형 문혜태자(文惠太子) 때에 관료를 지냈다. 유교와 도교도 학습하였고, 은둔하여 불교에 심취하였다. 당시 『성실론』이 연구되자, 문선왕에게 명을 받아 『초성실론(抄成實論)』의 서(序)를 지었으며, 여기에서 거론되는 그가 지은 「초성실론서(抄成實論序)」는 『출삼장기집』 제11권에 남아있다. 나중에 고구려의 승랑대사(僧朗大師)에게 삼론학을 수학하여 『삼종론(三宗論)』을 지었으나, 이 저서는 현존하지 않는다. 『남제서(南齊書)』 제41권, 『남사(南史)』 제34권에 전기가 있으며, 길장의 여러 저서에서도 부분적으로 발견된다.

255) 양무제(梁武帝) : 양(梁)나라는 502~557년간 존속하였던 남조(南朝)의 하나로서, 그 제1대가 바로 무제(武帝, 464~549)이다. 제나라 화제(和帝)의 선양(禪讓)을 받아 양조(梁朝)를 창건하고, 48년 동안 장기간 왕위에 있으면서 내정을 다스려 문화와 학문이 번성하였다. 독실한 불교신자로서 신앙심이 깊어 불심천자(佛心天子)라고 호칭되었다. 이 양무제도 고구려 승랑대사(僧朗大師)가 섭산(攝山)에서 삼론학을 강설하는 것을 전해 듣고, 그 나라의 학승 열 명을 승랑에게 보내어 수학하게 하였으며, 양무제 자신도

선양하고, 성실학파의 여러 논사들을 두루 배척하였다. (그러나 그것에 대하여) 자세하게 기록하지 않는다.

問, 若以十義證成實爲小乘者, 與毘曇優劣云何?
答, 求那跋摩遺文偈云, "諸論各異端, 修行理無二, 偏執有是非, 達者無違諍." 又釋論云, "有四種門, 一者阿毘曇門, 二者空門, 三者昆勒門, 此云篋藏, 四者非空非有門. 不得般若方便, 學毘曇門, 則墮有見. 學於空門, 則墮空見. 學昆勒門, 則墮亦空亦有見. 學非空非有門, 則墮愚癡論. 若得般若, 心無染著, 隨機適化, 通道利人, 無相違背." 而成實毘曇, 各執空有, 互相排斥, 障道增見, 皆失佛旨也.

질문 : 만약 (앞에서 서술한) 열 가지 의미를 가지고 『성실론』이 소승이라는 것을 입증하고자 한다면, (같은 소승인 『성실론』과) 아비달마와의 우열은 어떠한가?

대답 : 구나발마(求那跋摩; Guṇavarman)[256]가 남긴 글의 게송에서 말하기를, "많은 논서가 각각 다르게 주장하지만, 그것을 수행해보면 진리는 한 가지로서 둘이 없다. 치우쳐 고집하면 옳고 그름이 있게 되지만, 통달하는 자는 어긋난다고 다투는 일이 없어진다"라고 하였다.

또 『대지도론』에서 말하기를, "네 종류의 부문이 있으니, 첫째는 아비달마문(阿毘曇門)이고, 둘째는 공문(空門)이고, 셋째는 곤륵문(昆勒門)[257]

그 영향으로 소승을 버리고 대승으로 전향하였다고 전한다. 이에 대승을 신봉하고 성실론사들을 배척한 것이다.

256) 구나발마(求那跋摩) : Guṇavarman의 음사. 공덕개(功德鎧)라 한역한다. 367~431년. 계빈국(카슈미르) 왕족의 출신으로, 20세에 출가하였다. 나중에 세일론, 쟈바를 경유하여 424년 광주(廣州)에 도착하였고, 431년에 초빙되어 건강(建康)에서 활약하였으나, 9개월 뒤에 입적하였다. 『법화경』과 『화엄경십지품』을 강의하였으며, 『보살계경(菩薩戒經)』 등의 십여 부를 번역하였다. 『양고승전(梁高僧傳)』 제3권(『대정장』 50권, 340上~342中)에 그 전기가 실려 있으며, 여기에서 언급된 그의 게송도 같은 전기에 들어 있다.

257) 곤륵문(昆勒門) : 곤륵(昆勒)은 비륵(毗勒)의 오기(誤記)이며, 협장(篋藏)이라 번역한

인데 여기서는 협장(篋藏)이라고 하며, 넷째는 비공비유문(非空非有門)이다. 반야(般若; prajñā의 음사. 진리를 깨달은 완전한 지혜)와 방편(方便)[258]을 증

다. 『대지도론』 제2권에서 "마하가전연(摩訶迦旃延)이 부처님이 세상에 계실 때에 부처님 말씀을 이해하기 위하여 곤륵(蜫勒)을 지었으며(昆勒은 진(秦)에서 협장(篋藏)이라 한다), 지금까지 남천축에서 행해진다"라고 하였다(『대정장』 25권, 70上). 또한 『대지도론』 제18권에 의하면, 부처님이 세상에 계실 때에, 마하가전연(摩訶迦旃延)이 저술한 곤륵문(昆勒門)에 제시된 학설로서, 3백 20만 언(言)이 있었고, 나중에 요약하여 38만 4천 언(言)이 되었다고 한다(『대정장』 25권, 192上). 이것은 세 번째의 역유역공문(亦有亦空門)을 해명하는 것이지만, 중국에는 전해지지 않았다고 한다.

이 언어에 대한 고찰이 荻原雲來博士에 의하여 연구되었는데, 그 요지를 소개하면 대략 다음과 같다. 곤(昆)은 비(毘)의 옛날 문자를 오기(誤記)한 것으로, 그 비륵(毘勒)의 발음은 속어에서는 vetā이고, 산스크리트로 환원하면 peṭā라고 한다. 곤륵문(昆勒門)은 협장론(篋藏論)으로서, 가전연(迦旃延)이 저술한 peṭaka-upadeśa를 가리키는데, 이것은 요약하여 peṭaka라고도 한다. 본래 협장(篋藏)이란 아직 경·율·론의 삼장(三藏)이란 명칭이 생기지 않던 상고시대에 사용하던 용어로서, 이 협장론(篋藏論)이 한역(漢譯)의 곤륵문(昆勒門)이라고 하였다(『荻原雲來文集』, 東京 荻原博士記念會, 1938, 206~212면 참조).

한편 또 다른 연구자의 해석은 다음과 같다. 『현응음의(玄應音義)』에서 "蜫勒古魂切, 亦云篋藏"이라 하였으므로, '곤(蜫)'을 '곤'이라 훈독한 것은 명백하다. 그런데 『가홍음의(可洪音義)』에는 "蜫勒上音毘 正作蠯, 梵音毘勒 秦言篋藏也"라고 하였으므로, 비륵(蠯勒)이라 훈독하였음을 알 수 있다. 그러나 협장(篋藏)이라는 의미를 갖고 있는 범어에 곤륵(昆勒)에 가까운 말은 없다. 비(蠯)는 고어체이고, 신어체에서는 비(毘)라 하였다. 이 비(毘)는 신역(新譯)에서는 범어의 vi 또는 bhi를 제시하고, 구역(舊譯)에서는 다분히 pi음을 나타낸다. 또 륵(勒)은 신역에서는 통상 la를 음사하고, 구역에서는 ta를 음사한다. 그러므로 곤륵(昆勒)은 pita 혹은 vira가 된다. 그런데 범어의 piṭaka에 장(藏)의 의미가 있다. 그렇다면 곤륵(昆勒)의 곤(昆)은 잘못 쓴 것으로, 비륵(毘勒)이라고 해야 바른 것이다. 비륵(毘勒)이라고 한 것에는, 천태의 『정명소(淨名疏)』와 『삼론현의』의 이본(異本)에는 비륵(鞞勒)이라 하였고, 『사론현의(四論玄義)』에는 비륵(韗勒)으로 되어 있다. 또 『대지도론』과 진제(眞諦)의 『부집론소(部執論疏)』 등에 의하면, 곤륵문(昆勒門)은 설가부(說假部) 곧 분별설부(分別說部)의 소속이라고 한다. 불교에서 결집할 초기에는 경(經)과 율(律)만 있었고, 아직 논(論)인 이비달마는 없었다. 그 후 경전을 철학적으로 해석한 아비달마가 지어져, 이에 비로소 경율논의 삼장이 성립되었다. 그 사이 나뭇잎과 나무껍질에 써서 협(篋) 중에 저장하였기 때문에, 협장(篋藏)이라든가 삼장(三藏)이라는 말은, 그 서사한 근본 곧 성전(聖典)을 가리킨 것이다. 분별설부의 논장도 동등하게 아비달마라고 칭해야 하였으나, 이미 유부(有部)의 논장에 한하여 이 별칭을 부여하였기 때문에, 분별설부의 논장에는 협장, 곧 성전의 명칭을 첨부하였다는 것이다(高雄義堅, 『三論玄義解說』, 京都 興教書院, 1936, 233~235면 참조).

258) 방편(方便) : 선교방편(善巧方便, upāya-kauśalya)의 줄임말. 반야의 지혜를 실천하는 교화적 수단.

득하지 못하고, 아비달마문(阿毘曇門)을 학습하면 곧 있다는 견해[有見]에 떨어지고, 공문(空門)을 학습하면 곧 공하다는 견해[空見]에 떨어지고, 곤륵문(昆勒門)을 학습하면 곧 또한 공하기도 하고 또한 있기도 하다는 견해[亦空亦有見]에 떨어지며, 비공비유문(非空非有門; 공한 것도 아니고 있는 것도 아니라는 학설)을 학습하면 곧 우매하고 어리석은 논의[愚癡論]259)에 떨어진다. 만약 반야를 증득하여 마음에 오염된 집착이 없다면, (사람들의) 근기에 따라 적절하게 교화하고, 도(道)를 통하여 사람들을 이롭게 하는 데에, 서로 위배되는 일이 없다"라고260) 하였다. 그런데도 성실과 아비달마는 각각 공(空)과 유(有)에 집착하여 서로 배척하고, 도를 장애하여 삿된 견해를 증장시켜, 모두 불교의 본래 취지를 잃어버린 것이다.

問, 會空斷結, 方得道耳. 鑒有之心, 何能隔凡? 故知毘曇乖宗, 成實得理.

  答, 若言見空成聖, 有不隔凡, 三藏敎門, 應無得道. 釋迦小乘一化, 徒然虛設. 待成實後興, 方有大利. 豈可然乎?

질문 : (성실(成實)에 의하여) 공(空)을 깨달으면 번뇌를 단절하고, 바야흐로 도(道)를 증득할 수 있을 것이다. (아비달마의) 유(有)를 조감하는 마음으로 어떻게 범부를 벗어날 수 있겠는가? 그러므로 아비달마는 본래의 종지를 어기었고, 성실은 이치를 증득했음을 알 것이다.

---

259) 우치론(愚癡論) : 만약 유(有)가 아니라고 하면 곧 유(有)를 파척하고, 만약 공(空)이 아니라고 하면 곧 무(無)를 파척한다. 만약 이 두 가지를 파척하고 나면, 다시 어떠한 법을 말할 것이 있겠는가. 그러므로 비공비유문(非空非有門)을 담론하면, 어린아이의 유치한 희론같이 우매하고 어리석은 논의에 떨어진다는 말이다.

260) 『대지도론』운 : 『대지도론』 제18권에서 "智者入三種法門, 觀一切佛語, 皆是實法, 不相違背. 何等是三門? 一者昆勒門, 二者阿毘曇門, 三者空門. …… 若不得般若波羅蜜法, 入阿毘曇門, 則墮有中. 若入空門, 則墮無中. 若入昆勒門, 則墮有無中"라고 하였다(『대정장』 25권, 192上~194中). 또 여기서 나열한 네 번째 비공비유문(非空非有門)과 관련되는 구문은, 『대지도론』 제15권에서 "常無常非實相 …… 若諸法非有相非無相, 是爲愚癡論"라고 말한 것을 가리킨다(『대정장』 25권, 170下).

대답 : 만약 공(空)을 보면 성자가 되지만, 유(有)는 범부를 벗어나지 못한다고 말한다면, 삼장(三藏; 여기서는 원시근본불교의 경전을 말함)의 가르침으로는 응당 도를 증득하지 못할 것이고, 석가모니의 소승에 대한 일대의 교화도 부질없는 헛된 설법으로, 성실(의 가르침)이 후대에 흥기하고 나서 바야흐로 (석가모니의 가르침에) 큰 이익이 있게 되었을 것이라는 말인데, 어찌 그런 일이 있을 수 있겠는가?

問, 毘曇但明人空, 成實具明二空. 云何兩論無有優劣?
答, 於小乘內分三品. 一者俱不得二空, 如犢子部云, "四大和合有於眼法, 五陰和合別有人法." 此下根人也. 二者薩衛之流, 但得人空, 不得法空. 爲次根人也. 三者譬喻訶梨之流, 具得二空. 爲上根人也. 約空義淺深, 則毘曇爲小乘之劣, 成實爲小內之勝也.

질문 : 아비달마에서는 단지 인공(人空)만을 해명하고, 성실에서는 (인공(人空)과 법공(法空)의) 두 가지 공을 자세히 해명하고 있다. 어떻게 두 논서에 우열이 없을 수 있겠는가?

대답 : 소승의 내부에 세 품류가 있다. 첫째는 (인공과 법공의) 두 가지 공을 모두 증득하지 않는 것이다. 그것은 독자부(犢子部)가 "사대(四大; 지(地)·수(水)·화(火)·풍(風)의 네 가지 원소)가 화합하여 눈·귀·코·혀·몸·마음의 여섯 감각기관)이라는 법이 생기고, 오음(五陰; 색(色)·수(受)·상(想)·행(行)·식(識)의 다섯 요소)이 화합하여 별도로 사람이라는 법이 있다"라고[261] 말하는 것과 같다. 이것은 (불교를 이해하는) 근기가 하열한 사람이다. 둘째는 살바다부(薩衛, 설일체유부)의 부류로서, 단지 인공(人空)만

---

261) 독자부(犢子部) : 독자부는 상좌부(上座部) 계통의 설일체유부(說一切有部)에서 분파한 부파불교의 하나로서, 가주자제자부(可住子弟子部)라고도 말한다. 이 부파에 속하는 논서 가운데 현재 남아있는 것은 하나도 없다. 여기에 소개된 내용은 『대지도론』 제1권에서 "是佛法中亦有犢子比丘說, 如四大和合有眼法, 如是五衆和合有人法, 犢子阿毘曇中說 ……"라고 말한 것에 의거한 것이다(『대정장』 25권, 61上).

을 증득하고 법공(法空)은 증득하지 않는다. 이것은 근기가 그 다음의 사람이다. 셋째는 비유자(譬喩)와 하리발마의 부류로서, 두 가지 공을 모두 증득하는 것이다. 이것은 근기가 수승한 사람이다. 이와 같이 공의 의미에 의하면 얕음과 깊음이 있으니, 곧 아비달마는 소승 내부에서 하열한 것이 되고, 성실은 소승 내부에서 수승한 것이 된다.

※ 아비달마와 『성실론』의 교의(教義)의 차이점

삼론학에서는 아비달마와 『성실론』 모두 소승불교의 범위에서 벗어나지 못하여 같은 소승이지만, 공의 의미를 증득하는 면에 있어서 『성실론』 쪽이 아비달마보다 수승하다고 하였다. 그 밖에 그 두 학파의 기본적인 교의(教義)의 차이점을 열 가지로 분류한 종래의 설명[262]을 일부분 수정하여 소개하면 다음과 같다.

① 아비달마에서는 과거·현재·미래의 삼세가 실유(實有)한다고 말하였고, 성실은 과거와 미래는 본체가 없고 현재는 본체가 있다고 하였다. 『성실론』 제2권 제21 「이세유품(二世有品)」은 유부의 교의이고, 그 다음의 「이세무품(二世無品)」은 성실의 교의이다.

② 아비달마에서는 일체의 유정(有情)에게 죽는 순간부터 탄생하는 사이에 중음(中陰)이라는 신체가 있다고 하였으나, 성실에서는 중음을 수립하지 않았다. 『성실론』 제3권 제24 「유중음품(有中陰品)」은 아비달마의 교의이고, 그 다음의 「무중음품(無中陰品)」은 「유중음품(有中陰品)」을 비판한 성실의 교의이다.

③ 아비달마에서는 사제(四諦)의 도리를 차례로 증득한다고 하였으나, 성실에서는 일시에 증득한다고 하였다. 『성실론』 제3권 제26 「차제품(次第品)」은 유부의 교의이고, 그 다음의 「일시품(一時品)」은 성실의 의미이다.

④ 유부에서는 아라한에게 퇴전이 있다고 하였으나, 성실에서는 아라한의 불퇴를 주장하였다. 『성실론』 제3권 제28 「퇴품(退品)」은 유부의 의미이고, 그 다음의 「불퇴품(不退品)」은 성실의 불퇴전의 의미를 수립한 것이다.

⑤ 유부에서는 지·수·화·풍 사대(四大)를 실유라고 간주하였다. 그러나 성실에서는 색·향·미·촉 사진(四塵)을 실유라고 보아, 사진에서 사대가 성립하기 때문에 사대는 가(假)라고 하였다. 『성실론』 제3권 제38 「사대가품(四大假品)」

---

262) 高雄義堅, 『三論玄義解說』, 239~241면.

은 성실의 의미이고, 그 다음의 「사대실유품(四大實有品)」은 유부의 교의이다.

⑥ 유부에서는 삼현(三賢)과 사선근(四善根)의 7현(賢)과 7성(聖)을 수립하였
으나, 성실에서는 27현성(賢聖)을 세웠다. 『성실론』 제1권 제10 「분별현성품
(分別賢聖品)」은 27현성을 밝힌 것이다.

⑦ 아비달마에서는 5위(位) 75법(法)을 수립하였으나, 성실에서는 4위(位) 84
법(法)을 세웠다. 성실의 4위는 색법(色法)·심법(心法)·비색비심법(非色非心
法)·무위법(無爲法)으로서, 유부에서 수립한 심소법(心所法)은 심왕(心王)에
포함시켜 별도로 세우지 않았다. 이 후로는 『성실론』 제2권 「법취품(法聚品)」
에 시설되어 있다.

⑧ 아비달마에서는 삼업(三業) 가운데 신업(身業) 세 가지와 구업(口業) 네
가지를 중시하였으며, 무표업(無表業)을 발득하여 장차 태어날 업도(業道)를
결정한다고 하였다. 그러나 성실은 의업(意業)을 중시하였다.

⑨ 아비달마에서는 무작(無作)을 색법(色法)으로 간주하여, 오근(五根)과 오
경(五境) 외에 무표색(無表色)을 더하여 11가지의 색법을 수립하였다. 그러나
성실에서는 무작(無作)을 불상응법(不相應法)에 포섭시키고, 오온(五蘊) 중에
서는 행온(行蘊)에 포함시켰다.

⑩ 아비달마에서는 인연(因緣)에 관하여 6인(六因) 4연(四緣)을 수립하였으
나, 성실은 6인(六因)과 다른 3인(三因) 4연(四緣)을 제시하였다.

問, 釋論云, "佛滅度後, 分爲二分. 一但信人空, 不信法空. 二
俱信人法二空." 但應有二, 何得分三?

答, 犢子入眞觀故, 則見我空. 出於俗諦, 別有人體. 龍樹約其入觀義
邊, 故但分二也.

질문 : 『대지도론』에서 말하기를, "부처님이 입멸하신 후에 (불
교의 교단은) 둘로 나뉘어졌다. 하나는 단지 인공(人空)만을 믿
고 법공(法空)을 믿지 않았으며, 둘은 인공과 법공의 두 가지 공을 모두
믿었다"라고263) 하였다. 그러므로 단지 이 둘뿐일 터인데, 어떻게 (앞에

---

263) 『석론』운 : 『대지도론』 제35권에서, "佛滅後五百歲, 分位二分, 有信法空, 有但信衆

서 설명한 것처럼) 셋으로 나눌 수 있겠는가?

대답 : 독자부는 진실한 관찰[眞觀; 인공(人空)의 무아관(無我觀)을 말함]에 들어가는 때에는 곧 아공(我空)을 보지만, 세속제로 나와서 말할 때는 별도로 사람의 주체가 있다고[264] 하였다. 용수는 그 진실한 관찰에 들어간 의미의 입장을 취하였기 때문에, 단지 둘로 나눈 것이다.

問, 三論斥外道毘曇, 斯事可爾. 而龍樹前興, 訶梨後出. 時節遙隔, 何由相破?

答, 俱令執著, 卽便被破, 何論前後. 若前論不破後迷, 亦應古方, 不治今病. 扁鵲之術, 末世無盆矣.

질문 : 삼론(三論)에서 외도와 아비달마를 배척하는 일은 있을 수 있다. 그런데 용수는 앞서 출현하고, 하리발마는 뒤에 출생하였다. (두 사람이 출생한) 시대가 아득히 현격하거늘, 무슨 이유로 (앞의 용수가 뒤의 하리발마를) 서로 파척하는가?

대답 : (아비달마와 하리발마는) 모두 집착하는 점에서 용수에게 파척당하는 것이지, 어찌 앞과 뒤를 논할 필요가 있겠는가. 만약 앞의 논서가 뒤의 미혹함을 파척하지 말아야 한다면, 또한 당연히 옛날의 처방은 지금의 질병을 치료하지 못할 것이고, 편작(扁鵲)[265]의 의술도 말세에 이롭지 못할 것이라는 말이 되리라.

問, 若法勝訶梨著小論, 以通三藏, 馬鳴龍樹作大敎, 以弘方等. 巨細分流, 何俟相破?

生空 ……"라고 하였다(『대정장』 25권, 319中).
264) 인체(人體) : 독자부(犢子部)는 자아의 본질로서 뿌드갈라(Pudgala, 補特伽羅)를 설정하여, 생사윤회의 주체로 간주한 것을 말한다.
265) 편작(扁鵲) : 중국 춘추시대의 이름난 의사. 성(姓)은 진(秦)이고, 이름은 월(越)이다. 『사기(史記)』 17권에 전기가 있다.

答, 佛說小乘, 本爲詮大. 保冥之徒, 守指忘月. 經自斥之, 故論主依佛.

질문 : 만약 법승(法勝)266)과 하리발마는 소승의 논서를 저술하여 삼장을 통하고, 마명(馬鳴)267)과 용수는 대승의 논서를 지어 방등을 선양하였다면, 한쪽은 거대한 대승이고 또 한쪽은 미세한 소승으로 유파를 달리하는데, 어찌하여 서로 파척하는 것을 기대하는가?

대답 : 부처님이 소승을 설하신 것은, 본래 대승을 나타내기 위한 것이다. 그런데 몽매한 (소승의) 무리들은, (손가락으로 달을 가리키는데) 손가락에만 치중하여 달을 보는 것을 망각하였다. 경전 자체도 이러한 무리들을 배척하였다. 그 때문에 논주(論主; 용수보살을 말함)는 부처님의 의도에 의거한 것이다.

問, 有人言, "成實論探大釋小." 此有何過?
答, 上已明之. 必有此迷, 今當更述.268) 探大釋小, 則小大不收.
進不馳於白牛, 退失駕於羊鹿. 驟論之言, 驗之久矣.

질문 : 어떤 사람이 말하기를, "『성실론』은 대승을 탐구하여 소승을 해석한 것이다"라고 하였다. 이 설에 무슨 잘못이 있겠는가?

---

266) 법승(法勝) : Dharmaśreṣṭhin의 한역어. 3세기 초엽 유부(有部)의 학자. 『대비바사론』을 요약하여 『아비담심론』 4권을 저술하였다.
267) 마명(馬鳴) : Aśvaghoṣa의 한역어. 용수보살보다 앞서 2세기 무렵에 출현하여, 불교문학인 『불소행찬(佛所行讚)』(Buddhacarita)과 그 밖의 작품을 저술한 불교학자를 말한다 (金倉圓照, 『馬鳴の研究』, 平樂寺書店, 1966. 참조). 그러나 또 다른 연구에 따르면, 같은 이름의 마명이 다수 존재하여, 『석마하연론(釋摩訶衍論)』 같은 데서는 6인의 마명이 있었다고 하였다. 그중에서 불교전기인 『불소행찬』 등을 저술한 마명과, 대승불교의 교리를 정리한 『대승기신론(大乘起信論)』의 저자 마명을 달리 보는 견해도 있다. 이에 의거하여 생각하면, 여기서 언급하는 마명은 용수 이후에 등장한 『대승기신론』의 저자 마명을 지적하는 것이 틀림없어 보인다. 그리고 본래 외도로서 불교를 비방하다가 협존자 (脇尊者)와 토론을 벌여 설복당한 뒤에 그의 제자가 되었다는 마명은, 『대승기신론』의 저자와는 다른 사람에 해당한다고 보아야 할 것이다.
268) 갱술(更述) : 금릉본과 만속장경본에는 '更述'이 '更迷'(다시 미혹하다)로 표기되어 있고, 중국어역만 이 후자를 취하였다.

대답 : 앞에서 이미 이것을 해명하였다. 반드시 이러한 미혹이 생하기 때문에, 지금 마땅히 다시 설명하겠다. (『성실론』이) 대승을 탐구하여 소승을 해석한 것이라면, 그것은 곧 소승에도 대승에도 수용되지 않는 것이 된다. 전진하여 흰 소[白牛; 대승을 백우가 이끄는 수레에 비유한 것임]를 달리게 하지도 못하고, 후퇴하여 양과 사슴[羊鹿; 소승의 이승(二乘)을 각각 양과 사슴이 이끄는 수레에 비유한 것임]의 수레269)에 올라타고 가지도 못한다. (이와 같이 『성실론』은 전진과 후퇴가 모두 난처한) 노새 같은 논서[騾論]270)라고 하는 말이 오래 전부터 검증되었다.

제5절 대승의 집착을 꾸짖음 [呵大執]

呵大執第四. 初立宗, 次破斥.

넷째로 대승불교의 잘못된 집착을 꾸짖는다. 처음에는 종지를 수립하고, 다음에는 그것을 파척한다.

---

269) 양거(羊車)·녹거(鹿車)·우차(牛車)의 세 가지 수레는 『법화경』 제2권 「비유품(譬喩品)」에 나오는 것으로, 앞의 두 가지 수레는 성문과 연각의 소승에 비유하고, 우차(牛車)는 대승에 비유한 것이다(『대정장』 6권, 10中).

270) 나론(騾論): 노새[騾馬]는 수컷 당나귀와 암말의 혼혈종자이며, 둔중한 것에 비유할 때 사용된다. 여기서는 『성실론』이 대승에도 소승에도 속하지 못하는 것을 노새에 비유하였는데, 이러한 견해가 언제부터 누구에게서 발설되었는지 명확하지 않다.

1. 대승불교의 종지 수립

[원문] 有大乘師曰, "四術三玄, 並爲外敎. 毘曇成實, 蓋是小乘. 明理不周, 在文不足. 旣障大乘, 理宜須破. 自方等紘宗, 衆聖軌轍. 敎稱滿字, 理曰無餘. 信之則獲福無邊, 毀謗招莫大之罪. 但須伏膺甘露, 頂戴法橋, 不應破矣."

[옮김譯] 어떤 대승의 논사(大乘師)[271]가 말하였다. "인도의 사술(四術)과 중국의 삼현(三玄)[272]은 모두 외부의 가르침이고, 아비달마와 성실은 대개 소승이다. (그것들은) 이치를 해명하는 것도 철저하지 못하고, 그 문장도 충실하지 못하다. 그것들은 이미 대승을 장애하고 있기 때문에, 그 이치는 당연히 반드시 파척되어야 한다. (그러나) 진실로 방등의 위대한 종지는 많은 성자들이 추종해야 할 길이다. 그 가르침은 원만한 문자[滿字][273]라고 칭하며, 그 이치는 완전하여 남음이 없다[無餘][274]고 한다. 그것을 신봉하면 한량없는 복을 획득하고, 그것을 훼방하면 막대한 죄를 초래한다. 그러므로 모름지기 감로(甘露)[275](같은 대승불교)를 엎

---

271) 대승사(大乘師): 길장과 뜻을 같이 한 동시대의 학자이거나, 또는 길장 자신의 견해를 대변하는 가공의 인물로 보기도 한다. 길장과 혜원은 『성실론』을 소승이라고 판정하였다.

272) 사술(四術)과 삼현(三玄): 사술(四術)은 인도 종교철학에서 거론되는 사인사과(邪因邪果) 내지 무인무과(無因無果)의 네 가지 주장이고, 삼현(三玄)은 중국 종교철학인 노자·장자·주역을 말한다. 불교의 입장에서 바라보면 모두 외교(外敎), 외도(外道)이며, 이에 대한 설명은 앞의 제1절의 주석 참조 바람.

273) 만자(滿字): 대승의 가르침은 의미와 이치가 원만하여 불교의 공덕을 모두 구족하기 때문에 만자(滿字)라고 부르는데 비하여, 성문과 연각의 가르침은 만족스럽지 못하기 때문에 반자(半字)라고 부른다. 북본(北本)의 『대반열반경』 제8권에 만자교(滿字敎)와 반자교(半字敎)의 설명이 들어있다(『대정장』 12권, 414中).

274) 무여(無餘): 대승경전 가운데 『대법고경(大法鼓經)』 하권에. "一切空經是有餘說, 唯有此經是無上說, 非有餘說"라고 하였다(『대정장』 9권, 296中).

275) 감로(甘露): amṛta의 의역. 본래는 인도종교에서 말하는 달콤한 미주(美酒)로서, 이 감로를 마시면 늙지도 않고 죽지도 않는다고 하였다. 불교에 수용되고 그 의미가 전변하여 불법, 깨달음, 해탈, 열반 등을 가리키게 되었다.

드려 받들고, 법의 교량(이 되는 대승의 가르침)을 머리 위에 이어야 하며, 그것을 응당 파척하지 말아야 한다."

問, 必是夜光, 宜應頂受. 止[276]恐多雜僞寶, 須陶汰之. 若謂無瑕, 可陳其要.

答, 大乘博奧, 不可具明. 統其樞鍵, 略標二意. 一者, 辨敎莫出五時. 二者, 隔凡宗歸二諦. 言五時者, 昔涅槃初度江左, 宋道場寺沙門慧觀, 仍製經序, 略判佛敎凡有二科. 一者頓敎, 卽華嚴之流. 但爲菩薩, 具足顯理. 二者, 始從鹿苑終竟鵠林, 自淺至深, 謂之漸敎. 於漸敎內, 開爲五時. 一者, 三乘別敎, 爲聲聞人說於四諦, 爲辟支佛演說十二因緣, 爲大乘人明於六度. 行因各別, 得果不同, 謂三乘別敎. 二者, 般若通化三機, 謂三乘通敎. 三者, 淨名思益, 讚揚菩薩, 抑挫聲聞, 謂抑揚敎. 四者, 法華會彼三乘, 同歸一極, 謂同歸敎. 五者, 涅槃名常住敎. 自五時已後, 雖復改易, 屬在其間. 敎雖五時, 不出二諦. 三假爲俗, 四忘爲眞. 會彼四忘故, 有三乘賢聖.

질문 : 반드시 야광주(夜光)[277]가 있다면, 응당 머리 숙여 받아들여야 한다. 정말 염려되는 것은 많은 가짜 보배가 섞여 있는 것으로, 모름지기 그것을 도태시켜야 한다. 만약 (대승이라는 야광주에) 흠이 없다고 한다면, 그 요점을 진술하여야 한다.

대답 : 대승은 넓고 심오하여 자세하게 설명할 수 없지만, 그 중요한 관건을 통괄하여 대략 다음의 두 가지 의미를 표시해본다. 첫째는 (불교

---

276) 정(正) : 대정장경본에는 '止'로 되어 있으나. 그 다른 대조본과, 금릉본과 만속장경본 모두 '正'으로 표기되어 있다. 불교대계본(佛敎大系本)과 암파문고본(岩波文庫本)도 역시 '正'으로 수정하였다.

277) 야광(夜光) : 야광주(夜光珠)를 말한다. 어두운 밤에도 빛을 발산하는 명주(明珠). 대승불교를 야광주에 비유한 것이다. 길장의 『법화현론(法華玄論)』 제1권에서, "成實所明"라고 하였다(『대정장』 34권, 364上~中).

의) 가르침을 구별하여 변론하는 데는 오시(五時; 불교 전체를 다섯 시기로 구분하여 설명하는 것)를 벗어남이 없다는 것이고, 둘째는 미혹한 범부를 벗어나는 종지는 이제(二諦; 세속제와 제일의제)에 귀결한다는 것이다.

오시(五時)라고 하는 것은, 옛날 『열반경』이 처음으로 강좌(江左)[278]를 건너 왔을 때,[279] 송(宋)의 도량사(道場寺)에 머물던 혜관(慧觀)[280]이 이에 『열반경』의 서문을 제작하면서, 대략 불교를 판별하는 데에 무릇 두 가지의 과목이 있다고 하였다. 첫째는 돈교(頓敎)[281]로서, 곧 『화엄경』의 부류이다. 이것은 다만 보살을 위하여 진리를 충분히 갖추어 나타내었다. 둘째는 (석가모니 부처님이) 처음에 녹야원에서 설법을 시작하여 마지막에 곡림(鵠林)[282]에서 입멸할 때까지, (부처님의 일대 설법이) 얕은

---

278) 강좌(江左) : 양쯔강(揚子江)의 좌측. 강동(江東)으로, 건강(建康)을 말하며, 지금의 난징[南京]에 해당한다. 『열반경』의 개정작업이 이루어진 곳으로 추정된다.

279) 『열반경』에는 세 종류가 존재하는데, 먼저 담무참(曇無讖)에 의하여 북본(北本)이라 불리는 『대반열반경』 40권이 현시(玄始) 10년(421)에 한역되었다. 그 후 20년 이내에 그 번역본이 남방의 송(宋)나라에 전해지자, 혜관(慧觀)·혜엄(慧嚴)·사운령(謝靈雲) 등이 그 북본을 가지고, 법현(法顯)이 역출한 『대반니원경(大般泥洹經)』 6권과 대조 수정하여, 남본(南本)이라 불리는 『대반열반경』 36권이 성립하게 되었다(『梁高僧傳』 제7권 「혜엄전(慧嚴傳)」, 『대정장』 50권, 368上~中).

280) 혜관(慧觀) : 4~5세기 중국 남북조시대 유송(劉宋)의 학승. 생몰 년대 미상. 청하(淸河, 河北省 邢台州 및 山東省 武城) 출신. 나이 열 살에 총명하여 이름이 났으며, 다음 해에 출가하여 여러 곳에서 수업하다 뒤에 여산(廬山)의 혜원(慧遠)에게 법을 사사하였고, 401년에 구마라집이 관중(關中)에 왔다는 말을 듣고 찾아가 수학하였다. 혜엄 등과 함께 북본의 40권 『열반경』을 수정하여 36권의 남본 『열반경』을 성립시켰다. 그리고 한편으로 길장에 의하여 비판되고 있는 오시교판(五時敎判)을 수립하였는데, 이것은 중국불교에서 이루어진 교상판석(敎相判釋)의 시초가 되었다. 『변종론(辨宗論)』을 저술하여 돈오(頓悟)와 점오(漸悟)의 의미를 논의하였다. 『고승전』 제7권의 「혜관전(慧觀傳)」 참조(『대정장』 50권, 368中).

281) 돈교(頓敎) : 별안간 깨달음을 성취한다고 말하는 가르침. 여기서는 선종(禪宗) 및 다른 교종(敎宗)이 발생하기 이전에 혜관이 원초적으로 교판한 것으로, 『화엄경』을 돈교에 배치하였다.

282) 곡림(鵠林) : 곡(鵠)은 '고니'라는 새로, 기러기와 비슷하지만 몸 전체가 흰색이다. 부처님이 입멸한 곳은 쿠시나가라(Kuśinagara) 교외의 사라쌍수(沙羅雙樹) 지역이다. 인도 원산의 사라(沙羅, śāla)나무가 한 뿌리에서 두 그루씩 자란 것을 쌍수(雙樹)라고 하는데, 부처님이 입멸하자 주변 사방의 사라나무들 가운데 한 그루씩 입멸을 슬퍼하여 백곡(白鵠)처럼 흰색으로 돌변했다고 한다. 이러한 전설에 따라 그 사라나무 숲을 곡림

데서부터 깊은 데에 이르는 것을 점교(漸教)283)라고 하는데, 그 점교의 내부를 열어서 오시(五時)로 나누었다.

제1(시)는 삼승별교(三乘別教)284)로서, 성문의 사람을 위해서는 사제(四諦)를 설하고, 벽지불을 위해서는 십이인연(十二因緣)285)을 연설하고, 대승의 사람을 위해서는 육도(六度)286)를 설명한다. (삼승의 사람이) 수행하는 원인이 각각 다르기 때문에, 획득하는 과보도 또한 동일하지 않다. 이것을 삼승별교라 이른다.

제2(시)의 『반야경』은 (성문· 벽지불· 대승인의) 세 종류의 근기를 통틀어 교화하기 때문에, 이것을 삼승통교(三乘通教)라 이른다.

제3(시)의 『정명경(유마경)』과 『사익경』은 보살을 찬양하고 성문을 억누르기 때문에, 이것을 억양교(抑揚教)라 이른다.

제4(시)의 『법화경』은 저 삼승(三乘)을 통합하여 함께 (일승(一乘)이라는) 하나의 궁극(의 가르침)으로 귀결시키기 때문에, 이것을 동귀교(同歸教)라 이른다.

제5(시)의 『열반경』은 상주교(常住教)라고 이름한다.

이상의 오시가 설정된 이후에 비록 다소 개정되어 변하기는 하였지만,287) (그것은) 이 (혜관의 오시설) 범위에 속한다.

(鵠林), 또는 학림(鶴林)이라 표현한 것이다.

283) 점교(漸教) : 수행을 점차적으로 진행함에 따라서 단계적으로 깨달음을 성취한다고 말하는 가르침. 여기서는 이 점교를 개시하여 오시교(五時教)로 분류하였다.

284) 삼승(三乘) : 성문(聲聞)· 연각(緣覺)· 보살(菩薩)을 말한다. 승(乘)은 yāna의 한역어로, 고통과 미혹의 차안(此岸)에서 열반과 깨달음의 피안(彼岸)으로 건너가는 탈 것[乘物]이라는 의미이다.

285) 십이인연(十二因緣) : 원래는 십이연기(十二緣起)이며, 십이지연기(十二支緣起)라고도 한다. 생사의 미혹과 괴로움이 발생하는 과정을 연쇄적인 12항목으로 설명한 초기 불교의 중요한 가르침. 그 12항목은 무명(無明)· 행(行)· 식(識)· 명색(名色)· 육입(六入)· 촉(觸)· 수(受)· 애(愛)· 취(取)· 유(有)· 생(生)· 노사(老死)이다.

286) 육도(六度) : 육바라밀(六波羅蜜)이라고도 말한다. 대승불교의 보살이 수행하는 여섯 가지 수행덕목으로, 보시(布施)· 지계(持戒)· 인욕(忍辱)· 정진(精進)· 선정(禪定)· 반야(般若)를 말한다.

287) 다소의 개정 : 이에 대한 해석이 몇 가지 있다.

이와 같이 가르침은 비록 오시로 분류되기는 하였지만, (불교전체의 가르침은) 이제(二諦; 속제와 진제의 두 가지 진리)를 벗어나지 않는다. 그리하여 삼가(三假)288)를 설하는 것은 속제(俗諦)가 되고, 사망(四忘)289)을 말하는 것은 진제(眞諦)가 된다. 저 사망(四忘)에 계합하기 때문에, 삼승의 현성(賢聖; 현자와 성자)이 있게 된다.

---

　① 후대 양(梁)의 삼대법사와 그 외의 다른 제사(諸師)의 오시교판을 거론하였다(高雄義堅譯, 259면).
　② 천태종(天台宗)이 제시한 오시(五時)가 혜관의 오시설(五時說)을 개변한 것이라고 지적하였다(韓廷傑譯, 105면 주17) 참조).
　③ 길장은 『대품경유의(大品經遊意)』에서, "成實師云, 佛教出三, 一者頓教, 如華嚴大乘等. 二者偏方不定教, 如勝鬘·金光明·遺教·佛藏經. 三者漸教, 如四阿含及涅槃是"라고 하였다(『대정장』 33권, 66中). 이에 근거하여 성실론사가 혜관의 오시이교(五時二教)설을 오시삼교(五時三教)로 개정한 것을 시사한다고 보았다(平井俊榮譯, 340면. 주272) 참조).
　역주자의 견해로는 혜관 이후에 제창된 여러 종파의 교판설을 고려해보면, 가깝게는 성실론사의 개변된 오시삼교설부터, 길장 당시 천태종의 오시를 거쳐, 멀게는 화엄종의 오교판(五教判)까지, 여러 종파의 교판설이 혜관의 교판설을 수용하고 개정한 것에 연관성이 있다고 본다. 다만 화엄종의 성립은 길장 이후의 일이라, 당장 여기의 해석에 적용되지는 않겠으나, 포섭 못할 바는 아니라고 본다.
288) 삼가(三假) : 인성가(因成假)·상속가(相續假)·상대가(相待假)를 말한다. 여러 원인과 조건이 화합하여 가(假)로 존재하는 것이 인성가, 고정불변적인 것을 분석하여 보면 가(假)로 존재하는 것이 상속가, 서로 다른 것이 상대하여 가(假)로 존재하는 것이 상대가이다. 예를 들면, 인성가는 오온(五蘊)을 원인으로 하여 가(假)로 사람을 구성하는 것이고, 상속가는 모든 유위법(有爲法)이 전후 상속하여 가(假)로 존재하는 것이며, 상대가는 사주와 노무자, 부모와 자녀, 큰 것과 작은 것이 서로 상대하여 가(假)로 성립하는 것이다. 길장의 『대승현론(大乘玄論)』 참조(『대정장』 45권, 18中, 25下~26上).
289) 사망(四忘) : 일체 존재의 상태를 표현하는 사구분별(四句分別)을 근본적으로 부정하는 것을 말한다. 곧 일체존재의 방식에 있음[有]·없음[無]·있기도 하고 없기도 함[亦有亦無]·있는 것도 아니고 없는 것도 아님[非有非無]의 사구가 있다면, 이를 근본적으로 부정하여 非有·非無·非亦有亦無·非非有非無라고 표현하는 것을 말한다.

※ 혜관(慧觀)의 오시교판(五時敎判) 도표

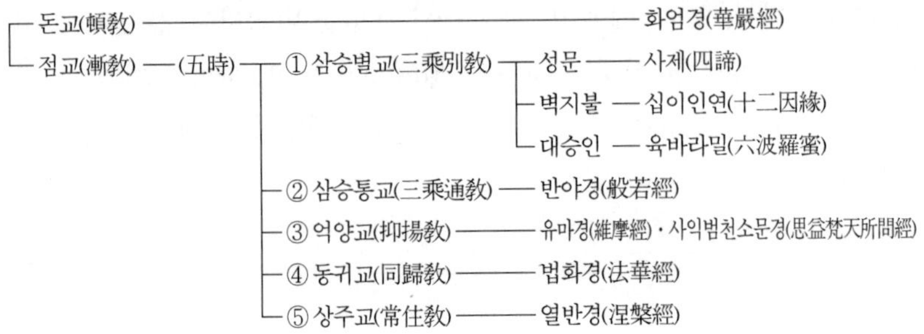

※ 혜관(慧觀)의 오시교판(五時敎判)과 천태종(天台宗) 및 화엄종(華嚴宗)의 교판

오늘날 오시교판(五時敎判)을 언급하면, 대개 천태종(天台宗)의 중흥조 지의(智顗)에 의하여 수립된 천태종의 오시교판을 떠올린다. 그러나 본래 오시교판의 선구자는 여기『삼론현의』에서 밝히고 있는 바와 같이 중국 삼론종의 초조인 구마라집(鳩摩羅什)의 제자 혜관(慧觀)이었다.

중국불교에서 교판이 성행한 것은 특히 구마라집 이후로서, 구마라집 자신은 일음교설(一音敎說)을 주창했다고 전한다. 그 이후 남북조(南北朝)의 육조(六朝)시대에 여러 가지 교판설이 형성되었는데, 천태종 지의의『법화현의(法華玄義)』에는 남삼북칠(南三北七)의 십사(十師), 지론종(地論宗) 정영사(淨影寺) 혜원(慧遠)의『대승의장(大乘義章)』에는 삼가(三家), 삼론종(三論宗) 길장의『대승현론(大乘玄論)』과 법상종(法相宗) 자은(慈恩)의『법원의림장(法苑義林章)』에는 각각 사설(四說), 화엄종(華嚴宗) 법장(法藏)의『화엄오교장(華嚴五敎章)』에는 십가(十家), 징관(澄觀)의『화엄현담(華嚴玄談)』에는 22설(二十二說) 등이 설명되어 있다. 그중에서 후대의 교판사상에 중대한 영향을 끼친 것은 바로 구마라집의 문인 혜관의 오시교판(五時敎判)이다. 혜관의 오시교판은 특히 남지(南地)에서 성행하였다. 그런데 남제(南齊) 종애법사(宗愛法師)의 사시교판(四時敎判) 등 남지의 학설들은 모두 혜관의 교판을 근간으로 하여 다소 수정한 것이기 때문에, 혜관의 오시교판은 결국 남지의 대표적 교판설로 부각된 것이다.

그 이후에 성립된 천태종 지의(智顗)의 교판설은 흔히 남삼북칠(南三北七)

제가(諸家)의 학설을 바탕으로 삼아 이를 수정하여 『법화경』 지상주의로 재정비한 것이라 평가되고 있다. 천태의 교판설이 생겨나기 이전 남삼북칠의 교판설을 통괄하여 관찰하면, 남지에서는 열반종(涅槃宗)이 번창하고 북지에서는 지론종(地論宗)이 우세하여, 『법화경』의 지위는 각각 『열반경』과 『화엄경』의 하위에 위치하였다. 그리하여 천태는 종래의 교판설을 연상거취(研詳去取)하여, 제1 화엄시(華嚴時)·제2 녹원시(鹿苑時)·제3 방등시(方等時)·제4 반야시(般若時)·제5 법화열반시(法華涅槃時)의 오시교판을 수립하고, 『법화경』을 『열반경』과 더불어 상위에 자리매김하는 교판설을 확립하였다. 그 후 천태도 길장과 마찬가지로 혜관 등의 교판을 비난하였으나, 천태의 교판은 사실상 혜관의 오시교판에 기초하여 정립된 것이라 보고 있다.

천태의 교판설에 뒤이어 선종(禪宗)이 만개하기 이전의 불교 전체를 한층 세밀하게 구별한 것이 화엄종의 법장(法藏)이 수립한 오교십종판(五教十宗判)이다. 오교판(五教判)은 불교를 제1 소승교(小乘教; 아비달마불교)·제2 대승시교(大乘始教; 중관학과 유식학)·제3 대승종교(大乘終教; 여래장사상)·제4 돈교(頓教; 돈오성불사상)·제5 원교(圓教; 화엄경)로 분류한 것이고, 십종판(十宗判)은 교리에 근거하여 오교를 보다 상세하게 열 가지로 전개한 것이다. 이 화엄종의 교판은 남지(南地)의 혜관 등의 교판설에도 자극을 받았겠지만, 특히 북지(北地)의 교판설에 많은 영향을 받은 것으로 보인다. 북지의 교판설 중에서는 남도파(南道派) 지론종(地論宗)의 학장이었던 혜광(慧光, 惠光)의 학설이 대표적이었다. 혜광은 그때까지의 모든 불교를 분류하여 인연종(因緣宗; 아비달마종)·가명종(假名宗; 성실론)·광상종(誑相宗; 대품반야경)·상종(常宗; 화엄경과 열반경)의 사종판(四宗判)을 수립하고, 또한 점교(漸教)·돈교(頓教)·원교(圓教)의 삼교판(三教判)도 수립하여, 혜관과 함께 후대에 많은 영향을 미쳤다. 혜광의 교판은 아마 중국 최초로 『화엄경』을 주석한 유규(劉虯)의 점교·돈교와, 역시 북지(北地)에서 『십지경론(十地經論)』 등을 번역하며 활약한 보리유지(菩提流支)의 반교(半教)·만교(滿教)의 이교판(二教判)을 계승한 것으로 보이는데, 화엄종 법장의 오교판(五教判)과 십종판(十宗判)은 주로 이 혜광의 교판에 토대하여 주장된 것이다.

천태 지의(538~597)는 삼론종의 길장(549~623)보다 약간 앞서 활약하였으므로, 천태의 오시교판도 혜관의 오시교판과 더불어 길장 당시 이미 불교계에 알려져 있었다고 볼 수 있으나, 화엄종 법장(643~712)의 교판은 아직 불교계에 등장하지 않았다. 여하튼 삼론종의 길장은 중국에서 이루어진 교판설의 시초인 혜관의 오시교판을 당시에 성행한 여러 가지 교판설의 대표로 인정하고 비판한 것이다.

2. 대승불교의 집착 파척

 破執第二. 前責五時, 次難二諦.

 대승의 집착을 파척하는 제2. 먼저 오시(五時)를 책망하고, 다음에 이제(二諦)를 비난한다.

1) 오시(五時)의 대소승 비판

 問, 旣有五時, 云何分於大小?
答, 初一爲小, 後四爲大.

問, 道理爲有大乘, 爲無大耶? 如其有大, 則是有見. 若言無大, 何所立耶? 又若謂有大異小, 則有小異大, 名爲二見. 大品云, "諸有二者, 無道無果." 涅槃云, "明與無明, 愚者謂二." 又若實有大乘者, 名有所得. 有所得者, 爲魔眷屬, 非佛弟子. 又有所得者, 不動不出, 無有乘義, 不名爲乘. 又大乘之宗, 永斷生死, 名爲斷見. 涅槃是常, 卽是常見. 乃爲斷常, 何大之有?

 질문 : 이미 오시(五時)가 있다면, 어찌하여 대승과 소승을 구분하는가?

대답 : 오시 중에서 처음의 하나(第1時를 말함)는 소승이 되고, 나중의

넷(나머지 4時를 말함)은 대승이 된다.

질문 : 도리로서 대승이 있다고 하는 것인가, 대승이 없다고 하는 것인가? 만약 그 대승이 있다고 말한다면, 곧 이것은 유견(有見; 제법의 본성이 실재한다는 견해)이 될 것이다. 만약 대승이 없다고 말한다면, 어떻게 대승이 주장하는 바가 있을 수 있겠는가.

또 만약 대승이 있어 소승과 다르다고 말한다면, 곧 소승이 있어 대승과 다르다고 말하는 것이 되니, 두 가지 견해[二見; 대승과 소승이 개별적으로 있다는 견해]라고 이름한다. 『대품반야경』에서 말하기를, "두 가지 견해를 갖고 있는 이들에게는, 도(道)도 없고 과보[果]도 없다"라고[290] 하였고, 『열반경』에서 말하기를, "명(明; 인생에 대한 근본적 지혜)과 무명(無明; 인생에 대한 근본적 지혜가 없음)을 어리석은 사람은 둘이라고 말한다"라고[291] 하였다.

또 만약 실제로 대승이 있다고 한다면, 그것은 얻은 바가 있다[有所得][292]고 이름한다. 그런데 얻은 바가 있다고 집착하는 사람은 마군이[魔][293]의 권속이지, 부처님의 제자가 아니다.[294] 또 얻은 바가 있다면, 움직임도 없고 출발함도 없어, (깨달음에 이르는 수레를) 탄다는 의미가 없어지게 되어,[295] 승(乘)[296]이라고 이름하지 못한다.

---

290) 『대품경』운 : 『대품반야경』 제22권 「편학품(遍學品)」에서 "須菩提, 當知二相者, 無有檀那派羅蜜, 乃至般若派羅蜜. 無有道, 無有果, 乃至無有順忍"라고 하였다(『대정장』 8권, 383中).

291) 『열반경』운 : 『대반열반경』 제8권 「여래성품(如來性品)」에서 "若言無明因緣諸行, 凡夫之人聞已分別, 生二法想, 明與無明. 智者了達其性無二, 無二之性卽是實性"라고 하였다(『대정장』 12권, 410下).

292) 유소득(有所得) : 모든 사물이 실재한다고 생각하며, 그 때문에 많이 소유하고 집착하는 것.

293) 마(魔) : māra의 음사어 마라(魔羅)의 약어. 생명을 해치고 선한 일을 방해하는 자. 사람들을 미혹하게 하여 갖가지 장애를 일으키는 욕계 육천(六天) 타화자재천(他化自在天)의 주(主) 마왕 파순(波旬, Pāpīyas)을 말하기도 한다.

294) 유소득자(有所得者) : 이 문장과 같은 내용이, 『대반열반경』 「범행품(梵行品)」에서 "若有所得, 是魔眷屬, 非佛弟子"라고 설해져 있다(『대정장』 12권, 464下).

295) 무유승의(無有乘義) : 이 내용과 관계있는 문장이, 『대품반야경』 「출도품(出到品)」에

또 대승의 종지는 영원히 생사(生死; 나고 죽음에 대한 미혹)를 끊어버리는 것이라고 한다면, 그것은 단견(斷見)이라고 이름한다. 이에 대하여 열반(涅槃; 깨달음의 세계)은 항상 존재하는 것이라고 한다면, 그것은 이미 상견(常見)이다.[297] 이렇게 하여 (어느 것이나) 단멸한다거나 상주한다는 견해가 되어버리니, 어떻게 이러한 대승이 있을 수 있겠는가.

2) 오시(五時) 비판

(1) 총체적 비난

次難五時. 前總難, 次別責.
難曰, 但應立大小二敎, 不應制於五時. 略引三經三論證之. 大品經云, "諸天子歎曰, 我於閻浮, 見第二法輪轉." 龍樹釋云, "鹿苑已轉小輪, 今復轉大法輪." 法華經云, "昔於波羅捺, 轉於四諦. 今在靈鷲山, 說於一乘." 涅槃經云, "昔於鹿林轉小, 今於雙樹說大." 故知敎唯二門, 無五時也. 智度論云, "佛法有二. 一者三藏, 二者大乘藏." 地持論云, "十一部經, 名聲聞藏. 方等大乘, 名菩薩藏." 正觀論云, "前爲聲聞, 說生滅法. 次爲菩薩, 說無生滅法." 以經論驗之, 唯有二藏, 無五時矣.
問, 若乃皆是菩薩藏者, 華嚴·般若·法華·涅槃, 此四何異?
答, 須識四句, 衆經煥然. 一, 但敎菩薩, 不化聲聞, 謂華嚴經也. 二, 但化聲聞, 不敎菩薩, 謂三藏敎也. 三, 顯敎菩薩, 密化二乘, 大品以上, 法

서 "須菩提, 以是因緣故, 摩訶衍從三界中出, 至薩婆若中, 住不動故 …… 汝所問是乘, 至何處住 …… 是大乘無住處 ……"라고 설해져 있다(『대정장』 8권, 260中).

296) 승(乘): 승(乘)은 yāna의 한역어로, 수레[車]나 차(車) 같이 타는 것을 의미한다. 따라서 소승(小乘)은 사람들을 열반의 세계에 실어 나르는 작은 수레, 대승(大乘)은 보다 큰 수레를 말한다. 그 승(乘)은 본래 가르침, 교의(敎義)를 비유한 것이다.

297) 이 내용과 관계있는 문장이, 『대반열반경』「사자후보살품(師子吼菩薩品)」에서 "衆生起見凡有二種, 一者常見, 二者斷見. 如是二見, 不名中道"라고 설해져 있다(『대정장』 12권, 523下).

華之前, 諸大乘教也. 命小乘人, 說於大法, 謂顯敎菩薩, 密示此法, 以爲
己任. 如付窮子財, 謂密化聲聞也. 四, 顯敎聲聞, 顯敎菩薩, 法華敎也.
"菩薩聞是法, 疑網皆已除." 化菩薩也. "千二百羅漢, 悉亦當作佛." 化
二乘也. 四句之中, 三義屬菩薩藏內開之, 但化二乘, 爲三藏敎矣.

다음에 오시(五時)를 비난하는데, 먼저 총괄적으로 비난하고, 그 다음에는 개별적으로 책망한다.

(총체적으로) 비난하여 말한다. 단지 마땅히 대승과 소승의 두 가지 가르침만을 수립해야 하며, 응당 오시를 수립하지 말아야 한다. 대략 세 종류의 경전과 세 종류의 논서를 인용하여 그것을 증명하겠다.

(세 종류의 경전 가운데) 『대품반야경』에서 말하였다. "여러 천자(天子)들이 찬탄하여 말하기를, 우리들은 염부제(閻浮)298)에서 제2의 법륜(法輪)이 굴려지는 것을 보았노라"라고299) 하였다." 용수는 (대지도론에서) 이것을 해석하여 말하기를, "녹야원에서 이미 소승의 법륜을 굴리셨고, 지금은 다시 대승의 법륜을 굴리신 것이다"라고300) 하였다. 『법화경』에서는 "예전에 바라나시(波羅栋)301)에서는 사제(四諦)의 가르침을 굴리셨고, 지금은 영축산(靈鷲山)302)에서 일승(一乘)의 가르침을 설하신 것이다"라고303) 하였다. 『열반경』에서는 "예전에 녹야원에서는 소승의 가르침을

---

298) 염부(閻浮) : 염부제(閻浮提)의 약칭으로, Jambudvīpa의 음사. 고대 인도의 전설에 따르면, 이 세상의 중심에 아득히 높이 솟구친 수미산(須彌山, Sumeru)이 자리 잡고 있고, 염부제는 그 남방에 있는 나라, 곧 인도(印度)를 가리킨다고 하였다.

299) 『대품반야경』운 : 『대품반야경』제12권에서 "爾時諸天子 …… 作如是言, 我等於閻浮提, 見第二法輪轉. 是中無量百千天子, 得無生法忍"라고 하였다(『대정장』 8권, 311中).

300) 용수석운(龍樹釋云) : 『대지도론』 제65권 문장의 요약(『대정장』 25권, 517上).

301) 바라나시 : Vārāṇasī의 음사. 지금의 Benares지역. 성도 후 이 부근의 녹야원에서 초전법륜을 설하였다.

302) 영축산(靈鷲山) : 영취산이라고도 말한다. Gṛdhrakūṭa의 역어로서, 기사굴산(祇闍崛山)이라고 음사한다. 중인도 마가다국의 수도였던 왕사성(王舍城)의 동쪽 지역. 석가모니가 자주 설법하던 곳으로, 『법화경』도 여기에서 설하였다고 전해진다.

303) 『법화경』운 : 『묘법연화경』 제2권 「비유품(譬喻品)」의 게송에서 "昔於波羅栋, 轉四諦法輪, 分別說諸法, 五衆之生滅. 今復轉最妙, 無上大法輪, 是法甚深奧, 少有能信

굴리셨고, 지금은 사라쌍수(雙樹) 아래에서 대승을 설하신 것이다”라
고304) 하였다. 그러므로 (이상의 세 경전에 의하여) 가르침에는 오직 (대
승과 소승의) 두 가지 부문만 있을 뿐, 오시가 없다는 것을 알아야 한다.

(세 종류의 논서 중에서)『대지도론』에서는 “불법(佛法)에는 두 가지
가 있으니, 하나는 삼장(三藏; 소승불교경전)이고, 또 하나는 대승장(大乘藏;
대승불교경전)이다”라고305) 하였다.『보살지지론(菩薩地持論)』에서는 “(12
부경(十二部經) 가운데) 11부의 경전(十一部經)을 성문장(聲聞藏; 성문을 위한
경전)이라 이름하고, 방등의 대승을 보살장(菩薩藏; 보살을 위한 경전)이라
이름한다”라고306) 하였다.『정관론(正觀論)』에서는 “이전에는 성문을 위
하여 생겨나고 소멸하는 법을 설하였고, 다음에는 보살을 위하여 생겨
나고 소멸하지 않는 법을 설하였다”라고307) 하였다.

이상과 같이 경전과 논서를 가지고 검증해보아도, 오직 (소승과 대승
의) 이장(二藏)만 있을 뿐, 오시는 없는 것이다.

질문 : 만약 (대승은) 이에 모두가 보살장이라면,『화엄경』·『반야
경』·『법화경』·『열반경』의 이 네 종류에는 어떠한 다름이 있는가?

대답 : 모름지기 (다음의) 사구(四句)를 인식해야 하리니, (그렇게 되면)
많은 경전(의 다름)이 명확해질 것이다.

첫째는 단지 보살만 가르치고 성문을 교화하지 않으니, 그것은『화엄
경』을 말한다.

者”라고 말한 것을 요약하였다(『대정장』9권, 12上).

304) 『열반경』운 :『대반열반경』제14권에서 “我於昔日波羅㮈城, 爲諸聲聞轉于法輪. 今
始於此拘尸那城, 爲諸菩薩轉大法輪”라고 하였다(『대정장』12권, 447下).

305) 『지도론』운 :『대지도론』제100권에서 “佛口所說, 以文字語言, 分爲二種. 三藏是聲
聞法, 摩訶衍是大乘法”라고 하였다(『대정장』25권, 756中).

306) 『지지론』운 :『보살지지론(菩薩地持論)』에서 “十二部經, 唯方廣部是菩薩藏, 余十一
部是聲聞藏”라고 하였다(『대정장』30권, 902下).『보살지지론』은『보살지지경(菩薩地
持經)』이라고도 부른다.

307) 『정관론』운 :『중론』제1권 첫 부분 주석문의 요약. “先於聲聞法中, 說十二因緣. 又
爲已習行有大心堪受深法者, 以大乘法說因緣相. 所謂一切法, 不生不滅, 不一不二等,
畢竟空無所有.”(『대정장』30권, 1中)

둘째는 단지 성문만 교화하고 보살을 가르치지 않으니, 그것은 삼장교를 말한다.

셋째는 확연하게 보살을 가르치고 은밀하게 이승(二乘)을 교화하니, 그것은 『대품반야경』 이상 『법화경』(이 설해지기) 이전의 여러 대승경전의 가르침이다. (이 경전들은) 소승의 사람에게 명하여 대승의 법을 설하게 하는데, 그것은 확연하게 보살을 가르치고 은밀하게 이 법을 소승에게 제시하여, 그것을 자기의 소임으로 삼게 하려는 것이다. 그것은 (마치 부유한 아버지인 장자(長者)가) 빈궁한 아들[窮子]에게 자신의 재산을 상속해주는 것처럼,308) (부처님이) 은밀하게 성문을 교화하는 것을 이른다.

넷째는 확연하게 성문을 가르치고 확연하게 보살을 가르치는 것으로, 그것은 『법화경』의 가르침이다. (『법화경』에서) "보살은 이 법을 듣고 그물처럼 얽힌 의혹이 모두 제거되었다"라고 말한 것은 보살을 교화하는 것이며, "천 이백 명의 아라한도 모두 또한 마땅히 부처가 되리라"라고 말한 것은309) 이승을 교화하는 것이다.

이상의 사구 가운데 (둘째를 제외한) 세 가지 의미는 보살장 안에 속하는 것이며, (지금은) 그것을 (세 가지로) 열어 보인 것이다. (그리고 둘째의) 단지 이승만을 교화하는 것을 삼장의 가르침으로 삼은 것이다.

---

308) 궁자재(窮子財):『법화경』 제2권 「신해품(信解品)」에 설해진 유명한 설화. 그 요지는 다음과 같다. 부유한 아버지인 장자(長者)의 곁을 어려서 떠나 타향을 떠돌다가 마침내 나이 들어 거지같이 빈궁해진 아들이 집으로 돌아오자, 장자는 갖가지 방법으로 타일러서 빈궁한 아들이 친자식임을 주위에 선포하고, 장자의 많은 재산을 돌아온 아들에게 상속하였다는 것이다. 그와 같이 부처님은 갖가지 방편으로 성문을 교화하여, 진실한 일불승(一佛乘)으로 귀의시키는 것을 의미한다(『대정장』 9권, 16中~17下). 이 설화는 당시 인도에 널리 퍼져 있었으며, 주변에도 전파되었다.

309) 보살이 법을 듣고 의혹을 제거한다는 것과, 천이백 아라한도 부처가 된다는 문장은, 모두 『법화경』 「방편품」의 문장의 인용이다(『대정장』 9권, 10上).

(2) 개별적 책망

次別難五時.

問, 若立五時, 有何過耶?

答, 五時之說, 非但無文, 亦復害理. 若言第一名三乘別敎, 是義不然. 依毘曇宗, 三乘則同見四諦, 然後得道. 就成實義, 但會一滅, 方乃成聖. 據大乘宗, 同契無生, 然後隔凡. 是則初敎亦通, 何以言別.

次云大品是三乘通敎, 是亦不然. 釋論云, "般若不屬二乘, 但屬菩薩." 若大品是三乘通敎, 則應通屬, 何故不屬二乘.

問, 若依釋論, 明般若但屬菩薩, 在經何故勸三乘同學般若?

答, 般若有二種. 一者摩訶般若, 此云大慧. 蓋是菩薩所得, 故不屬二乘. 若以實相之境名爲般若, 則三乘同觀. 故勸三乘, 令並學之. 經師不體二種之說, 便謂般若是三乘通敎.

次云淨名是抑揚敎者, 是亦不然. 大品呵二乘爲癡狗, 淨名貶聲聞爲敗根. 挫小旣齊, 揚大不二. 何得以大品爲通敎, 淨名爲抑揚.

次法華爲同歸, 應無所疑. 但在五時之說, 雖辨同歸, 未明常住. 而天親之論釋法華初分, 有七處佛性之文. 解後段壽量品, 辨三身之說. 斯乃究竟無餘, 不應謂爲不了之敎.

次涅槃爲常住敎者, 然常與無常, 皆是對治用門. 若論涅槃, 體絶百非, 理超四句. 舊宗但得用門, 未識其體, 故亦失旨也.

다음에는 개별적으로 오시를 비난한다.

질문 : 만약 오시를 수립한다면 어떠한 과실이 있는가?

대답 : 오시의 설명은 단지 (근거가 되는 경론의) 문장이 없을 뿐만 아니라, 또한 다시 불교의 이치를 해치기도 한다.

만약 (오시의) 첫 번째를 삼승의 별교라고 이름한다면, 그 의미가 옳지 않다. 아비달마의 종지에 의거하면, 삼승은 바로 동일하게 사제를 보고, 그러한 후에 도를 증득한다고 설하였다. 또『성실론』의 교의에 의거하면, (삼승은) 단지 동일하게 괴로움의 소멸을 요해하여야 바야흐로 성도를 성취한다고[310] 설하였다. 또 대승의 종지에 의거하면, 동일하게 제법이 생함이 없다는 이치에 계합하고, 그러한 이후에 미혹한 범부를 벗어나게 된다고 설하였다. 이것은 곧 (대승뿐만 아니라) 최초의 가르침[初敎; 원시근본불교를 말함]에도 또한 통하는 것이다. (이와 같이 제1시에 삼승은 공통되는 바가 있으니) 어떻게 다르다고 말할 수 있겠는가.

다음에 『대품반야경』은 삼승의 통교라고 말하는데, 이것도 또한 옳지 않다. 『대지도론』에서 말하기를, "반야는 (소승의) 이승에는 속하지 않고, 단지 (대승의) 보살에게 속한다"라고[311] 하였다. 만약 『대품반야경』이 삼승의 통교라면, 곧 마땅히 삼승에 통하여 속하여야 할 터인데, 어찌하여 (경전 자체에서) 이승에 속하지 않는다고 하였겠는가.

질문 : 만약 『대지도론』에 의거하여 '반야는 단지 보살에게 속한다'라고 해명한다면, 경전[『대품반야경』을 말함]에서 어찌하여 "삼승은 동일하게 반야를 학습하라"[312]고 권장하는 것인가?

대답 : 반야(般若)[313]에는 두 가지가 있다. 첫째는 마하반야(摩訶般若)인데, 여기 말로는 대혜(大慧)라고 한다. 대개 이것은 보살만 증득하는 것이기 때문에 이승에는 속하지 않는다. (둘째로) 만약 실상(實相)의 경지를 반

---

310) 『성실론』의 교의 : 『성실론』 제3권 「일시품(一時品)」의 끝에서, "復次行者 …… 唯有一諦, 謂見苦滅, 名初得道 …… 最後見滅諦, 故名爲得道"라고 하였다(『대정장』 32권, 257中).

311) 『대지도론』운 : 『대지도론』 제43권에서, "般若不屬佛, 不屬聲聞辟支佛, 不屬凡夫, 但屬菩薩"라고 하였다(『대정장』 25권, 371上).

312) 삼승동학반야(三乘同學般若) : 『대품반야경』 제3권 「권학품(勸學品)」 끝부분에서 "何以故, 是般若波羅蜜中廣說三乘, 是中菩薩摩訶薩聲聞辟支佛當學"라고 한 것을 말한다(『대정장』 8권, 234上).

313) 반야(般若) : prajñā의 음사. 무분별지(無分別智), 또는 완전한 지혜를 의미한다. 여기에서 말하는 두 가지 반야는 마하반야(摩訶般若)와 실상반야(實相般若)이다. 반야를 세 가지로 구별하면, 문자반야(文字般若; 부처님의 경전이나 보살들의 논서 같이 문자를 사용한 것)·관조반야(觀照般若; 제법의 실상을 관찰하는 불보살의 지혜)·실상반야(實相般若; 세속적 망념이 제거된 다음에 인식되는 제법의 실상)이다.

야라고 이름한다면, 곧 삼승이 동일하게 관찰하여야 할 것이다. 그러므로 (『대품반야경』에서) 삼승에게 권장하여 함께 그것을 학습하게 하였다. 경사(經師)314)는 (반야에) 두 가지의 설이 있다는 것을 체득하지 못하였다. 그리하여 문득 반야(경의 교의)는 삼승의 통교라고 말하였던 것이다.

다음에 『유마경』은 억양교라고 이름하는데, 이것도 또한 옳지 않다. 『대품반야경』에서는 이승을 꾸짖어 '어리석은 개[癡狗]'라고315) 하였고, 『유마경』에서는 성문을 폄하하여 '부패한 근기[敗根]'라고316) 하였다. (이와 같이 두 경전이) 소승을 꺾는 것이 이미 동일하고, 대승을 선양하는 것이 다르지 않다. 어떻게 『대품반야경』을 통교로 삼고, 『유마경』을 억양교로 삼아 (구별)할 수 있겠는가.

다음으로 『법화경』을 동귀교(同歸敎)로 삼는 것은 당연히 의심할 바가 없다. 단지 오시의 설명에서는, (『법화경』에 의하여) 비록 동귀(同歸 : 삼승이 동일하게 일승으로 귀결함)를 변론하고 있지만, 아직 (부처님의 법신(法身)이) 항상 머무르는 것을 설명하지는 않는다. 그런데 천친(天親)이 저술한 『법화경』을 주석한 논서317)에서, 『법화경』의 처음 부분을 해석한 곳에서 『법화경』에는 일곱 군데에 불성(佛性)318)에 대한 문장이 있다고319)

---

314) 경사(經師) : 일반적으로 경전의 의미에 능통한 스승을 말하는데, 여기서는 오시교판 (五時敎判)을 수립한 혜관(慧觀)을 가리킨다.
315) 『대품경』운 : 『대품반야경』 제13권 「마사품(魔事品)」에서, "譬如狗不從大家求食, 反 從作務者索"라고 하였다(『대정장』 8권, 319上).
316) 『정명』운 : 『유마경』 「부사의품(不思議品)」에서, "我等何爲永絶其根, 於此大乘已如 敗種"라고 하였다(『대정장』 14권, 547上).
317) 천친(天親) : Vasubandhu의 역어로서, 세친(世親)이라고도 불리며, 생존 년대는 대략 400~480년이라 추정된다. 인도의 불교학자로, 처음에는 유부(有部)로 출가하였으나, 경 량부(經量部)의 입장에서 유부를 비판하여 『아비달마구사론』을 지었다. 나중에 형님인 무착(無着)의 권유로 대승으로 전향하여 유식학(唯識學)의 대표적인 학자가 되었다. 유 식학에 속하는 중요한 많은 주석서를 지었으며, 여기에서 길장이 말하는 『법화경』의 주석서도 저술하였다. 이것은 두 차례 한역되었는데, 여기서는 보리유지(菩提流支)와 담림(曇林) 등이 역출한 『묘법연화경우파데사(妙法蓮華經憂波提舍)』(『대정장』 26권 수록)가 사용되었다. 또한 길장도 『법화경』에 대한 이해가 깊어, 『법화의소(法華義疏)』, 『법화경론소(法華經論疏)』 등과 같은 주석서를 저술하였다.

하였으며, 『법화경』 후반부의 「수량품(壽量品)」을 해석한 곳320)에서는
세 가지 신체[三身]321)의 설명에 대하여 변론하였다. 이것은 곧 궁극적
인 설명으로 모자람이 없다. (따라서 혜관이 오시교에서 말하는 것처럼)
응당 『법화경』을 완전하지 못한 가르침이라고 말할 수는 없다.

다음으로 『열반경』을 상주교로 삼고 있는데, 그런데 항상함과 항상
하지 않음(을 함께 배치하는 것)은, 모두 번뇌의 미혹함을 대치하여 제
거하기 위한 작용에 해당하는 것이다. 만약 열반(涅槃)에 대하여 논의하
자면, 그 본체는 백비(百非; 어떠한 명제를 백 가지, 곧 모든 부정적인 표현을 구
사하여 설명하는 것)를 벗어나고, 그 이치는 사구(四句; 유(有)·무(無)·이유이
무(而有而無)·비유비무(非有非無) 등의 네 가지로 분별하여 설명하는 것)를 초월
한다. (혜관이 주장한 『열반경』에 대한) 옛 종지[舊宗]322)는 단지 작용의

---

318) 불성(佛性) : buddha-dhātu, buddha-gotra, buddhatva 등의 한역어. 여래성(如來性), 각성
(覺性)이라고도 한다. 원래는 부처님의 본성을 의미하였으며, 나중에는 모든 존재가 깨
달을 수 있고, 누구나 부처가 될 수 있는 성품이 있다고 설하게 되었다.
319) 칠처불성지문(七處佛性之文) :『법화경』의 본문에 의거하여 제시하면, ①「방편품」의
諸佛智慧甚深無量의 문장(『대정장』9권, 5上~中) ②「방편품」의 唯佛與佛 乃能究盡
諸法實相의 문장(5下) ③「방편품」의 開示悟入佛知見 문장(7上) ④「방편품」의 諸法
從本來 문장(8中) ⑤「비유품(譬喩品)」의 我等同入法性의 문장(10下) ⑥「법사품(法師
品)」의 知佛性不遠 문장(31下) ⑦「상불경보살품(常不輕菩薩品)」의 惡人記別 皆當作
佛 문장(50下) 등이다.
320) 「수량품」운 :『묘법연화경우파제사(妙法蓮華經憂波提舍)』에서 "示現盛大菩提無上
故, 示現三種佛菩提故. 一者示現應佛菩提 …… 二者示現報佛菩提 …… 三者示現法
佛菩提云云"라고 하였다(『대정장』26권, 9中). 세친의 의도는, 법화경은 부처님의 상주
(常住)를 설하고 있으므로, 여기서 부처님의 무상(無常)을 말하는 것은 잘못이라고 지
적하는 것이다. 보다 자세한 길장의 해석에 대해서는 길장의 『법화경논소』(『대정장』40
권, 820면) 참조.
321) 삼신(三身) : 대승불교가 되자 부처님의 신체에 대한 설명이 점차 발전하여, 법신(法
身)·보신(報身)·응신(應身)의 세 가지로 구별하는 불신설(佛身說)이 등장하게 되었다.
①법신(法身); 불법(佛法) 진리 그 자체를 말함. ②보신(報身); 지난 세상에서 선한 행
위를 쌓은 과보로 받게 되는 불신을 말함. ③응신(應身); 소원을 비는 사람들의 요청에
따라 그들을 교화하기 위하여 그 형상을 수십 가지로 변화시킨 불신을 말함.
322) 구종(舊宗) : 대부분의 역주서는 혜관의 오시교판을 말한다고 하였으나, 일부에서 열
반학파(涅槃學派)라고 해석하였다. 열반학파는 『대반열반경』을 소의경전으로 삼아 발
전한 학파로서, 남북조시대부터 융성하였으며, 진(陳)과 수(隨) 초기에 삼론학과 천태학

부문만을 얻었을 뿐, 그 본체를 인식하지는 못하였다. 그 때문에 이 설명도 또한 본래의 취지를 상실한 것이다.

3) 이제(二諦) 비판

次難二諦. 迷失二諦, 凡有三人. 一者毘曇, 執定性之有, 迷於假有, 故失世諦. 亦不知假有宛然而無所有, 復失一眞空. 二者學大乘者, 名方廣道人, 執於邪空, 不知假有, 故失世諦. 旣執邪空, 迷於正空, 亦喪眞矣. 三者卽世所行, 雖具知二諦, 或言一體, 或言二體. 立二不成, 復喪眞俗也.

問, 眞俗一體, 此有何過?

答, 若俗與眞一眞, 眞俗亦眞. 若眞與俗一俗, 俗眞亦俗. 若眞眞俗不眞, 則俗與眞異. 若俗俗眞不俗, 則眞與俗異. 故二途並塞, 一體不成.

問, 一旣有過, 異應無咎.

答, 經云, "色卽是空, 空卽是色." 若言各體, 相卽便壞. 若有雙卽, 便二體不成. 故進退無通, 異義亦屈. 然五時不立, 眞俗又傾. 大乘之宗, 言將何寄?

다음으로 이제(二諦)에 대하여 비난한다. 이제(의 의미)를 미혹하여 상실하는 데에 무릇 세 종류의 사람이 있다.

첫째는 아비달마의 사람으로서, 결정적 성품이 존재한다고 집착하여, (세속제에서 바라보는) 가유(假有; 인연이 화합하여 성립된 임시적 가상적인 존재)에 대하여 미혹하기 때문에 세제(世諦; 세속적인 진리)를 상실한다. 그리고 또한 (진제에서 바라본다면) 가유(假有)가 완연하여 (진실로) 존재하는 것이 아님을 알지 못하여, 다시 유일한 진공(眞空; 진제의 공)을 상실한 것이다.

같은 신흥교학에 밀려 쇠퇴하였다. 이 학파의 초기에 구마라집 문하의 혜관이 등장하여 오시교판을 주장하였다. 결국은 열반학파 혜관의 오시교판을 지적한 것이다.

둘째는 대승을 학습하는 사람으로서 방광도인(方廣道人)323)이라 이름하는데, 잘못 이해된 공을 집착하여 (사물이) 가유(假有)라는 것을 알지 못하기 때문에 세제를 상실한다. 이미 잘못된 공을 집착하여 바른 공[正空]에 미혹하기 때문에, 또한 진제를 상실한 것이다.

셋째는 곧 이 세상에서 유행하는 것으로서, (이 부류의 사람은) 비록 이제를 모두 알고 있지만, (진제와 속제의 이제는) 혹은 본체가 하나[一體]라고 말하거나, 혹은 본체가 둘[二體]324)이라고 말하기도 한다. (이와 같이) 두 가지의 학설을 수립하였어도 성립하지 못하여, (이것도) 다시 진제와 속제를 상실한 것이다.

질문 : 진제와 속제의 본체가 하나라고 한다면, 여기에 무슨 잘못이 있는가?

대답 : 만약 속제와 진제가 동일하게 진제라고 한다면, 진제도 속제도 또한 진제가 될 것이다. 만약 진제와 속제가 동일하게 속제라고 한다면, 속제도 진제도 또한 속제가 될 것이다. 만약 진제는 진제이고 속제는 진제가 아니라고 한다면, 곧 속제와 진제는 다르게 될 것이다. 만약 속제는 속제이고 진제는 속제가 아니라고 한다면, 곧 진제와 속제는 다르게 될 것이다. 그러므로 (어떻게 고려하여도 진제와 속제의) 두 길[二途]325)

---

323) 방광도인(方廣道人) : 대승을 학습하는 사람을 말하는데, 구체적으로 누구인지 확실하지는 않다. 『대지도론』 제1권에서, "更有佛法中方廣道人言, 一切法不生不滅, 空無所有, 譬如兎角龜毛常無"라고 하였다(『대정장』 25권, 61上).

324) 일체─이체(一體─二體) : 이와 비슷한 내용이, 길장의 『중관론소(中觀論疏)』 제2권 本에서, "開善謂眞俗一體, 故名爲一. 龍光謂眞俗二體, 故名言異. 今俱斥之, 故云不一不二"라고 되어 있다(『대정장』 42권, 26中). 또한 길장의 『대승현론(大乘玄論)』에 의하면, 개선(開善)은 지장(智藏)이고, 용광(龍光)은 승작(僧綽)이라는 것이 판명된다(『대정장』 45권, 21下, 26上). 그러나 이와 같은 비판이 실제로 이루어진 일은 길장의 4대(四代) 이전의 스승 승랑(僧朗)에 의한 것이며, 그것이 길장에게 전승되어 문자화된 것이라고 한다(金仁德, 「僧朗大師 思想・學說의 관계자료」, 『한국불교학』 제8집, 1983, 163~166면 참조).

325) 이도(二途) : 두 가지 길, 두 가지 방법이라는 말이다. 그 두 가지는 진제와 속제라 보기도 하고, 전제조건을 일체(一體)나 이체(異體)의 두 가지로 접근하는 것이라 보기도 한다.

이 함께 막히어, (이제의) 본체가 하나라는 것이 성립하지 못한다.

질문 : 진제와 속제가 동일하다는 것이 이미 과실이 있다면, (그 이제의 본체가) 다르다고 하는 것에는 응당 잘못이 없어야 할 것이다.

대답 : 경전에서 말하기를, "색(色)은 곧 공(空)이고, 공(空)은 곧 색(色)이다"라고[326] 하였다. (경전에서 말하는 색은 속제에 해당하고, 공은 진제에 해당한다. 그런데도) 만약 진제와 속제의 본체가 각각 다르다고 한다면, (경전에서 말하는 것처럼, 색과 공이) 상즉(相卽)하는 것이 문득 무너지게 된다. 만약 (경전에서 말하는 것처럼) 쌍즉(雙卽; 색즉시공(色卽是空 공즉시색(空卽是色)에서 즉(卽)이 두 번 있는 것)이 있다고 한다면, 바로 진제와 속제의 본체가 둘이라는 것이 성립하지 않는다. 그 때문에 (상즉이) 전진하는 것도 후퇴하는 것도 통하지 않아, 이제의 본체가 다르다고 하는 의미도 또한 굴복하게 된다.

(이상에서 논의한 것으로부터) 오시의 설은 성립하지 못하고, 진제와 속제(의 이제)도 또한 기울어진다. (이와 같은) 대승의 종지는, 무슨 말로 표현할 수 있겠는가?

※ 길장의 교판(敎判)

길장은 중국 최초의 본격적인 교판설인 혜관(慧觀)의 오시교판(五時敎判)을 거론한 다음, 앞에서 설명한 것처럼 그 타당성을 비판하였다. 그리고 길장은 오시교판 대신 이장삼륜(二藏三輪)의 교판설을 세웠다.

먼저 이장(二藏)은 모든 불교경전을 성문장(聲聞藏; 소승불교경전)과 보살장(菩薩藏; 대승불교경전)으로 구별한 것이다. 이 이장(二藏)은 이장사교(二藏四敎)의 교판으로 설명되기도 하는데, 사교(四敎)는 화엄교(華嚴敎)·삼장교(三藏敎)·대승교(大乘敎)·법화교(法華敎)로서, 이 사교에 의하여 모든 경론을

---

326) 경운(經云) : 모두에게 친숙한 『반야심경(般若心經)』의 유명한 구절의 일부분이다. 그러나 이와 동일한 구절이 『대품반야경』「습응품(習應品)」에서, "舍利弗, 色不異空, 空不異色. 色卽是空, 空卽是色"라고 설해지고 있다(『대정장』 8권, 223上). 『대품반야경』의 성립이 『반야심경』보다 다소 앞선다는 점을 상기한다면, 『심경』의 사상적 근원의 유래를 알 수 있을 것이다.

분류 판정한 것이다. 여기 『삼론현의』에서 말하는 것이 바로 이장사교(二藏四
敎)에 해당한다.

이 이장사교의 교판설은 길장이 만년에 저술한 『법화유의(法華遊意)』나 『법
화현론(法華玄論)』에서 삼종법륜(三種法輪)의 교판설로 정비된다. 삼륜(三輪)
은 삼종법륜(三種法輪)의 줄임말로, 그 삼륜은 근본법륜(根本法輪; 『화엄경』),
지말법륜(枝末法輪; 『화엄경』 이후부터 『법화경』 이전까지의 모든 대승·소
승경전), 섭말귀본법륜(攝末歸本法輪; 『법화경』)이다. 이들 교판설에서 주목되
는 점은, 『화엄경』과 『법화경』이 처음과 나중에 별도로 위치하여 다른 어떤
대승경전보다 중시된다는 것이다. 곧 최초에 자리하는 『화엄경』은 성문을 제
외하고 모든 대승 보살들을 위하여 불교의 근본적 진실을 설하는 경전으로, 최
후에 위치하는 『법화경』은 성문과 보살 모두를 교화하여 진실한 가르침으로
돌아가게 하는 경전으로 중요시 되었다. 이 점은 천태 오시교판의 중간 셋이
둘이나 하나로 요약된 축소판 같은 모습을 보여준다.

그러나 모든 경전을 이렇게 이장과 삼륜으로 교판한 것은 길장이 창안한 것
이 아니라, 그 이전부터 전래되던 학설을 수용하여 보완한 것으로 보인다. 일
찍이 인도에서 도래한 역경승 보리유지(菩提流支)에게 이교판(二敎判)이 있어,
불교경전을 반자(半字)와 만자(滿字)의 양종(兩宗)이나, 성문과 보살의 이장(二
藏)으로 교판하였다. 길장이 말한 이장의 교판설은 바로 이것을 계승한 것이
다. 다만 『삼론현의』에서는 종래의 이장을 보다 자세하게 구분하여 이장사교
(二藏四敎)로 설명한 것이다.

삼륜교판 역시 길장의 스승 법랑(法朗)이 수립한 삼교(三敎)의 교판을 계승하
여 다소 보완한 것으로 추정된다. 법랑의 삼교판은, 첫째 근본교(根本敎)는 『화
엄경』을 말한다. 둘째 방편교(方便敎)는 『반야경』·『법화경』·『유마경』·『사
익경』 등의 대승경전이며, 또한 근기가 같지 않은 이들을 위하여 소승경을 방편
으로 시설하였다. 셋째 귀종교(歸宗敎)는 『열반경』을 말하니, 여러 경전이 최후
로 돌아갈 근본 취지를 『열반경』에 두었다. 이 법랑의 삼교판을 길장의 삼륜과
비교하면 몇 가지 다른 점이 있지만, 무엇보다 셋째의 『열반경』이 『법화경』으
로 대치된 것이 눈에 띈다. 이러한 변화로부터 길장이 『법화경』을 중시한 사실
이 잘 드러난다.

제2장 현정(顯正)

제1절 서언

顯正第二.

自上已來, 破外道·毘曇·成實·大乘. 從此已後, 序前四宗斥於三論. 故通其邪難, 顯明正理. 上旣遍斥四宗, 於時群難競起咸疑, 龍樹非是正師, 所造之論應爲邪法. 是故此章, 次明顯正義. 正義雖多, 略標二種. 一明人正, 次顯法正.

바름을 나타내는 제2.

앞에서부터 지금까지는 외도(外道)·아비달마(毘曇)·성실(成實)·대승(大乘)(의 집착)을 파척하였다. 이제부터는 앞에서 말한 네 종류의 교설이 삼론(三論)을 배척하는 것을 서술하겠다. 그리하여 그 비난이 잘못된 것을 통하여 (삼론의) 바른 교리를 드러내어 해명하고자 한다.

앞에서 이미 두루 네 종류의 교설을 배척하였는데, 그때에 많은 비난이 다투어 흥기하여 모두들 의심하기를, "용수(龍樹)는 바른 스승이 아니며, 그가 저술한 논서도 응당 잘못된 법일 것이다"라고 하였다. 그러므로 이 장(章)에서는 그 다음으로 바른 의미를 나타내는 것을 해명하고자 한다.

바른 의미는 비록 많지만 요약하여 두 가지를 표시할 수 있으니, 첫째로는 사람이 바르다는 것[人正][1]을 해명하고, 다음으로는 (용수가 설한) 법이 바르다는 것[法正][2]을 나타내고자 한다.

제2절 인정(人正)을 해명함

言人正者. 楞伽經, "大慧菩薩問, '世尊滅度後, 是法何人持?' 佛說偈答, '於我滅度後, 南天大國中, 有大德比丘, 名龍樹菩薩. 住初歡喜地, 爲人說大乘, 能破有無見, 往生安養國.'" 次摩耶經云, "摩耶問阿難曰, '佛滅度後, 何人持法?' 阿難答曰, '如來正法五百年. 第一百年, 優婆掘多說法教化, 住持正法. 次二百年, 尸羅難陀比丘, 於閻浮提, 度十億人. 次三百年, 青蓮華眼比丘, 說法教化, 度半億人. 次

---

1) 인정(人正) : 인도 중관파(中觀派)와 중국 (및 한국과 일본의) 삼론종(三論宗)의 조사(祖師) 용수보살은 바른 스승으로서, 그 위인됨이 수승하여 믿고 의지할 만하다는 것을 해명함.

2) 법정(法正) : 용수보살이 저술한 『중론』·『십이문론』·『대지도론』 등에서 주장하는 법은, 반야(般若)를 나타내는 정법(正法)이며, 삿된 법[邪法]이나 잘못된 가르침[邪敎]이 아니라는 것을 해명함.

四百年間, 牛口比丘, 演說法要, 度一萬人. 第五百年, 寶天比丘, 度二萬人, 八萬衆生, 發菩提心, 正法便滅. 六百年間, 九十六種邪見競興, 破滅佛法. 馬鳴比丘, 摧此外道. 七百年間, 有一比丘, 名曰龍樹. 善巧說法, 燃正法炬, 滅邪見幢.” 尋大小乘經, 親記龍樹破邪顯正. 今內外並呵, 大小俱斥, 何所疑哉. 又馬鳴龍樹佛有誠記, 尙復生疑. 法勝訶梨, 無經所印, 云何輒受?

問, 法勝乃未見誠文, 訶梨亦有明據. 阿含經云, “實名四諦, 是故比丘當成四諦.” 佛垂此敕, 懸鑒有在. 逮茲像末, 允屬訶梨. 爲成是法, 故造斯論. 紘宗若斯, 豈虛構哉?

答, 蓋是通指像末, 豈別主訶梨, 故非所據也.

옮김
譯

사람이 바르다는 것은 다음과 같다.

『능가경(楞伽經)』에서 (말하였다.) “대혜보살(大慧菩薩)[3]이 질문하였다. ‘세존께서 입멸하신 후에는, 이 법을 어떤 사람이 유지하겠나이까?’ 부처님이 게송을 설하여 대답하였다. ‘내가 입멸한 후에, 남천축[南天; 남인도를 말함]의 대국에 덕이 높은 비구가 있어 용수보살(龍樹菩薩)이라고 이름하리라. 이 보살은 (보살십지(菩薩十地)의) 제1 환희지(歡喜地)[4]에 머무르며, 사람들을 위하여 대승을 설하고, 능히 있다는 견해[有見]와 없다는 견해[無見]를 파척하여, 안양국(安養國)[5]에 왕생하게 할 것이다.’”[6]

---

3) 대혜보살(大慧菩薩): Mahāmati-bodhisattva. 『능가경(楞伽經)』에서 부처님에게 질문을 제시하며 교리를 진행시키는 보살.

4) 환희지(歡喜地): 대승불교에서 말하는 보살의 수행단계는, 대개 십주(十住)·십행(十行)·십회향(十廻向)·십지(十地)의 40위(位)가 그 수행과정의 중심을 이룬다. 여기에 십주(十住) 앞에 십신(十信)을 더하거나, 십지(十地) 이후에 등각(等覺)과 묘각(妙覺)을 더 추가하여, 전체적으로 42위 혹은 52위로 구분하여, 마침내 미혹한 범부에서 성불(成佛)의 지위로 나아가는 과정이 완비되기에 이르렀다. 이 가운데 여기서 말하는 환희지는, 이미 진리를 깨달은 보살이 완벽한 부처님의 지위에 도달하기 위하여, 육도(六度)와 만행(萬行)을 겸하여 수행하는 첫 번째 단계인 초지(初地)를 말한다. 대승불교에서는 십지의 초지부터 성자의 지위로 간주한다.

5) 안양국(安養國): 안양정토(安養淨土), 안양세계(安養世界), 안락국(安樂國)이라고도 한다. 아미타불의 극락정토를 의미한다. 길장의 『법화경론소』에서, “몸에 위험이 없기

다음으로 『마야경(摩耶經)』7)에서 말하였다. "마야(摩耶)가 아난(阿難)에게 질문하였다. '부처님께서 입멸하신 후에는, 어떤 사람이 법을 유지하겠나이까?' 아난이 대답하였다. '여래의 정법(正法)(이 유지되는 기간)은 오백 년입니다. 처음의 1백 년에는 우바굴다(優婆掘多)8)가 설법하고 교화하여 바른 법을 유지시킬 것입니다. 다음의 제2백 년에는 시라난다비구(尸羅難陀比丘; 보시하는 것을 기뻐하는 비구)9)가 염부제(閻浮提)에서 10억 명의 사람들을 제도할 것입니다. 다음의 제3백 년에는 청연화안비구(靑蓮華眼比丘; 푸른 연꽃 같은 눈을 가진 비구)가 설법하고 교화하여 5천만 명의 사람들을 제도할 것입니다. 다음의 제4백 년 동안에는 우구비구(牛口比丘; 소입 모양, 혹은 소처럼 소리 내는 비구)가 불법의 요점을 연설하여 1만 명의 사람들을 제도할 것입니다. 제5백 년에는 보천비구(寶天比丘; 보배로운 하늘같은 비구)가 2만 명의 사람들을 제도하고, 8만 명의 중생들이 보리심(菩提心)10)을 발생하게 할 것이지만, (그 이후) 바른 법은 문득 소멸할 것

때문에 편안하고, 마음에 근심과 번뇌가 없기 때문에 즐겁다[身無危險故安, 心無憂惱故樂]"라고 하였다. 『법화경』 제6권에서, 여인이 이 경전을 듣고 수행하면 임종 후에 아미타불의 안락세계에 왕생한다고 하였다(『대정장』 9권, 54中~下).

6) 『능가경(楞伽經)』 : Laṅkāvatāra-sūtra. 이 경전은 산스크리트본이 현존하며, 南條文雄에 의하여 출판되었다. 한역은 세 가지가 있는데, ① 구나발타라(求那跋陀羅)의 『능가아발다라보경(楞伽阿跋陀羅寶經)』 4권은 433년 역출되었으며, 송역(宋譯)이라 부른다. ② 보리유지(菩提流支)의 『입능가경(入楞伽經)』 10권은 513년 역출되었으며, 위역(魏譯)이라 부른다. ③ 실차난다(實叉難陀)의 『대승입능가경(大乘入楞伽經)』 7권은 700~704년 역출되었으며, 당역(唐譯)이라 부른다. 이 중에서 길장이 사용한 것은 보통 위역(魏譯)이라 호칭되는 것으로, 여기에 인용된 문장은 『입능가경』 9권의 설을 요약한 것이다(『대정장』 16권, 569上).

7) 『마야경(摩耶經)』 : 본래 명칭은 『마하마야경(摩訶摩耶經)』 2권으로, 제(齊)의 담경(曇景)이 역출하였으며, 별명으로 『불승도리천위모설법경(佛昇忉利天爲母說法經)』이라고도 부른다. 여기에 인용된 문장은 그 하권의 설을 요약한 것이다(『대정장』 12권, 1013中).

8) 우바굴다(優婆掘多) : 『부법장인연전(付法藏因緣傳)』에서 거론하는 서천(西天)의 제5조사 우바국다(優婆毱多, Upagupta)를 말함. 기원전 3세기에 인도를 통일한 아쇼카왕의 스승으로, 상나화수(商那和修)의 제자였다고 한다.

9) 시라난다비구(尸羅難陀比丘); 이 비구의 이름에 의하면, 보시(sīla)하는 것을 기뻐하는 (ānanda) 비구(bhikṣu)라는 뜻이다. 이 비구부터 보천비구(寶天比丘)까지 네 명의 전기는 자세하지 않다.

입니다. 제6백 년 동안에는 96 종류의 삿된 견해가 다투어 흥기하여 불법을 파멸시키고자 할 터인데, (그때에) 마명비구(馬鳴比丘)가 이 외도들을 무찌를 것입니다. 제7백 년 동안에는 용수(龍樹)라고 이름하는 한 명의 비구가 나타나서, 훌륭하고 교묘하게 법을 설하여, 정법(正法)의 횃불을 밝히고, 사견(邪見)의 깃발을 소멸할 것입니다.'"

이와 같이 대승경전(『능가경』을 가리킴)과 소승경전(『마야경』을 가리킴)을 살펴보아도, 부처님은 친히 용수가 삿됨을 파척하고, 바름을 나타낼 것을 수기[記]11)하였다. 지금 (용수의 논서에 의거하여) 불교의 내부와 외부를 함께 꾸짖고, 대승과 소승을 모두 배척하고 있지만, 거기에 무슨 의심할 바가 있겠는가. 또 마명과 용수에 대해서는 부처님이 성실하게 수기하였는데, 그런데도 다시 (바른 스승이 아니라고) 의혹을 일으킨다면, 법승과 하리발마에 대해서는 경전에서 (수기하여) 인가한 일도 없는데, 어떻게 (그들이 설하는 주장을) 쉽사리 수용할 수 있겠는가?

질문 : 법승(法勝 : 『아비담심론』 4권을 지은 유부(有部)의 법승논사)에 대해서는 성실(하게 수기)한 문장을 볼 수 없지만, 하리발마에 대해서는 (용수의 경우처럼) 또한 명백한 근거가 있다. 『아함경』에서 말하기를, "진실[실(實) ; 『成實論』의 실(實)을 예상하고 사용한 것임]을 사제(四諦)라고 이름한다. 그러므로 비구는 마땅히 사제(의 교리)를 성취하여야 한다"라고12) 하였다. 부처님은 이러한 수칙을 내리어, 아득한 후세를 고려한 일이 있다.

---

10) 보리심(菩提心) ; bodhicitta. 아누다라삼먁삼보리심(阿耨多羅三藐三菩提心)의 약칭이며, 아누다라삼먁삼보리는 anuttarā-samyak-sambodhiḥ의 음사. 무상도(無上道)라 의역함. 불교의 진리를 깨닫고자 하는 마음, 혹은 위없는 깨달음을 추구하는 마음.

11) 기(記) : 현기(懸記), 수기(授記), 예언(預言) 등 다양하게 번역된다. 불보살이 장래에 어느 누가 성불하거나 정법을 수호할 것이라는 등, 미리 예언하는 것을 말한다.

12) 『아함경』운 : 『증일아함경』에서 "如是比丘, 有此四諦, 實有不虛 …… 當作方便, 成此四諦, 故名爲四諦"라고 하였다(『대정장』 2권, 631上~中). 이 문답에서 질문자가 제기하는 바는, 하리발마가 지은 『성실론』은 진실한 사제를 성취하는 것을 목적으로 삼았기 때문에, 이런 의미에서 『아함경』에서 부처님이 이미 하리발마에 대하여 예언한 것이라고 볼 수 있다고 반론한 것이다.

(그것은 바로) 이 상말(像末, 혹은 상법과 말법)13)에 이르러 하리발마에게 (진실(實)인 사제의 교리를 성취할 것을) 부촉한 것이다. 그리하여 하리발마는 이 법을 성취시키기 위하여 이 논서(『성실론』을 말함)를 지었다. (『성실론』에 설해진) 광대한 가르침에는 이와 같은 사연이 있거늘, 어찌 이를 허구라 하겠는가.

　대답 : (『아함경』의 수칙은) 대개 통상적으로 상말(像末)을 가리킨 것이다. 어찌 특별히 하리발마만을 주체적으로 취급하였겠는가. 그러므로 (이것은) 근거할 바가 못 된다.

제3절　법정(法正)을 나타냄

顯法正第二.

　問, 龍樹著述部類甚多, 三論偏空似非究竟.

　答, 僧叡昔在什公門下, 爲翻譯之宗. 其論序云, "夫百梁之搆興, 則鄙茅茨之仄陋. 睹斯論之紘博, 則知偏悟之鄙倍." 故偏主小乘, 正歸此論.

---

13) 상말(像末) : 불교에서는 불법(佛法)이 유지되는 기간을, 역사적으로 정법(正法)·상법(像法)·말법(末法)의 세 시기로 구분하였다. 정법은 부처님의 가르침과 수행과 증득이 있는 시대이고, 상법은 가르침과 수행은 있어도 증득은 없는 시대이며, 말법은 가르침만 있고 수행과 증득이 없는 시대를 말한다. 그 기간은 경론(經論)에 따라 다소 변동이 있으며, 보통 정법 오백년, 상법 천년, 말법 만년(『마하마야경(摩訶摩耶經)』 하권의 설)을 취한다. 하리발마는 부처님 입멸 후 구백년에 출생하였기 때문에, 여기에서 정법 오백년, 상법 오백년(『현겁경(賢劫經)』 제7권의 설)을 채택하였다면, 위의 문장에서 거론한 상말(像末)은, 상법의 말기가 될 수도 있고, 상법과 말법이 될 수도 있다.
　역주서에 따라서, 상말(像末)(高雄義堅譯, 304면. 椎尾辨匡譯, 22면. 金倉圓照譯, 85면), 말세(末世)(三枝充悳譯, 131면. 平井俊榮譯, 166면), 상법말기(像法末期)(韓廷傑譯, 127면) 등으로 번역하였다.

又如前云, 天竺十六大國, 方八千里, 有向化之緣, 並爲委誠龍樹爲無相佛. "敢預學者之徒, 無不翫味斯論, 以爲喉衿." 若是偏空, 豈爲諸國所重. 又羅什本執小乘, 因此論而迴輈正觀. 厥後衆師, 藉斯文而曉迷. 以此詳之, 蓋是究竟無餘之說.

법의 바름을 나타내는 제2

질문 : 용수가 저술한 부류는 매우 많지만,[14] 그중에서 삼론(三論)[15]은 공(空)에 치우쳐 설명하여, 궁극적(인 가르침)이라고 말할 수 없을 것 같다.

대답 : 승예(僧叡)는 옛날 구마라집의 문하에 있으면서 번역사업의 중심적 인물이었다. 그런데 승예는 자신이 지은 그『중론(中論)』의 서문에서 이렇게 말하였다. "대저 백 개의 들보[百梁][16]로 구축된 건축물이 지어지면, 곧 띠풀로 엮은 초가집이 조잡하여 비루하게 보이고, 이 논서(『중론』을 말함)가 광대하고 해박한 것을 보면, 곧 편벽된 깨우침[偏悟; 소승의 깨달음을 지적함]이 비루하다는 것을 알게 된다."[17] 그러므로 편벽된 것은 소승이 중심이 되고, 바른 것은 이 논서(『중론』 또는 삼론)로 귀결된다.

또 앞에서 (거론한 『중론』의 서문에서) 말하기를, 천축의 16대국(大國)[18] 가운데 사방 8천리[方八千里][19]는 용수에게 교화를 받은 인연이 있

---

14) 용수는 천부논사(千部論師), 혹은 백부논사(百部論師)라고 불릴 정도로 그 저술이 대단히 많아서, 현재 한역대장경(漢譯大藏經)에 전해지는 것 만해도 20부(部) 154권을 헤아린다. 그리고 티베트어로 번역되어 전해지는 것도 많지만, 범어 원본으로 남아있는 것은 『중론(中論)』과 『대승이십송론(大乘二十頌論)』, 부분적인 『보행왕정론(寶行王正論)』 정도이다. 그 중심철학은 보통 중관사상이라 말해지며, 근래에는 여기에 화엄사상이 더해지기도 한다.

15) 삼론 : 용수의 저서 『중론』·『십이문론』·『대지도론』을 말하거나, 또는 『중론』·『십이문론』에 제바(提婆)의 저서 『백론』을 더한 삼론을 말한다.

16) 백량(百梁) : 대정장경본의 '百'이, 금릉각경처본 『출삼장기집경서(出三藏記集經序)』 제11권의 「중론서(中論序)」에는 모두 '栢'으로 표기되어 있다.

17) 「논서」운(論序云) : 승예가 지은 「중론서(中論序)」의 인용(『대정장』 30권, 1上). 다만 대정장경에는 여기의 '梁'이 '檩'으로, '紘博'이 '宏曠'으로 되어 있다.

18) 16대국 : 『신통유희경(神通遊戲經)』, 『장아함경』 제5권(『대정장』 1권, 34中) 등의 기록

어, 모두들 그를 위하여 정성을 바쳐, 용수를 무상불(無相佛)이라고[20] 칭하였다. (또 말하기를) "감히 대승의 학업에 참여하려는 자들은, 이 논서를 완미하여 후금(喉衿)으로 삼지 않는 이가 없었다"라고[21] 하였다. 만약 『중론』의 가르침이 공에 편중되어 있다면, 어찌 여러 나라에서 소중히 여기었겠는가.

또 구마라집은 본래 소승을 집착하였지만, 이 논서를 만나보고 진로를 정관(正觀)으로 전향하였다. 그 이후 많은 학자들도 이 『중론』의 글귀에 의거하여 미혹을 깨우쳤다. 이런 것으로써 자세히 살펴보면, 대개 이 논서는 궁극적인 것으로서 모자람이 없는 교설이다.

問, 若內外並呵, 大小俱斥, 此論宗旨何所依據耶?

答, 若心存內外, 情寄大小, 則墮在偏邪, 失於正理. 既失正理, 則正觀不生. 若正觀不生, 則斷常不滅. 若斷常不滅, 則苦輪常運. 以內外並冥, 大小俱寂, 始名正理. 悟斯正理, 則發生正觀. 正觀若生, 則戲論斯滅. 戲論斯滅, 則苦輪便壞. 三論大宗, 其意若此. 蓋乃總衆教之旨歸, 統群聖之靈府. 味道之流, 豈不栖憑斯趣耶.

에 근거하면, 불교가 흥기하였을 무렵 고대 인도에는 다음과 같은 16국가가 출현하였다. ① 鴦伽國(Aṅga), ② 摩揭陀國(Magadha), ③ 迦尸國(Kāsī), ④ 憍薩羅國(Kośala), ⑤ 跋祇國(Vajji), ⑥ 末羅國(Malla), ⑦ 支提國(Ceti), ⑧ 獨子國(Vatsa), ⑨ 俱盧國(Kuru), ⑩ 旁遮羅國(Pañcāla), ⑪ 末遮國(Maccha), ⑫ 蘇羅西那國(Śūrasena), ⑬ 阿濕迦國(Assakā, Aśvaka), ⑭ 阿般提國(Avanti), ⑮ 犍陀羅國(Gandhāra) 또는 紺蒲遮國(kamboja).

19) 방팔천리(方八千里) : 현장의 『대당서역기(大唐西域記)』에서 말하기를, 오천축(五天竺)의 둘레는 9만 리이며, 북쪽은 광대하고 남쪽은 협소하여 반달과 같다고 하였다. 그러므로 여기서는 인도의 총체적 지역을 헤아리는 것이 아니라, 16대국 중에서 용수의 교화를 입은 지역에 준하여 말하는 것이다.

20) 현존하는 승예의「중론서」에는 이에 해당하는 말이 보이지 않는다. 무상불(無相佛)이란 용수가 부처님처럼 32가지 모습을 갖추지는 않았으나, 부처님처럼 학덕이 위대한 인물이라는 뜻이다.

21) 승예의「중론서」의 "敢豫學者之徒 …… 爲喉衿"으로, 거기서는 '徒'를 '流'로 하였다 (『대정장』 30권, 1上). 후금(喉衿)은 옷깃의 소매를 뜻하는데, 전하여 요긴한 곳 또는 급소를 의미한다.

問, 若內外並除, 大小俱斥, 乃爲斷見, 何名正宗?

答, 旣內外並冥, 則斷常斯寂. 二邊旣捨, 寧非正宗耶.

질문 : 만약 (용수의 저서가) 불교의 내부와 외부를 함께 꾸짖고, 대승과 소승을 모두 배척한다면, 이 논서의 종지는 무엇을 의지하는 것인가?

대답 : 만약 마음을 불교의 내부와 외부에 두고, 정서를 대승과 소승에 기탁한다면, 곧 편벽된 사견에 떨어져서 바른 이치[正理]를 상실한다. 이미 바른 이치를 상실한다면, 곧 바른 관찰[正觀]이 발생하지 않는다. 만약 바른 관찰이 발생하지 않는다면, 곧 단견과 상견이 소멸하지 않는다. 만약 단견과 상견이 소멸하지 않는다면, 곧 괴로운 윤회의 수레바퀴는 항상 굴러갈 것이다. 불교의 내부와 외부가 함께 없어지고, 대승과 소승이 모두 고요해짐으로써, 비로소 바른 이치라고 이름한다. 이 바른 이치를 깨닫는다면, 곧 바른 관찰이 발생한다. 만약 바른 관찰이 발생한다면, 곧 희론(戲論)22)이 이에 소멸한다. 희론이 이에 소멸한다면, 곧 괴로운 윤회의 수레바퀴는 곧바로 괴멸한다. 삼론의 큰 종지는 그 의미가 이와 같다.

생각하건대 (삼론의 종지는) 이에 많은 가르침의 지귀(旨歸; 종파나 학파의 근본적 취지)를 총괄하고, 여러 성자들의 영부(靈府)23)를 통일하니, 도를 음미할 줄 아는 사람들이 어찌 이 취지에 깃들어 의지하지 않으리오.

질문 : 만약 불교의 내부와 외부를 함께 제거하고, 대승과 소승을 모두 배척한다면, 이는 곧 단견(斷見)이 되거늘, 어떻게 바른 종지[正宗; 단견과 상견을 초월한 바른 견해]라고 이름할 수 있겠는가?

대답 : 이미 불교의 내부와 외부가 함께 없어지면, 곧 단견과 상견이

---

22) 희론(戲論) : prapañca의 의역. 진리에 부합하지 않는 쓸데없는 허언(虛言)을 뜻한다.
23) 영부(靈府) : 정신이 깃드는 곳. 『장자』 덕충부(德充符)에서 "그러므로 (變化는) 조화(調和)를 어지럽히지도 못하고, 마음속으로 스며들지도 못한대[故不足以滑和, 不可入於靈府]"라고 하였고, 진(晋)의 곽상주(郭象注)에서 "영부는 정신이 거주하는 처소다[靈府者精神之宅也]"라고 하였다.

이에 고요해진다. (단견과 상견의) 양극단을 이미 버리었으니, 어찌하여 바른 종지가 아니겠는가.

 難曰, 夫有斷有常, 故名之爲有. 無斷無常, 目之爲無. 旣其是無, 何由離斷?

答, 旣斷常斯寂, 則有無等皆離, 不應更復謂染於無.

難曰, 雖有此通, 終不免難. 夫有有有無, 名之爲有. 無有無無, 始是大無. 旣其墮無, 何由離斷?

答, 本對有病, 是故說無. 有病若消, 空藥亦廢. 則知聖道未曾有無, 何所滯耶.

難曰, 是有是無, 名爲兩是. 非有非無, 名爲兩非. 旣墮是非, 還同儒墨.

答, 本非二是, 故有雙非. 二是旣亡,[24] 雙非亦息. 故知非是亦復非非.

難曰, 非是非非, 還墮二非, 何由免非?

答, 二是生乎夢虎, 兩非還見空華. 則知本無所是, 今亦無非.

(상대가) 비난하여 말한다 : 대저 단멸이 있고 상주가 있기 때문에 그것을 이름하여 유(有)라고 하고, 단멸도 없고 상주도 없는 것을 지목하여 무(無)라고 한다. 이미 (단멸도 없고 상주도 없는) 그것을 무(無)라고 한다면, 무엇에 의하여 단견을 여의겠는가?

대답 : 이미 단견과 상견이 이에 적정해진다면, 곧 유(有)와 무(無)는 동일하게 모두 여의게 된다. 마땅히 또 다시 무(無)에 염오된다고 말할 것이 아니다.

비난하여 말한다 : 비록 이렇게 통하는 해석을 하여도, 끝내 비난을 면할 수 없다. 대저 유(有)가 있고 무(無)가 있는 것을 이름하여 유(有)라

---

24) 망(忘) : 대정장경본에는 '亡'으로 되어 있으나, 금릉본과 만속장경에는 모두 '忘'으로 표기되어 있고, 日譯들도 '忘'이라 개작하였다. 그러나 중국어역은 대정장경본을 참조하여 도리어 '亡'으로 표기하였다.

고 하며, 유(有)도 없고 무(無)도 없는 것이 비로소 대무(大無)25)이다. 이미 그 (삼론의 주장이) 무(無)에 떨어졌거늘, 무엇에 의하여 단견을 여의겠는가?

대답 : (삼론의 주장은) 본래 유(有)라는 병(病)에 대응한 것이며, 그 때문에 무(無)라고 설한 것이다. 그래서 유(有)라는 병이 만약 소멸한다면, 공(空)이라는 약(藥)도 또한 폐기하게 된다. 곧 성도(聖道)26)는 일찍이 유(有)도 아니고 무(無)도 아니라는 것을 알아야 한다. 어찌하여 지체하는 바가 있겠는가.

비난하여 말한다 : 유(有)가 있고 무(無)가 있다고 하는 것을 양시(兩是; 양쪽을 모두 긍정하는 것)라고 이름하며, 유(有)도 없고 무(無)도 없다고 하는 것을 양비(兩非; 양쪽을 모두 부정하는 것)라고 이름한다. (그런데 삼론은 유도 없고 무도 없다고 주장하기 때문에) 이미 시비(是非)에 떨어져버렸다. 그것은 도리어 (중국의 사상가) 유가(儒家)나 묵가(墨家)와 동일할 것이다.27)

대답 : 삼론의 주장은 본래 두 가지의 긍정[유(有)가 있고 무(無)가 있다고 하는 것]은 아니다. 그 때문에 (유와 무에 대응하는) 두 가지의 부정[유도 없고 무도 없다고 하는 것]이 있게 되는 것이다. 두 가지의 긍정을 이미 없애버리면, 두 가지의 부정도 또한 그치게 된다. 그러므로 긍정도 아니고, 또한 다시 부정도 아님을 알아야 한다.

비난하여 말한다 : 긍정도 아니고 부정도 아니라고 한다면, 도리어 두

---

25) 대무(大無) : 유(有)를 부정한 것이 바로 무(無)이며, 더 나아가 이미 유(有)를 부정한 그 무(無)조차 다시 부정하는 것을 여기서는 대무(大無)라고 하였다.

26) 성도(聖道) : 열반의 모습이자, 또한 삼론종에서 말하는 궁극의 진리. 이른 바 중도의 실상으로, 세속적 경계인 유(有)와 출세간적 경계인 무(無)를 모두 초월한 이언절려(離言絶慮)의 경지.

27) 환동유묵(還同儒墨) : 『장자』 제물론(齊物論)에서 "과연 말이란 존재하는 것일까? …… 도(道)는 작은 성취에 숨겨져 있고, 말[言]은 화려함에 가려져 있다. 그러므로 유가(儒家)와 묵가(墨家)의 시비(是非)가 존재하여, 옳다는 것을 그르다고 하고, 그르다는 것을 옳다고 여긴다[果有言邪 …… 道隱於小成, 言隱於榮華. 故有儒墨之是非, 以是其所非, 以非其所是]"라고 하였다.

가지의 부정에 떨어지고 만다. 무엇에 의하여 부정을 면할 수 있겠는가?

대답 : 두 가지의 긍정은 꿈속에서 호랑이[夢虎]28)를 파생하는 것과 같고, 두 가지의 부정은 도리어 허공에서 꽃[空華]29)을 보는 것과 같다. 곧 본래 긍정할 것도 없고, 지금 또한 부정할 것도 없다는 것을 알아야 한다.

難曰, 若無是無非, 亦不邪不正. 何故建篇章稱破邪顯正?

答, 夫有非有是, 此則爲邪. 無是無非, 乃名爲正. 所以命篇辨破邪顯正.

難曰, 旣有邪可破, 有正可顯, 則心有30)取捨, 何謂無依?

答, 爲息於邪, 强名爲正. 在邪旣息, 則正亦不留. 故心無所著.

難曰, 若邪正並冥, 豈非空見?

答, 正觀論云, "大聖說空法, 爲離諸見故. 若復見有空, 諸佛所不化." 如水能滅火, 今水還出火, 當用何滅? 斷常爲火, 空能滅之. 若復著空, 卽無藥可滅也.

難曰, 旣著空病, 何故不服有藥而言息化?

答, 若以有化, 還復滯有. 乃至亡31)言, 便復著斷. 如此之流, 何由可化?

비난하여 말한다 : 만약 긍정도 없고 부정도 없다고 한다면, 또한 삿됨도 없고 바름도 없을 것이다. 그런데도 어찌하여 (삼론은 문장 속에서) 편(篇)과 장(章)을 수립하여, 파사현정(破邪顯正 ; 삿됨을 파척

---

28) 몽호(夢虎) : 『선견율비바사(善見律毘婆沙)』 제12권에서, "眠時夢見山崩 …… 虎狼師子賊逐"라고 하였다(『대정장』 24권, 760上).

29) 공화(空華) : 『입능가경』 제1권 「문답품」의 게송에서, "猶如虛空花, 有無不可得"라고 하였다(『대정장』 16권, 519上). 허공에 피는 꽃이란, 허환(虛幻)하여 실유(實有)가 아니므로 비유(非有)이고, 또한 환유(幻有)이기 때문에 비무(非無)이다. 이에 비유비무(非有非無)를 비유할 때 마치 공화(空華) 같다고 말한다.

30) 유(有) : 금릉본과 만속장경본에는 '有'가 '存'으로 표기되어 있다.

31) 망(亡) : 대정장경본에는 '亡'으로 되어 있으나, 금릉본과 만속장본에는 '忘'이라 표기되어 있고, 日譯도 '忘'으로 개작하였다.

하고 바름을 나타내는 것)이라고 칭하는가?

대답: 대저 부정이 있고 긍정이 있는 것을 곧 삿됨이라 하며, 긍정도 없고 부정도 없는 것을 이에 바름이라 이름한다. 그 때문에 편(篇)을 설치하여 파사현정을 변론하는 것이다.

비난하여 말한다: 이미 삿됨이라는 파척해야 할 것이 있고, 바름이라는 나타내야 할 것이 있다면, 그것은 곧 마음에 취하는 것이 있고 버리는 것이 있다는 말이다. 어찌하여 아무 것에도 의지하는 바가 없다고 말할 수 있겠는가?

대답: 삿됨을 없애버리기 위하여 억지로 바름이라고 이름할 뿐이다. 삿됨이 이미 없어져버렸다면, 곧 바름에도 또한 머물지 않는다. 그러므로 마음에 집착하는 바가 없는 것이다.

비난하여 말한다: 만약 삿됨과 바름이 함께 없어져버렸다면, 어찌하여 그것은 공견(空見; 공무(空無)의 견해)이 아니겠는가?

대답: 『정관론』에서 말하였다. "큰 성인께서 공(空)에 대한 법을 설하신 것은, 여러 가지 견해를 벗어나게 하기 위함이다. 그런데도 만약 다시 공이 있다고 본다면, 모든 부처님들도 교화하시지 못할 것이다."[32] 그것은 마치 물은 불을 소멸시킬 수 있는데, 이제 물로부터 도리어 불을 타오르게 한다면, 도대체 무엇으로 그 불을 끌 수 있겠는가, (라고 말하는 것과 같다.) 단견과 상견은 불과 같은 것이고, 공은 그것을 없애버리는 (물과 같은) 것이다. 그런데도 만약 다시 공에 집착한다면, 곧 그것을 없애버릴 약은 (어디에도) 없다는 것이다.

비난하여 말한다: 이미 공(空)이라는 병(病)에 집착하고 있다면, 어찌하여 유(有)라는 약(藥)을 복용시키려 하지 않고, 교화시키지 못한다고 말하는 것인가?

---

32) 『정관론』운: 『중론』 제13 「관행품(觀行品)」의 마지막 게송의 인용이며, 이어서 거론되는 물과 불의 비유는 그 게송의 주석 부분에 해당한다(『대정장』 30권, 18下).

대답 : 만약 유(有)를 가지고 그것을 교화한다고 한다면, 도리어 다시 유(有)에 체류하는 꼴이 될 것이다. 내지 언어로 표현하는 것을 거부한다고 하여도, 문득 다시 단견에 집착하는 꼴이 될 것이다. 이와 같은 부류의 사람들을 무엇에 의하여 교화할 수 있겠는가?

원문

問, 心有所著, 有何過耶?

答, 若有所著, 便有所縛, 不得解脫生老病死憂悲苦惱. 故法華云, "我以無數方便, 引道衆生, 令離諸著." 淨名云, "不著世間如蓮華, 常善入於空寂行, 達諸法相無罣礙, 稽首如空無所依." 三世諸佛, 爲六道衆生心有所著故, 出世說經. 四依開士, 爲大小學人心有所依故, 出世造論. 故有依有得, 爲生死之本. 無住無著, 爲經論大宗.

難曰, 若內外並冥, 佛經何故說大小兩敎?

答, 法華云, "是法不可示, 言辭相寂滅." 如來於無名相中, 强名相說, 故有大小敎門. 欲令衆生因此名相悟無名相. 而封敎之徒, 聞說大小, 更生染著. 是故造論破斯執情, 還令了悟本來寂滅. 故四依出世, 爲如佛也.

옮김譯

질문 : 마음에 집착하는 바가 있다면, 어떠한 과실이 있는가?

대답 : 만약 집착하는 바가 있다면, 곧 그것에 결박되어버리고, 태어남[生]·늙음[老]·병듦[病]·죽음[死]·근심[憂]·슬픔[悲]·괴로움[苦]·번뇌[惱][33)]로부터 해탈할 수 없다. 그러므로 『법화경』에서 말하기를, "나(부처님 자신을 지칭함)는 무수한 방편으로 중생들을 인도하여 많은 집착을 여의게 하노라"라고[34)] 하였고, 『유마경』에서 말하기를, "세상에

---

33) 생노병사(生老病死) : 생노병사는 인간을 포함한 모든 생명체가 겪게 되는 괴로움의 근본적인 원인이기에 사고(四苦)라 하며, 우비고뇌(憂悲苦惱)는 그로 인하여 발생하는 온갖 근심과 슬픔을 말한다.

34) 『법화경』운 : 『묘법연화경』 「방편품」에서 "吾從成佛以來, 種種因緣, 種種譬喩, 廣演言敎, 無數方便, 引道衆生, 令離諸著"라고 하였다(『대정장』 9권, 5下).

집착하지 않는 것이 마치 (진흙 속에 피어나는) 연꽃과 같아, 항상 공적한 수행을 잘 실천하여, 모든 법의 참된 모습에 통달하여 어떠한 거리낌도 없으니, 허공처럼 어떠한 것에도 의지하지 않음에 머리 숙여 예배하나이다"라고[35] 하였다.

삼세(三世; 과거·현재·미래)의 모든 부처님들은 육도(六道)를 윤회하는 중생들이 마음에 집착하는 바가 있기 때문에, 이 세상에 출현하시어 경전을 설하였고, 사의개사(四依開士; 용수와 제바보살)는 대승과 소승을 배우는 사람들이 마음에 의지하는 바가 있기 때문에, 이 세상에 출현하여 논서를 지었다. 그러므로 의지하는 바가 있고 얻은 바가 있는 것은 (중생들이) 나고 죽는 근본이 되고, 머무는 바가 없고 집착하는 바가 없는 것은, 경전과 논서의 큰 종지가 되는 것이다.

비난하여 말한다: 만약 (불교의) 내부와 외부가 함께 없어진다(는 것이 바른 길이라)고 한다면, 불교의 경전은 어찌하여 대승과 소승의 두 가지 가르침을 설하는 것인가?

대답: 『법화경』에서 말하기를, "이 법(法; 불법(佛法)을 말함)은 제시할 수 없어, 언어로 표현할 수 있는 길이 없다"라고[36] 하였다. 여래는 무명상(無名相; 언어로 표현될 수 없는 제법의 실상) 속에서, 억지로 명상(名相; 명칭과 형상, 곧 언어로 표현되는 제법의 모습)을 사용하여 설하였다. 그 때문에 대승과 소승의 교문(敎門)이 있으니, 그것은 중생으로 하여금 이 명상(名相)에 의하여 무명상(無名相)을 깨닫게 하고자 함이다.[37] 그런데도 가르침에 계박되어 고집하는 무리들[封敎之徒][38]은 (여래가) 대승과 소승을 설하는 것을 듣고,

---

35) 『정명경』운: 『유마힐소설경』 「불국품(佛國品)」에 나오는 게송(『대정장』 14권, 538上).

36) 『법화경』운: 『묘법연화경』 「방편품」에 나오는 게송(『대정장』 9권, 5下).

37) 이와 같은 내용의 문장이, 길장의 『승만보굴(勝鬘寶窟)』 상권本에서도 "然至理無名, 聖人無名相中, 爲衆生故假說名相, 欲令衆生因此名相悟無名相"라고 설해져 있다(『대정장』 37권, 1下).

38) 봉교지도(封敎之徒): 봉(封)은 봉쇄(封鎖)한다는 의미로, 자신들이 신봉하는 종파나 학파의 교리에 집착하여 거기에만 매달리고, 그 밖의 다른 것은 거들떠보지 않는 배타적인 사람들을 말함.

다시 거기에서 집착을 일으킨다. 그 때문에 (용수와 제바보살이) 논서를 지어 그 집착하는 정서를 파척하여, 다시금 본래 일체의 법이 (언어로 표현될 수 없어) 적멸하다는 것을 깨닫게 하려고 하였다. 그러므로 사의보살이 세상에 출현한 것은, 마치 부처님과 같다고 하는 것이다.

제4절 논서의 명칭에 의탁하여 바름을 나타냄

問, 此論名爲正觀, 正有幾種?

答, 天無兩日, 土無二王. 敎有多門, 理唯[39]一正. 是故上來破斥四宗. 華嚴云, "文殊法常爾, 法王唯一法, 一切無畏人, 一道出生死." 但欲出處衆生, 於無名相[40]法, 强名相說. 令稟學之徒, 因而得悟, 故開二正. 一者體正, 二者用正. 非眞非俗, 名爲體正. 眞之與俗, 目爲用正. 所以然者, 諸法實相, 言忘慮絶, 未曾眞俗, 故名之爲體. 絶諸偏邪, 目之爲正, 故言體正. 所言用正者, 體絶名言, 物無由悟. 雖非有無, 强說眞俗, 故名爲用. 此眞之與俗, 亦不偏邪, 目之爲正. 故名用正也.

질문 : 이 논서(『중론』을 말함)를 이름하여 『정관론(正觀論)』이라고도 하는데, 그 바름[正]에는 몇 가지나 있는가?

대답 : (바름에는 ① 한 종류, ② 두 종류, ③ 세 종류의 세 가지 설명이 있다.)

---

39) 유(唯) : 대정장경본과 만속장경본에는 '唯'로 되어 있고, 금릉본에는 '爲'로 표기되어 있다.

40) 무명상(無名相) : 만속장경본에는 '無名生'으로 표기되어 있으나, 전후 문맥을 고려하면 '無名相'이 타당하다.

①하늘에는 두 개의 해가 있을 수 없고, 땅에는 두 명의 왕이 있을 수 없다.[41] 가르침에는 여러 부문이 있지만, 진리는 오직 하나의 바름[一正]이 있을 뿐이다. 그 때문에 앞에서부터 (잘못된) 네 가지의 주장을 파척한 것이다. 『화엄경』에서 말하기를, "문수사리여! 법은 항상 그대로 이다. 법왕(法王; 진리의 왕, 곧 부처님의 법)은 유일한 법뿐이다. 일체의 두려움이 없는 사람[無畏人; 진리를 깨달은 사람]은, 유일한 도[一道]에 의하여 나고 죽음을 벗어난다"라고[42] 하였다.

②다만 (부처님은) 중생들을 (미혹한) 이 세간을 벗어나서 열반에 거처하게 하려고, 무명상(無名相; 언어로 표현될 수 없는 제법의 실상)의 법에서 억지로 명상(名相; 언어로 표현되는 제법의 모습)을 가지고 설하여, 가르침을 수학하는 사람들로 하여금 그로 인하여 깨달음을 얻게 하고자 한다. 그 때문에 (하나의 바름[一正]을 가지고) 두 가지의 바름[二正]을 열어 보이는 것이니, 첫째는 체정(体正)이고, 둘째는 용정(用正)이다. (진리는) 진(眞; 수승한 것)도 아니고 속(俗; 세속적인 것)도 아닌 것을 체정(体正)이라 이름하고, 진(眞)과 속(俗)을 용정(用正)이라 명칭한다.

그렇게 보는 이유는, 제법의 실상(諸法實相)은 언어로 표현할 수도 없고 사려할 수도 없어서, 일찍이 진(眞)도 아니고 속(俗)도 아니기 때문에 이를 체(体; 본체를 의미함)라고 이름한다. (또한) 많은 편벽된 삿됨을 단절하였기 때문에 정(正)이라고 명칭한다. 그러므로 체정(体正)[43]이라고 말한다.

용정(用正)이라고 하는 것은, 체(体)는 명칭과 언어의 표현을 단절하였

---

41) 천무양일(天無兩日) 토무이왕(土無二王) : 『예기(禮記)』 증자문(曾子問)에서 "天無二日, 土無二王, 家無二主, 尊無二上"라고 하였다.

42) 『화엄경』운 : 『화엄경』 제5권에서 "文殊法常爾, 法王唯一法, 一切無礙人, 一道出生死"라고 하였다(『대정장』 9권, 429中). 다만 원문의 '無礙人'을 여기서는 '無畏人'이라 하였으나, 모두 같은 의미임.

43) 체정(體正) : 제법의 실상은 언어로도 표현할 수 없고 생각할 수도 없으며, 진(眞)도 아니고 속(俗)도 아니기에 가상적으로 본체라고 말하며, 그 본체는 편벽된 삿된 견해에 치우치지 않기 때문에 바르다고 말한다. 삼론종에서 표방하는 중도실상(中道實相)은 편벽된 사견에 치우치지 않기 때문에, 이에 체정(體正)이라고 칭한다.

기 때문에, 사물[物; 사람을 의미함]이 (깨닫고자 하여도) 깨달을 수단이 없
다.44) 그 본체는 비록 있는 것도 아니고 없는 것도 아니지만, 억지로 진
(眞)이라거나 속(俗)이라고 설하기 때문에 이를 용(用; 작용을 의미함)이라고
이름한다. 이 진(眞)과 속(俗)도 또한 편벽된 삿됨이 아니기 때문에 그것
을 정(正)이라고 명칭한다. 그러므로 용정(用正)45)이라고 이름한다.

問, 旣云眞俗, 則是二邊, 何名爲正?

答, 如因緣假有, 目之爲俗. 然假有不可言其定有, 假有不可言
其定無. 此之假有, 遠離二邊, 故名爲正. 俗有旣爾, 眞無亦爾. 假無不
可定無, 假無不可定有. 遠離二邊故, 目之爲正.

問, 何故辨體用二正耶?

答, 像末鈍根, 多墮偏邪.46) 四依出世, 匡正佛法, 故明用正. 旣識正
敎, 便悟正理, 則有體正. 但正有三種. 一對偏病, 目之爲正, 名對偏正.
二盡淨於偏, 名之爲正, 謂盡偏正也. 三偏病旣去, 正亦不留. 非偏非正,
不知何以美之, 强嘆爲正, 謂絶待正也. 在正旣然, 觀論亦爾. 因於體正,
發生正觀, 名爲體觀. 藉二諦用, 生二諦觀, 名爲用觀. 故觀具二也. 觀
辨於心, 爲衆生故, 如實說體, 名爲體論. 若說於用, 名之爲用論. 故論
具二也. 正旣有對偏·盡偏·絶待, 觀論亦然, 類前可知.

질문 : 이미 진(眞)과 속(俗)을 말하였다면, 곧 이것은 두 극단이
다. 어떻게 바름[正]이라고 이름하겠는가?

---

44) 물무유오(物無由悟) : 중도실상(中道實相)은 명칭과 언어를 떠났기 때문에, 중생들이
   용이하게 깨달을 길이 없음을 의미한다. 여기서 물(物)은 중생·사람을 말한다.
45) 용정(用正) : 삼론종에서는 용수가 지은 『중론』이, 반야 지혜의 힘으로부터 발생하는
   적절한 교화 방편에 의하여, 편벽된 삿됨을 제거하고 잘못된 불교를 바로 잡았다고 간
   주한다. 그러므로 이것을 용정(用正)이라고 말한다.
46) 편사(偏邪) : 금릉본과 만속장경본에는 '偏耶'로 표기되어 있다. 耶는 邪의 속자(俗子)
   이기도 하다. 이 저서 여러 군데에서 편벽된 삿된 견해[偏邪]를 비판하고 있어, 이 의미
   가 적합하다.

대답 : 인연(因緣)에 의하여 존재하는 가유(假有; 임시적, 가상적으로 있는 것)와 같은 것을 속(俗; 세속적인 것)이라고 명칭한다. 그런데 그것은 가유이기 때문에 결정적으로 있는 것[定有]이라고 말할 수도 없고, 또한 가유이기 때문에 결정적으로 없는 것[定無]이라고 말할 수도 없다. 이와 같이 가유(假有)는 (정유(定有)와 정무(定無)의) 두 극단을 멀리 여의었기 때문에, 그것을 바름이라고 이름한다. 세속의 있음[俗有]이 이미 그러하여, 수승한 진리의 없음[眞無]도 또한 그러하다. (진무(眞無)는) 가무(假無; 임시적, 가상적으로 없는 것)이기 때문에 결정적으로 없는 것[定無]이라고 말할 수도 없고, 가무이기 때문에 결정적으로 있는 것[定有]이라고 말할 수도 없다. (이와 같이 가무(假無)는 정무(定無)와 정유(定有)의) 두 극단을 멀리 여의었기 때문에, 그것을 바름이라고 명칭한다.

질문 : 어찌하여 체정(体正)과 용정(用正)의 두 가지 바름[二正]을 변론하는가?

대답 : 상법 말법[像末]의 사람들은 근기가 둔하여, 대부분 편벽된 사견에 떨어진다. (이에 용수와 제바 같은) 사의보살이 세상에 출현하여 불법(佛法)을 바르게 세웠다. 그 때문에 용정(用正)을 해명하는 것이다. (사람들이) 이미 바른 가르침을 인식하여 바른 진리를 깨달으면, 곧 (거기에) 체정(体正)이 있게 되는 것이다.

③ 다만 바름[正]에는 세 종류가 있다. 첫째는 편벽된 병에 상대하는 것을 바르다고 명칭하기 때문에, 이것을 대편정(對偏正)[47]이라고 이름한다. 둘째는 편벽된 것을 남김없이 제거하여 깨끗하게 하는 것을 바르다고 이름하기 때문에, 이것을 진편정(盡偏正)[48]이라고 말한다. 셋째는 편

---

47) 대편정(對偏正) : 병(病)에 응하여 약(藥)을 제조하는 것처럼, 대승과 소승을 배우는 사람들이 단견이나 상견, 공(空)이나 유(有)의 편벽된 집착에 대하여 공도 아니고 유도 아님[非空非有]을 설하는 것을 말한다. 이것을 또한 대편중(對偏中)이라고도 말한다. 길장이 저술한 『중관론소』에서 말하는 삼중(三中) 또는 삼종중도(三種中道)의 첫 번째로, "一者, 對斷常之偏明中, 此是對偏中"라고 하였다(『대정장』 42권, 2上).

48) 진편정(盡偏正) : 약을 복용하여 병을 제거하는 것처럼, 단견이나 상견의 편벽된 집착

벽된 병이 이미 제거되어버리면, (그것에 상대하는) 바름도 또한 머물지
못한다. (이와 같이) 편벽된 것도 아니고 바른 것도 아니라, 무엇으로 그
것을 찬미해야 할지 알 수 없지만, 억지로 감탄하여 바르다고 하기 때
문에, 이것을 절대정(絶待正)[49]이라고 말한다.

『정관론(正觀論)』의) 정(正)에 대해서는 이미 이상과 같으며, 관(觀)과
논(論)에 대해서도 또한 그러하다.[50] 체정(体正)으로 인하여 정관(正觀)을
발생하는 것을 체관(体觀)이라 이름하고, 이제(二諦)의 작용에 의거하여
이제의 관찰을 발생하는 것을 용관(用觀)이라 이름한다. 그러므로 관(觀)
에도 (체(体)와 용(用)의) 둘이 갖추어져 있는 것이다.

또한 관(觀)은 마음에서 잘 변론하여, 중생을 위하여 여실하게 본체를
설명하는 것을 체론(体論)이라 이름하고, 만약 작용을 설명한다면 그것
을 용론(用論)이라 이름한다. 그러므로 논(論)에도 (체(体)와 용(用)의) 둘이
갖추어져 있는 것이다.

정(正)에 이미 대편(對偏)과 진편(盡偏)과 절대(絶待)의 세 종류가 있으
며, 관(觀)과 논(論)에도 또한 그와 같이 세 종류가 있다. 그것은 앞에서
설명한 것과 유사하여 알 수 있다.

을 남김없이 제거한 상주도 아니고 단멸도 아님[無常無斷]을 말한다. 이것을 또한 진
편중(盡偏中)이라고도 말한다. 『중관론소』에서 말하는 두 번째로, "二者盡偏中, 立於
中名. 欲盡於偏病, 故名盡偏中"라고 하였다(앞의 책, 2上).

49) 절대정(絶待正) : 병을 제거하면 약을 버리는 것처럼, 편벽된 집착을 제거하면 편벽된
집착을 떠남과 동시에 바름에도 머물지 않는 것을 억지로 이렇게 이름하는 것이다. 이
것을 또한 절대중(絶待中)이라고도 말한다. 『중관론소』에서 말하는 세 번째로, "絶待中
者 …… 此絶待涅槃, 不可說其苦樂, 不知何以美之, 强名爲樂乃秤大樂, 方是絶待樂.
中義亦然, 須深見此意"라고 하였다(앞의 책, 2上).

50) 관론역이(觀論亦爾) : 『중관론소』에서 말하기를, "관(觀)은 부처님과 보살들의 능관
(能觀)의 마음을 말한다. 모든 부처님의 관찰은 마음에서 변론하여 입으로 선설한 것을
경(經)이라 호칭하고, 보살의 관찰은 마음에서 변론하여 입으로 선설한 것을 논(論)이라
이름한다[觀謂諸佛菩薩能觀之心. 諸佛觀辨於心, 宣之於口, 秤之爲經. 菩薩觀辨於
心, 宣之於口, 目之爲論]"라고 하였다(『대정장』 42권, 2上). 관(觀)은 부처님과 보살의
능동적인 관찰이나 관점이며, 논(論)은 보살의 관찰에 의하여 지어진 논서를 말한다.

『삼론현의』의 전체는 제1편 통서대귀(通序大歸)와 제2편 별석중품(別釋衆品)으로 나누어진다. 다만 이 구분에 대하여 저자인 길장(吉藏)이 『삼론현의』의 본문에 명료하게 제시하지 않았다. 그리하여 그 이후에 저술된 많은 『삼론현의』 주석서에서 이 구분에 대하여 논의하게 되었으며, 그 결과 세 가지의 학설이 제기되었다. 첫째는 중관(中觀)의 『삼론현의검유집(三論玄義檢幽集)』의 설로서, 『삼론현의』 전체 일부(一部)는 제1편 통서대귀(通序大歸)이고, 삼론소(三論疏) 각각을 제2편 별석중품(別釋衆品)으로 보는 것이다. 둘째는 존우(存祐)의 『과주삼론현의(科註三論玄義)』와 문증(聞証)의 『유몽(誘蒙)』의 설로서, 『삼론현의』 중반부에 나오는 '차명경론상자(次明經論相資)' 이후를 제2편 별석중품으로 보는 것이다. 셋째는 봉담(鳳潭)의 『두서삼론현의(頭書三論玄義)』의 주장으로, '별명조론연기(別明造論緣起)' 이후를 그것이라 보았다.

이에 근거하여 일찍부터 일본에서 간행된 역주서들은, 이 세 가지 주장 가운데 대부분 둘째나 셋째 중에서 어느 하나를 추종하고 있다. 예를 들면 네 가지 『삼론현의』 주석서들의 합본인 불교대계본(佛敎大系本)과 국역일체경(國譯一切經)의 역주서 등은 『과주삼론현의(科註三論玄義)』를 따르고, 불전강좌의 역주서는 『두서삼론현의(頭書三論玄義)』를 추종하였다. 암파문고본(岩波文庫本)은 본문인 현정(顯正)의 시초에 인정(人正)과 법정(法正)의 두 가지를 논한다고 표현하였으므로, 법정까지가 통서대귀(通序大歸)라고 규정한 존우(存祐)의 견해가 옳다고 보면서, 문제가 되는 '차명경론상자' 와 그 다음의 능소교락(能所絞絡)을 괄호 처리하여 제2편 별석중품(別釋衆品)에서 분류하였다. 대승불전(大乘佛典)의 번역도 존우(存祐)의 설을 채용하였다.

한편 중국에서 간행된 판본인 금릉각경처본(金陵閣經處本)과 만속장경본(卍續藏經本)은 모두 상하권의 표시가 되어 있는데, 동일하게 '차명경론상자' 이후를 하권, 곧 제2편으로 분류하고 있다. 한 종류의 중국어역도 역시 이와 다르지 않다.

이 한글 역주서는 상하가 구분된 금릉각경처본과 다수의 역주서가 채용한 『과주(科註)』에 따라 목차를 구분하여, '차명경론상자(次明經論相資)' 이후를 제2편으로 설정하였다.

삼론현의 하권

三論玄義 下

제2편 개별적으로 여러 품을 해석함[別釋衆品]

제1장 경전과 논서가 서로 보조하는 관계[經論相資]

次明經論相資. 大品經云, "雖生死道長, 衆生性多, 菩薩應如
是正憶念. 生死邊如虛空, 衆生性邊亦如虛空. 此中無生死往
來, 亦無解脫者." 然旣無生死, 亦無涅槃. 則知亦無衆生及以於佛, 寧有
經之與論耶. 故內外並冥, 緣觀俱寂. 然雖非生死涅槃, 而於衆生成生
死. 故大品云, "諸法無所有, 如是有." 旣有衆生, 故有諸佛. 旣有諸佛,
便有敎門. 旣有諸佛敎門, 則有菩薩之論. 諸佛爲衆生失道, 是故說經.
菩薩爲衆生迷經, 是故造論.

다음에 경전과 논서는 서로 보조하는 관계에 있다는 것[經論相
資][1]을 해명하고자 한다.

---

1) 경론상자(經論相資): 『삼론현의』 주석서들에 의하면, 그 본문은 크게 통서대귀(通序
大歸)와 별석중품(別釋衆品)의 두 부문으로 분류된다고 하였는데, 『과주삼론현의(科註
三論玄義)』와 금릉각경처본 등은 경론상자(經論相資)부터 별석중품의 시작이고 하권
이라고 하였다. 이 별석중품에는 경론상자(經論相資)를 비롯하여 이하 13장(章)이 있다.
경론상자(經論相資)라는 것은, 사람들이 제법의 본성과 마음의 근원에 미혹하기 때문

『대품반야경』에서 말하였다.2) "비록 삶과 죽음의 길이 아득하고, 중생의 성품이 다양하지만, 보살은 응당 이와 같이 바르게 생각해야 한다. 곧 삶과 죽음의 한계는 허공과 같(이 끝이 없)으며, 중생들 성품의 한계도 또한 허공과 같(이 끝이 없)다. 이 중에는 삶과 죽음에 (윤회하여) 오고 가는 이도 없고, 또한 그로부터 해탈하는 이도 없다."

그런데 이미 (미혹한) 삶과 죽음도 없고, 또한 (깨달아서) 열반에 들어감도 없다면, 곧 (미혹한) 중생과 (깨달은) 부처도 또한 없다는 것을 알게 된다. 그렇다면 어떻게 경전과 논서가 있겠는가. 그러므로 안과 밖(의 관계)[內外; 열반(涅槃)과 생사(生死)를 말함]도 함께 없어지고, 객관과 주관(의 관계)[緣觀; 교화 대상인 중생과 능히 관찰하는 불보살을 말함]도 함께 고요해진다.

그러나 (절대적 경지에서 본다면) 비록 삶과 죽음도 없고 열반도 없지만, 그래도 (세속적 입장에서 본다면) 삶과 죽음이 있게 된다. 그러므로『대품반야경』에서 말하기를, "모든 법은 존재하지 않음에도 불구하고, 이와 같이 (세속적으로) 존재한다"라고3) 하였다. (이렇게 하여) 이미 (미혹한) 중생이 있기 때문에 부처님이 있고, 이미 부처님이 있다면 곧 가르침[敎門]4)이 있으며, 이미 부처님과 그 가르침이 있다면 곧 보살의 논서가 있다. 부처님은 중생들이 바른 길을 잃어버리기 때문에 경전을

에 모든 부처님이 이를 위하여 경전을 설하였다. 그러나 사람들은 도리어 그 경전의 의미에 미혹하기 때문에 용수 같은 보살이 경전의 내용을 주석한 논서를 저술하였다. 그리하여 경전과 논서가 서로 보조하여 무소득(無所得)의 심원한 법문을 해명하는 것을 설명하는 것이다.

2)『대품경』운:『대품반야』제17권「몽행품(夢行品)」의 내용. "菩薩摩訶薩, 行六波羅蜜經時, 當作是念. 雖生死道長, 衆生性多, 爾時應如是正憶念. 生死邊如虛空, 衆生邊亦如虛空. 是中實無生死往來, 亦無解脫者. 菩薩摩訶薩, 作如是行, 能具足六波羅蜜, 近一切種智."(『대정장』8권, 349中)

3)『대품경』운:『대품반야』제22권「편학품(遍學品)」의 말미에서, "佛告須菩提. 二是有法, 不二是無法 …… 須菩提. 一切相皆是二, 一切二皆是有法, 適有有法, 便有生死"라고 설한 것을 요약하였다(『대정장』8권, 383中).

4) 교문(敎門) : 교(敎)는 불도(佛道)에 들어가는 문(門)이기 때문에 교문(敎門)이라 한다.

설하였고, 보살은 중생들이 그 경전(의 가르침)에 미혹하기 때문에 논서
를 지은 것이다.

然經有通別, 在論亦爾. 所言經通者. 通爲息衆生顚倒, 通爲開
顯道門. 所言論通者, 諸聖弟子造一切論, 亦通爲息迷敎之病,
申明正道. 所言經別者, 赴大小二緣, 說大小兩敎. 所言論別者, 爲破大
小兩迷, 申大小兩敎, 故有大小二論也. 然就經論之中, 具有能所之義.
經以二智爲能說, 二諦爲所說. 論以二慧爲能說, 言敎爲所說. 斯則經
論各有能所也.

그런데 (자세히 말하자면) 경전에는 통(通; 총체적 전반적 의미)과 별
(別; 개별적 특수적 의미)이 있으며, 논서에 있어서도 또한 그러하다.
경통(經通)[5]이라고 말하는 것은, 전반적으로 중생의 전도(顚倒; 진리를
착각하여 잘못 아는 뒤바뀐 견해)를 없애버리기 위한 것이고, (또한) 전반적
으로 (불교의) 도의 문[道門]을 열어 보이기 위한 것이다. 논통(論通)[6]이
라고 말하는 것은, 많은 부처님 제자들이 일체의 논서를 지은 것도, 또
한 전반적으로 (사람들이 경전의) 가르침에 미혹한 병을 없애버리고 정
도(正道; 불도)를 천명하기 위한 것이다.
경별(經別)이라고 말하는 것은, (부처님이) 대승과 소승의 두 가지 인
연에 대응하여, 대승과 소승의 두 가지 가르침을 설하는 것이다. 논별(論
別)이라고 말하는 것은, 대승과 소승의 두 가지 (가르침에 대한) 미혹을
파척하기 위하여, 대승과 소승의 두 가지 가르침을 설명하는 것이다. 그
러므로 대승과 소승의 두 가지 논서가 있는 것이다.
그런데 경전과 논서에 대하여 살펴보면, 능소(能所)의 의미가 갖추어져

---

5) 경통(經通) : 부처님이 전체적 보편적 의미로 설하는 일반적 경전.
6) 논통(論通) : 보살이 지은 논서의 보편적인 설명. 사람들이 불경의 가르침에 미혹한
  전도된 견해를 파척하고, 불교의 정도를 드러내는 것.

있다. 경전은 (권지(權智)와 실지(實智)의) 두 가지 지혜[二智][7]를 능동적으로 설하는 것으로 삼고, (진제(眞諦)와 속제(俗諦)의) 이제(二諦)를 수동적으로 설해지는 것으로 삼는다. 논서는 (권혜(權慧)와 실혜(實慧)의) 두 가지 지혜[二慧][8]를 능동적으로 설하는 것으로 삼고, (이제(二諦)의) 언교(言敎; 언어와 문자로 설명되는 가르침)를 수동적으로 설해지는 것으로 삼는다. 이것은 곧 경전과 논서에 각각 능(能)과 소(所)의 측면이 있다는 것이다.

---

7) 이지(二智) : 부처님이 소유하는 권지(權智)와 실지(實智), 일체지(一切智)와 일체종지(一切種智), 또는 근본지(根本智)와 후득지(後得智). 일체지는 제법의 본성을 아는 실지(實智)이고, 일체종지는 제법의 갖가지 사상(事相)을 아는 권지(權智)이다.

8) 이혜(二慧) : 보살이 소유하는 권혜(權慧)와 실혜(實慧), 또는 도혜(道慧)와 도종혜(道種慧). 도혜는 제법의 본성을 아는 실혜(實慧)이고, 도종혜는 갖가지 차별을 아는 권혜(權慧)이다. 이지(二智)와 이혜(二慧)는 그 체성이 동일하지만, 인과(因果)의 위상적 우열에 따라, 불과(佛果)에 대하여 이지(二智)라 하고, 인위(因位)의 보살에 대하여 이혜(二慧)라 한다.

제2장 경전과 논서가 서로 교착하는 관계[經論能所絞絡]

次明經論能所絞絡. 有四句不同, 一者經能爲論所, 二者經所爲論能, 三者論能爲經所, 四者論所爲經能.

經能爲論所者, 如來二智, 卽是論主所悟. 故法華明, 今昔兩敎, 爲直往菩薩及迴小向大之人, 並令悟入佛慧. 故涌出品云, "是諸衆生, 始見我身, 聞我所說, 卽便信受, 入如來慧." 此明昔敎爲直往菩薩入佛慧也. 次云, "除先修習學小乘者, 我今亦令得聞是經, 入於佛慧." 此明今敎迴小之人入於佛慧. 故今昔兩敎, 同明爲入佛慧, 則知佛慧是所悟也. 次明經所爲論能者, 經所卽是二諦, 能發生論主二慧故. 佛之二諦爲能生, 論主二慧爲所生也. 次明論能爲經所者, 論主二慧, 由經發生也. 次明論所爲經能者, 論主言敎, 能申佛二諦也.

다음에 경전과 논서에서 능동적으로 설하는 것과 수동적으로 설해지는 것(能所)[1]이 서로 교착하는 관계[能所絞絡][2]를 해명하

---

1) 능소(能所) : 이하에서 자주 언급되는 능소(能所)는 역주서에 따라 몇 가지로 번역되

고자 한다. (여기에는 다음의) 사구(四句)가 있어 동일하지 않다. 첫째는
경전의 능동적인 설이 논서의 수동적인 설이 되는 것이다. 둘째는 경전
의 수동적인 설이 논서의 능동적인 설이 되는 것이다. 셋째는 논서의 능
동적인 설이 경전의 수동적인 설이 되는 것이다. 넷째는 논서의 수동적
인 설이 경전의 능동적인 설이 되는 것이다.

(첫째로) 경전의 능동적인 설이 논서의 수동적인 설이 되는 것이란,
여래의 두 가지 지혜는 곧 논주(論主; 논서의 저자)에게 깨닫게 되는 내용
이 되는 것이다. 그러므로 『법화경』에서는, 예전(의 『화엄경』)과 지금
(의 『법화경』)의 두 가지 가르침3)은, 직접 대승을 향하여 수학하는 보살
[直往菩薩]4)과 소승을 버리고 대승으로 전향한 사람들[廻小向大]5)이, 함
께 부처님의 지혜를 깨닫게 하려는 것이라고 해명하고 있다.

그러므로 (『법화경』의) 「용출품(涌出品)」에서 말하기를, "이 모든 중생
들은, 비로소 나[부처님 자신]의 신체를 보고, 내가 설한 것을 듣고는, 곧
바로 그것을 믿고 받아들여, 여래의 지혜를 체득한다"라고6) 하였다. 이

었다.
　① 능설(能說)과 소설(所說)(高雄義堅譯, 347면 이하. 韓廷傑譯, 150면 이하)
　② 능(能)과 소(所)(椎尾辨匡譯, 27면. 金倉圓照譯, 103면 이하)
　③ 능동태(能動態, 설하고자 하는 것)와 수동태(受動態, 설해지는 것)(三枝充悳譯,
151면 이하)
　④ 주체(主體)와 객체(客體)(平井俊榮譯, 178면 이하)
　앞의 제1장 경론상자(經論相資)의 말미 문장에서, 경전과 논서에 능소(能所)가 구족
되어 있는데, 그것을 각각 능설(能說)과 소설(所說)로 설명하였다. 따라서 역주자들이
이 능소(能所)를 어떻게 번역하든, 원래의 개념은 능설(能說)과 소설(所說)에 근거한다
고 볼 수 있다.
2) 능소교락(能所絞絡) : 앞 장의 경론상자(經論相資)에서는 경전과 논서에 능설(能說)과
　소설(所說)이 있다는 것을 설명하고, 이 장에서는 경전과 논서의 능설(能說)과 소설(所
　說)이 피차 교착하여 서로 보조하는 것을 설명하는 것이다.
3) 금석양교(今昔兩教) : 금교(今教)는 『법화경』을, 석교(昔教)는 『화엄경』을 가리킨다.
4) 직왕보살(直往菩薩) ; 먼저 소승을 학습하지 않고 직접 대승을 배우는 사람, 또는 처
　음부터 대승을 학습해도 이해하는 사람. 여기서는 『화엄경』을 설하는 것을 듣고, 곧 부
　처의 지혜에 들어가는 화엄의 근기를 말한다.
5) 회소향대(廻小向大) : 처음에는 소승을 추종하다 나중에 소승을 버리고 대승으로 전
　향하여 나아가는 사람. 곧 『법화경』을 듣는 성문으로서, 법화의 근기를 말한다.

것은 예전의 가르침[昔教; 『화엄경』의 교설]이, 직접 대승을 향하여 가는 보살로 하여금 부처님의 지혜를 체득하게 하려는 것임을 해명한 것이다.

다음에 (「용출품」에서 계속하여) 말하기를, "이전에 (소승을) 수습하여 소승을 배운 자는 (『화엄경』을 설할 때에는) 예외로 한다. (그러한 사람조차도) 나는 지금 또한 이 경전을 듣고서, 부처님의 지혜를 체득하게 하고자 한다"라고[7] 하였다. 이것은 지금의 가르침[今教; 『법화경』의 교설]이, 소승을 버리고 대승으로 전향한 사람들로 하여금, 부처님의 지혜를 체득하게 하려는 것임을 해명한 것이다.[8]

그러므로 지금과 예전의 두 가지 가르침은, 동일하게 부처님의 지혜를 체득하게 하려는 것임이 해명되는 것이다. (이로부터) 곧 (경전을 설하는) 부처님의 지혜는 (논서의 저자에게) 깨닫게 되는 내용임을 알게 되는 것이다.

다음에 (둘째로) 경전의 수동적인 설이 논서의 능동적인 설이 되는 것을 해명하자면, 경전(에서 설해지는) 수동적인 것은 곧 이제(二諦)이며, (이 이제는) 능히 논주에게 두 가지 지혜를 발생시키는 것이다. 그러므로 부처님의 이제(二諦)는 능동적으로 생하는 것이 되고, 논주의 두 가지 지혜[二慧]는 수동적으로 생기는 것이 된다.

다음에 (셋째로) 논서의 능동적인 설이 경전의 수동적인 설이 되는 것을 해명하자면, 논주의 두 가지 지혜는 (논서의 능동적인 것이지만, 부처

---

6) 「용출품」은 : 『묘법연화경』 제5권 「종지용출품(從地踊出品)」에서, "此諸衆生, 始見我身, 聞我所說, 卽皆信受, 入如來慧"라고 하였다(『대정장』 9권, 40中). 다만 여기서 인용한 문장에는, 원문의 '此諸衆生'이 '是諸衆生'으로, "卽皆信受'가 '卽便信受로 되어 있다.

7) 「용출품」은 : 앞의 『묘법연화경』 「종지용출품」의 계속되는 인용문임. 다만 원문에는 '學小乘者' 다음에 '如是之人'이 첨가되어 있으며, 그것을 번역하여 ( )안에 보충하였다.

8) 이것은 곧 회소향대(廻小向大)의 사람을 말하는 것이다. 이러한 사람은 근기가 미숙하여 『화엄경』을 설할 때부터 『법화경』을 설하기 전에는 대승을 이해하지 못하다가, 『법화경』을 설할 때에 비로소 근기가 익숙하여 부처님의 지혜에 들어가게 된다. 그 때문에 화엄과 법화는 금석(今昔)의 차별이 있으나, 다시 심천이 없이 동일하게 교화하는 가르침이라 말한 것이다.

님이 이제를 설하는) 경전으로 말미암아 발생하는 (수동적인) 것이다.

　다음에 (넷째로) 논서에서 수동적으로 설해지는 것이 경전에서 능동적으로 설하는 것이 되는 것을 해명하자면, 논주의 (수동적인) 언교(言敎)는 능히 부처님의 이제를 설명하는 (능동적인) 것이다.

次會四句爲二句. 經若能若所, 並是能資. 論若能若所, 皆是所資. 又論若能若所, 悉爲能申. 經若能若所,9) 悉是爲所申. 故合成一能一所也.

　次泯一句以歸無句. 以能而爲所, 則能非定能. 以所而爲能, 則所非定所. 以能非定能, 是則非能. 所非定所, 是則非所. 故非能非所, 非經非論, 非佛非菩薩. 不知何以目之, 故稱正法, 强名中實也.

　問, 能非定能, 是則非能. 所非定所, 是則非所. 出何文耶?

　答, 中論然可然品云, "若法因待成, 是法還成待. 今則無因待, 亦無所成法." 卽其證也.

다음에 이상의 네 구절[四句]을 합하여 두 구절[二句]이 되게 한다. 경전이 혹은 능동적으로 설하는 것[곧 부처님의 이지(二智)]이기도 하고, 혹은 수동적으로 설해지는 것[곧 부처님의 이제(二諦)]이기도 하다는 것은, 함께 능동적으로 보조하는 것이다. 논서가 혹은 능동적으로 설하는 것[곧 보살의 이혜(二慧)]이기도 하고, 혹은 수동적으로 설해지는 것[곧 논주의 언교(言敎)]이기도 하다는 것은, 모두 수동적으로 보조되는 것이다. 또 논서가 혹은 능동적이기도 하고 혹은 수동적이기도 하다는 것은, 모두 능동적으로 설하는 것이다. 경전이 혹은 능동적이기도 하고 혹은 수동적이기도 하다는 것은, 모두 수동적으로 설해지는 것이다. 그러므로 합하여 하나의 능동적인 것과 하나의 수동적인 것(의 두 구절)이 성립한다.

---

9) 소(所): 대정장경본과 금릉각경처본은 모두 '所'로 되어 있고, 만속장경본은 '生'으로 되어 있다. 능소(能所)의 관계에서 논의하는 것이므로 '所'가 타당하다.

다음에 (두 구절[二句] 가운데) 한 구절[一句]을 없애버리어, 아무런 구절도 없는 데[無句]로 돌아가게 한다. (경전의) 능동적인 설이 (논서의) 수동적인 설이기도 하다면, 곧 능동적인 것은 고정적인 능동이 아니다. (논서의) 수동적인 설이 (경전의) 능동적인 설이기도 하다면, 곧 수동적인 것은 고정적인 수동이 아니다. 능동적인 것은 고정적인 능동이 아니기에 그것은 곧 능동적인 것이 아니며, 수동적인 것은 고정적인 수동이 아니기에 그것은 곧 수동적인 것이 아니다. 그러므로 능동적인 것도 아니고 수동적인 것도 아니며, 경전도 아니고 논서도 아니며, 부처님도 아니고 보살도 아니다. 무엇이라 명칭해야 할 지 알 수 없다. 그러므로 정법(正法)을 칭하여 억지로 중실(中實 : 중도실상(中道實相)을 말함)이라 이름하는 것이다. (이와 같이 경전과 논서가 서로 교착하며 보조하는 관계를 도시하면 다음과 같다.)

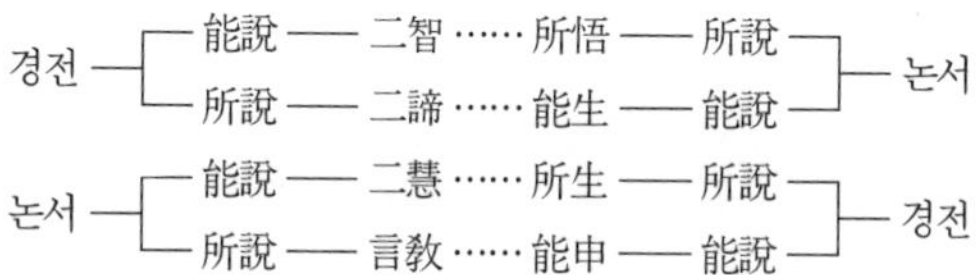

질문 : 능동적인 것은 고정적인 능동이 아니기에 그것은 곧 능동적인 것이 아니며, 수동적인 것은 고정적인 수동이 아니기에 그것은 곧 수동적인 것이 아니라고 말하였는데, 이것은 어떠한 글에 나오는가?

대답 : 『중론』의 「연가연품(燃可燃品)」에서[10] 말하였다. "만약 법이 다

______

[10] 『중론』 제10 「관연가연품(觀燃可燃品)」의 제10게송("若法因待成, 是法還成待. 今則無因待, 亦無所成法.")의 인용(『대정장』 30권, 15中). 『중론』의 '燃'이 『삼론현의』에는 '然'으로 되어 있으며, 의미는 동일하다.
　이 게송과 그 다음 제11게송(若法有待成, 未成云何待. 若成已有待, 成已何用待.)의 설명에 의거하여 관찰하면, 불[燃]과 땔감[可燃]의 관계는 절대적이지 않다고 말한다. 만약 땔감이 불의 원인이 된다면, 그 불은 도리어 땔감의 원인이 될 것이다. 곧 땔감이 불을 상대하여 성립한다면, 불은 땔감을 상대하여 성립할 것이다. 그러나 실제로 땔감

른 것을 상대하여 성립한다면, 이 법은 다시 상대적 관계를 성립시킨다. 이제 곧 상대적 관계가 없다면, 또한 성립되는 법도 없다." 이것이 곧 그 증거가 되는 글이다.

___

은 불을 상대하여 땔감 자체가 성립하는 것이 아니며, 불은 땔감을 상대하여 불 자체가 성립하는 것이 아니다. 따라서 불은 땔감에 의하여 성립되는 것이라고 말할 수 없다는 것이다. 이러한 사실로 미루어보아, 여기에서 논의하는 경전과 논서의 능동과 수동[能所]의 관계는 절대적이지 않고 상대적이라는 것을 말하는 것이다.

제3장 논서를 지은 연기[造論緣起]

제1절 총설

次別明造論緣起. 然所以造論者, 如上所明, 如來爲失道故說
經, 論主爲迷經故造論. 爲失道故說經, 此是根本失. 論主爲迷
經故造論, 此是枝末失. 又佛爲失道者說經, 此失謂一往失. 論主爲迷
經故造論, 此失卽失中更起失. 所以然者, 以其迷道, 此是一失. 如來說
經, 爲令入道. 而復迷經故, 是失中失也. 一往之失, 謂利根人, 聞經卽
悟. 失中之失, 謂鈍根人也.

다음에 특별히 논서가 저작된 연기[造論緣起][1]를 해명하고자 한
다. 그런데 논서를 지은 이유는 이미 앞에서 해명한 바와 같이,
여래는 도(道)를 상실하는 사람들을 위하여 경전을 설하였고, 논주는 그

경전(의 가르침)에 미혹하는 사람들을 위하여 논서를 지었다. (부처님은) 도를 상실하는 사람들을 위하여 경전을 설하였다고 하였는데, (도를 상실하는) 이것은 근본적인 과실[根本失]2)이다. 논주는 경전에 미혹하는 사람들을 위하여 논서를 지었다고 하였는데, (경전에 미혹하는) 이것은 지말적인 과실[枝末失]3)이다.

또 부처님은 도를 상실하는 사람들을 위하여 경전을 설하였다고 하였는데, 이 과실은 (부처님의 도를 상실하는) 일차적인 과실[一往失]4)이다. 논주는 경전에 미혹하는 이들을 위하여 논서를 지었다고 하였는데, (경전에 미혹하는) 과실은 곧 과실 중에서 다시 과실을 일으키는 것이다.

그 까닭은 이러하다. (사람들이) 그 도에 미혹하는 이것은 하나의 과실이다. 여래가 경전을 설한 것은 이 (도를 상실하는) 사람들로 하여금 도에 들게 하려는 것이다. 그런데도 다시 그 경전에 미혹하기 때문에, 이것은 과실 중의 과실이다. (부처님의 도를 상실하는) 일차적인 과실(로 구제되는 사람)은 근기가 수승한 사람을 말하는 것으로서, (이러한

---

1) 조론연기(造論緣起) : 앞의 제1장과 제2장에서는 경전과 논서에 대하여 설명하였으나, 지금은 별도로 논서, 특히 삼론이 홍기한 연기(緣起)에 대하여 설명하기 때문에, 처음에 별(別)이라는 글자를 첨가하였다. 이 제3장의 전반부에서 소승의 여러 부파가 발생한 사연을 장황하게 설명한 것은, 오히려 삼론을 지은 배경에 대한 주해라 보아도 무방하다.

2) 근본실(根本失) : 부처님의 도(道)는 불교의 근본인데, 이 근본인 도에 미혹하는 것을 근본적 과실이라 한다.

3) 지말실(枝末失) : 근본인 도에 미혹하는 사람들 때문에, 그 근본적 도의 상실을 대치하기 위하여 부처님이 경전을 설하였다. 그런데 다시 그 경전에 미혹하여 집착하는 이들이 있으니, 그 경전에 미혹하는 것을 지말적 과실이라 한다.

4) 일왕실(一往失) : 그 해석이 번역서마다 다양하다.
　① 도(道)에 미혹하는 자(者)(高雄義堅譯, 353면).
　② 일왕(一往)의 실(失)(椎尾辨匡譯, 26면. 金倉圓照譯, 109면).
　③ 한결같은 실(失)(三枝充悳譯, 161면).
　④ 중생이 불도에 대하여 미실(迷失)하는 것(韓廷傑譯, 153면).
　⑤ 누구라도 한번은 빠지는 과실(過失)(平井俊榮譯, 182면).
　일왕실(一往失)은 부처님이 경전에서 설한 도에 대하여 사람들이 미혹하는 과실을 말한다. 따라서 이 과실은 근본적인 과실로서 일차적인 과실이라 볼 수 있다. 이에 비하여 그 경전에 미혹하는 지말실(枝末失)은 이차적인 과실이라 할 수 있다.

사람은) 경전을 듣고는 곧바로 깨닫는다. 과실 중의 과실이란, 근기가 열등한 사람을 말하는 것이다.

제2절 이부(二部)의 분열

問, 何等是迷經之人?

答, 卽是諸部異執. 言諸部異執者, 或二部, 或五部, 或十八部, 或二十部, 或五百部.

言二部者, 如來二月十五日入涅槃, 諸聖弟子四月十五日, 於王舍城祇闍崛山中, 結集三藏, 爾時卽有二部名字. 一上座部, 謂迦葉爲上座. 迦葉上陳如一夏, 爲佛以法付屬迦葉, 名上座部也. 迦葉所領, 但有五百人. 依智度論, 則有千人. 二大衆部, 卽界外大衆. 乃有萬數, 婆師波羅漢爲主. 此云淚出, 常悲苦衆生而淚墮也. 卽五比丘中之一人, 而年大迦葉, 教授界外大衆. 所以有二衆, 迦葉有五百羅漢, 前入界內結集三藏, 後多人來結集三藏, 迦葉並不許之. 有二因緣, 一者五百皆聰明人故, 二者已羯磨竟故. 依智度論, 阿闍世王但設千人食, 故餘人來不得. 從是以來, 至佛滅度後百一十六年. 但有二部名字, 未有異執.

질문 : 어떠한 사람들이 경전에 미혹한 사람인가?

대답 : 곧 여러 부파(部派)가 다른 견해를 고집하는 것이다. 여러 부파가 다른 견해를 고집한다고 말하는 것은, 혹은 2부(二部), 혹은 5부(五部), 혹은 18부(十八部), 혹은 20부(二十部), 혹은 오백 부(五百部)이다.

이부(二部)라고 말하는 것은, 여래가 2월 15일에 열반에 들자,5) 많은 부처님 제자들이 4월 15일에 왕사성(王舍城)6)의 기사굴산(祇闍崛山)7) 중에서 삼장(三藏; 원시불교의 경·율·논 삼장)을 결집하였는데, 그때에 곧 두 부파의 명칭이 있었다.

그 하나는 상좌부(上座部; Sthaviravāda의 한역어)로서, 가섭(迦葉)을 상좌로 삼았다고 말해진다. 가섭보다 위의 진여(陳如; 교진여, Ajñatakauṇḍinya)는 일 하안거[一夏]8)(선배)였음에도 불구하고, 부처님은 법을 가섭에게 부촉하였기 때문에, (이 가섭을 상좌로 삼는 부파를) 상좌부라고 이름하는 것이다. 가섭이 통솔하는 사람들은 단지 오백 명뿐이었는데, 『대지도론』에 의하면9) 그 수효가 곧 천명이었다고 한다.

그 둘은 대중부(大衆部; Mahāsaṅghika의 한역어)로서, (부처님 입멸 후 가섭이 삼장을 결집할 때) 곧 지정된 장소 이외에 모인 대중으로, 그 수효는 이에 일만 명에 이르렀다. 바사파(婆師波)10) 아라한을 그 주체로 삼았는데, (이 아라한의 명칭을 번역하여) 여기 말로 누출(淚出)이라고 한다. 그것은 항상 고통에 시달리는 중생들을 슬퍼하여 눈물을 흘렸기 때문이다. (이 아라한은) 다섯 비구들[五比丘; 부처님의 초전법륜을 들은 최초의 다섯 비구] 가운데 한 사람으로서, 연령은 가섭보다도 많았다. (이 아라한이)

---

5) 여래가 입멸한 월일(月日)에 대하여, 2월 8일(『菩薩處胎經』), 3월 15일(西域傳), 4월 8일(『灌佛經』), 8월 8일(『長阿含經』), 9월 8일(『大毘婆沙論』) 등 여러 설이 있으나, 지금은 『대지도론』의 2월 15일설에 따른 것이다.

6) 왕사성(王舍城) : Rājagṛha의 번역. 그 당시 인도의 16대국 가운데 최강이던 마가다국(Magadha)의 수도로, 간지스강의 중류에 위치하였다. 부처님이 자주 설법하던 장소

7) 기사굴산(祇闍崛山) : Gṛdhrakūṭa의 음사. 왕사성의 동북방에 위치한 산으로, 영축산 또는 영취산(靈鷲山)이라 번역하였다. 부처님 입멸 후 삼장을 결집한 지역으로, 이것도 『대지도론』의 설에 따른 것이다.

8) 일하(一夏) : 하(夏)는 하랍(夏臘)의 약어. 인도에서는 여름 우기(雨期)에 안거하는 것으로써 연수(年數)를 헤아렸으며, 하안거(夏安居)는 4월 15일부터 6월까지 3개월간이었다. 교진여가 가섭보다 일 년 전에 먼저 부처님 제자가 되었다는 것을 의미한다.

9) 『대지도론』 제2권에서, "爾時大迦葉選得千人, 除去阿難"라고 하였다(『대정장』 25권, 67下).

10) 바사파(婆師波) : Vāṣpa의 음사. 바사파(婆沙波), 또는 바스파(婆濕波), 바부(婆敷)라고도 음사한다. 초전법륜을 들은 다섯 비구 가운데 한 명이라 전해진다.

지정된 장소 이외에서 대중에게 법을 가르쳐 주었다.

(상좌부와 대중부의) 두 집단이 있게 된 까닭은, 가섭이 오백 명의 아라한을 거느리고 먼저 지정된 장소에 들어와서 삼장을 결집하였으며, 나중에 많은 사람들이 와서 삼장을 결집하려 하였지만, 가섭은 그것을 전혀 허락하지 않았기 때문이다. 허락하지 않은 데에는 두 가지의 인연이 있었다. 첫째는 (삼장의 결집에 참여한 최초의) 오백 명은 모두 총명한 사람이었기 때문이고, 둘째는 그 사람들이 이미 (계율에 정해진) 갈마(羯磨)11)의 작법을 마쳤기 때문이다. 『대지도론』에 의하면,12) (삼장의 결집을 보조한) 아사세왕(阿闍世王)13)은 단지 천명 분량의 음식을 준비하였기 때문에, 그 이상의 다른 사람들이 왔어도 그들은 참가할 수 없었다고 한다. 그 이후부터 부처님이 멸도한지 116년14)에 이르기까지 단지 두 부파의 명칭만이 있었고, 아직 다른 견해를 고집하는 일은 없었다.15)

---

11) 갈마(羯磨) : karman의 음사. 계율에 규정된 신(身)·구(口)·의(意) 삼업의 작법(作法). 여기서는 삼장을 결집하는 절차에 요구되는 작법을 말함.

12) 앞에서 인용한 『대지도론』의 계속되는 문장.

13) 아사세 : 마가다의 국왕 Ajātaśatru. 젊어서 부왕(父王) 빔비사라(Bimbisāra)를 유폐하고 왕위에 올랐으나, 나중에 참회하고 불교에 귀의하였다. 불멸 후 삼장의 결집을 후원하여 불교를 인도에 널리 전하고, 국력을 부흥시켰다.

14) 116년 : 『부집이론(部執異論)』(『대정장』 49권, 20上)과 『18부론(十八部論)』(『대정장』 49권, 18上)의 설에 따른 것이며, 『증일아함경』에서는 115년 중이라고 하였다.

15) 불멸 후 백여 년에 상좌부와 대중부가 대립하여 분열하게 되었는데, 그 원인에 대하여 남방불교와 북방불교의 전승이 서로 다르다. 북방전승은 『부집이론(部執異論)』 또는 『이부종륜론(異部宗輪論)』에 의거하여, 여기서 말하는 마하데바, 소위 대천의 오사(五事)를 취한다. 남방전승은 『錫蘭島史(Dīpavaṃsa)』 또는 『大統史(Mahāvaṃsa)』에 의거하여, 소위 바이샬리(Vaiśālī)에서 일어난 십사(十事)의 비법(非法)에 대한 상좌 야사(耶舍)의 비난을 말한다. 곧 밧지족(Vajjiputtaka, Vātsiputrīya) 출신의 비구가 소위 십사(十事)라는 열 가지 계율에 대하여 새로운 해석을 내리자, 야사(耶舍)를 수장으로 하는 장로비구들이 반대한 것이다. 그 내용을 보면, ① 염정(鹽淨), 식용소금을 늦은 오후에도 허용하는 것. ② 이지정(二指淨), 출가인은 그때까지 하루에 오전에 한 번 식사하고 오후에는 식사하지 못하였으나, 밧지족 비구는 해 그림자가 시간을 표시하는 이지(二指)를 경과하면 또 식사해도 된다는 것. ③ 부좌식정(復坐食淨), 걸식한 뒤에도 다시 착석하여 취식해도 된다는 것, ④ 취락정(聚落淨) …… ⑩ 금은정(金銀淨), 비구는 신자들이 시주하는 금은 같은 재물을 받아도 된다는 것 등이다. 이 십사(十事)의 비법(非法)은 주로 계율의 해석에 대한 논쟁이지만, 그 외에도 교리적인 견해의 차이가 개입되어 발생한

百一十六年外, 有舶主兒, 名摩訶提婆. 端正聰明, 作三逆罪, 後入佛法. 凡有二事. 一者取諸大乘經, 內三藏中釋之. 諸阿羅漢結集法藏時, 已簡除此義. 而大衆部用此義, 上座部不用之. 因爾起諍, 遂成二部. 二者摩訶提婆自作偈言, "餘人染汚衣, 無明疑他度, 聖道言所顯, 是諸佛正教." 以此一偈安置戒後, 布薩誦戒竟, 亦誦此一偈. 此偈有五事. 一餘人染汚衣者, 提婆不淨出汚衣. 而誑弟子言, "我是阿羅漢, 實無不淨. 但是天魔女以不淨汚羅漢衣." 故云餘人染汚衣. 然此一語, 有虛有實. 其實是凡夫, 誑弟子說如上事, 是故爲虛. 魔女實能以不淨汚羅漢衣, 是故爲實. 其衆諍其所說, 或虛或實, 故分二部. 二云無明者, 然羅漢乃無三界受生無明, 而有無知習氣無明, 故云無明. 時衆或言羅漢有無明, 或言無無明. 因此起諍, 故分二部. 三云疑者, 須陀洹果, 乃於三解脫門無疑, 而於外事有疑, 故云疑也. 四他度者, 鈍根初果而不自知得初果, 問善知識. 善知識爲說, 於三寶四諦無疑, 是初果相. 其自觀察, 方知得初果, 故云他度. 五聖道言所顯者, 然得聖道時, 亦有言所顯. 如身子當口誦偈時卽得初果, 故云言所顯. 時衆諍此五義, 或是或非, 故成二部也.

問, 此二部執, 何義異耶?

答, 義異乃多, 今略明其一. 大衆部執生死涅槃皆是假名, 上座部執生死涅槃皆是眞實.

(부처님 입멸 후) 116년이 지나자, 박주(舶主; 해상에서 운용되는 큰 선박의 선주)의 자식으로 마하데바(摩訶提婆, Mahādeva)[16]라고 이름

것이라 생각된다. 십사비법의 해석은 한역의 『비나야잡사(毘奈耶雜事)』 제40, 『사분율(四分律)』 제54, 『오분율(五分律)』 제30 등에 나온다.

16) 마하데바(摩訶提婆) : Mahādeva의 음사. 마하제바라고도 말하며, 보통 대천(大天)이라 번역한다. 그런데 『이부종륜론(異部宗輪論)』 등에 의하면 두 명의 대천이 거론된다. 한 명은 불멸후 백여 년에 출세한 대천이고, 또 한 명은 불멸후 이백 년 중에 출세한 대천이다. 지금 상좌부와 대중부의 분열은 최초의 대천을 말하는 것으로 이해된다. 현장이 한역한 『대비바사론(大毘婆沙論)』 제99권에도 대천의 전기가 있지만, 그것은 길장 이

하는 이가 있었다. (그는) 단정하고 총명하였으나, 세 가지 역죄[三逆罪][17]를 지었으며, 나중에 (죄를 참회하고) 불법(佛法)에 들어왔다. 그로 인하여 무릇 다음의 두 가지 사건이 일어났다.

첫째는 많은 대승경전을 취하여 삼장 중에 넣어 그것을 주석한 것이다. 많은 아라한들이 처음 법장(法藏)을 결집할 때에 이미 이 (대승경전의) 의미를 생략하여 삭제하였는데도, 대중부는 (마하데바의 교설에 따라) 이 의미를 채용하였다. 그러나 상좌부는 그것을 채용하지 않았다. 그로 인하여 논쟁이 일어나 마침내 (대중부와 상좌부) 이부가 성립하였다.

둘째는 마하데바 스스로 게송을 지어 이렇게 말하였다.

"다른 사람이 (나의) 의복을 오염시켰고, 무명(無明)이 있고, 의혹[疑]이 있고, 타인에 의하여 깨달으며, 성도(聖道)는 언어로 현시된다. 이것이 모든 부처님의 바른 가르침이다."[18] (그는) 이 한 게송을 (파라제목차(波羅提木杈, pratimokṣa)라는) 근본 계율 뒤에 안치하고, 포살(布薩)[19] 때에 계

후의 역출이라 참고하지 않았을 것이다.

17) 대천의 전기(『대비바사론(大毘婆沙論)』 제99권)에 의하면, 그는 중인도 마투라 출신으로, 젊어서 어머니와 통정하여 아버지를 살해하고, 이 사실을 알고 있던 스승인 비구를 살해하고, 뒤에 타인과 통정하는 어머니까지 살해하여, 이른 바 세 가지 역죄를 지었다. 나중에 참회하고 불교에 입문하여 계원사(鷄園寺)에 머물렀다. 그러나 그는 천성이 총명해서 삼장을 암송하여 대중의 귀의를 얻고, 아쇼카 대왕의 귀의를 받아 왕궁에서 설법을 하였다. 그리고 평소에 자신의 주장을 게송으로 발표한 것처럼, 여기서 말하는 오사(五事)를 선언하였다고 한다. 그러자 계원사의 대중들이 두 파로 분열되고, 마침내 아사세왕의 중재로 참관자의 다수가 대천의 주장에 찬성하였으나, 상좌의 장로들은 반발하여 계원사를 버리고 멀리 카슈미르로 이전하였다. 그리하여 대천을 추종하는 대중부와 반대하는 상좌부의 둘로 분열되었다는 것이다. 그러나 현재는 이 사실을 상대측의 허구적 비방으로 보고, 사실 그대로 인정하지 않는 이들도 있다(佐佐木, 『佛教史槪說』, 平樂寺書店, 35~36면 참조).

18) 이것은 『부집이론(部執異論)』의 설이다(『대정장』 49권, 20上). 이 오사(五事)의 한역(漢譯)을 다른 이역본과 대조하면 다음과 같다.
　『부집이론(部執異論)』: "餘人染汚依　無明　疑　他度　聖道言所顯　是諸佛正教"
　『이부종륜론(異部宗輪論)』: "餘所誘　無知　猶豫　他令入　道因聲故起"
　『십팔부론(十八部論)』: "從他饒益　無知　疑　由觀察　說得道"

19) 포살(布薩): 팔리어 uposatha의 음사. 범어 upavasatha의 와전된 말. 교단의 구성원들이 한 달에 두 번, 신월(新月)과 만월(滿月)에 한 곳에 모여, 계율을 독송하며 죄와 과오가

율을 독송하여 마치고 또한 이 한 게송을 독송한 것이다. 이 게송에는
다섯 가지 사항[五事; 이른 바 대천(大天)의 오사(五事)를 말한다]이 포함되어
있다.

첫째로 다른 사람이 (나의) 의복을 오염시켰다는 것은, 마하데바가
(생리적으로) 부정한 것을 유출하여 자신의 의복을 오염시켰는데, 제자
를 기만하여 이렇게 말하였다. "나는 아라한이라서 실제로 부정한 일이
없다. (나의 의복이 오염된 것은) 단지 천상의 마녀가 부정한 짓으로 아
라한의 의복을 오염시킨 것이니라." 그 때문에 '다른 사람이 의복을 오
염시켰다'라고 말하는 것이다.

그러나 이 한마디 말에는 허위도 있고 또한 진실도 있다. (한편으로)
그는 실제로는 (아라한이 아니라) 범부로서, 제자를 기만하고 앞에서 설
명한 것처럼 말하였다. 그러므로 이것은 허위이다(라고 하였다). (또 한
편으로) 마녀는 실제로 능히 부정한 짓으로 아라한의 의복을 오염시키
는 일이 있다. 그러므로 이것은 진실이다(라고 하였다). 이와 같이 대중
들이 마하데바가 말한 것을 두고 혹은 허위라거나 혹은 진실이라며 논
쟁하였다. 그 때문에 이부로 분열되었다.

둘째로 무명(無明)20)이라고 말한 것은, 그런데 아라한이라면 곧 (윤회
하여) 삼계(三界)에 태어나게 하는 무명은 없어졌지만, 그럼에도 무지(無
知)21)와 습기(習氣)22)의 무명은 남아있다. 그 때문에 '무명이 있다'고 말
하는 것이다. 당시의 대중들은 혹은 아라한에게 무명이 있다고 말하거
나, 혹은 무명이 없다고 말하며, 이로 인하여 논쟁을 야기하였다. 그 때
문에 이부로 분열되었다.

있으면 참회하는 불교의 의식(儀式).
20) 무명(無明) : avidya의 역어. 인생의 진리를 알지 못하는 근원적인 무지. 이로 인하여
   무수한 탐욕과 성냄과 어리석음이 발생하여 괴로움을 받는다고 한다.
21) 무지(無知) : 아라한이 진리를 깨달았어도, 세속의 모든 것을 다 알지는 못한다는 의미.
22) 습기(習氣) : 무명에 의하여 번뇌가 잦아지면 습관이 되고, 그 뒤에 진리를 깨달아 번
   뇌가 없어져도 당분간 남아 있는 습관의 잠재적인 여력을 말한다.

셋째로 의혹[疑]이라고 말한 것은, 수다원과(須陀洹果)23)는 곧 삼해탈문(三解脫門)24)(을 깨달아, 그것)에 대해서는 의혹이 없지만, 그러나 그 밖의 사항에 대해서는 의혹이 있다. 그 때문에 '의혹이 있다'고 말한 것이다.

넷째로 타인에 의하여 깨닫는다고 말한 것은, 근기가 열등한 이는 (사성(四聖) 가운데) 최초의 과보[初果; 수다원과(須陀洹果)를 말함]에 도달하여도, 스스로는 최초의 과보를 증득하였다는 것을 알지 못한다. 이에 선지식에게 문의하면, 그 선지식은 그를 위하여, 삼보(三寶)와 사제(四諦)25)에 대하여 의혹이 없는 것이 최초 과보(를 증득한) 특징이라고 설명한다. 그리하여 그는 스스로 관찰하여 바야흐로 자신이 최초의 과보를 증득하였다는 것을 알게 된다. 그 때문에 '타인에 의하여 깨닫는다'고 말한 것이다.

다섯째로 성도(聖道)는 언어로 현시된다고 말한 것은, 그런데 성도를 증득한 때에는 또한 언어로 나타내는 바가 있다는 것이다. 예를 들면, 신자(身子; 사리불(舍利弗)을 말함)는 (알비(鵁鞞, Aśvajit) 사문이) 입으로 게송을 독송한 때에 곧바로 최초의 과보를 증득한 것과 같다. 그 때문에 '(성도는) 언어로 현시된다'고 말한 것이다.

당시의 대중들은 이 다섯 가지 의미에 대하여, 혹은 옳다고 하거나 혹은 그르다고 하며 논쟁하였다. 그 때문에 (상좌부와 대중부의) 두 부파가 성립하였다.

질문 : 이 두 부파가 취하는 주장에, 의미상 어떠한 차이가 있는가?

---

23) 수다원과(須陀洹果) : Srota-āpanna의 과보. 소승불교에서 추구하는 네 명의 성자(聖者) 가운데 첫 번째 지위. 이때부터 성자의 대열에 참여한다는 의미에서 예류(預流)라고 번역하기도 한다. 그 네 번째 지위가 바로 무학(無學)의 아라한(阿羅漢)이다.

24) 삼해탈문(三解脫門) : 공(空) 해탈문·무상(無相) 해탈문·무원(無願) 해탈문의 세 가지. 삼삼매(三三昧)라고도 한다.

25) 사제(四諦) : 인생의 괴로움과 그 원인, 해탈, 수행에 대한 고제(苦諦)·집제(集諦)·멸제(滅諦)·도제(道諦)의 네 가지 진리.

　　대답 : 의미가 다른 점26)이 곧 많다. 지금은 간략하게 그 한 가지만을 해명해본다. 대중부는27) (미혹한) 생사(生死)와 (깨달음의) 열반은 모두 가명(假名)이라는 설을 취하였으나, 상좌부는28) 생사와 열반은 모두 진실하다는 설을 취하였다.

※ **부파분열의 자료『부집이론(部執異論)』 및 『이부종륜론(異部宗輪論)』에 대하여**
　부파불교의 분열에 관한 대표적인 문헌으로, 북방불교에 전래되는 『이부종륜론(異部宗輪論)』과 남방불교에 전해지는 『디빠방사(Dīpavaṃsa)』가 있다. 이 두 가지 자료에 나타난 부파분열의 양상에는 약간의 차이가 있지만, 주요한 사항은 대체로 일치한다고 인정된다. 북전(北傳)의 『이부종륜론』은 불멸 일백년 이후부터 인도에서 다투어 흥기한 소승부파의 분열을 역사적으로 기록한 것으로, 존자 세우(世友)가 저술하였다고 한다. 이 저서에는 세 가지의 한역과 몇 가지 티베트역이 존재하는데, 한역 세 가지는 『십팔부론(十八部論)』과 『부집이론(部執異論)』 그리고 『이부종륜론』이다. 첫째의 『십팔부론』은 『분별부론(分別部論)』이라고도 이름하며, 진(秦)의 구마라집(鳩摩羅什)이 역출하여 진역(秦譯)이라고 한다. 둘째의 『부집이론』은 『부이종론(部異宗論)』이라고도 말하며, 진(陳)의 진제(眞諦)가 번역하여 진역(陳譯)이라고 한다. 셋째의 『이부종륜론』은 당(唐)의 현장(玄奘)이 번역하여 당역(唐譯)이라고 한다. 이 중에서 길장이 주로 의존한 것은 진제역의 『부집이론』이고, 현장역은 나중에 역출되어 길장시대에는 사용되지 않았다. 부파분열의 자료에는 이 밖에도 북전의 『문수사리문경(文殊師利問經)』, 『사리불문경(舍利弗問經)』, 『출삼장기집(出三藏記集)』 등이 있

---

26) 의미가 다른 점 : 대중부와 상좌부의 다른 주장은 여기서 해명한 생사와 열반의 차이 외에도, 대중부는 부처님을 신격화하고, 상좌부는 교조 석가모니는 사람이라고 보았다. 또 대중부는 수행의 완성에 부처님을 안배하고 그 아래로 보살, 아라한의 차별을 두었으나, 상좌부는 수행의 최고 과위는 아라한이라고 하였다. 또 대중부는 마음이 오염된 상태에서도 깨달아 해탈할 수 있으나, 상좌부는 오염된 마음이 제거되고 청정한 마음이라야 해탈할 수 있다고 하였다. 이로 인하여 대중부의 사상에서 대승불교의 근원이 어느 정도 발견된다고 말하기도 한다.
27) 대중부는 현재와 무위법(無爲法)은 유(有)이고, 과거와 미래는 체용(體用)이 무(無)라고 설하였다.
28) 상좌부는 삼세실유(三世實有)라고 설하였으므로, 생사와 열반도 실유(實有)라고 하였다.

으며, 남전에는 "Mahāvaṃsa", "Kathāvatthu-aṭṭhakathā" 등이 더 있다.

그런데 북전의 『이부종륜론』의 경우, 그 저자의 문제가 몇 가지 남아있다. 먼저 『역대삼보기(歷代三寶記)』 제11에서 『분별부론(分別部論)』이라고도 이름하는 『십팔부론(十八部論)』을 진제역이라고 하였다. 그러나 진제는 이미 『부집이론』을 번역하였기 때문에, 다시 또 이 저서를 역출할 일이 없었을 것이다. 『십팔부론』을 실역인(失譯人)이라고 보는 이도 있다. 그러나 『십팔부론』에는 '라집법사집(羅什法師集)'으로 되어 있다. 이 『삼론현의』에도 '라집분별부론(羅什分別部論)'이라고 명시되어 있어, 길장도 이것을 구마라집의 역출로 간주한 사실을 알 수 있다.

그 다음 이 저서의 저자는, 『부집이론』에는 '천우보살(天友菩薩)' 곧 '세우보살(世友菩薩)'의 이역(異譯)으로 되어 있고, 『이부종륜론』에는 '세우보살(世友菩薩)'로 되어 있으며, 티베트역도 마찬가지다. 그런데 그 세우(世友)에 대하여 견해가 분분하다. 현장의 제자 자은(慈恩)은 불멸 후 사백여 년에 출세한 설일체유부(說一切有部)의 세우라고 하였고, 티베트의 불교사 『타라나다(Tāranādha)』는 세친(世親) 후에 출세하여 『구사론(俱舍論)』을 주석한 후대의 세우라고 하였다. 그리하여 근대 이후로는 『아비달마품류족론(阿毘達磨品類足論)』의 저자 세우와 『이부종륜론』의 저자 세우(世友)는 동일인이라고 보기도 하였고(望月信亨), 『이부종륜론』의 저자 세우(世友)가 그대로 『대비바사론(大毘婆沙論)』에 나오는 세우와 동일인이라고 간주하여 동명이인(同名異人)이라는 설을 일축하기도 하였다(小野玄妙). 그리고 『십팔부론』이 구마라집의 번역이라면, 구마라집은 세친 이전에 출세하였기 때문에 『타라나다』의 설은 타당하지 않다고 보는 견해도 있으며(高雄義堅), 또한 이 저서가 세우에게 귀속됨을 의심하여, 유부(有部)의 누군가가 이 학파의 전래되는 학설에 기초하여 저술하여, 그것을 학파내의 대립자였던 세우에게 귀속시켰을 것이라 보는 이도 있다(木村泰賢). 그 때문에 이 저서는 부파가 7차 분열한 당시 곧 불멸 후 400년 중에 유부의 교도가 전래되던 것을 집성하였을 것이라며, 이 저서의 성립 년대를 규정하는 것은 근거가 없다고 보기도 하였다(平松友嗣).

이 저서의 저자가 어찌되었든, 그 주석서에 자은의 『이부종륜론술기(異部宗輪論述記)』1권이 있으며, 티베트역 주석서도 있다. 진제역의 『부집이론』에는 원래 진제가 주석한 『부집이론소(部執異論疏)』 10권이 있었다고 하는데, 오늘날에는 산일되어 오직 『삼론현의』와 『삼론현의검유초(三論玄義檢幽鈔)』에 부분적으로 보일 뿐이다. 이하에서 대중부와 상좌부의 근본 이부(二部)의 분열을 번역한 다음, 그 분열을 도표로 나타내며 세 가지 한역의 부파명칭을 대조하여 열거하였다.

제3절 대중부(大衆部)의 분열

至二百年中, 從大衆部, 又出三部. 于時大衆部, 因摩訶提婆移[29]度住央崛多羅國, 此國在王舍城北. 此部將華嚴般若等大乘經, 雜三藏中說之. 時人有信者, 有不信者, 故成二部. 不信者唯言, 阿難等三師所誦三藏, 此則可信, 自三藏外諸大乘經, 皆不可信. 復有信大乘者, 有三因緣. 一者, 爾時猶有親聞佛說大乘法者, 是故可信. 二者, 自思量道理, 應有大乘, 是故可信. 三者, 信其師故, 是故可信. 言三部者. 一一說部, 此部執生死涅槃皆是假名, 故云一說. 二出世說部, 此部言世間法從顚倒生業, 業生果, 故是不實. 出世法不從顚倒生, 故是眞實. 三灰山住部, 前二從執義受名, 此因住處爲目.[30] 此山有石堪作灰, 此部住彼山中修道, 故以爲名. 其執毘曇是實教, 經律爲權說. 故彼引經偈云, "隨宜覆身, 隨宜飮食, 隨宜住處, 疾斷煩惱." 隨宜覆身者, 有三衣佛亦許, 無三衣佛亦許. 隨宜飮食者, 時食佛亦許, 非時食亦許. 隨宜住處者, 結界住亦許, 不結界亦許. 疾斷煩惱者, 佛意但令疾斷煩惱. 此部甚精進, 過餘人也.

---

29) 이(移) : 대정장경본에는 '사(私)'로 되어 있으나, 금릉본과 만속장경본 및 佛敎大系本과 岩波文庫本 등에 의거하여 '移'로 개정하였다.

30) 목(目) : 대정장경본과 佛敎大系本에는 '目'으로 되어 있으나, 금릉본과 만속장경본 및 岩波文庫本에는 '因'으로 되어 있다.

(부처님 입멸 후) 이백년 중에 이르자, 대중부로부터 다시 세 부파가 분출하였다. 그때에 대중부는 마하데바(摩訶提婆)가 (교화의 장소를) 이전하였기 때문에 앙굴다라국(央崛多羅國)31)에 거주하였다. 이 나라는 왕사성의 북쪽에 있다. 이 부파는 『화엄경』과 『반야경』 등 대승경전을 (소승의) 삼장 속에 섞어놓고 그것을 설하였다. 그때에 (대승경전을) 믿는 사람도 있었고, 믿지 않는 사람도 있었다. 그 때문에 두 부파가 성립하였다.

(대승경전을) 믿지 않는 이는 오직 이렇게 말하였다. "아난(阿難) 등 세 명의 스승32)이 암송한 삼장은 곧 믿을 수 있지만, 삼장 이외의 대승경전들은 모두 믿을 수 없다."

(한편) 또한 대승(경전)을 믿은 이도 있었으니, 거기에는 세 가지 인연이 있었다. 첫째는 그 당시에 여전히 (석가모니) 부처님이 대승의 법을 설하신 것을 친히 들은 이가 있었고, 그 때문에 믿을 수 있었다. 둘째는 그 스스로 (불교의) 도리를 생각해보니 당연히 대승(의 가르침)은 있어야 마땅하겠다고 하였으며, 그 때문에 믿을 수 있었다. 셋째는 그 (대중부의) 스승을 믿었기에, 그 때문에 믿을 수 있었다.

여기서 말하는 세 부파라는 것은, 하나는 일설부(一說部)이다. 이 부파는 생사(生死)와 열반(涅槃)은 모두 가명(假名)이라는 주장을 취하였다. 그 때문에 '한 가지 설[一說]'(을 주장한 부파)이라고 한다.

둘은 출세설부(出世說部)이다. 이 부파는 이렇게 말하였다. "세간의 법은 뒤바뀐 견해로부터 업(業)이 발생하고, 업으로부터 과보가 생겨난다. 그 때문에 이것은 진실하지 않다. 출세간의 법은 뒤바뀐 견해로부터 생하지 않는다. 그 때문에 이것은 진실하다."

---

31) 앙굴다라국(央崛多羅國) : 마가다국위 북방에 있었던 Aṅguttarāpa의 음사. 16대국 가운데 앙가국(鴦伽國, Aṅga)을 말한다.
32) 아난(Ānanda), 우파리(Upāli), 가섭(Kāśyapa) 혹은 부루나(Pūrṇa)의 세 명을 말한다. 다음의 제4절 참조.

셋은 회산주부(灰山住部)33)이다. 앞의 (일설부(一說部)와 출세설부(出世說部)의) 두 부파는 주장하는 교의에 따라서 그 명칭을 수여하였으나, 이 부파는 그 거주하는 장소에 의하여 명칭하였다. (이 부파가 거주하는) 그 산에 돌이 있어, 그것으로 재[灰]를 만들어낼 수 있었다. 이 부파는 그 산속에 거주하여 도를 닦았기 때문에, 그것을 명칭으로 삼은 것이다.

이 부파는 (삼장 가운데) 아비달마(毘曇; Abhidharma, 論藏을 말함)는 진실한 가르침이고, 경전과 율장은 방편적 교설이라고 주장하였다. 그 때문에 그들은 경전의 게송을 인용하여 이렇게 말하였다. "편의에 따라서 몸을 덮고, 편의에 따라서 음식을 섭취하고, 편의에 따라서 처소에 거주하며, 신속하게 번뇌를 단절하라."

편의에 따라서 몸을 덮는다는 것은, 세 가지 의복[三衣]34)을 (몸에) 걸쳐도 부처님은 또한 그것을 허락하고, 세 가지 의복을 (몸에) 걸치지 않아도 부처님은 또한 그것을 허락한 것을 말한다. 편의에 따라서 음식을 섭취한다는 것은, (계율에 규정된) 시간 내에 식사[時食]35)하여도 부처님은 그것을 허락하고, 계율에 규정된 시간 외에 식사하여도 부처님은 또한 그것을 허락한 것을 말한다. 편의에 따라서 처소에 거주한다는 것은, (계율을 보호하려고) 결계(結界)36) 안에 거주하여도 부처님은 그것을 허

---

33) 회산주부(灰山住部): 『부집이론(部執異論)』에 따른 명칭이며, 『이부종륜론(異部宗輪論)』에는 계윤부(鷄胤部)라 하고, 『십팔부론(十八部論)』에는 굴거(窟居)라고 하였다.

34) 삼의(三衣): 출가자가 몸에 걸치는 세 가지 가사(袈裟). 첫째 승가리(僧伽梨, Saṅghaṭi)는 대의(大衣) 또는 중취의(衆聚衣)라 번역하며, 수계할 때나 왕궁 관청 공공기관 참석 등 엄숙한 행사에 착용한다. 9조(九條)나 25조의 포목을 봉제하여 제작하기 때문에 구품대의(九品大衣)라고 칭한다. 둘째 울다라승(鬱多羅僧, Uttarāsaṅga)은 상의(上衣) 또는 상착의(上着衣)라 번역하며, 청강·예불·포살 때에 착용한다. 7조의 포목을 봉제하여 제작한다. 셋째 안다회(安陀會, Antaravāsaka)는 중의(中衣) 또는 내의(內衣)라 번역하며, 평상시 작업이나 취침할 때 착용한다. 5조의 포목을 봉제하여 제작한다.

35) 시식(時食): 출가 비구는 아침부터 정오 사이 규정된 시간에 하루 한 끼만 식사하는 것을 말한다.

36) 결계(結界): sīmābandha의 한역어. 불교사원을 지을 때와 수계하는 계단을 설치할 때, 계율을 지키는 것을 보호하기 위한 일정한 구역을 말하며, 나중에는 가람의 경내를 가리키게 되었다.

락하고, 계율에 규정된 결계 밖에 거주하여도 부처님은 그것을 허락한
것을 말한다. 신속하게 번뇌를 단절하라는 것은, 부처님이 의도하신 바
는 단지 신속하게 번뇌를 단절하려는 데에 있다는 것을 말한다. 이 부
파(의 사람들)는 열심히 정진하여, 그것이 다른 (부파의) 사람들보다 더
하였다.

至二百年中, 從大衆部內, 又出一部, 名多聞部. 大衆部唯弘淺
義, 棄於深義. 佛在世時, 有仙人値佛得羅漢, 恒隨佛往他方及
天上聽法. 佛涅槃時, 其人不見, 在雪山坐禪. 至佛滅度後二百年中, 從
雪山出, 覓諸同行. 見大衆部唯弘淺義, 不知深法, 其人具足誦淺深義.
深義中有大乘義, 成實論卽從此部出. 時人有信其所說者, 故別成一部,
名多聞部.

於二百年中, 從大衆部, 更出一部, 名多聞分別部. 佛在世時, 大迦旃
延造論解佛阿含經. 至二百年, 大迦旃延, 從阿耨達池出, 更分別前多
聞部中義. 時人有信其所說者, 故云多聞分別部.

(부처님 입멸 후) 이백년 중에 이르자, 대중부의 내부로부터
또 하나의 부파가 분출하여, (이것을) 다문부(多聞部)라 이름하
였다. 대중부는 오직 천박한 교의만을 선전하고 심원한 교의를 방기하
고 있었다.

부처님이 이 세상에 계실 때에 어떤 선인(仙人)37)이 있었는데, 부처님
을 만나 아라한 과보를 획득하고는, 항상 부처님을 따라서 다른 지방이
나 천상(天上)에 가서 법을 들었다. 그런데 부처님이 열반할 때에 그 선
인의 모습은 보이지 않았으니, 그는 설산(雪山)38)에 들어가 좌선하고 있

---

37) 선인(仙人) : ṛṣi의 한역어. 『삼론현의검유집』에 인용된 진제(眞諦)의 『부집이론소(部
執異論疏)』에 의하면, 그 선인의 본명은 사피의(祠皮衣)라고 하였다(『대정장』 70권,
460下).
38) 설산(雪山) : 지금의 히말라야산을 말하는데, 정확한 장소는 자세하지 않다.

었던 것이다. 부처님이 멸도한 뒤 이백년 중에 이르러, (그 선인은) 설산에서 나와 수행을 함께 하는 여러 사람들을 찾아보았다. 그리하여 대중부가 오직 천박한 교의만을 선전하고 심원한 법을 알지 못한다는 것을 알아차렸다. 그 선인은 천박한 교의와 심원한 교의를 충분히 설하였으며, 그 심원한 교의 가운데 대승의 교의가 들어있었다. 『성실론(成實論)』은 곧 이 부파에서 나왔다. 당시의 사람들 중에 그 선인이 설한 것을 믿는 이들이 있었다. 그 때문에 별도로 한 부파가 형성되어, (이것을) 다문부라 이름하였다.

(부처님 입별 후) 이백년 중에, 대중부로부터 다시 한 부파가 분출하여, (이것을) 다문분별부(多聞分別部)[39]라고 이름하였다. 부처님이 이 세상에 계실 때에, 대가전연(大迦旃延)은 논서를 지어 부처님이 설하신 『아함경』을 해석하였다. (그로부터) 이백년에 이르자, 대가전연은 아뇩달지(阿耨達池)[40]에서 출현하여 다시 앞에서 기술한 다문부의 교의를 분별하여 해설하였다. 당시의 사람들 중에 그 (대가전연이) 설한 것을 믿는 사람들이 있었다. 그 때문에 (이것을) 다문분별부라고 이름하였다.

---

39) 다문분별부(多聞分別部) : 『부집이론』에 따른 것으로, 분별설부(分別說部)라고도 한다. 『이부종륜론』에서는 설가부(說假部)라 하고, 『십팔부론』에서는 시설론(施設論)이라고 하였다.

40) 아뇩달지(阿耨達池) : Anavatapta. 무열지(無熱池), 무열뇌지(無熱惱池), 또는 청량지(淸涼池)라 한역한다. 향취산(香醉山)의 남쪽과 설산(雪山)의 북쪽에 있다고 하며, 둘레는 사백리에 그 언덕은 금·은·유리 등의 보석으로 되어 있고, 인도의 큰 하천은 모두 이 아뇩달지로부터 비롯된다고 전해진다. 불교의 전설에 따르면 설산의 정상에 호수가 있고, 그 호수에 보살의 화신이라는 아뇩달용왕(阿耨達龍王)이 거주한다고 하여 아뇩달지(阿耨達池)라 부른다고 하였다.

그런데 최근의 답사와 보고에 의하면, 설산이라 불리던 히말라야 북방 부근에 위치한, 고대의 수미산에 비견되는 카일라스(Kailash)산으로 가는 주변에 거대한 호수 '마나사로바'가 있고, 이 호수의 물이 인도의 하천의 근원이 된다고 보도되었다. 그 둘 사이에 어떠한 연관이 있는지도 모른다.

於二百年滿, 有一外道, 名大天. 爾時摩伽陀國有優婆塞, 大弘佛法. 諸外道爲利養故, 皆剃頭出家, 便有賊住比丘, 大天爲賊住主. 大天身自出家, 所度弟子, 依大天衆, 出家受戒. 爾時衆人共諍斯事. 上座部云, 和上無戒及破戒, 闍梨有戒, 大衆亦有戒, 受戒則得. 戒從大衆得. 大衆知和上無戒, 而與共受戒者, 大衆得突吉羅罪.

問, 戒旣不從和上得, 何故稱和上名?

答, 欲令受戒後, 和上攝錄敎誨弟子耳. 薩婆多用此解. 餘部言, 和上無戒及破戒, 大衆有戒則不得戒, 戒從和上得故. 因此諍論, 遂不容大天, 徒衆因爾別住山間. 於此山間執義又異, 故有支提山部, 及北山部. 佛得道及轉法輪處. 大衆處名支提, 此處有山, 名支提山. 於彼山北別有山, 名北山部也.

大衆部合別數, 或五, 或七, 或八. 言五部者, 初一說部, 二出世說部, 三灰山住部, 此初破成三也. 次多聞部, 次多聞分別部, 故成五部. 言七部者, 因外道分成二部, 謂支提山部, 及北山部. 前五因內執起, 後二因外道起, 故成七部. 言八部者, 則數根本大衆部也.

(부처님 입멸 후) 이백년이 다되자, 한 명의 외도가 있어, 대천(大天 : Mahādeva의 의역)[41]이라 이름하였다, 그때에 마가다국(摩伽陀國)에 우바새(優婆塞)[42]가 있어, 널리 불법(佛法)을 홍포하였다. (그 무렵) 많은 외도들은 자신의 이양(利養)[43]을 위하여 모두 머리를 깎고 (불교에) 출가하였다. 그리하여 문득 적주비구(賊住比丘)[44]가 있게 되었으며, 대천

---

41) 대천(大天) : 마하데바(Mahādeva, 摩訶提婆)의 의역. 상좌부와 대중부가 분열한 원인이 된 제1차 분열시의 마하데바와 다른 두 번째의 동명이인을 말한다. 『부집이론』에서 "此第二百年滿, 有一外道, 名曰大天. 於大衆部中出家, 獨處山間, 宣說大衆部"라고 하였다(『대정장』 49권, 20中).

42) 우바새(優婆塞) : Upāsaka의 음사. 남자 재가불교신자를 말한다.

43) 이양(利養) : 사적인 욕심으로 개인적 이득을 추구하는 것.

44) 적주비구(賊住比丘) : 비구의 자격이 되는 구족계를 받지도 않고, 비구들 사이에 참여하여 교단에 영향력을 행사하는 자를 말한다.

은 그 적주비구의 주도자가 되었다. 대천은 그 자신 스스로 출가하였으며, 그에게 제도된 제자는, 대천을 추종하는 승중에 의하여 출가하고 수계하였다. 그래서 당시의 많은 사람들이 함께 이 사건에 대하여 논쟁하였다.

(이에 대하여) 상좌부(上座部)는 이렇게 말하였다. "(수계(授戒)하는) 화상(和上)[45]은 계를 받지 않았거나 파계(破戒)하였어도, 아사리(闍梨)[46]에게 계(戒)가 갖추어져 있고, (수계 받는) 대중에게도 또한 계가 갖추어져 있다면, (그런 상황에서) 계를 받으면 계를 얻을 수 있다. 계는 (수계 받는) 대중에 의하여 얻어지는 것이기 때문이다. (그러나) 대중이 (수계하는) 화상이 계를 받지 않았다는 것을 알고 있는데, 그런데도 함께 계를 받게 한다면, 대중은 돌길라(突吉羅)[47]라는 죄를 짓는 것이다.

질문 : 계(戒)가 이미 (수계(授戒)하는) 화상으로부터 얻어지는 것이 아닌데, 어찌하여 (대천(大天)에 대하여 수계를 하는) 화상이라고 명칭하는가?

대답 : 그것은 수계(受戒)한 후에, 화상에게 제자를 통솔하게 하고 가르쳐서 타이르게 하려는 것일 뿐이다. 살바다(薩婆多)[48]는 이 해석을 사용하였다. (그러나) 그 밖의 다른 부파는 이렇게 말하였다. "화상이 계를 받지 않았거나 파계하였다면, (설사 수계 받는) 대중에게 계가 갖추어져

---

45) 화상(和上) : 화상(和尙)이라고도 한다. 수계할 때에 스승이 되며, 정식으로는 계화상(戒和尙)이라고 한다. 수계할 때에는 삼사칠증(三師七證)이 입회해야 한다. 삼사(三師)는 계를 수여하고 그 후에 스승이 되는 계화상(戒和尙), 수계의식의 작법과 사회자를 이행하는 갈마사(羯磨師), 계를 받는 자에게 착의 방법과 심문에 대답하는 방법 등을 가르쳐주는 교수사(敎授師)의 셋을 말하고, 칠증(七證)은 수계가 성립한 것을 입증하는 7인 이상의 출가자를 말한다.

46) 사리(闍梨) : 아사리(阿闍梨)의 약칭. ācārya의 음사. 궤범사(軌範師), 정행(正行), 교수(敎授) 등으로 번역된다. 교단의 스승으로 제자에게 가르치며 궤범이 되는 고승의 존칭. 여기서는 계화상(戒和尙)을 제외한 갈마사(羯磨師)와 교수사(敎授師)를 가리킨다.

47) 돌길라(突吉羅) : duṣkṛta의 음사이며, 악작(惡作)이라 번역하며, 나쁜 행위라는 의미이다. 계율의 죄명으로, 가벼운 죄나 경미한 과오에 해당한다.

48) 살바다(薩婆多) : Sarvāstivādin의 음사. 설일체유부(說一切有部)라고 번역하며, 약칭하여 유부(有部)라고 한다. 상좌불교 최대의 부파.

있다고 하여도, 곧 계를 얻을 수는 없다. 계는 화상으로부터 얻어지는 것이기 때문이다." 이러한 논쟁으로 인하여, 마침내 대천의 무리들을 수용하지 않았다. 이에 대천을 추종하는 무리들은 그 일로 인하여 따로 산 사이에 거주하였다.

(그런데) 이 산 사이에도 주장하는 교의가 또 달랐던 것이다, 그 때문에 지제산부(支提山部)[49] 및 북산부(北山部)[50]가 있게 되었다. (그 곳은) 부처님이 도를 얻은 곳이며, (처음으로) 법륜(法輪)을 굴린 곳이었다. 대중이 (운집한) 처소를 지제(支提)[51]라 이름하였고, 이 처소에 산이 있어 지제산(支提山)이라 이름하였다. 그 산의 북쪽에 별도로 산이 있어, (거기에 거주한 사람들을) 북산부(北山部)라 이름하였다.

대중부가 분파된 수효를 합하여 보면, 혹은 다섯, 혹은 일곱, 혹은 여덟이 된다. 오부(五部)라고 말하는 것은, 처음은 일설부(一說部), 둘째는 출세설부(出世說部), 셋째는 회산주부(灰山住部)이다. 이들은 최초로 분열하여 세 부파가 되었다. 다음에는 다문부(多聞部), 그 다음에는 다문분별부(多聞分別部)가 분파하였다. 그러므로 다섯 부파가 된다. 칠부(七部)라고 말하는 것은, (오부(五部)에 다시 대천이라는) 외도로 인하여 두 부파가 분열하여 성립하였으니, 이른 바 지제산부(支提山部)와 북산부(北山部)이다. 이전의 다섯 부파는 내부의 견해 차이로 인하여 일어났고, 나중의 두 부파는 외도로 인하여 일어났다. 그러므로 일곱 부파가 된다. 팔부(八部)라고 말하는 것은, 곧 (그 칠부(七部)에) 근본인 대중부(大衆部)를 셈하는 것이다.

---

49) 지제산부(支提山部) : 지제(支提)는 짜이티야(caitya)의 음사이며, 총(塚)이라 번역한다. 이곳에서 부처님과 불제자들의 유골과 유품 등을 제사지내며, 추모하는 사람들이 모여 들었다. 탑(塔, stūpa)과 혼용되기도 한다. 『이부종륜론』에서는 이 부파를 제다산부(制多山部)라고 하였다.

50) 북산부(北山部) : 『이부종륜론』에서는 북산부(北山部) 다음에 서산주부(西山住部)를, 『십팔부론』에서는 아라설부(阿羅說部)를 더 첨가하여 전부 9부파가 된다.

51) 지제(支提) : caitya의 음사. 제다(制多)라고 음사하기도 한다. 영묘(靈廟), 불당(佛堂).

※ 대중부(大衆部)의 분열

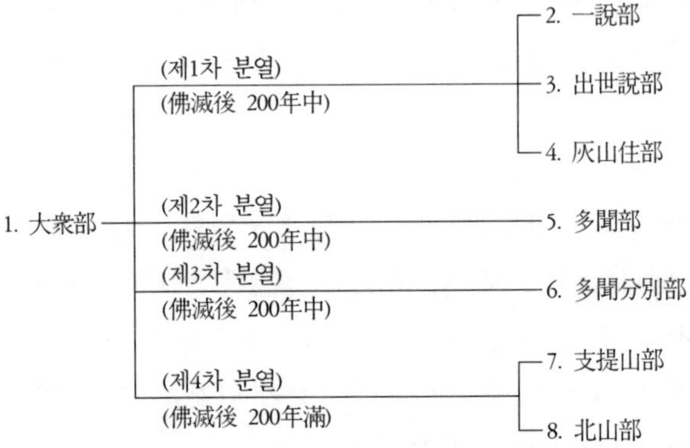

『三論玄義』·『部執異論』	『異部宗輪論』	『十八部論』
1. 一說部(Ekavyavahārika) ——————— 一說部 ——————— 一說部		
2. 出世說部(Lokottara) ——————— 說出世部 ——————— 出世間說部		
3. 灰山住部(Kukkuṭika) ——————— 雞胤部 ——————— 窟居部		
4. 多聞部(Bahuśrutīya)·得多聞部 ——————— 多聞部 ——————— 多聞部		
5. 多聞分別部(Prajñaptivādin)·分別說部 ——— 說假部 ——————— 施設論部		
6. 支提山部(Caitika) ——————— 制多山部 ——————— 支提迦部(遊迦部)		
7. 北山部(Uttaraśaila) ——————— 北山住部 ——————— 欝多羅施羅部		
8.	西山住部(Aparaśaila) —— 阿羅說部(佛婆羅部)	

제4절 상좌부(上座部)의 분열

次上座弟子部者, 佛滅度後, 迦葉以三藏付三師. 以修多羅付阿難, 以毘曇付富樓那, 以律付優婆離. 阿難去世, 以修多羅付末田地, 末田地付舍那婆斯, 舍那婆斯付優婆掘多, 優婆掘多付富樓那, 富樓那付寐者柯, 寐者柯付迦旃延尼子. 從迦葉至寐者柯, 二百年已來無異部. 至三百年初, 迦旃延尼子去世, 便分成兩部. 一上座弟子部, 二薩婆多部. 所以分成二部者, 上座弟子但弘經, 以經爲正, 律開遮不定, 毘曇但釋經, 或過本或減本, 故不正弘之, 亦不棄捨二藏也. 而薩婆多, 謂毘曇最勝, 故偏弘之. 從迦葉至掘多, 正弘經. 從富樓那, 稍棄本弘末, 故正弘毘曇. 至迦旃延, 大興毘曇. 上座弟子部, 見其棄本弘末, 四過宣令遣其改宗, 遂守宗不改. 而上座弟子部, 移往雪山避之, 因名雪山住部.

다음에 상좌제자부(上座弟子部)라고 하는 것은, 부처님이 멸도한 후에, 가섭(迦葉)은 삼장(三藏)52)을 (각각 다음의) 세 스승에게 부촉하였다. 수다라(修多羅, 경장(經藏)을 말함)를 아난(阿難)53)에게 부촉하고, 아비달마(毘曇, 논장(論藏)을 말함)를 부루나(富樓那)54)에게 부촉하고, 율장(律藏)을 우바리(優婆離)55)에게 부촉한 것이다. (그 이후) 아난은 세상을 떠날 때에 수다라를 말전지(末田地)56)에게 부촉하고, 말전지는 사나바사(舍那婆

---

52) 삼장(三藏) : tripiṭaka의 번역. 불교경전의 총칭으로, 경장(經藏; 修多羅, sūtra), 율장(律藏; vinaya), 논장(論藏; 阿毘曇, abhidharma)으로 구성되어 있다.

53) 아난(阿難) : Ānanda. 삼장을 결집할 때에 중심인물이 되어, 부처님을 시봉하며 수십 년 동안 들은 설법을 모두 암송하여 경장을 성립시키는 공덕을 쌓았다. 부처님 십대제자의 한 명으로, 다문제일(多聞第一)이라 불리었다.

54) 부루나(富樓那) : Pūrṇa. 정확하게는 Pūrṇamaitrāyaṇīputra. 부처님 십대제자의 한 명으로, 설법제일(說法第一)이라 호칭되었다.

55) 우바리(優婆離) : Upāli. 부처님 십대제자의 한 명으로, 지계제일(持戒第一)이라 호칭되었다.

斯)[57]에게 부촉하고, 사나바사는 우바굴다(優婆掘多)[58]에게 부촉하고, 우바굴다는 부루나에게 부촉하고, 부루나는 매자가(寐者柯)[59]에게 부촉하고, 매자가는 가전연니자(迦旃延尼者)[60]에게 부촉하였다. 가섭으로부터 매자가에 이르기까지 이백년 동안에는 다른 부파가 없었다.

(부처님 입멸 후) 삼백년의 초엽에 이르러, 가전연니자가 세상을 떠날 때에, (상좌부는) 곧 분열하여 두 부파가 되었다. 그 하나는 상좌제자부(上座弟子部)이고, 둘은 살바다부(薩婆多部)이다. 분열하여 두 부파가 되었던 이유는, 상좌제자는 단지 경전만을 홍포하며, 경전을 바른 것으로 삼았다. 율장은 (경우에 따라서) 허용하기도 하고 부정하기도 하여 일정하지 않았다. (논장인) 아비달마는 단지 경전을 해석하였는데, 혹은 근본[本; 경장을 의미함]보다 자세하기도 하고, 혹은 근본보다 부족하기도 하였다. 그 때문에 바르게 경장을 홍포하는 것은 아니(라고 하였)다. 그렇다고 하여 또한 (율장과 논장의) 이장(二藏)을 버린 것도 아니었다.

그런데 살바다부는 아비달마가 가장 수승하다고 말하였기 때문에 오로지 논장을 홍포하였다. 가섭부터 우바굴다에 이르기까지는 바르게 경전을 홍포하였으나, 부루나부터는 점차 근본[本; 경장]을 버리고 지말[末; 논장]을 홍포하였다. 그 때문에 바로 논장을 홍포한 것이다. (그리하여) 가전연에 이르자 논장을 크게 흥륭시켰다.

상좌제자부는 (살바다부가 이와 같이) 근본을 버리고 지말을 홍포시

---

56) 말전지(末田地) : Madhyāntika. 아난의 제자로, 카슈미르지역에 불교를 전하였다고 한다.
57) 사나바사(舍那婆斯) : Sānnavakavāsi 또는 Sānavāsī라고도 하며, 상나화수(商那和修)라고 음사되기도 한다. 아난의 제자.
58) 우바굴다(優婆掘多) : Upagupta. 우바급다(優婆笈多), 우바국다(優婆毱多)라고도 음사한다. 아쇼카왕에게 불법(佛法)을 전수하였다고 한다.
59) 매자가(寐者柯) : Micaka(?). 미자가(彌遮迦)라고도 음사한다. 본래 바라문이었으나, 나중에 불교에 귀의하여 북인도에 불교를 전하였다고 한다.
60) 가전연니자(迦旃延尼者) : Kātyāyanīputra. 가다연니자(迦多衍尼子)라고도 음사한다. 기원전 2세기에서 1세기에 출현하여, 『아비달마발지론』을 저술하여 설일체유부의 초석을 마련한 대논사.

키는 것을 보고는, 네 번이나 명령하여 그 (살바다부의) 주장을 고치게
하려고 하였으나, (살바다부는) 마침내 그 주장을 수호하여 고치지 않았
다. 그리하여 상좌제자부는 설산[雪山; 히말라야산]으로 이주하여 그 살바
다부를 회피하였다. 이로 인하여 (상좌제자부를) 설산주부(雪山住部)[61]라
고도 이름하는 것이다.

三百年, 從薩婆多出一部, 名可住子弟子部, 卽是舊犢子部也.
言可住子弟子部者, 有仙人名可住, 有女人是此仙人種, 故名
可住子. 有阿羅漢, 是可住女人之子, 故名可住子. 此部是此羅漢之弟
子, 故名可住子弟子也. 舍利弗是羅睺羅和上, 羅睺羅是可住子和上,
此部復是可住子之弟子. 舍利弗釋佛九分毘曇, 名法相毘曇. 羅睺羅弘
舍利弗毘曇, 可住子弘羅睺羅所說, 此部復弘可住子所說也.

(부처님 입멸 후) 삼백년에 살바다부(薩婆多部)로부터 한 부파가
분출하여, 가주자제자부(可住者弟子部)라고 이름하였는데, 곧 이
것이 예전에 (말한) 독자부(犢子部)이다. 가주자제자부라고 말하는 것은,
(옛날) 가주(可住)라고 이름하는 선인(仙人)이 있었다. (그 선인에게) 여인
이 있었는데, 이 여인은 그 선인의 자식이었기 때문에 가주자(可住者)[62]
라고 이름하였다. (다시 이 여인의 자식에) 아라한이 있었는데, 그는 이
가주여인의 자식이었다. 그 때문에 (그도 또한) 가주자(可住者)라고 이름
하였다. 이 부파는 이 아라한의 제자들이었기 때문에 가주자제자(可住者
弟子)라고 이름한 것이다.

　(본래) 사리불(舍利佛)[63]은 라후라(羅睺羅)[64]에게 수계한 화상(和上)이고,

---

61) 설산주부(雪山住部) : Haimavata. 『이부종륜론』에서는 설산부(雪山部)라고 하며, 본상
　좌부(本上座部)에 해당한다.
62) 가주자(可住者) : Vātsīputra. 독자(犢子)라고 번역한다.
63) 사리불 : Śāriputra. 부처님 십대제자의 한 명으로, 지혜제일(智慧第一)이라 불리었다.
64) 라후라 : Rahula. 부처님이 출가하기 전에 낳은 외아들. 나중에 출가하여 부처님 십대

라후라는 가주자(可住者)에게 수계한 화상이다. (그리하여) 이 부파는 다시 가주자의 제자들이다. 사리불은 부처님이 설하신 구분교(九分敎)의 아비달마[九分毘曇][65]을 주석하여 법상비담(法相毘曇)[66]이라 이름하였다. 라후라는 사리불의 비담을 홍포하고, 가주자는 라후라가 설한 것을 홍포하여, 이 부파는 다시 가주자가 설한 것을 홍포한 것이다.

次三百年中, 從可住子部復出四部. 以嫌舍利弗毘曇不足, 更各各造論, 取經中義足之. 所執異故, 故成四部. 一法尙部, 卽舊曇無德部也. 二賢乘部, 三正量弟子部, 有大正量羅漢, 其是弟子, 故名正量弟子部. 此三從人作名. 四名密林部, 從住處作名也.

三百年, 從薩婆多部復出一部, 名正地部. 有婆羅門, 是國師, 名正地部. 善解四韋陀, 出家得羅漢. 取四韋陀好語莊嚴佛經, 執義又異. 時人有信其所說, 故別爲一部.

三百年中, 從正地部又出一部, 名法護部. 其本是目連弟子, 得羅漢, 恒隨目連往色界中, 有所說法皆能誦持, 自撰爲五藏. 三藏如常, 四呪藏, 五菩薩藏. 有信其所說者, 故別成一部也.

三百年中, 從薩婆多部又出一部, 名善歲部. 迦留陀夷是其父, 及多比丘尼是母. 七歲得羅漢, 値佛聞法, 皆能誦持, 撰集佛語. 次第相對破外道爲一類, 對治衆生煩惱復爲一類. 時人有信其所說者, 故別爲一部也.

三百年中, 從薩婆多部又出一部, 名說度部. 謂五陰從此世度至後世, 得治道乃滅. 亦名說經部, 謂唯經藏爲正, 餘二皆成經耳.

從上座部都合有十一部, 大衆部有七部, 合成十八部. 足根本二部, 爲二十部.

제자의 한 명으로, 밀행제일(密行第一)이라 불리었다.

65) 구분비담(九分毘曇): 원시불교경전에서 말하는 구분교(九分敎)에 설해진 아비달마 학설.

66) 법상비담(法相毘曇): 사리불이 저술하였다는 『사리불아비담론(舍利弗阿毘曇論)』을 말한다.

다음에 (부처님 입멸 후) 삼백년 중에, 가주자부(可住者部)로부터 다시 네 부파가 분출하였다. 그들은 사리불(舍利弗)의 비담(毘曇)[67]이 충분하지 않은 점을 불만스럽게 생각하여 다시 각각 논서를 지었으며, 경전 중에서 의미를 취하여 그것에 보충하였다. (그러나) 주장하는 바가 각각 달랐기 때문에 네 부파가 성립한 것이다.

첫째는 법상부(法尙部)[68]로, 곧 예전에 담무덕부(曇無德部)(라고 번역한 것)이다. 둘째는 현승부(賢乘部)[69]이고, 셋째는 정량제자부(正量弟子部)[70]이다. 대정량나한(大正量羅漢)[71]이 있었는데, 이 부파는 그의 제자이다. 그 때문에 정량제자부라고 이름하였다. 이상의 셋은 (추종하는) 사람을 따라서 명칭한 것이다. 넷째는 밀림부(密林部)[72]라고 이름하였는데, 이것은 그 거주하는 처소에 따라서 명칭한 것이다.

(부처님 입멸 후) 삼백년에, 살바다부(薩婆多部)로부터 다시 한 부파가 분출하여 정지부(正地部)[73]라고 이름하였다. 어떤 바라문(婆羅門)[74]이 있었는데, 그는 국사(國師)로서, 정지부(正地部)라고 이름하였다. 네 종류의 베다[四韋陀][75]를 잘 이해하였고, 출가하여 아라한의 과보를 획득하였다. (그리고는) 네 종류 베다의 좋은 글귀를 취하여 불경(佛經)을 장엄하게 꾸

---

67) 사리불의 비담 : 곧 『사리불아비담론(舍利弗阿毘曇論)』을 말한다.

68) 법상부(法尙部) : Dharmottarīya. 『이부종륜론』에서는 법상부(法上部)라고 한다.

69) 현승부(賢乘部) : Bhadrayānīya. 『이부종륜론』에서는 현주부(賢胄部)라고 한다.

70) 정량제자부(正量弟子部) : Sammatīya. 『이부종륜론』도 동일하다.

71) 대정량라한(大正量羅漢) : 제법의 이치를 매우 바르게 헤아리는 아라한이라는 의미.

72) 밀림부(密林部) : Saṇṇagarika. 『이부종륜론』에서는 밀림산부(密林山部)라고 한다.

73) 정지부(正地部) : Mahīśāsaka. 『이부종륜론』에서는 화지부(化地部)라고 한다.

74) 바라문(婆羅門) : brāhmaṇa의 음사. 범지(梵志)라고 한역한다. 고대 인도종교의 성직자 계급. 바라문의 생애는 어려서 스승에게 바라문종교의 베다(Veda) 성전을 배우는 학생기(學生期), 성장하여 가정을 꾸리는 가장기(家長期), 가정을 자식에게 맡기고 삼림에 은둔하여 수행하는 임서기(林棲記), 성지(聖地)를 탐방하고 포교하며 유행하는 유행기(遊行期)의 네 시기로 되어 있다.

75) 위다(韋陀) : 베다, 또는 웨다(Veda)의 음사. 베다는 인도의 가장 오래된 바라문(婆羅門)종교의 문헌으로, 여기에는 Ṛg-Veda, Sāma-Veda, Yajur-Veda, Atharva-Veda의 네 종류가 있다.

미었고, 그 주장하는 교의에도 또한 남다른 바가 있었다. 당시의 사람들 중에 그가 설하는 것을 믿는 이들이 있었고, 그 때문에 별도로 한 부파가 되었다.

(부처님 입멸 후) 삼백년 중에, 정지부(正地部)로부터 또 한 부파가 분출하여 법호부(法護部)[76]라고 이름하였다. 그 (법호(法護))는 본래 목련(目連)[77]의 제자였다. 아라한의 과보를 획득하고, 항상 목련을 따라서 색계(色界)[78]에 갔으며, (거기에서 목련이) 설하는 법이 있으면 그것을 모두 암송하여, 스스로 오장(五藏)을 편찬하였다. (그 오장 가운데) 삼장(三藏)은 통상 말하는 바와 같고, 네 번째는 주장(呪藏),[79] 다섯 번째는 보살장(菩薩藏)이다. 그가 설하는 바를 믿는 이들이 있었고, 그 때문에 별도로 한 부파가 성립되었다.

(부처님 입멸 후) 삼백년 중에, 살바다부로부터 또 한 부파가 분출하여 선세부(善歲部)[80]라고 이름하였다. 가류다이(迦留陀夷)[81]는 그 선세(善歲)의 아버지였고, 급다(及多)[82]비구니는 그 선세의 어머니였다. (선세는) 일곱 살에 아라한의 과보를 획득하여, 부처님을 만나 법을 듣고는 그것을 모두 암송하였으며, 부처님의 말씀을 모집하여 편찬하였다. (그것을) 차례로 상대하여 외도를 파척하는 것을 한 부류로 삼고, 중생의 번뇌를 대치(對治)하는 것을 또 한 부류로 삼았다. 당시의 사람들 중에 그가 설한 바를 믿는 이들이 있었고, 그 때문에 별도로 한 부파가 되었다.

---

76) 법호부(法護部) : Dharmagupta. 『이부종륜론』에서는 법장부(法藏部)라고 한다.
77) 목련 : Maudgalyāyana. 부처님 십대제자의 한 명으로, 신통제일(神通第一)이라 불리었다.
78) 색계 : 오욕(五欲) 등의 탐욕이 들끓는 욕계(欲界) 위에 위치하는 천상의 세계. 이 세계는 물질적인 형태를 갖추고 있지만, 그 곳에 거주하는 사람들은 욕망이 없다고 한다.
79) 주장(呪藏) : 주문을 설한 문헌을 모집한 것.
80) 선세부(善歲部) : Suvarṣaka. 별도로 음광부(飮光部, Kāśyapīya)라고도 부른다.
81) 가류다이(迦留陀夷) : Kālodāyin. 석가모니가 궁전에서 태자로 지낼 때의 스승으로, 나중에 출가하여 비구가 되었다. 그러나 여기의 인물과 연대가 부합되지 않는다. 생애가 자세하지 않다.
82) 급다(及多) : 굽타(Gupta)의 음사. 생애가 자세하지 않다.

(부처님 입멸 후) 삼백년 중에, 살바다부로부터 다시 한 부파가 출현하여 설도부(說度部)[83]라고 이름하였다. (이 부파는) 이렇게 말하였다. "오음(五陰)[84]은 이 세상으로부터 건너가서 후세에 이르며, 번뇌를 대치하는 도를 얻으면 (오음이) 이에 소멸한다." (이 부파를) 또한 설경부(說經部)라고도 이름하였으니, (그들은) 이렇게 말하였다. "(삼장 가운데) 오직 경장(經藏)만이 바르고, 나머지 (율장과 논장의) 둘은 모두 경장을 성립시키기 위한 것이다."

(이상과 같이) 상좌부(上座部)로부터 도합 11부가 분파하고, 대중부(大衆部)에서 7부가 분파하여, 합하여 18부가 성립하였다. 여기에 (상좌부와 대중부라는) 근본의 이부를 더하여 20부가 되는 것이다.

※ 상좌부(上座部)의 분열

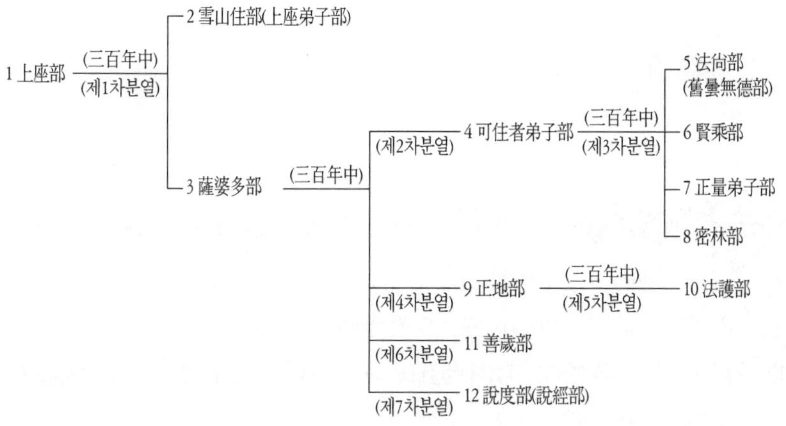

---

83) 설도부(說度部) : Saṅkrāntika. 설경부(說經部), 설전부(說轉部)라고도 부르며, 별도로 경량부(經量部, Sautrāntika)라고 한다.

84) 오음(五陰) : 오온(五蘊)이라고도 한다. 일체 존재를 구성하는 색(色)·수(受)·상(想)·행(行)·식(識)의 다섯 가지 요소. 육체적 물질적 요소의 색(色, rūpa), 감수(感受)작용의 수(受, vedanā), 상상(想像)작용의 상(想, saṃjñā), 의지(意志)작용의 행(行, saṃskāra), 인식(認識)작용의 식(識, vijñāna)을 말하며, 이 오음이 결합한 것을 인간존재로 간주한다.

『三論玄義』·『部執異論』	『異部宗輪論』	『十八部論』
1. 薩婆多部(Sarvāstivādin)·說一切有部 ── 說一切有部(說因部) ──		薩婆多部
2. 雪山住部(Haimavata) ──────── 雪山部(本上座部, Mūla-sthavira) ──		雪山部
3. 可住者弟子部(Vātsīputrīya) ──────── 犢子部 ────────		犢子部
4. 法尙部(Dharmottarīya)·法上部 ──────── 法上部 ────────		達摩爵多梨部
5. 賢乘部(Bhadrayānīya) ──────── 賢冑部 ────────		跋陀羅耶尼部
6. 正量弟子部(Sammatīya) ──────── 正量部 ────────		彌離底部
7. 密林部(Ṣaṇṇagarika)·密林住部 ──────── 密林山部 ────────		六城部
8. 正地部(Mahīśāsaka) ──────── 化地部 ────────		彌沙塞
9. 法護部(Dharmagupta) ──────── 法藏部 ────────		曇無德部
10. 善歲部(Suvarśaka) ──────── 飮光部(Kāśyapīya) ────────		迦葉維部
11. 說度部(說經部, Saṅkrāntika) ──────── 經量部(說轉部, Sautrāntika) ────────		修多羅論部(僧迦蘭多部)

제5절 이세오사(異世五師)와 동세오사(同世五師)

원문 而薩[85]婆多傳, 有異世五師, 有同世五師. 異世五師者, 一迦葉, 二阿難, 三末田地, 四舍那婆斯, 五優婆掘多. 此五人持佛法藏, 各得二十餘年, 更相付屬, 名異世也. 同世五師者, 於優婆掘多世, 卽分成五部, 一時並起, 名同世五師. 一曇無德, 二摩訶僧祇, 三彌沙塞, 四迦葉維, 五犢子部. 又大集經亦明五部, 而文殊師利經·部執論·及羅什分別部論, 此三皆明二十部. 所以有五部, 復有二十部不同者, 取其始終異執, 故有二十. 取其當世盛行, 故但說五部. 而言五部一時起者, 則與上二十部義相違, 或可見聞各異故也.

---

85) 살(薩) : 대정장경본과 만속장본은 '羅'로 되어 있으나, 금릉본은 '薩'로 개정되어 있다. '羅'는 명백한 오식(誤植)이기 때문에, 종래의 역주서들 역시 모두 '薩'로 교정하였다.

그런데 살바다전(薩婆多傳)86)에 의하면, 시대를 달리하는 다섯 스승[異世五師]이 있었고, (또한) 시대를 같이하는 다섯 스승[同世五師]이 있다고 한다.

시대를 달리하는 다섯 스승이라는 것은, ① 가섭(迦葉), ② 아난(阿難), ③ 말전지(末田地), ④ 사나바사(舍那婆斯), ⑤ 우바굴다(優婆堀多)이다. 이 다섯 사람은 부처님이 설하신 법장(法藏)을 각각 20여 년 동안 유지하고, 다시 (그것을 후계자에게) 차례로 부촉하였다. 이것을 '시대를 달리하는 (다섯 스승)'이라고 이름한 것이다.

시대를 같이하는 다섯 스승이라는 것은, 우바굴다의 시대에 곧 5부(五部)가 분열하여 성립하였는데, (그것들은) 일시에 함께 흥기하였기 때문에 '시대를 같이하는 다섯 스승'이라고 이름한 것이다. 그 다섯 스승은 ① 담무덕(曇無德)87), ② 마하승기(摩訶僧祇)88), ③ 미사색(彌沙塞)89), ④ 가섭유(迦葉維)90), ⑤ 독자부(犢子部)91)이다.

또 『대집경(大集經)』에서도92) 역시 5부를 밝히고 있다.

그러나 『문수사리경(文殊師利經)』93)과 『부집론(部集論)』94) 및 구마라집이 번역한 『분별부론(分別部論)』95)의 이 세 곳에서는 모두 20부를 밝히

---

86) 살바다전(薩婆多傳) : 양(梁)나라의 승우(僧祐)가 찬술한 『살바다사자전(薩婆多師資傳)』을 가리킨다. 이 자료는 일찍이 산실되어 없지만, 같은 승우가 지은 『출삼장기집(出三藏記集)』 제12권에 그 서문과 목록이 전해지고 있다.

87) 담무덕(曇無德) : Dharmottarīya. 앞에서 거론한 법상부(法尙部)와 동일하다.

88) 마하승기(摩訶僧祇) : Mahāsaṅgika. 대중부(大衆部)를 말한다.

89) 미사색(彌沙塞) : Mahīśāsaka. 정지부(正地部)를 말한다.

90) 가섭유(迦葉維) : Kāśyapīya. 음광부(飮光部)라 번역하며, 앞에서 거론한 선세부(善歲部)와 동일하다.

91) 독자부(犢子部) : Vatsīputrīya. 앞에서 거론한 가주자제자부(可住者弟子部)와 동일하다.

92) 『대집경』 : 『대방등대집경(大方等大集經)』 제22권에서 "담마국다(曇摩鞠多), 살바제바(薩婆帝婆), 가섭유(迦葉維), 미사색(彌沙塞), 바차부라(婆嗟富羅)"의 다섯 부파를 거론하였다(『대정장』 13권, 159上).

93) 『문수사리경』 : 『문수사리문경(文殊師利問經)』 하권에 20부파의 설명이 있다(『대정장』 14권, 501上~下).

94) 『부집론(部集論)』 : 『부집이론(部集異論)』을 말한다(『대정장』 49권, 20上~下).

95) 『분별부론(分別部論)』 : 『십팔부론(十八部論)』이라고도 한다(『대정장』 49권, 17下). 이

고 있다. 이렇게 5부가 있다고 하거나 다시 20부가 있다고 하여 (그 설이) 같지 않은 까닭은, (한쪽은) 그 처음부터 끝까지 다른 견해를 취하였기 때문에 20부가 있게 된 것이고, (다른 한쪽은) 그 당시에 성행한 것만을 취하였기 때문에 단지 5부만을 설한 것이다. 그런데 (우바굴다시대에) 5부가 일시에 흥기하였다고 말하는 것은, 곧 앞에서 설명한 20부의 의미와 서로 어긋난다. 어쩌면 (전달한 사람들이) 보거나 들은 것이 각각 달랐기 때문일 것이다.

제6절 오백부(五百部)

원문

所言五百部者, 智度論釋般若信毀品云, "佛滅度後五百歲後, 有五百部. 不知佛意爲解脫故, 執諸法有決定相. 聞畢竟空, 如刀傷心."

옮김譯

다음에 앞에서 말한 오백부(五百部)라는 것은, 『대지도론』에서 『반야경』의 「신훼품(信毀品)」을 주석하며 이렇게 말하였다.96) "부처님이 멸도한 후 오백년 뒤에 오백의 부파가 있었는데, (그들은) 부처님이 의도하신 바가 해탈하기 위한 것임을 알지 못하였기 때문에, 모든 법에 결정적인 모습이 있다고 집착하였다. (그래서) 그것들은 필경에 공하다는 것을 듣고는, 칼에 다쳐 상심(傷心)한 것처럼 여긴 것이다."

저서의 번역자는 구마라집이라고도 하고, 진제(眞諦)라고도 하는데, 길장은 구마라집이라고 보았다. 이 문제에 대해서는 하권 제3장 제2절의 끝의 보충 설명을 참조 바람.
96) 『대지도론』: 『대지도론』 제63권에서 "是聲聞人, 著聲聞法佛法, 過五百歲後, 各各分別, 有五百部"라고 한 것을 요약하였다(『대정장』 25권, 503下).

제7절 논주(論主)의 비판

 龍樹提婆, 爲諸部異執失佛敎意故, 造論破迷也.
問, 論主爲並破諸部, 亦有不破耶?

答, 凡有四句. 一, 破而不取. 若是諸部所說, 乖大小乘經, 自立義者, 則破而不取. 故智度論呵迦旃延弟子云, “三藏無此說, 摩訶衍中亦無此說. 蓋是諸論義師自作是說.” 卽是其事. 二, 取而不破. 如文殊問經云, “十八及本二, 皆從大乘出, 無是亦無非, 我說未來起.” 三, 亦破亦取. 破諸部能迷執情, 收取諸部所迷之敎. 四, 不破不取. 就正道門, 未曾有破, 亦無所取也.

용수와 제바는 여러 부파가 다른 주장을 고집하여 부처님이 가르치신 의도를 상실하기 때문에, 논서를 저술하여 미혹을 파척한 것이다.

질문 : 논주(論主; 용수와 제바를 말함)는 여러 부파를 모두 파척하려는 것인가, 아니면 파척하지 않는 것도 있는가?

대답 : (여기에는) 무릇 네 가지의 구절이 있다.

첫째로, 파척하여 수용하지 않는다. 만약 이 여러 부파에서 말하는 것이, 대승경전과 소승경전에 어긋나서 자신의 교의를 수립하는 것이라면, 곧 (이것을) 파척하여 수용하지 않는다. 그러므로 『대지도론』에서 (용수는) 가전연(迦旃延)의 제자를 꾸짖어 이렇게 말하였다.97) “삼장(三藏; 원시불교경전)에는 이러한 설이 없고, 마하연(摩訶衍)98) 중에도 또한 이러

---

97) 『대지도론』: 『대지도론』 제4권에서, “佛何處說是語, 何經中有是語 …… 迦旃延尼子弟子輩言, 雖佛口三藏中不說, 義理應爾. 阿毘曇䩭婆沙菩薩品中如是說”라고 말한 것의 요약(『대정장』 25권, 92上).

98) 마하연(摩訶衍) : Mahāyāna의 음사. 대승(大乘)이라 번역한다.

한 설이 없다. 생각하건대 이것은 여러 의논하는 논사들이 스스로 이러한 설을 주장한 것이다." 이것이 곧 그것을 말한다.

둘째로, 수용하여 파척하지 않는다. 『문수문경(文殊問經)』99)에서 이렇게 말한 바와 같다. "(지말의) 18부와 근본의 이부(二部)는 모두 대승불교에서 출현하는데, (여기에는) 옳은 것도 없고 또한 그른 것도 없다. 나는 이것이 미래에 홍기할 것이라고 말한다."

셋째로, 또한 일부분을 파척하기도 하고 또한 일부분을 수용하기도 한다. 여러 부파가 미혹하여 집착하는 정서는 파척하고, 여러 부파가 미혹하게 되는 가르침은 거두어 수용하는 것이다.

넷째로, 파척하지도 않고 수용하지도 않는다. 바른 도의 문[正道門]에 입각하면, 지금까지 파척할 것도 없고, 또한 수용할 것도 없는 것이다.

---

99) 『문수문경』:『문수사리문경(文殊師利問經)』 하권의 게송(『대정장』 14권, 501中).

제4장 제부(諸部)의 통별(通別)의 의미

次明諸部通別義. 論有二種, 一者通論, 二者別論. 若通破大小二迷, 通申大小兩敎, 名爲通論, 卽中論是也. 故前二十五品, 破大迷申大敎, 後兩品, 破小迷申小敎. 二者別論, 別破大小迷, 別申大小敎, 名爲別論. 如攝大乘論·地持論等, 謂大乘通論. 十地論·智度論等, 大乘別論. 如成實論等, 通申三藏, 謂小乘通論. 馬鳴菩薩師名脅比丘, 造四阿含優婆提舍, 別釋修多羅藏. 善見毘婆沙, 別釋毘尼藏. 智度論云, "八十部律, 八十部毘婆沙釋之." 善見律別釋師子國要用十誦律, 舍利弗別釋佛九分毘曇. 如此別釋三藏故, 是小乘別論. 就三藏中, 復有通別. 若具釋一藏, 名爲通論. 別釋一藏中一部, 名爲別論也.

問, 中論旣通釋大小, 應名大小通論, 不得名爲大乘論也.

答, 雖釋大小, 但爲顯大, 故是大乘論. 所以然者, 以初分明大乘, 中分明小乘, 後分還明大乘故. 以是義故, 名大乘論耳.

問, 十二門論是何論耶?

答, 是大乘通論. 以始終破於大迷, 通申大敎, 無破小迷, 別申於小敎,故是大乘通論也.

問, 百論復云何?

答, 百論通破障大小之邪, 通申如來大小兩正, 故是大小通論. 但始終爲明大乘故, 屬大乘通論耳.

옮김譯 다음에 (대승과 소승의) 제부(諸部) (논서에) 통괄적인 의미와 개별적인 의미가 있다는 것을 해명하고자 한다. 논서에는 두 가지가 있으니, 하나는 통론(通論; 통괄적으로 논의하는 논서)이고, 둘은 별론(別論; 개별적으로 논의하는 논서)이다.

만약 통괄적으로 대승과 소승의 두 가지 미혹을 파척하고, 통괄적으로 대승과 소승의 두 가지 가르침을 진술한다면, 이것을 통론이라고 이름한다. 곧 『중론(中論)』[1]이 이것이다. 그러므로 (『중론』의 전체 27품 가운데) 앞의 25품(品)에서는 대승의 미혹을 파척하여 대승의 가르침을 진술하고, 뒤의 2품에서는 소승의 미혹을 파척하여 소승의 가르침을 진술한 것이다.

둘째로 별론(別論)이라는 것은, 개별적으로 대승과 소승의 미혹을 파척하고, 개별적으로 대승과 소승의 가르침을 진술하는 것이다. 이것을 별론이라고 이름한다.

『섭대승론(攝大乘論)』[2]과 『지지론(地持論)』[3] 등과 같은 것은 대승의 통론이라 이르고, 『십지론(十地論)』[4]과 『대지도론(大智度論)』 등은 대승의

---

1) 『중론』: 구마라집이 한역한 청목석(靑目釋)을 주석한 길장의 『중관론소』 제10권末에서, 『중론』의 27품 가운데 앞의 25품은 대승의 인법(人法)을 파척하여 대승의 관행(觀行)을 해명하고, 나중의 2품은 소승의 인법을 파척하여 소승의 관행을 해명한다고 하였다(『대정장』 42권, 160上).

2) 『섭대승론』: 유식학파 무착(無著)이 유식학의 관점에서 대승불교의 강요를 논의한 저서. 한역에는 불타선다역(佛陀扇多譯) 2권본, 진제역(眞諦譯) 3권본, 현장역(玄奘譯) 8권본이 있다.

3) 『지지론』: 『보살지지론(菩薩地持論)』을 말하며, 『보살지지경(菩薩地持經)』이라고도 부른다. 원본은 Bodhisattva-bhūmi. 한역은 담무참역 10권(『대정장』 30권 수록). 『유가사지론(瑜伽師地論)』(Yogācāra-bhūmi, 현장역 100권)의 부분적 번역이라고 한다.

별론이다. 『성실론(成實論)』5) 등과 같은 것은 통괄적으로 삼장을 진술하였기 때문에 소승의 통론이라 말한다.

마명보살(馬鳴菩薩)6)의 스승을 협비구(脇比丘)7)라고 이름하는데, 협비구는 네 가지 『아함경』에 대한 우파데사[優婆提舍]8)를 지어, 수다라장(修多羅藏; sūtra-piṭaka, 經藏)을 특별히 주석하였다. 『선견율비바사(善見律毘婆舍)』9)는 비니장(毘尼藏; vinaya-piṭaka, 律藏)을 특별히 주석하였다. (이에 대하여) 『대지도론』에서 말하기를, "80부(部)의 율(律)을, 80부의 비바사(毘婆舍)가 있어 그것을 주석하였다"라고 하였다.10) 『선견율비바사』는 사자국(師子國)11)에서 중요시된 『십송율(十誦律)』12)을 특별히 주석하였고, 사리불(舍利弗)은 부처님이 설하신 구분교의 비담(九分毘曇)을 특별히 주석하였다. 이와 같이 삼장(의 어느 것)을 특별히 주석하였기 때문에, 이것들은 소승의 별론이다. (이상의 설명을 정리하면 다음과 같다.)

대승통론—『중론(中論)』·『섭대승론(攝大乘論)』·『보살지지론(菩薩地持論)』 등
대승별론—『십지경론(十地經論)』·『대지도론(大智度論)』 등

---

4) 『십지론(十地論)』: 세친의 저서. 보리유지역(菩提流支譯) 12권(『대정장』 26권 수록).
5) 『성실론』: 하리발마의 저서. 구마라집역 16권 혹은 20권(『대정장』 32권 수록).
6) 마명보살: Aśvaghoṣa. 기원전 1~2세기에 『불소행찬(佛所行讚)』 등을 지은 소승의 불교문학가 마명과, 대승의 불교문헌인 『대승기신론(大乘起信論)』의 저자와는 동명이인(同名異人)으로 구별하는 것이 필요하다. 여기서는 그 둘을 혼용하고 있다.
7) 협비구(脇比丘): Pārśva. 『대지도론』 제99권에서 "如脇比丘, 年六十始出家, 作四阿含優婆提舍, 於今大行於世"라고 하였다(『대정장』 25권, 748下). 2세기 무렵, 카니시카왕이 오백의 아라한을 모집하여 제4차 삼장을 결집할 때 협비구가 수장이었다고 한다.
8) 우파데사(優婆提舍): upadeśa의 음사. 경전의 강요를 해석하는 논서의 한 가지. 논의(論議).
9) 『선견율비바사(善見律毘婆舍)』: pāli본은 붓다고샤 외 2인의 저서라 하고, 한역은 상가바드라 등의 저서라 한다(『대정장』 24권 수록).
10) 『대지도론』운: 『대지도론』 제100권에서 "毘尼名比丘作罪, 佛結戒 …… 略說有八十部, 亦有二分 …… 有八十部毘婆沙解釋"이라 하였다(『대정장』 25권, 756下).
11) 사자국: 보통 실론(쓰리랑카)을 가리키지만, 여기서는 카슈미르 서쪽의 인근 지역을 말한다.
12) 『십송율(十誦律)』: 구마라집역 61권(『대정장』 23권 수록). 현재의 연구결과 『십송율』은 유부(有部)의 소속이고, 『선견율』은 상좌부(上座部)의 소속이라 본다.

소승통론―『성실론(成實論)』 등

소승별론―『협비구우파데사(脇比丘優婆提舍)』·『선견율비바사(善見律毘婆
舍)』·『사리불아비담론(舍利弗阿毘曇論)』

　삼장에 대해서도 다시 통괄적인 것과 개별적인 것이 있다. 만약 구체
적으로 (삼장 가운데) 일장(一藏)을 주석하면 통론이라 이름하고, 일장(一
藏) 가운데 한 부문을 주석하면 별론이라 이름한다.

　질문 :『중론』은 이미 통괄적으로 대승과 소승을 주석하여, 당연히
대승과 소승의 통론이라 이름해야 할 것이며, 대승의 논서라고 말해서
는 안될 것이다.

　대답 :『중론』은 비록 대승과 소승을 주석하였으나, 단지 대승만을
나타내려고 하였기 때문에 이것은 대승의 논서이다. 그러한 이유는, 처
음 부분에서 대승을 해명하고, 중간 부분에서 소승을 해명하고, 나중 부
분에서 다시 도리어 대승을 해명하고 있기 때문이다. 이러한 의미가 있
기 때문에 대승의 논서라고 이름한다.

　질문 :『십이문론(十二門論)』은 어떠한 논서인가?

　대답 : 이것은 대승의 통론이다. 처음부터 끝까지 대승의 미혹을 파척
하여 통괄적으로 대승의 가르침을 진술하며, 소승의 미혹을 파척하여
개별적으로 소승의 가르침을 진술하지 않는다. 그 때문에 이것은 대승
의 통론이다.

　질문 :『백론(百論)』은 또 어떠한가?

　대답 :『백론』은 통괄적으로 대승과 소승을 장애하는 삿된 견해를 파
척하고, 통괄적으로 여래가 설하신 대승과 소승 양쪽의 바른 견해를 진
술하기 때문에, 이것은 대승과 소승의 통론이다. 다만 처음부터 끝까지
대승을 해명하려고 하였기 때문에, 대승의 통론에 속할 따름이다.

제5장 중론(衆論)의 제명(題名)을 정함이 같지 않음

次明衆論立名不同門. 衆論立名, 凡有三種. 一從法爲名, 如成實論等. 實謂四諦之理, 成謂能成之文. 故云, "爲成是法, 故造斯論." 謂從法立名也. 二從人立名. 如舍利弗阿毘曇等. 智度論云, "犢子道人受持此毘曇, 亦名犢子毘曇也." 三從喩立名. 如甘露味毘曇等, 亦如訶梨跋摩師鳩摩羅陀造日出論等也. 四論立名, 並是從法, 非人非喩. 就中自開四種. 大智度論, 從所釋之經立名. 大謂摩訶, 智謂般若, 度謂波羅蜜, 論釋經題, 故從所釋爲名. 中論從理實立名, 十二門從言敎爲目, 百論從偈句爲稱也. 若通而爲言, 四論通顯中道理實, 並得就理立名. 四論同有言敎開通理實, 並得以敎爲稱. 同有偈句, 通得從偈立名. 今欲互相開避, 故有四部差別, 所以立名不同也.

다음에 많은 논서가 (각각 그 논서의) 제명(題名)을 수립하는 데에 (그 근거가) 동일하지 않은 것을 해명하려는 부문(에 대하여 설명하고자 한다.)

많은 논서가 제명을 수립하는 데에 무릇 세 종류의 근거가 있다.

첫째로, (논서에서 말하는) 법을 따라서 제명으로 삼는다. 『성실론(成實論)』의 실(實)은 사제(四諦)의 도리를 말하고, 성(成)은 능히 성립시키는 문장을 이른다. 그 때문에 이 논서에서 말하기를, "이 (사제의) 법을 성립시키기 위하여 이 논서를 짓는다"라고 하였다.[1] 이것은 법을 따라서 제명을 수립하는 것을 말한다.

둘째로, 사람을 따라서 제명을 수립한다. 『사리불아비담론(舍利弗阿毘曇論)』 등과 같은 것이 그러하다. 『대지도론』에서 말하기를, "독자부(犢子部)의 도인(道人)은 이 비담(毘曇; 『사리불아비담론』을 말함)을 받아 지송하기 때문에, 또한 독자비담(犢子毘曇)이라고도 이름한다"라고[2] 하였다.

셋째로, 비유를 따라서 제명을 수립한다. 『감로미비담(甘露味毘曇)』[3] 등과 같은 것이 그러하다. 또한 하리발마(訶梨跋摩)[4]의 스승인 구마라타(鳩摩羅陀)[5]가 『일출론(日出論)』[6] 등을 지은 것도 그러하다.

(그런데 다음의) 네 가지 논서의 제명을 수립한 근거는 모두 법을 따른 것으로서, 사람에 의한 것도 아니고, 비유에 의한 것도 아니다. 그중에서 스스로 다음의 네 종류로 분류된다.

『대지도론』은 주석한 경전(인 『마하반야바라밀경』)을 따라서 제명을 수립하였다. 『대지도론』[7]의 대(大)는 (산스크리트어로) 마하(摩訶, mahā)라

---

1) 『성실론』운: 『성실론』 「삼색상품(三色相品)」의 인용(『대정장』 32권, 260下~261上).

2) 『지도론』운: 『대지도론』 제2권에서 "有人言, 佛在時舍利弗解佛語, 故作阿毘曇, 後犢子道人等, 讀誦乃至今, 名爲舍利弗阿毘曇"라고 하였다(『대정장』 25권, 70上).

3) 『감로미비담(甘露味毘曇)』: 현존하는 구사(瞿沙) 저작, 『아비담감로미론(阿毘曇甘露味論)』 2권(『대정장』 28권 수록)을 말한다.

4) 하리발마(訶梨跋摩): Harivarman의 음사. 3~4세기 인도의 불교학자. 『성실론』의 저자.

5) 구마라타(鳩摩羅陀): Kumāralāta의 음사. 3세기 인도의 불교학자. 『일출론(日出論)』을 지어, 일출논사(日出論師)라고 불리었다.

6) 『일출론(日出論)』: 현재 이 저서는 전하지 않지만, 길장의 『중관론소』 서문에서 "其師是鳩摩羅陀, 造日出論"라고 하였다(『대정장』 42권, 4下).

7) 현재 『대지도론』의 산스크리트 원본은 존재하지 않지만, 그 산스크리트본의 원래 제목은, Mahā-prajñā-pāramitā-(upadeśa)-śāstra로 추정되고 있다. 길장의 『대지도론』의 제목에

하고, 지(智)는 반야(般若, prajñā)라 하고, 도(度)는 바라밀(婆羅蜜, pāramitā)이
라 하며, 론(論)은 경전을 주석한다고 하는 제명이다. 그러므로 주석된
경전을 따라서 제명을 삼은 것이다.

『중론』은 중도의 실상을 따라서 제명을 수립하였다.

『십이문론』은 언교(言敎)를 따라서 제명을 수립하였다.

『백론』은 (이 논서에서 설하는) 게송의 구절 (수효)를 따라서 제명을
수립하였다.

만약 (이상의 네 논서를) 통괄적으로 말하자면, 네 가지 논서는 전체
적으로 중도(中道) 이법의 실상을 현시하고 있기 때문에, 모두 이법에 의
하여 제명을 수립하는 것이 가능하다. 또 네 가지 논서는 동일하게 언
어로 표현된 가르침에 의하여 이법의 실상을 개통하고 있기 때문에, 모
두 가르침에 의하여 제명을 삼는 것도 가능하다. 또 동일하게 게송의
구절이 있기 때문에, 전부 게송을 따라서 제명을 수립하는 것도 가능하
다. 그러나 지금은 서로 중복을 회피하고자 하기 때문에, 네 가지 논서
에 제명의 구별이 있는 것이다. 그 때문에 제명을 수립하는 것이 동일
하지 않은 것이다.

대한 해석은, 범어의 의미에 의거하여 풀이한 것이다.

제6장 중론(衆論)의 근본 취지[旨歸]

제1절 총설

次明衆論旨歸門. 通論大小乘經, 同明一道, 故以無得正觀爲宗. 但小乘敎者, 正觀猶遠, 故就四諦敎爲宗. 大乘正明正觀, 故諸大乘經, 同以不二正觀爲宗. 但約方便用異, 故有諸部差別. 如明應說不應說. 今昔開會, 名爲法華, 破斥八倒, 辨常無常用, 名爲涅槃. 至論不二正道, 更無別異. 在經旣爾, 在論亦然. 雖諸部有異, 同用不二正觀爲宗. 又經論同宗. 佛說正觀爲經, 論申正觀爲論. 經論用異, 正觀無別. 故無量義經云, "如水洗穢義同, 約井池爲異." 自昔及今, 一切諸敎, 同治斷常之病, 同開正道. 但約今昔, 敎用異耳.

 다음에 여러 논서가 귀결하는 근본 취지[旨歸]를 해명하고자 하
는 부문에 대하여 설명하고자 한다.

통괄적으로 대승과 소승의 경전을 논하자면, 동일하게 하나의 도[一
道]를 밝히고 있다. 그러므로 모든 것은 얻을 바가 없다는 정관(無得正觀)
을 그 종지로 삼고 있다. 다만 소승의 가르침은 (무소득의) 정관(正觀)에
서 여전히 멀리 떨어져 있다. 그러므로 사제(四諦)의 가르침을 종지로 삼
고 있다. (그러나) 대승은 바르게 정관을 밝히고 있다. 그러므로 많은 대
승경전은 동일하게 둘이 아닌 정관[不二正觀]을 종지로 삼고 있다.

다만 방편의 작용이 다른 것에 의하여 제부(諸部)의 구별이 있게 되니,
응당 설해야 할 것[應說]과 응당 설하지 말아야 할 것[不應說]1)을 해명하
는 것과 같은 것이 그러하다. (그중에서) 지금과 예전을 전개하고 회합
하는 것[今昔開會]2)을 『법화경(法華)』이라 이름하고, 여덟 가지 뒤바뀐
견해[八倒]3)를 파척하기 위하여 항상함[常]과 항상하지 않음[無常]의 작
용을 구별하여 해명하는 것을 『열반경(涅槃)』이라 이름한다. 그러나 두
경전이 모두 둘이 아닌 정도(正道)를 논하는 데에 이르러서는 다시 별다
른 구별이 없다. 경전에 있어서도 이미 그러하고, 논서에 있어서도 또한
마찬가지이다. 비록 여러 부문에 다름이 있어도, 동일하게 둘이 아닌 정
관을 그 종지로 삼고 있다.

---

1) 응설(應說)과 불응설(不應說) : 『대반열반경』 제35권 「가섭보살품」에서, 여래의 설법
에 일곱 가지 말씀이 있으며, 그 한 가지에 불응설어(不應說語)가 있다고 하면서, "我
經中說, 天地可合, 河不入海, 如爲波斯匿王說四方山來"라고 하였다(『대정장』 12권,
574上). 또 『법화경』에서는 삼승(三乘)을 설하는 것을 응설(應說)로 삼고, 일승(一乘)을
설하는 것을 불응설(不應說)로 삼았다.

2) 금석개회(今昔開會) : 『법화경』이 설해진 이후의 설법을 '今'이라 하고, 그 이전의 설
법을 '昔'이라 한다. 또 『법화경』에서 회삼귀일(會三歸一)을 설하는데, (『대정장』 9권, 7
中) 이전에 삼승(三乘)을 전개하여 설하는 것을 '開'라 하고, 『법화경』 이후 삼승을 회
합하여 일승(一乘)으로 귀일하게 설하는 것을 '會'라 한다.

3) 팔도(八倒) : 『대반열반경』 제2권 「수명품」에서, "苦者計樂, 樂者計苦 …… 無常計常,
常計無常 …… 無我計我, 我計無我 …… 不淨計淨, 淨計不淨, 是顚倒法"라고 하였다
(『대정장』 12권, 377中).

또 경전과 논서는 종지를 같이 한다. 부처님이 정관을 설한 것이 경전이고, 논사가 (부처님이 설한) 정관을 진술한 것이 논서이다. 경전과 논서의 작용에는 다름이 있지만, 정관에는 구별이 없다. 그러므로『무량의경(無量義經)』에서 말하기를, "물로 더러운 것을 세척하는 뜻은 동일하지만, 그 물이 우물물인가 연못물인가에 대하여 다름이 있는 것과 같다"라고[4] 하였다.

예전부터 지금에 이르기까지, 일체의 모든 가르침은 동일하게 단멸과 상주라는 질병을 치유하고, 동일하게 정도를 개시하고 있지만, 단지 지금과 예전에는 가르침의 작용에 다름이 있을 뿐이다.

제2절 사론(四論)의 개별적 설명

 今四論約用不同, 故辨四宗差別.

 지금부터 (설명하는) 네 가지 논서는 (각각의) 작용이 같지 않은 것에 대한 것이다. 그러므로 네 가지 논서의 종지의 차별을 변론하여 본다.

---

4)『무량의경』운 :『무량의경(無量義經)』1권에서, "法臂如水能洗垢穢, 若井若池, 若江若河, 溪渠大海, 皆實能洗諸有垢穢"라고 한 것을 요약하였다(『대정장』9권, 386中).

1. 『대지도론(大智度論)』

智度論正釋大品. 而龍樹開大品爲二道, 前明般若道, 次明方便道. 此之二道, 卽是法身父母, 故大品以實慧方便慧爲宗. 論申經二慧, 還以二慧爲宗. 如中論申二諦, 還以二諦爲宗也.

問, 大品何故前明般若, 後明方便耶?

答, 般若方便實無前後, 而作前後說者, 般若爲體, 方便爲用. 故智度論云, "譬如金爲體, 金上精巧爲用." 故前明其體, 後辨其用也. 又非凡夫行, 非賢聖行, 是菩薩行. 般若超凡, 方便越聖. 要前超凡, 後方越聖. 故前明般若, 後辨方便. 又衆生起見, 凡有二種. 一者有見, 二者無見. 般若破其有見, 方便斥其無見. 故前明般若, 後辨方便. 若明次第者, 三藏多說有敎, 以破外道. 而封執三藏之有故, 般若次說空. 惑者著般若之空故, 次說方便, 令其離空. 故智度論序云, "知邪病之自起故, 阿含爲之作. 以滯有之爲患故, 般若爲之照." 卽斯意也. 若約位而言, 般若配於六地, 故前明之. 方便在於七地, 故後說也.

問, 舊亦明大品二慧爲宗, 與今何異?

答, 今明聖心未曾二, 爲衆生故無二說二. 欲令因二悟於不二, 故與舊不同. 又雖明二慧, 與舊亦異. 舊義, 實慧但照空不達有, 漚和但照有不達空. 蓋是限局聖心, 便成二見. 今明, 至人體無礙之道, 故有無礙之用. 般若旣照空, 卽能鑒有, 方便旣涉有, 卽能鑒空. 具如二智中說.

『대지도론』은 바로 『대품반야경(大品般若經)』을 주석한 것이다. 그런데 (여기에서) 용수는 『대품반야경』을 열어 두 가지 도로 하였으니,5) 앞에서는 반야도(般若道)를 해명하고, 다음에는 방편도(方便道)

---

5) 이도(二道) : 『대지도론』 제100에서 "菩薩道有二種, 一者般若波羅蜜道, 二者方便道. 先囑累者, 爲說般若波羅蜜体竟, 今以說令衆生得是般若方便竟囑累"라고 하였다(『대정장』 25권, 754中~下). 『대품반야경』 90품 중에서, 앞의 66품은 반야도, 뒤의 24품은 방편도라는 것을 말한다.

를 해명한다고 하였다. 이 두 가지 도는 그대로 법신(法身)의 부모이다.6)
그 때문에 『대품반야경』은 실혜(實慧)와 방편혜(方便慧)를 종지로 삼는다.
『대지도론』은 이 경전의 두 가지 지혜를 진술하여, 다시 두 가지 지혜를
종지로 삼는다. 그것은 『중론』이 이제(二諦)를 진술하여, 다시 이제를 종
지로 삼는 것과 같다.

질문 : 『대품반야경』은 어찌하여 앞에서는 반야를 해명하고, 뒤에서
는 방편을 해명하는가?

대답 : 반야와 방편은 실제로는 앞뒤의 구별이 없다. 그런데도 앞뒤의
설명을 하는 것은, 반야를 본체로 삼고 방편을 작용으로 삼기 때문이다.
그러므로 『대지도론』에서 말하기를, "비유하면 금(金)을 본체로 삼고, 금
자체에서 시설되는 정교(한 세공작업)을 작용으로 삼는 것과 같다"라
고7) 하였다. 그러므로 앞에서 그 본체를 해명하고, 뒤에서 그 작용을 변
론하는 것이다.

또 (반야와 방편은) 범부의 수행도 아니고, (소승의) 현성(賢聖)의 수행
도 아니며, (대승) 보살의 수행이다. 반야는 범부를 초월하고, 방편은 성
현을 초월한다. (이러한 순서에 의하여) 반드시 처음에 범부를 초월하고,
나중에 성현을 초월하는 것이다. 그러므로 앞에서 반야를 해명하고, 뒤
에서 방편을 변론하는 것이다.

또 중생이 (삿된) 견해를 일으키는 데에는 무릇 두 가지가 있으니,8)
첫째는 유견(有見; 제법(諸法)에 고정적인 자성(自性)이 있다는 견해)이고, 둘째
는 무견(無見; 제법의 자성이 없다는 견해)이다. 반야는 그 유견을 파척하고,

---

6) 법신부모 : 『대지도론』 제76에서 "般若波羅蜜是母, 五波羅蜜是父 …… 六波羅蜜等
法, 亦是三世十方佛父母"라고 한 것을 요약하였다(『대정장』 25권, 598下).

7) 『대지도론』운 : 『대지도론』 제100에서 "譬如金師, 以巧方便故, 以金作種種異物. 雖
皆是金, 而各異名"이라 하였다(『대정장』 25권, 754下).

8) 이견(二見) : 예를 들면, 『대반열반경』 「사자후품(獅子吼品)」에서 "衆生起見, 凡有二
種, 一者常見, 二者斷見. 如是二見不名中道, 無常無斷乃名中道"라고 하였다(『대정장』
12권, 523下).

방편은 그 무견을 파척한다. 그러므로 앞에서 반야를 해명하고, 뒤에서 방편을 변론하는 것이다.

만약 (성립순서의) 차례를 해명하자면, 삼장은 (제법의 자성이) 있다는 가르침을 많이 설하여 외도를 파척하였다. 그런데 (소승은) 삼장에서 설하는 있다는 것에 단단히 집착하기 때문에, 반야에 의하여 그 다음에 모든 법이 공함을 설하는 것이다. (그러나) 미혹한 자는 반야의 공(空)에 집착하기 때문에, 다음에 방편을 설하여 그 미혹한 자로 하여금 공(에 대한 집착)을 여의게 하는 것이다. 그러므로 『대지도론』의 서문에서 말하기를, "(부처님은 외도들의) 삿된 견해의 병이 저절로 일어나는 것을 알았기 때문에, 『아함경』을 제작하(여 설하)였다. (다시 제법에 자성이) 있다는 것에 머무는 것을 근심하기 때문에, 『반야경』은 (공을 설하여) 조명하는 것이다"라고9) 하였다. 이것이 곧 그 의미이다.

만약 (보살의 수행단계인 보살십지(菩薩十地)의) 지위에 의하여 말하자면, 반야는 제6지(六地)10)에 배당하고 있기 때문에 앞에서 그것을 해명하고, 방편은 제7지(七地)에 위치하고 있기 때문에 뒤에서 설하는 것이다.

질문 : 예전[舊]11)에도 또한 『대품반야경』은 (실혜(實慧)와 방편혜(方便慧)의) 두 가지 지혜를 종지로 한다는 것을 밝힌 적이 있다. (그것과) 지

---

9) 『대지도론』의 서(序) : 승예(僧叡)가 지은 것으로, "正覺有以見邪思之自起故, 阿含爲之作. 知滯有之由惑故, 般若爲之照"라고 하였다(『대정장』 25권, 57上).

10) 육지(六地)와 칠지(七地) : 『십지경(十地經)』에서 십바라밀(十波羅蜜; 육바라밀에 방편(方便)·원(願)·력(力)·지(智)의 사바라밀를 더한 것)을 보살십지(菩薩十地)에 배당하여 설명하면서, 반야바라밀은 제6 현전지(現前地)에, 방편바라밀은 제7 원행지(遠行地)에 배당하였다. 곧 "이 보살은 보살의 현전지 중에 머무르며 반야바라밀행을 증상 성취한다[是菩薩住菩薩現前地中, 般若波羅蜜行增上成就]"라고 하였고,(『대정장』 26권, 172下) 또 "보살은 제7원행지 중에 머무르며 …… 이 보살은 십바라밀 중에 방편바라밀을 증상하고 …… [菩薩第七遠行地中住 …… 是菩薩十波羅蜜中, 方便波羅蜜增上]"라고 하였다(『대정장』 26권, 178中).

11) 구(舊) : 『과주(科註)』나 『두서(頭書)』 같은 주석서들에 의하면, 양(梁)의 삼대법사, 곧 광택사(光宅寺) 법운(法雲, 467~529), 장엄사(莊嚴寺) 승민(僧旻, 467~527), 개선사(開善寺) 지장(智藏, 458~522)을 말한다.

금(의 설명)은 어떻게 다르다는 것인가?

대답 : 지금 밝히고자 하는 것은, 성인의 마음은 일찍이 둘이 아니지만, 중생을 위하여 둘이 아닌 것을 둘이라고 설하는 것이다. (그렇게 설하여 지금은) 둘로 인하여 둘이 아닌 것을 깨닫게 하려는 것이다. 그 때문에 예전(의 설명)과 동일하지 않다.

또 비록 두 가지 지혜를 밝힌다고 하여도, (지금의 설명은) 예전과 또한 다르다. 예전의 의미는, 실혜(實慧)는 단지 공(空)만을 조명하여 유(有)에 도달하지 못하였고, 구화(漚和)[12]는 단지 유(有)만을 조명하여 공(空)에 도달하지 못하였다. 생각하건대 이것은 성인의 마음을 국한시켜 문득 (공(空)과 유(有)의) 두 가지 견해를 성립시킨 것이다.

지금 밝히고자 하는 것은, 지인(至人)[13]은 어떠한 장애도 없는 도(道)를 본체로 삼기 때문에, 어떠한 장애도 없는 작용이 있다. 반야는 이미 공(空)을 조감하여 곧 능히 유(有)를 살펴보고, 방편은 이미 유(有)를 섭렵하여 곧 능히 공(空)을 조감한다. 자세한 것은 두 가지 지혜[二智][14]에 대하여 설명한 바와 같다.

2. 『중론(中論)』

 次明中論以二諦爲宗. 所以用二諦爲宗者, 二諦是佛法根本. 如來自行化他, 皆由二諦. 自行由二諦者, 如瓔珞經佛母品, 明

---

12) 구화(漚和) : upāya의 음사, 방편(方便)이라 번역함.
13) 지인(至人) : 지극한 이치를 깨달은 사람. 곧 불보살을 말함.
14) 이지(二智) : 역주서 중에서 이것은 길장이 찬술한 『대승현론(大乘玄論)』 제4권의 이지의(二智義)를 지적한다고 하였다(金倉圓照譯, 144면 주2 참조). 이에 대하여 『삼론현의』가 『대승현론』 이전의 찬술이라는 점을 고려할 때, 그렇게 보는 것이 타당한가라고 반문하기도 하였지만, 그렇다고 구체적으로 무엇을 지적하는지 현재 특정할 수는 없다고 보기도 하였다(平井俊榮譯, 377면 주532) 참조).

二諦能生佛故, 二諦是佛母. 蓋取二智爲佛, 二諦能生二智, 故以二諦
爲母. 卽是如來自德圓滿, 由於二諦. 化他德由二諦者, 如來有所說法,
敎化衆生, 常依二諦. 故中論云, "諸佛依二諦, 爲衆生說法."也.

問, 何以知自他兩德並由二諦耶?

答, 十二門論云, "以識二諦故, 卽得自利他利, 及以共利." 卽其事也.
以二諦是自行化他之本故, 申明二諦, 以爲論宗. 卽令一切衆生, 具得
自他二利也.

다음에 『중론』은 (세속제(世俗諦)와 제일의제(第一義諦)의) 이제
(二諦)를 그 종지로 삼고 있다는 것을 해명하고자 한다. 『중
론』이 이제를 종지로 삼는 이유는, 이제가 불법의 근본이기 때문이다. 여
래가 (각성하려고) 스스로 수행하는 것과 타인을 교화하는 것은, 모두 이
제에 기인한다.

스스로 수행하는 것이 이제에 기인하다는 것은, 『영락경(瓔珞經)』「불
모품(佛母品)」에서,15) 이제는 능히 부처님을 생하기 때문에 이제는 부처
님의 어머니라고 해명한 것과 같다. 생각하건대 (여기서는) 두 가지 지
혜를 취득한 것을 부처로 삼고 있다. 이제는 능히 두 가지 지혜를 발생
하기 때문에, 이제를 (부처님의) 어머니로 삼은 것이다. 곧 여래 자신의
덕이 원만하다는 것은 이제에 기인하는 것(을 말하는 것)이다.

타인을 교화하는 덕이 이제에 기인한다는 것은, 여래에게 설하는 법
이 있어 중생을 교화하는데, 항상 이제에 의거한다는 것을 말한다. 그러
므로 『중론』에서 말하기를, "모든 부처님은 이제에 의거해서 중생을 위
하여 법을 설한다"라고16) 하였다.

---

15) 『영락경』:『보살영락본업경(菩薩瓔珞本業經)』「불모품(佛母品)」에서 "佛言, 佛子,
　所謂有諦無諦, 中道第一義諦, 是一切諸佛菩薩之母 …… 所以者何? 諸佛菩薩從法生
　故"라고 하였다(『대정장』 24권, 1018中).

16) 『중론』운:『중론』 제24 「관사제품(觀四諦品)」의 제8~10게송의 요약. "諸佛依二諦,
　爲衆生說法. 一以世俗諦, 二第一義諦 …… 若不依俗諦, 不得第一義. 不得第一義, 則

질문 : 어떻게 스스로 수행하고 타인을 교화하는 두 가지 덕이 함께 이제(二諦)에 기인한다는 것을 알겠는가?

대답 : 『십이문론』에서 말하기를 "이제를 인식함으로써, 곧 자신을 이롭게 하고, 타인을 이롭게 하고, 자신과 타인 모두를 이롭게 하는 것을 획득한다"라고[17] 하였는데, 이것이 곧 그것이다.

이제(二諦)는 스스로 수행하고 타인을 교화하는 근본이기 때문에, 이제를 진술하여 해명하고 (그것을) 『중론』의 종지로 삼은 것이다. (이에 의하여) 곧 일체의 중생으로 하여금 자신을 이롭게 하고 타인을 이롭게 하는 두 가지 이로움을 모두 획득하게 하려고 하는 것이다.

원문 問, 何人迷二諦, 論主破迷申二諦耶?

答, 有三種人, 迷於二諦. 一者, 小乘五百部, 各執諸法有決定性, 聞畢竟空如刀傷心, 此人失第一義諦. 然旣失第一義諦,[18] 亦失世諦. 所以然者, 空宛然而有故, 有名空有, 方是世諦. 彼旣失空, 亦是迷有, 故失世諦. 故五百部執出如來二諦之外. 二者, 方廣道人, 謂一切諸法如龜毛兎角, 無罪福報應. 此人失於世諦. 然有宛然而空故, 空名有空. 旣失空有, 亦失有空. 如斯之人, 亦失二諦. 又諸外道, 亦失二諦. 如有見外道, 迷於眞諦. 空見外道, 迷於世諦. 又凡夫著有, 故迷眞諦. 二乘滯空, 迷世諦也. 第三, 人得二諦名, 而失二諦旨. 斯執甚多, 今略出二種. 或言二諦一體, 或言二諦異體, 並不成二諦之義. 具如疏初序之. 今破此之失, 申明二諦, 故用二諦爲宗也.

問, 何以得知此論用二諦爲宗耶?

答, 略有三種. 一者, 瓔珞經佛母品, 明二諦不生不滅, 乃至不來不去.

不得涅槃."(『대정장』 30권, 32下)

17) 『십이문론』운 : 『십이문론』 제8 「관성문(觀性門)」에서. "若人不知二諦, 則不知自利利他共利"라고 하였다(『대정장』 30권, 165上).

18) 대정장경본과 만속장경본에는 있으나, 금릉각경처본에는 이 '然旣失第一義諦'라는 문장이 누락되었다.

今論正明八不, 故知卽是辨於二諦. 故以二諦爲宗. 二者, 靑目序論意, 明外人失二[19]諦, 龍樹菩薩爲是等故, 造此中論. 卽知破外迷失, 申明二諦. 故以二諦爲宗也. 三者, 關內曇影中論序云, "此論雖無理不窮, 無言不盡, 統其要歸, 會通二諦." 今還述舊釋, 故知二諦爲宗也.

 질문 : 어떠한 사람이 이제(二諦)에 미혹하기에, 논주가 그 미혹을 파척하여 이제를 진술하는 것인가?

대답 : 세 종류의 사람이 이제에 미혹하다. 첫째는 소승의 오백부(五百部)[20](의 사람들)이다, 그들은 각각 모든 법에 결정적인 성품이 있다고 집착하여, (『반야경』으로부터 일체의 법은) 필경에 공하다는 것을 듣고는, 칼에 다쳐 상심한 것처럼 생각한다. 이러한 사람들은 제일의제(第一義諦)를 상실한 것이다. 그런데 이미 제일의제를 상실하면, 또한 세속제(世俗諦)도 상실한다. 그러한 까닭은, 공(空)은 완연히 유(有)이기 때문에, 그 유(有)를 공의 유(空有)라고 이름하니, 바야흐로 이것이 세속제이다. 그들은 이미 공을 상실하였기 때문에, 또한 유(有)에도 미혹하다. 그 때문에 세속제도 상실한 것이다. 그러므로 오백부의 집착은 여래의 이제(의 범위) 밖으로 벗어나 버렸다.

둘째는 방광도인(方廣道人; 대승을 학습하는 사람)이다. (그들은) 일체의 제법은 모두 (이 세상에 실재하지 않는) 거북의 털과 토끼의 뿔과 같아, 죄와 복을 받는 보응이 없다고 말하였다.[21] 이러한 사람들은 세속제를 상실한 것이다. 그런데 유(有)는 완연히 공(空)이기 때문에, 공(空)을 유의 공(有空)이라 이름한다. (그들은) 이미 공의 유(空有)를 상실하였기 때문에, 또한 유의 공(有空)도 상실한 것이다. 이러한 사람들도 또한 이제를

---

19) 이제(二諦) : 금릉본과 만속장경본에는 '삼제(三諦)'라고 되어 있으나, '이제(二諦)'의 오기로 판단된다.

20) 오백 부파 : 본편 제3장 제6절 참조.

21) 『대지도론』에서 말하기를, "更有佛法中方廣道人言, 一切法不生不滅, 空無所有, 臂如兎角龜毛常無"라고 하였다(『대정장』 25권, 61上).

상실한 것이다.

또 많은 외도들도 역시 이제를 상실하였다. (제법의 본성이) 있다는 견해를 고집하는 외도는 진제에 미혹하고, (제법의 본성이) 공하다는 견해를 고집하는 외도는 세속제에 미혹하다. 또 범부는 유(有)에 집착하기 때문에 진제에 미혹하고, (소승의) 이승은 공(空)에 머물기 때문에 세속제에 미혹하다.

셋째는 이제의 명칭을 획득하였으나 이제의 취지를 상실한 사람들이다. 이러한 (종류의) 집착은 매우 많은데, 지금은 대략 두 종류를 추출한다.

어떤 이는 이제(二諦)는 그 본체가 하나라고 말하고, 어떤 이는 이제는 그 본체가 서로 다르다고 말하고 있다. (이러한 주장들은) 함께 이제의 의미를 성립시키지 못하니, 자세한 것은 『중관론소(中觀論疏)』의 처음에 (그것에 대하여) 서술한 바와 같다.

지금 『중론』은 이러한 과실을 파척하고 이제를 진술하여 해명하기 때문에, 이제를 종지로 삼는 것이다.

질문 : 어떻게 이 『중론』은 이제(二諦)를 종지로 삼는다는 것을 알 수 있겠는가?

대답 : (여기에는) 대략 세 가지(의 근거)가 있다.

첫째로, 『영락경』의 「불모품」에서, "이제(二諦)는 생하지도 않고 멸하지도 않으며, 내지 오지도 않고 가지도 않는다"라고[22] 해명하고 있다. (그런데) 이 『중론』은 바로 팔부(八不)[23]를 해명하고 있다. 그러므로 곧 『중론』은 이제를 변론하고 있기 때문에, 이제를 종지로 삼는다는 것을 알게 되는 것이다.

둘째로, 청목(靑目)[24]은 『중론』의 취지를 진술하여,[25] 외부의 사람들

---

22) 『영락경』: 『보살영락본업경』에서 "佛子 二諦義者, 不一亦不二 不常亦不斷 不來亦不去 不生亦不滅"라고 하였다(『대정장』 24권, 1018下).

23) 팔부(八不): 『중론』 모두(冒頭)의 귀경게(歸敬偈) 2게송 가운데 처음의 게송에서, "不生亦不滅, 不常亦不斷, 不一亦不異, 不來亦不出"라고 하였다(『대정장』 30권, 1上).

24) 청목(靑目): Piṅgala. 구마라집이 한역한 『중론』의 게송을 주석한 인물. 그 생애는 알

이 이제(二諦)를 상실하기 때문에, 용수보살이 그들을 위하여 이 『중론』을 지었다는 것을 해명하고 있다. 곧 외부의 사람들이 미혹하는 과실을 파척하고 이제를 진술하여 해명하고 있기 때문에, 이제를 종지로 삼는다는 것을 알게 되는 것이다.

셋째로, 관내(關內)[26]의 담영(曇影)이 (저술한)『중론』의 서문에서 말하기를, "이 논서는 비록 이치로서 다 궁리하지 못하는 것이 없고, 언어로서 다 설명하지 못하는 것이 없어도, 그 요지가 귀결하는 바를 통괄하자면, 이제(二諦)를 회통하는 것이다"라고[27] 하였다. 지금 (여기에서) 다시 예전의 해석을 서술하였다. 그러므로 (『중론』은) 이제를 그 종지로 삼는다는 것을 알게 되는 것이다.

원문

問, 旣名中論, 何故不用中道爲宗, 乃以二諦爲宗耶?

答, 卽二諦是中道, 旣以二諦爲宗, 卽是中道爲宗. 所以然者, 還就二諦以明中道, 故有世諦中道, 眞諦中道, 非眞非俗中道. 但今欲名宗兩擧故, 中諦互說. 故宗擧其諦, 名題其中. 若以中道爲名, 復以中道爲宗者, 但得不二義, 失其二義故也.

問, 經何故立二諦耶?

答, 此有兩義. 一者欲示佛法是中道故. 以有世諦, 是故不斷. 以第一義, 是故不常. 所以立於二諦. 又二慧是三世佛法身父母, 以有第一義

려진 것이 거의 없다.

25) 『중론』의 취지 : 청목석(靑目釋) 『중론』에서 앞의 팔부(八不)를 해석하며, "佛滅度後, 後五百歲像法中, 人根轉鈍, 深著諸法 …… 不知佛意, 但著文字. 聞大乘法中說畢竟空, 不知何因緣故空, 卽生疑見. 若都畢竟空, 云何分別有罪福報應等. 如是則無世諦第一義諦. 取是空相而起貪著, 於畢竟空中, 生種種過. 龍樹菩薩爲是等故, 造此中論"라고 하였다(『대정장』 30권, 1下).

26) 관내(關內) : 관중(關中). 당시의 장안, 지금의 협서성(陝西省) 중부(中部) 위수(渭水) 평원.

27) 담영(曇影)의 중론서(中論序) : 삼론종의 담영이 지은 『중론』의 주석서는 오늘날 전하지 않고, 그 서문이 『출삼장기집』 제11권에 남아있다. 그 서문에서 "則無言不窮, 無法不盡, 然統其要歸, 則會通二諦"라고 하였다(『대정장』 55권, 77中).

故生般若, 以有世諦故生方便. 具實慧方便慧, 有十方三世佛. 是故立
二諦. 又知第一義是自利, 知世諦故能利他. 具知二諦, 卽得共[28]利. 故
立二諦. 又有二諦故, 佛語皆實. 以世諦故, 說有是實. 第一義故, 說空
是實. 又佛法漸深, 先說世諦因果敎化, 後爲[29]說第一義. 又成就得道
智者, 說第一義, 無有說世諦. 又若不先說世諦因果, 直說第一義, 則生
斷見. 是故具明二諦也.

 질문 : 이미 (제목을) 『중론』이라 이름하는데, 어찌하여 중도(中
道)를 종지로 삼지 않고, 이에 이제(二諦)를 종지로 삼는 것인가?

대답 : 이제는 곧 중도이다. 이미 이제를 종지로 삼았기 때문에, (그것
은) 곧 중도를 종지로 삼은 것과 같다. 그러한 까닭은, 다시 이제를 취하
여 중도를 해명하고 있기 때문이다. (그런데 중도에는) 세제중도(世諦中
道)와 진제중도(眞諦中道), 진제도 아니고 속제도 아닌 중도(非眞非俗中道)
가[30] 있다. 다만 지금은 명칭과 종지의 양쪽을 거론하고자 하기 때문에,
중도와 이제를 서로 (보완하여) 설명한 것이다. 그러므로 종지에서는 그
이제를 거론하고, 명칭에서는 그 중도를 제목으로 삼은 것이다. 만약 중
도를 명칭으로 삼고, 또 중도를 종지로 삼는다면, 단지 (이제와 중도가)
둘이 아니라는 의미만을 얻고, 그 둘이기도 하다는 의미를 상실하기 때
문이다.

질문 : (『보살영락경』이라는) 경전에서는 어찌하여 이제를 수립한 것
인가?

대답 : 여기에는 두 가지 의미[31]가 있다.

---

28) 공(共) : 대정장경본에는 '共'으로 되어 있고, 금릉각경처본과 만속장경본에는 '其'로
되어 있다.
29) 위(爲) : 만속장경본에는 '無'로 되어 있으나, 오기로 보인다.
30) 이른 바 삼종중도(三種中道)를 말한다. 여기서 말하는 세 번째의 비진비속중도(非眞
非俗中道)는 다름 아닌 이제합명중도(二諦合明中道)에 해당한다. 이 삼종중도설은 삼
론종의 학설로서, 성실종의 일부 학자도 이 삼종중도를 설하였다고 한다.
31) 양의(兩義) : 원문에는 양의(兩義)라고 표현되어 있으나, 실제로 길장이 서술한 내용을

첫째로, 불법(佛法)은 중도라는 것을 나타내 보이고자 하기 때문이다.
(곧 팔부중도(八不中道)는) 세속제가 있기 때문에 단절되지도 않고[不斷],
제일의제가 있기 때문에 항상하지도 않다[不常]. (이렇게 하여 팔부(八不)
의 불상부단(不常不斷)이 실현되어 중도가 드러난다.) 그러므로 이제를
수립하는 것이다.

또 (실혜와 방편혜의) 두 가지 지혜는 삼세 부처님의 법신의 부모이
다. 제일의제가 있기 때문에 반야를 발생하고, 세속제가 있기 때문에 방
편을 발생한다. 실혜(實慧)와 방편혜(方便慧)를 구족하면, 시방(十方)에 삼
세의 부처님32)이 있게 된다. 그러므로 이제를 수립하는 것이다.

또 제일의제를 아는 것에 의하여 자신을 이롭게 하고, 세속제를 알기
때문에 능히 타인을 이롭게 한다. (그리하여) 이제를 함께 알면, 곧 (자
신과 타인을) 함께 이롭게 한다. 그러므로 이제를 수립하는 것이다.

또 이제가 있기 때문에, 부처님 말씀이 모두 진실하다. 세속제에 의
하기 때문에 있다고 하여도 진실하다고 설하며, 제일의제에 의하기 때
문에 공하다고 하여도 진실하다고 설한다. (그러므로 이제를 수립하는

분류하면 처음의 '一者' 이후 '又'자만 여섯 번 나와 모두 일곱 가지가 된다. 이에 대하
여 『유몽(誘蒙)』은 '다의(多義)'라고 하였고, 『과주(科註)』는 칠의(七義)를 요약하면 돈
(頓, 처음의 四)과 점(漸, 나중의 三)의 두 가지 의미가 된다고 하였으며, 『두서(頭書)』는
처음의 둘이 정의(正義)이고 나머지는 그것을 해석한 방의(傍義)라고 하였다. 역주서 중
에는 이 '兩'이 '七'의 오전(誤傳)이 아닌가 보는 것도 있다(三枝充悳譯, 212면 주석).
32) 시방삼세불(十方三世佛) : 동·서·남·북의 사방(四方)과 동남·서남·동북·서북
의 사유(四維)의 팔방에 상·하를 더한 시방(十方). 이 시방세계에 무수한 불국토가 있
고, 그 불국토마다 과거·현재·미래의 부처님이 계시다는 것을 말한다. 이와 별도로
특정한 시방의 부처님을 거론하는 일도 있다. 여기에는 『칭찬정토불섭수경(稱贊淨土佛
攝受經)』과 『십주비바사론(十住毘婆沙論)』에 설해진 두 종류가 있으며, 용수의 저술이
라는 후자에 의하면 다음과 같다. ①東方 무우세계(無憂世界) 선덕여래(善德如來), ②
南方 환희세계(歡喜世界) 전단덕여래(栴檀德如來), ③西方 선세계(善世界) 무량명여
래(無量明如來), ④北方 불가동세계(不可動世界) 상덕여래(相德如來), ⑤東南方 월명
세계(月明世界) 무우덕여래(無憂德如來), ⑥西南方 중상세계(衆相世界) 보시여래(寶
施如來), ⑦西北方 중음세계(衆音世界) 화덕여래(華德如來), ⑧東北方 안은세계(安隱
世界) 삼승행여래(三乘行如來), ⑨上方 중월세계(衆月世界) 광중덕여래(廣衆德如來),
⑩下方 광대세계(廣大世界) 명덕여래(明德如來) (『대정장』 26권, 41中~42上)

것이다.)

또 불법은 점차로 깊어져 가기 때문에,33) 먼저 세속제(에 의하여) 원인과 과보를 설하여 (사람들을) 교화하고, 나중에 (그 사람들을) 위하여 제일의제를 설하는 것이다.

또 도를 얻는 지혜를 성취한 이[成就得道智者]34)에게는 제일의제를 설하고, 세속제를 설하는 일이 없다.

또 만약 먼저 세속제(에 의하여) 원인과 과보를 설하지 않고 직접 제일의제를 설한다면, 곧 단견(斷見)을 발생할 것이다. 그러므로 이제를 함께 해명하는 것이다.

※ 삼론학(三論學) 이전 육가칠종(六家七宗)의 이제설(二諦說)

중국에 불교가 전래된 기원후 1세기 무렵, 남북조시대(南北朝時代)에 이르러 반야사상(般若思想)에 심취한 중국의 불교학자들에 의하여 다양한 이제설(二諦說)이 제기되었다. 그렇지만 중국불교에서 이제설이 본격적으로 제창된 것은 삼론종(三論宗)으로, 그 삼론종에서 거론하는 이제설은 대개 『중론(中論)』을 비롯한 삼론(三論)의 이제설에 근거하여 논의되었다.

그러나 『중론』 등의 삼론은 구마라집(鳩摩羅什)이 장안에 와서 5세기 초엽에 한역(漢譯)하였기 때문에, 그 이전의 사람들은 『중론』 등의 이제설을 들어보지 못하였다. 하지만 구마라집 이전에도 후한(後漢)의 지루가참(支婁迦讖)이 179년에 한역한 『반야도행품경(般若道行品經)』, 오(吳)의 지겸(支謙)이 한역한 『대명도경(大明度經)』, 서진(西晉)의 축법호(竺法護)가 286년 역출한 『광찬반야경(光贊般若經)』 등, 열 가지 정도의 소품(小品) 및 대품(大品) 계통의 『반야경』이 한역되었고, 이들 『반야경』에도 이제설이 시설되어 있어, 이에 의하여 여러 가지 이제설을 제창한 것이다.

---

33) 불법점심(佛法漸深) : 『성실론』 제11 「입가명품(立假名品)」에서 "如是佛法, 初不頓深. 猶如大海, 漸漸轉深, 故說世諦"라고 하였다(『대정장』 32권, 327中).

34) 성취득도지자(成就得道智者) : 앞의 주석에서 인용한 『성실론』의 문장에서, "又若能成就得道智慧, 乃可爲說實法"라고 하였다. 득도지(得道智)는 깨달음을 획득하는 무루(無漏)의 지혜를 의미한다.

그리하여 여러『반야경』의 공설(空說)과 당시 중국의 위진(魏晉)시대에 유행한 노장(老莊)사상 같은 현학(玄學)이 결합하여 일시 격의불교(格義佛敎)가 발생하였다. 격의불교란 불교의 사상을 그것과 유사한 중국의 사상을 가지고 해석하는 것이다. 이 격의불교의 중심에는『반야경』의 공사상(空思想), 곧 반야사상에 대한 이해와 더불어 공(空)과 유(有)의 이제(二諦)의 관계를 어떻게 이해할 것인가 하는 문제가 놓여 있었다. 그러나 구마라집 이전에 유통된『반야경』들은 그 번역이 정밀하지 않은데다, 제가(諸家)의 반야에 대한 이해가 또한 동일하지 않았기 때문에, 마침내 육가칠종(六家七宗)의 설이 출현하게 되었다.

그때에 남조(南朝) 유송(劉宋)의 장엄사(莊嚴寺) 담제(曇濟)는『칠종론(七宗論)』이라는 저서를 지어, 구마라집이 장안에 초빙되어 오기 이전에 제기된 반야의 진속이제(眞俗二諦)에 대한 육가칠종의 학설을 기록하였다. 육가(六家)란, 본무종(本無宗)·즉색종(卽色宗)·심무종(心無宗)·식함종(識含宗)·환화종(幻化宗)·연회종(緣會宗)을 말하며, 칠종(七宗)은 그 육가에 침법사(琛法師)의 본무이종(本無異宗)을 더한 것이다. 본무이종(本無異宗)은 원래의 본무종(本無宗)에서 파생한 것이라 간주하였다. 이 저서는 비록 오래 전에 산실되었지만, 구마라집 문하의 승조(僧肇, 384~414)가 지은『조론(肇論)』가운데 하나인『부진공론(不眞空論)』에는 앞의 사종(四宗)이 비판되어 있고,[35] 길장의『중관론소(中觀論疏)』2권에는 그 칠종이 소개되고 비판되어 있다.[36] 결국 삼론종에 속하는 승조와 길장에 의하여 육가칠종의 이제설이 평가된 것이다. 이들 자료에 의하여 칠종이제(七宗二諦)의 개요를 서술하면 다음과 같다.

① 도안(道安)의 본무종(本無宗) : 길장은 이 본무의(本無義)에 도안의 설과 침법사(琛法師)의 설을 지적하였다. 먼저 미천(彌天)의 도안(312~385)은, 일체의 제법은 본성이 공적하여 본래 진실로 없는 것이지만, 필경에 유무(有無)는 상즉(相卽)하여, 삼라만상 그 자체 위에서 공무(空無)의 이치를 인정하였다. 진(陳)의 혜달(慧達)은 도안에게『본무론(本無論)』이라는 저술이 있었다고 하는데, 이 저서도 또한 전하지 않아 자세한 것은 알 수 없다. 도안은 처음으로 격의불교를 비판한 인물로 알려지고 있다.

그러나 승조가 비판한 본무종(本無宗)의 특징은, 일체법의 근저에 무(無)를

---

35) 僧肇,「不眞空論」,『대정장』45권, 152上~153上면.
36) 吉藏,『中觀論疏』,『대정장』42권, 29上~中면.

설치하여 공(空)을 표현하는 비유(非有)와 비무(非無)를 모두 무(無)의 차원에서 이해하는 것이었다. 이것은 특히 노장(老莊)의 무(無)의 사상에 깊이 결부된 것이라 말해진다. 이 계통의 본무의(本無義)는 축법태(竺法汰)의 설이라고도 하고, 침법사(琛法師)의 설이라고도 한다.

② 침법사(琛法師)의 본무이종(本無異宗) : 침법사의 침(琛)은 아마 심(深)의 오기인 듯하며, 법심(法深) 축잠(竺潛)일 것이라 한다. 그는 세속의 색법(色法)에 앞서 진공(眞空)이 존재하여, 진전속후(眞前俗後)이고 선무후유(先無後有)라고 하였다. 이러한 주장은 유(有)의 근원으로 소급하면 결국 무(無)로 돌아가기 때문에, 마침내 대무(大無)의 악취공(惡取空)에 떨어질 우려가 있다고 하였다.

③ 즉색의(卽色義) : 여기에는 관내(關內)의 즉색의(卽色義)와 지둔(支遁)의 즉색의(卽色義) 두 가지가 있다. 관내(關內)의 즉색의(卽色義)는, 청색과 황색 등의 모습은 사람이 그것을 인식하고 청색이나 황색이라고 명칭하는 것에 의하여 그렇다는 것을 획득하는 것이며, 만약 그렇게 명칭하지 않으면 어디에도 청색이나 황색 등이 존재하지 않아 곧 공이라고 말하는 데에 있다. 그러나 이 설과 같이 인식을 상대하여야 비로소 색법(色法)이라는 것을 획득한다는 주장은 철저하지 못하다는 비난이 뒤따른다.

지둔(支遁)의 즉색의(卽色義)는, 색법은 자성이 없지만, 색법에 상즉하여 공을 관하는 것이다. 이 설은 『반야경』의 색즉시공(色卽是空)과 흡사하여, 유무(有無)의 상즉(相卽)을 긍정하는 것이다. 그러나 승조의 지적에 따르면, 색법 자체의 공(空), 무자성(無自性)을 설한 것이 아니기 때문에 철저한 것은 아니라고 보기도 하였다.

④ 온법사(溫法師)의 심무종(心無宗) : 이 심무종(心無宗)은 지민도(支愍度)가 말하였으나, 진(晋)의 혜달(慧達)이 지은 『조론소(肇論疏)』에서는 원래 이 설의 주장자를 축법온(竺法溫)으로 간주하였다.[37] 이 심무(心無)라는 것은, 만물에 대하여 무심하여도 만물은 일찍이 무(無)가 아니라는 것이다. 곧 『반야경』의 제법개공(諸法皆空)은 만물을 공(空)하게 하는 것이 아니라, 주관적인 마음을 두는 상태를 표현한 것으로, 주체자인 자아(自我)를 공하게 한다는 것이다. 그러므로 이 설은 『반야경』의 설명과 달리 공을 일부분 밖에 설명하지 못하였으

---

37) 慧達, 『肇論疏』, 卍續藏 150권, 866上.

며, 또 유물론적 성향이 강한 주장이었다. 그 때문에 승조와 길장 등이 모두 비판하였다.

⑤ 우법개(于法開)의 식함종(識含宗) : 삼계(三界)의 중생들이 긴 밤 동안 심식(心識)이 미혹하여 망상의 꿈을 꾸는 동안은 속제의 차별이 있지만, 오도(悟道)에 도달하면 전도된 미혹의 심식이 소멸하여 삼계가 모두 진공(眞空)이라고 하여, 망념은 속제이고 오도는 진제라는 이제설을 주장하였다. 이설에 따르면 대오한 후에는 만물의 속제의 차별을 보지 못하기 때문에, 여래의 오안(五眼)도 소용이 없어진다는 힐난이 따른다.

⑥ 일법사(壹法師)의 환화종(幻化宗) : 일법사(壹法師)는 축도일(竺道壹) 혹은 담일(曇壹)을 말하는데, 그는 세제는 환화(幻化)와 같아 본래부터 있지 않다고 주장하였다. 이 주장은 세속의 일체가 모두 환화라고 말하기 때문에, 진실한 사람이나 거짓된 사람이나 필경에 존재하지 않아 차이가 없어지고, 죄와 복도 환화이기 때문에 인과(因果)도 파괴될 것이라는 허물이 뒤따른다.

⑦ 우도수(于道邃)의 연회종(緣會宗) : 그는 만물이 인연 화합하여 유(有)인 것을 속제라 이름하고, 인연이 흩어져 무(無)인 것을 진제라고 칭하였다. 그러나 경전에서 이미 "가명(假名)을 허물지 않고 실상(實相)을 설한다"라고 하였기 때문에, 이 주장처럼 인연이 흩어지는 것을 상대하여 비로소 진제는 무상(無相)이라고 말할 수는 없다는 것이다.

이상의 칠종의 이제설 가운데 도안(道安)의 본무설(本無說)과 지둔(支遁)의 즉색의(卽色義)를 제외하고, 모두 잘못된 설이라는 비난을 면치 못한다고 하였다. 이와 같이 이제설은 삼론종이 성립하기 이전에 이미 칠종이나 주장되었다. 그러나 그 이전의 격의불교를 통한 이해는 불교 본래의 이제와 공사상을 바르게 이해하지 못하였기 때문에, 인도 중관학의 정통 계승자로 자처한 길장은 그 이전의 육가칠종 이제설을 거론하고 대부분을 비판하였다. 그리고는 다른 학파와 구별되는 삼론학의 이제설을 주장하기 위하여, 이제시교론(二諦是敎論)이나 어교이제설(於敎二諦說) 같은 여러 가지 이제설을 수립한 것이다.

3. 『백론(百論)』

次明百論宗者, 百論破邪, 申明二諦, 具如空品末說. 亦應以二諦爲宗. 但今欲與中論互相開避. 中論以二諦爲宗, 百論用二智爲宗. 卽欲明諦智互相成也.

問, 百論何故用二智爲宗耶?

答, 提婆與外道對面擊揚鬪, 一時權巧智慧. 但提婆權智, 巧能破邪, 巧能顯正. 而實無所破, 亦無所顯, 故名實智. 一論始終, 明此二智, 故以二智爲宗. 中論不與內諍一時權巧, 但共同學二諦之人, 諍二諦得失, 故以二諦爲宗. 則中論用所申爲宗, 百論用能申爲宗. 欲明佛與菩薩能所共相成也.

다음에 『백론(百論)』의 종지를 해명하고자 한다. 『백론』은 삿된 견해를 파척하고, 이제를 진술하여 해명한다. 자세한 것은 이 논서의 「파공품(破空品)」 말미에서 설명하는 바와[38] 같다. (그렇다면 이 『백론』도) 또한 응당 이제를 종지로 삼는 것이 된다. 다만 지금은 『중론』과 더불어 서로 (그 종지가 중복되지 않게) 개현하고 회피하고자 하는 것이다. (이에 의하여 말하자면) 『중론』은 이제(二諦)를 종지로 삼고, 『백론』은 이지(二智; 권지(權智)와 실지(實智)의 두 가지 지혜)를 종지로 삼는다. 이것은 곧 이제(二諦)와 이지(二智)(의 어는 것을 설하여도) 양쪽이 서로 성립하는 것을 해명하고자 하는 것이다.

질문 : 『백론』은 어찌하여 두 가지 지혜[二智]를 그 종지로 삼는 것인가?

대답 : (『백론』의 저자인) 제바(提婆)가 외도와 대면하여 격렬하게 흥분하여 논쟁한 것[39]은, (그 경우만의) 일시적인 방편의 교묘한 지혜이

---

38) 『백론』 제10 「파공품(破空品)」에서 "外曰, 若空不應有說 若都空以無說法爲是 今者何以說善惡法教化耶. 內曰, 隨俗語故無過, 諸佛說法 常依俗諦第一義諦, 是二皆實非妄語也"라고 말한 것을 가리킨다(『대정장』 30권, 181下).

39) 구마라집역의 『제바보살전(提婆菩薩傳)』에 의거한 것이다(『대정장』 50권, 187中~下).

다. 다만 제바의 권지(權智; 방편적 지혜)는 교묘하게 능히 사견을 파척하고 교묘하게 능히 바름을 나타낸 것이다. 그러나 실제로는 파척된 것도 없고, 또 나타낸 것도 없다. 그 때문에 (이것을) 실지(實智; 진실한 지혜)라고 이름한다. 이 한 논서는 처음부터 끝까지 이 두 가지 지혜를 해명하기 때문에,『백론』은 두 가지 지혜를 종지로 삼은 것이다.

(이에 비하여)『중론』은 (외도와 불교의) 내부와 일시적인 방편의 교묘함을 논쟁하지는 않으며, 단지 같이 이제(二諦)를 학습하는 사람과 함께 이제의 (이해에 대한) 이득과 손실을 논쟁하는 것이다. 그 때문에 (『중론』은) 이제를 종지로 삼은 것이다. 곧『중론』은 진술된 것[이제(二諦)]을 종지로 삼고,『백론』은 진술한 것[이지(二智)]을 종지로 삼은 것이다. (그리하여) 부처님(의 이제(二諦))과 보살(의 이지(二智))의 진술한 것과 진술된 것이 함께 서로 성립하는 것을 해명하고자 하는 것이다.

4.『십이문론(十二門論)』

원문
次明十二門論宗者, 此論亦破內迷, 申明二諦, 亦以二諦爲宗. 但今欲示三論不同, 宜以境智爲宗. 所言境智者, 論云, "大分深義, 所謂空也. 若通達是義, 卽通達大乘, 具足六波羅蜜, 無所障礙." 大分深義, 謂實相之境. 由實相境, 發生般若. 由般若故, 萬行得成. 卽是境智之義. 故用境智爲宗也.

옮김譯
다음에『십이문론(十二門論)』의 종지를 해명하고자 한다.
이 논서도 또한 (앞의 두 논서와 마찬가지로) 불교 내부의 미혹을 파척하고, 이제(二諦)를 진술하여 해명한다.40) (그러므로『십이문

---

40)『십이문론』제8「관성품(觀性品)」에서 "答曰, 有二諦, 一世諦, 二第一義諦. 因世諦, 得說第一義諦. 若不因世諦, 則不得說第一義諦 …… 若人不知二諦, 則不知自利利他

론』도) 또한 이제를 종지로 삼고 있다. 다만 지금은 (『중론』,『백론』,『십이문론』의) 세 논서가 동일하지 않음을 보이고자 한다. (『십이문론』은) 마땅히 경지(境智)[41]를 그 종지로 삼는다고 말해야 한다.

말하는 바 경지(境智)라는 것은, 이『십이문론』에서 말하기를, "대승의 심오한 의미 부분[大分深義][42]은 이른바 공(空)이다. 만약 그 의미에 통달한다면 곧 대승에 통달하고, 육바라밀(六波羅蜜)[43]을 구족하여 어떠한 것에도 장애가 없게 된다"라고[44] 하였다. 대승의 심오한 의미 부분은 실상(實相)의 경계를 말한다. 이 실상의 경계로 말미암아 반야(般若)를 발생하고, 반야로 말미암아 만행(萬行)을 성취하게 된다. 이것이 곧 경지의 의미이다. 그러므로 (『십이문론』은) 경지를 종지로 삼은 것이다.

共利"라고 하였다(『대정장』 30권, 165上).

41) 경지(境智) : 관찰되는 인식의 대상을 경(境)이라 하고, 대상을 관찰하는 마음을 지(智)라 한다. 삼론학에서 말하는 경(境)은 중도의 실상이고, 지(智)는 불보살의 권지(權智)와 실지(實智)이다.

42) 대분심의(大分深義) :『십이문론소(十二門論疏)』의 해석에 따르면, 대(大)는 대승(大乘)을 말하고, 분(分)은 대승이 설하는 공(空)과 유(有)의 교의 가운데 공(空)을 말하며, 심의(深義)는 깊고 얕은 무량한 법문 중에서 공(空)에 관하여 진술하는 것을 말한다(『대정장』 42권, 181下).

43) 육바라밀 : 대승보살이 갖추어야 하는 여섯 가지 수행덕목. 곧 보시(布施) · 지계(持戒) · 인욕(忍辱) · 정진(精進) · 선정(禪定) · 지혜(智慧)를 말한다. 바라밀은 pāramitā의 음사로서, 그 의미는 두 가지로 해석되고 있다. 그 하나는 parama → parami+tā로서, 최고 · 완성 · 성취라는 의미라고 보는 것이다. 또 하나는 pāra(m)+i+tā로, 거친 세상의 파도를 건너 열반의 경지인 저 언덕에 도달한다는 도피안(度彼岸)이라고 보는 설이다. 현대에는 완성이나 성취라는 의미를 따르기도 하지만, 한역(漢譯) 경전은 예로부터 후자 도피안(度彼岸)의 해석을 취하였다.

44) 이상은『십이문론』 제1「관인연품(觀因緣品)」의 설명 그대로이다(『대정장』 30권, 159下).

제7장 사론의 파척과 진술이 같지 않음[四論破申不同]

次明四論破申不同門. 所言破申者, 凡有三義. 一者, 破外人迷敎之病, 故名爲破. 申佛二諦敎門, 故名爲申. 二者, 申佛正敎, 而邪迷自破, 故名爲申破耳. 三者, 論主申明佛破, 故名申破. 諸大乘經破衆生虛妄, 以顯一道. 但末代鈍根, 不了如來破病顯道之意. 四依菩薩還申明佛破, 故名申破. 非是經中自立義, 論中自明破也.

問, 何以知龍樹申佛破耶?

答, 最後邪見品云, "瞿曇大聖主, 憐愍說是法, 悉斷一切見, 我今稽首禮." 故知論主申明佛破, 非自有破也.

問, 經中有立有破, 論主何故一向破耶?

答, 末世鈍根, 迷佛立破, 並皆成病. 是以論主須並破之, 然後具得申如來立破.

問, 論主申佛破, 得稱論主破, 論主申佛立, 應名論主立耶?

答, 亦得爾也.

 다음에 (『대지도론』·『중론』·『백론』·『십이문론』의) 네 논서는 파척[破; 否定]과 진술[申; 肯定]이 동일하지 않은 것을 해명하고자 하는 부문[1]에 대하여 설명한다.

여기서 말하는 파척과 진술에는 무릇 세 가지의 의미가 있다.

첫째로, 외부 사람들이 가르침에 미혹하는 질병을 파척하기 때문에 파척이라 이름하고, 부처님(이 설한) 이제(二諦)의 가르침을 진술하기 때문에 진술이라 이름한다.

둘째로, 부처님(이 설한) 바른 가르침을 진술하면, (그것에 의하여) 삿된 미혹은 저절로 파척된다. 그 때문에 진술과 파척이라 이름한다.

셋째로, 논주가 부처님(이 행한) 파척을 진술하여 해명하기 때문에 진술과 파척이라 이름한다. 많은 대승경전은 중생의 허망함을 파척함으로써 유일한 도[一道]를 나타내고자 한다. 다만 말법시대가 되자 근기가 열등한 사람들은, 여래가 (중생의 미혹한) 질병을 파척하고 도를 나타내고자 하는 의도를 이해하지 못하였다. (그래서) 사의보살(四依菩薩)(인 용수와 제바보살)이 다시 부처님의 파척을 진술하여 해명하였다. 그 때문에 진술과 파척이라 이름하는 것이다. (이것은 곧) 경전 중에서 스스로 교의를 수립하고, 논서 중에서 스스로 파척을 해명하는 것을 말하는 것이 아니다.

질문 : 어떻게 용수가 부처님의 파척을 진술한다는 것을 알겠는가?

대답 : (『중론』) 최후의 「관사견품(觀邪見品)」에서 말하기를, "구담(瞿曇)[2]은 위대한 성주(聖主)로서, (중생들을) 연민하사 이 법을 설하시어, 일체의 견해를 모두 단절시켰다. 나는 이제 (고타마 부처님께) 머리 숙여 예배드린다"라고[3] 하였다. 그러므로 논주는 부처님의 파척을 진술하

---

1) 보다 자세한 설명은 길장의 『대승현론(大乘玄論)』 제5 명파신대의문(明破申大意門)에 수록되어 있다(『대정장』 45권, 68中).
2) 구담(瞿曇) : Gautama의 음사. 팔리어는 Gotama. 부처님의 성(姓)으로, 가장 우수한 소(牛)라는 의미가 있다. 석가족은 원래 농경민족 출신이라는 것을 말해준다.
3) 『중론』 제27 「관사견품(觀邪見品)」 최후의 게송. "瞿曇大聖主, 憐愍說是法, 悉斷一

여 해명하는 것이며, 스스로 파척하는 것이 아니라는 것을 알 것이다.

질문 : 경전 중에는 어떤 견해를 수립하기도 하고 어떤 견해를 파척하기도 하는데, 논주는 어찌하여 일률적으로 파척하기만 하는가?

대답 : 말법 세상의 사람들은 근기가 열등하여, 부처님이 어떤 견해를 수립하기도 하고 파척하기도 한 것에 미혹하여, 모두 다 병이 된다. 이에 논주는 모름지기 그것을 모두 파척하고, 그 후에 여래가 어떤 견해를 수립한 것과 파척한 것에 대하여 자세하게 진술하는 것이다.

질문 : 논주가 부처님의 파척을 진술하여 (그것을) 논주 자신의 파척이라고 칭할 수 있다면, 논주가 부처님이 수립한 견해를 진술하는 것도 마땅히 논주 자신이 수립한 것이라고 이름할 수 있겠는가?

대답 : 또한 그럴 수 있다.

問, 四論破申云何同異?

答, 三論通破衆迷, 通申衆教. 智度論別破般若之迷, 別申般若之教. 就三論中, 自開二類. 百論正破外傍破內, 餘二論正破內傍破外. 所以三論破內外者, 一切衆病不出二種. 一, 外道邪畫起迷. 二, 內人稟教失旨. 若破斯二, 則衆病皆除.

問, 百論破外可有明文, 何處有破內文耶?

答, 破塵品中, 外人以內義爲證, 論主卽破其所引, 具如彼明.

問, 何故得破內耶?

答, 有三種義. 一者, 如向釋之. 外人立義不成, 引內爲證, 故須破內. 二者, 內人立義與外道同. 如立虛空常遍, 乃至立涅槃身智俱無, 並與外道同, 故須破內. 三者, 外道立義與內人同, 故須破之. 如破因中無果品說, 外道立於三相前後相生, 與譬喩部同. 立三相展轉一時生, 與薩婆多部同. 故須破內. 故肇法師云, "邪辨逼眞, 殆亂正道."

切見, 我今稽首禮."(『대정장』 30권, 39中)

問, 中論何故傍破外耶?

答, 凡有四義. 一者, 欲顯中觀無法不窮, 無言不說. 若一法不窮, 一言不盡, 則戱論不滅, 中觀不生. 是故內外並皆破之. 二者, 內人立義與外道同, 故須破外. 三者, 外道立義與內人同, 故須破外. 四者, 欲顯中實非內非外, 不正不邪, 故須破外.

問, 百論破外, 亦有收取義不?

答, 亦有四句. 一者破而不取, 卽是外道邪言, 障中迷觀, 於緣無益有損. 二者取而不破. 外道偸竊如來遺餘善法, 今並收之. 如賊盜牛, 卽其證也. 又外道各邪心推畫,[4] 冥智與內同. 如蟲食木偶得成字, 亦取而不破. 三者亦破亦取. 外道偸竊佛敎, 不識旨歸. 今破其迷敎之情, 收取所迷之敎. 四者不破不取. 卽顯道門未曾內外也.

 질문 : 네 가지 논서의 파척과 진술에는 어떠한 같고 다름이 있는가?

대답 : (『중론』·『백론』·『십이문론』의) 세 논서는 통괄적으로 많은 미혹을 파척하고, 통괄적으로 많은 가르침을 진술한다. 『대지도론』만은 특별히 반야에 대한 미혹을 파척하고, 특별히 반야에 관한 가르침을 진술한다.

세 논서 중에서도, 스스로 두 종류로 구분된다. 『백론』은 정면에서 외도를 파척하고 측면으로 (불교의) 내부를 파척한다. 나머지 두 논서는 정면에서 내부를 파척하고 측면으로 외도를 파척한다. (이와 같이) 세 논서가 불교의 내부와 외부를 파척하는 이유는, 일체의 모든 병이 (다음의) 두 종류를 벗어나지 않기 때문이다. 첫째로 외도는 삿된 견해를 계

---

4) 획(畫) : 대정장경본과 불교대계본에는 '진(盡)'으로 되어 있고, 이를 그대로 따르는 역주서도 있다. 그러나 금릉본과 만속장경본에는 '畫'으로 되어 있다. 뿐만 아니라 이 제7장 사론파신부동(四論破申不同)의 중간 부분에도 '外道邪畫'이라는 말이 있어, 여기의 '外道各邪心推畫'과 유사한 사용법을 보이고 있다. 또 岩波文庫本도 이 점을 동일하게 지적하였다(金倉圓照譯, 160면의 註5).

획하여 미혹을 일으키고, 둘째로 불교 내부의 사람은 가르침을 수용하면서도 근본취지를 상실하는 것이다. 만약 이 두 종류의 병을 파척하면, 곧 많은 병이 모두 제거되는 것이다.

질문 : 『백론』이 외도를 파척하는 것에 대해서는, (그중에) 명백한 문장이 있을 것이지만, 어디에 불교의 내부를 파척하는 문장이 있는가?

대답 : (『백론』의)「파진품(破塵品)」중에,5) 외도 사람이 불교 내부의 교의를 인용하여 자기주장의 증거로 삼고 있는 바가 있다. 논주(인 제바)는 그 인용된 교의를 파척하고 있다. 자세한 것은 거기에서 해명하는 바와 같다.

질문 : (『백론』이) 어떻게 불교 내부를 파척할 수 있는가?

대답 : (여기에는) 세 종류의 의미가 있다.

첫째로, 앞에서 그것을 해석한 바와 같이, 외도사람이 (자기 힘으로) 교의를 수립하는 것이 성립하지 않을 때에, (그는) 불교 내부(의 교의)를 인용하여 그 증거로 삼고 있다. 그 때문에 모름지기 불교 내부를 파척하는 것이다.

둘째로, 불교 내부의 사람이 교의를 수립하는데, (그것이) 외도와 동일한 것이 있다. (예를 들면) 허공은 상주한다거나 편재한다는 설6)을 수립하거나, 내지 열반은 신체도 지혜도 모두 없어진다는 설7)을 수립하는

---

5) 『백론』제6「파진품(破塵品)」에서, "外曰, 色應現見, 信經故. 汝經言, 名色四大及四大造, 造色分中, 色入所攝, 是現見. 汝云何言無現見色? 內曰, 四大非眼見, 云何生現見. 地堅相, 水濕相, 火熱相, 風動相, 是四大非眼見者, 此所造色, 應非現見"라고 하였다(『대정장』30권, 176下~177上). 이 문답에서 외도가 불교경전을 인용하여 그 학설을 주장하였는데, 『백론』에서 그것을 부정한 것은, 불교에서 그 미혹한 교리를 파척하는 것을 알게 하기 위함이라는 것이다.

6) 허공이 상주한다는 설 : 예를 들면, 부파불교의 유부(有部)에서 상주불변의 무위법(無爲法)에, 허공무위(虛空無爲)·택멸무위(擇滅無爲)·비택멸무위(非擇滅無爲)의 세 가지 무위를 주장하였다.

7) 유여열반(有餘涅槃)과 무여열반(無餘涅槃)을 말한다. 전자는 진리를 깨달아 번뇌를 소멸하였어도 아직 생명활동을 유지하는 육체가 존재하는 상태를 말하고, 후자는 그 육체마저 모두 소멸한 상태를 말한다. 그런데 소승불교는 이 무여열반을 회신멸지(灰

것은, 모두 외도와 동일하다. 그 때문에 모름지기 불교 내부를 파척하는
것이다.

셋째로, 외도가 교의를 수립하는데, (그것이) 불교 내부의 사람(의 교
의)와 같은 것이 있다. 그 때문에 모름지기 그것을 파척하는 것이다. (예
를 들면『백론』의)「파인중무과품(破因中無果品)」에서 설명하는 것처럼,[8]
외도가 (일체 유위법(有爲法)의) 세 가지 모습[三相][9]이 전후 서로 상속하
여 발생한다는 설을 수립하는 것은, (불교 내부의) 비유부(譬喩部)[10]와
동일하다. (또) 세 가지 모습이 전전(展轉)하여 동시에 발생한다는 설을
수립하는 것은, 살바다부(薩婆多部; 설일체유부)와 동일하다. 그 때문에 모
름지기 불교 내부를 파척하는 것이다. 그러므로 승조법사(僧肇法師)가 말
하기를, "삿된 주장이 (불교의) 진리를 핍박하여, 바른 도를 요란하게 할
지경이로다"라고[11] 하였다.

질문 :『중론』은 어찌하여 (불교의 내부를 파척하고) 측면으로 외도를
파척하는가?

대답 : (여기에는) 무릇 네 가지의 의미가 있다.

첫째로, 중관(中觀;『中觀論』)은 법으로서 궁리하지 못하는 것이 없고,
언어로서 설명하지 못하는 것이 없거니와, 만약 한 가지 법이라도 궁리

身滅智)라 하여, 육체가 재가 되어 마음조차 완전히 소멸하는 것을 인생 최고의 목적으
로 삼았다고 한다.

8)『백론』 제8「파인중무과품(破因中無果品)」에서, "外曰, 如生住壞, 如有爲相, 生住壞
次第有, 初中後亦如是"라고 하였다(『대정장』 30권, 178中).

9) 삼상(三相) : 유위법(有爲法)의 세 가지 특성인 생(生)·주(住)·괴(壞), 또는 생(生)·
주(住)·멸(滅)을 말하며, 이것을 전개하면 생(生)·주(住)·이(異)·멸(滅)이 된다. 모든
존재는 여러 조건에 의하여 생겨나고, 일정 기간 존재하다가, 나중에는 변천하여 결국
에는 소멸하는 것을 의미한다.

10) 비유부(譬喩部) : 비유사(譬喩師), 비유자(譬喩者)라고도 칭한다. 경량부(輕量部)의 논
사였던 구마라타(鳩摩羅多)와 그 후계자들을 말한다. 하나의 부파를 형성했는지 아닌
지 확실하지 않지만,『대비바사론』에 여러 비유사의 설명이 열거되어 있어, 그 세력이
상당했던 것으로 추측된다.

11) 조법사운 : 승조(僧肇)가 지은『백론』의 서문을 말한다(『대정장』 30권, 167下).

하지 못하는 것이 있고, 한마디 언어라도 다 설명하지 못하는 것이 있다면, 곧 희론(戱論; prapañca. 진실하지 못한 허망한 담론)이 소멸하지 않아 중관(中觀)은 발생하지 않는다는 것을 나타내고자 하는 것이다. 그러므로 불교의 내부와 외부를 함께 다 파척하는 것이다.

둘째로, 불교 내부의 사람이 교의를 수립하였는데, (그것이) 외도(의 설)과 동일한 것이 있다. 그 때문에 모름지기 외도를 파척하는 것이다.

셋째로, 외도가 교의를 수립하였는데, (그것이) 불교 내부의 사람(의 설)과 동일한 것이 있다. 그 때문에 모름지기 외도를 파척하는 것이다.

넷째로, 중도의 실상은 내부도 아니고 외부도 아니며, 바르지도 않고 삿되지도 않다는 것을 나타내고자 하는 것이다. 그 때문에 모름지기 외도를 파척하는 것이다.

질문 :『백론』은 외도를 파척하는데, 또한 (그 외도의 주장을) 거두어 취하는 의미도 있는가?

대답 : (여기에도) 또한 네 가지 구절이 있다.

첫째로, 파척하고 취하지 않는다. 곧 외도의 삿된 언설이다. (그것은) 중도(中道)를 장애하여 정관을 미혹하게 하고, 연(緣)에 있어 이익은 없고 [於緣無益][12] 손해만 있다.

둘째로, 취하여 파척하지 않는다. 외도가 여래가 남기신 선한 법을 도둑질한 것으로서, 이제 그것을 모두 거두어들인다. (예를 들면『열반경』에서) 도적이 소[牛]를 훔쳐갔다고 설하는 것[13]이 곧 그 증거이다. 또 외도가 각자 삿된 마음으로 추측하고 획책하여, 그 명지(冥智; 번뇌를

---

12) 어연무익(於緣無益) : 여기서 말하는 연(緣)의 의미는, 역주서에 따라 해석이 다양하다. ① 기연(機緣)에 있어서 이익이 없고(高雄義堅譯, 477면), ② 외도(外道)의 사언(邪言)은 이것을 연지(緣知)하여도 무익하다는 의미일 것(金倉圓照譯, 100면의 註 3), ③ 연(緣)을 알아도 이익이 없고(三枝充悳譯, 228면), ④ 진리(중도실상)의 조건을 인식하는 것에 대하여 어떤 이익도 없다(韓廷傑譯, 227면의 註 14), 229면), ⑤ 사람들에게 있어서 유해무익하다(平井俊榮譯, 218면).
13)『대반열반경』「장수품」의 도적이 젖소를 훔친 이야기; 상권 제1장 제2절의 註 90) 참조

소멸하는 심원한 지혜)가 불교 내부와 동일한 것이 있으니, 마치 (한 글자도 모르는) 벌레가 나무를 파먹는데, (그 흔적이) 우연히 글자가 성립되는 것14)과 같다. (이것도) 또한 취하여 파척하지 않는다.

셋째로, 또한 파척하기도 하고 또한 취하기도 한다. 외도가 불교의 가르침을 도둑질하였어도, 귀결하는 근본취지를 알지는 못한다. 이제 그 가르침에 미혹한 심정을 파척하고, 그 미혹되는 (불교의) 가르침을 거두어 취하는 것이다.

넷째로, 파척하지도 않고 취하지도 않는다. 곧 도문(道門; 正道의 가르침)은 일찍이 내부도 아니고 외부도 아니라는 것을 나타내는 것이다.

---

14) 여충식목(如虫食木), 『대반열반경』 제2권에서, "如虫食木有成字者, 此虫不知是字非字. 智人見之終不唱言, 是虫解字, 亦不警怪"라고 하였다(『대정장』 12권, 378中).

제8장 별도로 삼론을 해석함[三論別釋]

次明別釋三論.

問, 旣有四論, 何故常稱三論耶?

答, 略有八義. 一者, 一一論各具三義. 一破邪, 二顯正, 三言敎. 以同具此三義故, 合名三論. 二者, 三論具合方備三義, 中論明所顯之理, 百論破於邪執, 十二門名爲言敎. 以三義相成故, 名爲三論. 三者, 中論爲廣論, 百論爲次論, 十二門爲略論. 三部具上中下三品, 故名三論. 四者, 一切經論凡有三種. 一但偈論, 卽是中論. 二但長行論, 所謂百論. 三亦長行亦偈論, 卽十二門論. 以三部互相開避, 而共相成. 五者, 此之三部, 同是大乘通論, 故名三論. 六者, 此三部同顯不二實相, 故名三論. 七者, 同是四依菩薩所造. 八者, 同是像末所作. 但欲綱維大法也.

다음에 별도로 삼론(三論)을 주석하는 것을 해명하고자 한다.

질문 : 이미 (『대지도론』·『중론』·『백론』·『십이문론』의) 사론(四論)이 있거늘, 어찌하여 항상 삼론이라고 칭하는가?

대답 : (여기에는) 대략 여덟 가지 의미가 있다.

첫째로, 하나하나의 논서가 각각 세 가지 의미를 구족하고 있다. 첫째는 파사(破邪), 둘째는 현정(顯正), 셋째는 언교(言敎)이다. (삼론이) 동일하게 이 세 가지 의미를 구족하고 있기 때문에, 합하여 삼론이라 이름하는 것이다.

둘째로, 삼론이 함께 합하여 바야흐로 세 가지 의미를 구비한다. 『중론』은 현시되는 진리를 해명하고, 『백론』은 삿된 집착을 파척하고, 『십이문론』은 언교라고 이름한다. (삼론이 합하여) 세 가지 의미가 서로 성립되기 때문에 삼론이라 이름하는 것이다.

셋째로, 『중론』을 광론(廣論)으로 삼고, 『백론』을 차론(次論)으로 삼으며, 『십이문론』을 약론(略論)으로 삼는다. 삼부(三部)가 상·중·하의 삼품(三品; 三章)을 갖추고 있기 때문에, 삼론이라 이름하는 것이다.

넷째로, 일체의 경전과 논서에는 무릇 세 종류가 있다. 하나는 다만 (운문의) 게송만이 있는 논서이니, 곧 『중론』이다. 둘은 다만 (산문의) 장행(長行)만이 있는 논서이니, 이른바 『백론』이다. 셋은 또한 장행도 있고 또한 게송도 있는 논서이니, 곧 『십이문론』이다. 이 삼부가 서로 (중복되지 않게) 개현하고 회피하면서, 함께 서로 (삼론으로서) 성립시키고 있는 것이다.

다섯째로, 이 삼부는 동일하게 대승의 통론(通論)이다. 그 때문에 삼론이라 이름하는 것이다.

여섯째로, 이 삼부는 동일하게 둘이 아닌 실상을 나타내 보인다. 그 때문에 삼론이라 이름하는 것이다.

일곱째로, (이 삼부는) 동일하게 사의보살(四依菩薩)이 저작한 것이다. (그 때문에 삼론이라 이름하는 것이다.)

여덟째로, (이 삼부는) 동일하게 상법의 (시초에서) 말기[像末][1]에 저

---

1) 상말(像末) : 불법(佛法)이 잘 신봉되고 유지되는 정도에 따라서 정법(正法)·상법(像法)·말법(末法)의 세 시기로 구별하는데, 그 상말(像末)은 ① 상법과 말법, ② 상법의

작된 것으로서, 다만 대법(大法; 곧 佛法)의 근본 법도를 세우고자 하는
것이다. (그 때문에 삼론이라 이름하는 것이다.)

말기라는 두 가지 해석이 가능하다(상권 제2장 제2절 註 13) 참조). 그런데 길장은 『대
승현론』에서 "용수가 세상에 출세하였을 때는, 정법으로 교화하는 말기에서 상법의 초
기였으며 …… 제바가 세상에 출세하였을 때는 (부처님 입멸 후) 팔백여 년으로, 성인께
서 세상을 떠나신 지 이미 오래되었다[龍樹出世之時, 是正化之末, 像法之初 …… 提
婆出世, 是八百余年, 去聖旣遠]"라고 술회하였고,(『대정장』 45권, 72中) 또 『중관론소』
에서는 "부처님 멸도 후 …… 상법중이란, 처음의 오백은 정법이고, 나중의 오백세는 곧
상법에 속한다[佛滅度後 …… 像法中者, 初五百爲正法, 後五百歲卽屬像法]"라고 하
였다[『대정장』 42권, 18中). 이로 미루어보면 길장은 정법 오백년과 상법 오백년을 취하
였다는 것을 알 수 있다. 따라서 여기에서 언급한 상말(像末)은 정확하게는 상법의 시
초에서 말기라고 보아야 할 것이다.

제9장 삼론(三論)의 통별(通別)

 次論三論通別門. 以智度論對三論, 則智度論爲別論, 三論爲通論. 就三論中, 自有三別, 卽爲三例. 百論爲通論之廣, 中論爲通論之次, 十二門爲通論之略. 所以然者, 百論通破障世出世一切邪, 通申世出世一切正, 故名通論之廣. 中論但破大小二迷, 通申大小兩教, 不破世間迷申世間教, 故爲通論之次. 十二門但破執大之迷,[1] 申大乘之教, 爲通論之略.

問, 何故爾耶?

答, 外道邪興, 遍障世出世大小一切教. 故提婆遍破衆邪, 備申衆教. 是以論明始自三歸, 終竟二諦, 無教不申, 無邪不破. 中論爲對大小學人封執二教故, 但破二迷, 但申二教. 是以論文有大小二章之說. 十二門論辨觀行之精要, 明方等之宗本. 故正破大迷, 獨申大教. 是以論文

---

1) 미(迷): 대정장경본과 만속장경본은 '迷'로 되어 있고, 금릉각경처본은 '辨'으로 되어 있다. 그런데 이후의 문장에서 다시 "十二門論辨觀行之精要, 明方等之宗本. 故正破大迷, 獨申大教"라고 하여, "迷"가 타당하다.

命宗, 但說略解摩訶衍義.

　問, 十二門亦備破小乘外道, 云何言但破大迷, 但申大教也?

　答, 雖備破衆病, 而正意爲申大乘. 故論文前明"略解大乘", 而後則言, "末世衆生, 薄福鈍根, 雖尋經文, 不能通了." 卽知尋大乘失旨, 但小乘外道障彼大乘, 故須破之耳. 又欲令小乘外道同入大乘, 故須破之.

　問, 百論申大小兩教, 與中論何異?

　答, 百論總申大小, 然中論別申二教. 又百論從淺至深, 中論從深至淺.

　問, 何故爾耶?

　答, 百論爲迴邪入正始行之人, 故始自三歸, 終入方等, 故從淺至深. 中論示諸佛本末之義, 大乘爲本, 小乘爲末, 故從深至淺也.

옮김譯 다음에 삼론의 통별(通別)을 논하는 부문을 설명하고자 한다. 『대지도론』을 삼론에 상대시키면, 곧 『대지도론』은 별론(別論)이 되고, 삼론은 통론(通論)이 된다. (그런데) 삼론에 따르면, 그중에도 세 가지 구별이 있으니, 곧 세 가지 예가 있다. 『백론』은 광박한 통론이 되고, 『중론』은 그 다음의 통론이 되며, 『십이문론』은 간략한 통론이 된다.

　그러한 까닭은, 『백론』은 세간과 출세간을 장애하는 일체의 삿됨을 통괄적으로 파척하고, 세간과 출세간의 일체의 바름을 통괄적으로 진술한다. 그러므로 『백론』을 광박한 통론이라 이름하는 것이다. 『중론』은 다만 대승과 소승의 두 가지 미혹을 파척하고, 대승과 소승의 두 가지 가르침을 통괄적으로 진술할 뿐이며, 세간의 미혹을 파척하고, 세간의 가르침을 진술하지는 않는다. 그 때문에 (『백론』) 다음의 통론이 되는 것이다. 『십이문론』은 다만 대승에 집착하는 미혹을 파척하고, 대승의 가르침을 진술할 뿐이다. (그 때문에) 간략한 통론이 되는 것이다.

　질문 : 어찌하여 그러한가?

　대답 : 외도의 삿된 견해가 흥기하여, 세간·출세간과 대승·소승의 일체의 가르침을 두루 장애하였다. 그러므로 제바(提婆)는 많은 삿된 견

해를 두루 파척하고, 많은 가르침을 갖추어 진술하였다. 그 때문에 『백론』은 최초에 (「사죄복품(捨罪福品)」에서) 삼보에 귀의하는 것으로부터 시작하여, 최후에 (「파공품(破空品)」에서) 이제(二諦)를 설명하여 마칠 때까지, 가르침으로서 진술하지 않은 것이 없고, 삿된 견해로서 파척하지 않은 것이 없다는 것을 해명하는 것이다.

『중론』은 대승과 소승을 학습하는 사람들이 이 두 가지의 가르침에 집착하여 봉쇄하는 것에 대한 것이기 때문에, 단지 두 가지의 미혹을 파척하고, 단지 두 가지의 가르침을 진술한다. 그 때문에 『중론』의 문장에 대승과 소승의 두 장[大小二章]2)의 설명이 있는 것이다.

『십이문론』은 관법과 수행의 정요를 변론하여, 방등(方等) 종지의 근본을 밝히고 있다. 그러므로 바로 대승의 미혹을 파척하고, 단지 대승의 가르침을 해명하는 것이다. 그 때문에 이 『십이문론』의 문장에서 근본 종지를 천명하여, 단지 간략하게 마하연(摩訶衍; mahāyāna, 大乘)의 의미를 해석한다3)고 설하는 것이다.

질문 : 『십이문론』도 또한 구체적으로 소승과 외도를 파척한다. 어찌하여 단지 대승의 미혹을 파척하고, 단지 대승의 가르침을 진술한다고 말하는가?

대답 : 비록 구체적으로 (소승과 외도의) 많은 병을 파척하고 있지만, 그 본래 의도하는 바는 대승을 진술하는 것에 있다. 그러므로 『십이문론』의 문장에서, 앞에서 "간략하게 대승을 해석한다"는 것을 해명하고, 그 뒤에서 곧 말하기를, "말법 세상의 중생은 복이 적고 근기가 열등하여, 비록 경전의 문장을 찾아보아도 전체적으로 이해하지 못한다"라고4)

---

2) 대소이장(大小二章) : 구마라집 역 『중론』을 길장 등이 분석한 바에 따르면, 『중론』 전체 27품 가운데, 앞의 25품은 대승의 미혹을 파척하여 대승의 가르침을 설하고, 나머지 제26품과 제27품은 소승의 미혹을 파척하여 소승의 가르침을 설한다고 해석하였다.
3) 약해마하연의(略解摩訶衍義) : 『십이문론』 모두(冒頭)에서, "今當略解摩訶衍義"라고 하였다(『대정장』 30권, 159下).
4) 말세중생(末世衆生 …… 不能通了) : 바로 앞의 註에서 해명한 『십이문론』의 계속되

하였다. 곧 (대승경전을 읽어도) 대승이 그 본지를 상실하는 것을 찾아보면, 단지 소승과 외도가 그 대승의 장애가 되고 있다는 것을 알게 된다. 그 때문에 모름지기 그 소승과 외도를 파척할 따름이다. 또 소승과 외도를 동일하게 대승으로 전향하게 하고자 한다. 그 때문에 모름지기 그 소승과 외도를 파척하는 것이다.

질문 : 『백론』도 대승과 소승의 두 가지 가르침을 진술하고 있다. 『중론』과 어떻게 다른가?

대답 : 『백론』은 총괄적으로 대승과 소승을 진술한다. 그런데 『중론』은 개별적으로 (대승과 소승의) 두 가지 가르침을 진술한다. 또 『백론』은 (가르침이) 얕은 곳에서 깊은 곳에 이르고, 『중론』은 (가르침이) 깊은 곳에서 얕은 곳에 이른다.

질문 : 어찌하여 그러한가?

대답 : 『백론』은 삿된 것을 회피하여 바른 길에 들어가서 수행을 시작하는 사람을 위한 것이다. 그 때문에 삼보에 귀의하는 것에서 시작하여, 마지막에 방등에 들어간다. 그러므로 가르침이 얕은 곳에서 깊은 곳에 이르는 것이다. 『중론』은 모든 부처님의 근본과 지말의 교의를 나타내어, 대승을 근본으로 삼고 소승을 지말로 삼는다. 그러므로 가르침이 깊은 곳에서 얕은 곳에 이르는 것이다.

는 문장.

제10장 사론의 교화 수단이 같지 않음[四論用假不同]

次明四論用假不同門. 一切諸法, 雖並是假, 領其要用, 凡有四門. 一因緣假, 二隨緣假, 三對緣假, 四就緣假也. 一因緣假者, 如空有二諦. 有不自有, 因空故有. 空不自空, 因有故空. 故空有是因緣假義也. 二隨緣假者, 如隨三乘根性, 說三乘敎門也. 三對緣假者, 如對治常說於無常, 對治無常是故說常. 四就緣假者, 外人執有諸法, 諸佛菩薩就彼推求, 檢竟不得, 名就緣假. 此四假總收十二部經八萬法藏. 然四論具用四假, 但智度論多用因緣假, 以釋經立義門故. 中論十二門多用就緣假, 百論多用對緣假.

다음에 사론(四論)이 가(假)[1]를 사용하는 것이 동일하지 않음[用假不同][2]을 해명하는 부문에 대하여 설명하고자 한다.

---

1) 가(假) : 여기서는 사람들의 기연(機緣)에 상응하여 설법하고 교화하는 언설(言說), 곧 언어적 교화의 수단을 의미함.
2) 용가부동(用假不同) : 길장의 『대승현론』 제5권 명사론종지(明四論宗旨)에서 이것을 상세히 논의하고 있다(『대정장』 45권, 71下).

일체의 모든 법은 비록 모두 가(假)라고 하여도, 그 중요한 용법을 통합하면 무릇 (다음의) 네 가지 부문이 있다. 첫째는 인연가(因緣假), 둘째는 수연가(隨緣假), 셋째는 대연가(對緣假), 넷째는 취연가(就緣假)이다.3)

첫째로 인연가(因緣假)라고 하는 것은, 공(空)과 유(有)의 이제(二諦)(의 가르침을 설하는 것)과 같다. 유(有)는 스스로 있는 것이 아니라, 공(空)으로 말미암기 때문에 있는 것이며, 공(空)은 스스로 공한 것이 아니라, 유(有)로 말미암기 때문에 공한 것이다. 그러므로 공(空)과 유(有)는 인연가의 의미이다.

둘째로 수연가(隨緣假)라고 하는 것은, 삼승(三乘; 소승의 성문 연각과 대승의 보살)의 근기와 성품에 따라서, 삼승 (각각의) 가르침의 부문을 설하는 것과 같다.

셋째로 대연가(對緣假)라고 하는 것은, 항상함[常]을 대치하기 위하여 무상(無常)을 설하고, 무상을 대치하기 위하여 항상함을 설하는 것과 같다.

넷째로 취연가(就緣假)라고 하는 것은, 외도 사람이 모든 법은 (실제로) 있다고 집착하는 것에 대하여, 여러 부처님과 보살은 그 사람(의 견해)

---

3) 사가(四假) : 길장의 『이제의(二諦義)』 하권에, "大師約四悉壇, 明四假義. 四假者, 因緣假, 對緣假, 就緣假, 隨緣假"라고 하였다(『대정장』 45권, 106上). 그러므로 사가(四假)의 설명은 본래 길장의 스승 법랑(法朗)에게서 유래하였다는 것을 알게 된다.
　　사실단(四悉壇)은 세계실단(世界悉壇)·각각위인실단(各各爲人悉壇)·대치실단(對治悉壇)·제일의실단(第一義悉壇)으로, 『대지도론』에서 언급되고 있다(『대정장』 25권, 59中~61中). 실단(悉壇)은 범어 siddhānta의 음사로, 불법(佛法)에 의하여 불도를 성취한다는 의미가 담겨 있다. 세계실단은 세계의 제법은 인연(因緣)의 화합으로, 중생들은 오온(五蘊)의 화합으로 성립된다고 설하는 것이다. 각각위인실단은 사람들의 마음과 행실을 관찰하여, 각각의 근성에 따라 설법하는 것이다. 대치실단은 몸의 질병을 치료하는 약이 다르듯이, 마음의 병에 대하여 여러 가지로 설법하는 것이다. 곧 탐욕이 많은 사람에게는 부정관(不淨觀)을, 성질부리는 사람에게는 자비관(慈悲觀)을 생각하라고 설하는 것이다. 제일의실단은 근기가 성숙한 사람에게 제일의제(第一義諦)에 해당하는 제법실상(諸法實相)을 설하는 것이다.
　　삼론학의 교의에 의하면, 세계실단(世界悉壇)은 취연가(就緣假), 각각위인실단(各各爲人悉壇)은 수연가(隨緣假), 대치실단(對治悉壇)은 대연가(對緣假), 제일의실단(第一義悉壇)은 인연가(因緣假)에 배당된다고 하였다.

에 취하여 추구하기도 하고 검토하기도 하여, 끝내 (모든 법이 실제로 있다는 것은) 얻을 수 없다(는 것을 가르쳐준다. 이것을) 취연가라 이름한다.

이 네 가지 가[四假]는 총괄적으로 십이부경(十二部經)과 팔만법장(八萬法藏)4)을 수용한다. 그리하여 네 논서는 이 네 가지 가를 구비하여 사용하는 것이다. 단지 『대지도론』은 인연가를 많이 사용하고 있으니, 그것은 경전을 주석하여 교의 부문을 수립하고 있기 때문이다. 『중론』과 『십이문론』은 취연가를 많이 사용하고, 『백론』은 대연가를 많이 사용한다.

---

4) 십이부경팔만법장(十二部經八萬法藏) : 『대지도론』 제1권에서, "四悉壇中, (總攝)一切十二部經, 八萬四千法藏, 皆是實無相違背"라고 하였다(『대정장』 25권, 59中). 십이부경(十二部經)은 원시불교 이래 전체 불교경전을 열두 가지로 구분하는 분류 방법이고, 법장(法藏)은 불교의 법문(法門)이며, 사실단(四悉壇)은 세계실단(世界悉壇)·각각위인실단(各各爲人悉壇)·대치실단(對治悉壇)·제일의실단(第一義悉壇)이다.

제11장 사론의 반연이 같지 않음[四論對緣不同]

 次明四論對緣不同門. 著於四論, 略明二種. 提婆菩薩震論鼓
於王庭, 九十六師一時雲集, 各建名理, 立無方論. 提婆面拆邪
師, 後還閑林, 撰集當時之言, 以爲百論. 龍樹菩薩潛帷著筆, 探取外情,
破病申經, 故造中論.

問, 何故爾耶?

答, 龍樹聲聞天下, 外道小乘不敢與交言, 故潛帷著筆以造論也. 提
婆既爲弟子, 物情所不畏憚, 故與之交言, 故後集以爲論.

 다음에 사론(四論)이 (파척하는) 연고가 동일하지 않은 것[對緣不
同][1]을 해명하는 부분에 대하여 설명하고자 한다.

사론을 저술하는데 (그 사연에) 대략 두 종류가 있다는 것을 해명한다.
(하나는) 제바보살이 논쟁의 북소리를 왕의 궁정에서 진동시키자, 그

---

1) 대연부동(對緣不同) : 길장의 『대승현론』 제5권 明所破之緣有對不對 참조(『대정장』
　45권, 72中).

때에 96명의 외도의 스승들이 일시에 구름처럼 모여들어, 각각 명리(名理)[2]를 세우고, 무방론(無方論)[3]을 수립하였다. (이에) 제바보살은 면전에서 삿된 (이론을 주장하는) 외도의 스승들을 파척하고, 나중에 한적한 수림으로 돌아와 당시에 (논의한) 언어를 수집하였다. 그것을 『백론』으로 삼은 것이다.[4]

(또 하나는) 용수보살은 처소에서 휘장을 드리우고 (자신이 의도하는 바를) 집필하였는데,[5] 외도의 심정을 깊이 파악하여, (외도의) 병을 파척하고 (불교의) 경전을 진술하여 해명하였다. 그리하여 『중론』을 저술한 것이다.

질문 : 어찌하여 그러한가?:

대답 : 용수는 그 명성이 천하에 떨쳐서, 외도와 소승은 감히 (용수와) 더불어 언사를 교환하지 못하였다. 그 때문에 용수는 처소에서 창가에 휘장을 드리우고 집필하여, 『중론』을 저술한 것이다. (이에 비하여) 제바는 이미 (용수의) 제자였기 때문에, 세상 사람들이 두려워하여 떨 정도는 아니었다. 그 때문에 (외도는 제바와) 더불어 언사를 교환하였다. 그러므로 (제바는) 나중에 (논의한 언어를) 수집하여, 그것을 『백론』으로 삼은 것이다.

---

2) 명리(名理) : 이름뿐인 이론, 추상적인 이론.

3) 무방론(無方論) : 일정한 방도가 없는 무기력한 논의.

4) 이하의 내용은 구마라집이 역출한 『제바보살전(提婆菩薩傳)』의 기록에 의거한 것이며,(『대정장』 50권, 187中~下) 논고(論鼓)를 울린다는 표현 같은 것은 길장이 보다 효과적으로 각색한 것으로 보인다.

5) 잠유저필(潛帷著筆) : 『대승현론』 제5권에서는 '잠회저필(潛懷著筆)'이라고 표현하였다(『대정장』 45권, 72中). 용수의 경우는 제바와 달리 토론자들을 직접 상대할 필요가 없어, 거주하는 곳에서 창문을 휘장으로 가리어 몸을 은폐하고, 용수 자신이 생각하는 바를 필기구로 저술한 것을 말한다.

제12장 삼론이 파척하는 대상[三論所破之緣]

次明三論所破之緣有利鈍不同門. 今略擧中百二論, 明衆生得悟不同, 凡有四種. 一自有一種根緣, 聞百論始捨罪福, 終破空有, 當此言下得悟無生. 二有諸外道, 雖聞提婆當時所破, 言理俱屈, 猶未得悟, 後出家竟, 稟受佛經, 方乃得悟, 此中根人也. 三有諸外道, 聞提婆之言不了, 尋經翻更起迷, 爲中論所破方得悟, 此下根人也. 四有諸外道, 初稟提婆之言, 乃至尋中論亦未得解, 後因十二門觀玄略, 方乃得悟也.

다음에 삼론이 파척하는 대상에, (근기가) 수승하거나 열등하여 동일하지 않은 것을 해명하는 부문에 대하여 설명하고자 한다.

이제 간략하게 『중론』과 『백론』의 두 논서를 거론하여, 중생이 깨달음을 얻는 것이 동일하지 않다는 것을 밝히고자 한다. (여기에는) 무릇 네 종류가 있다.

첫째로, 스스로 한 종류의 수승한 근기와 인연[根緣][1]이 있어, 『백

론』이 처음에 죄와 복을 버리라는 것부터 설하기 시작하여, 최후에 공
(空)과 유(有)를 파척하는 것까지2) 듣고, 그 말을 들은 직후에 무생(無生)3)
을 깨닫는 것이 가능한 사람이 있다.

둘째로, 많은 외도들이 있어 (그중에 어떤 사람은) 비록 제바에게 당
시에 파척당하는 것을 듣고, 그 언어와 이론에 모두 굴복하였어도 여전
히 깨닫지 못하다가, 나중에 출가하여 마침내 불경(佛經)을 수학하게 되
어, 비로소 이에 깨달음을 얻는다. 이는 근기가 중간 정도의 사람이다.

셋째로, 많은 외도들이 있어 (그중에 어떤 사람은) 제바의 말을 들었
어도 이해하지 못하고, 경전을 찾아보아도 도리어 다시 미혹을 일으키
다가, 『중론』(의 이치)에 파척되어 비로소 깨달음을 얻는다. 이는 근기
가 하열한 사람이다.

넷째로, 많은 외도들이 있어 (그중에 어떤 사람은) 처음에 제바의 말
을 받아들이고, 내지 『중론』을 찾아보아도 역시 이해하지 못하다가, 나
중에 『십이문론』의 관찰이 유현하고 간략한 것으로 인하여, 비로소 이
에 깨달음을 얻는다.

---

1) 근연(根緣) : 근기와 인연. 불법을 이해하는 사람의 능력과 교의를 접수하는 인연을
   의미한다.
2) 이것은 『백론』이 제1 「사죄복품(捨罪福品)」부터 시작하여, 제10 「파공품(破空品)」에
   서 끝나는 것을 말한다.
3) 무생(無生) : 일체의 모든 것은 진실로 일찍이 생겨난 일이 없다는 것을 요달하는 것.
   무생법인(無生法忍)을 의미한다.

제13장 『중론(中論)』의 명제(名題)를 해석함

제1절 제명(題名)의 광략(廣略)

次別釋中論名題門. 此論立名, 有廣有略. 所言略者,[1] 但稱中論. 故叡法師序云, "中論有五百偈, 龍樹菩薩之所造." 而後但釋中論兩字, 故名爲略.

問, 何故但稱中論, 不題觀耶?

答, 中是所論之理實, 論是能論之敎門. 若明理敎故, 義無不周也.

所言廣者, 加之以觀. 故影法師中論序云, "寂此諸邊, 名之爲中. 問答拆[2]徵, 稱之爲論." 又云, "觀者, 直以觀辨於心, 論宣於口耳."

---

1) 자(者): 금릉본에는 '야(也)'로 되어 있으나, 오기로 보인다.

2) 탁징(拆徵): 『출삼장기집』의 원문에는 '석징(析徵)'으로 되어 있다. 岩波文庫本은 절징(折徵)이라 하였으며, 원록본(元祿本) 이후 탁(拆)으로 짓는다고 지적하였다(金倉圓

問, 何故具題三字耶?

答, 因中發觀, 由觀宣論. 要備三法, 義乃圓足也.

옮김譯 다음에 특별히 『중론(中論)』의 제명(題名)을 해석하는 부문3)을 설명하고자 한다.

이 논서가 제명을 수립하는 데에는, 자세함[『중관론(中觀論)』]이 있고, 간략함[『중론(中論)』]이 있다.

간략함이라고 하는 것은, 다만 『중론』이라고 칭하는 것이다. 그러므로 승예법사(僧叡法師)가 (지은) 『중론』의 서문에서 말하기를, "『중론』에는 오백 게송4)이 있으며, 용수보살이 지은 것이다"라고5) 하였다. 그리하여 그 후에는 단지 중(中)과 논(論)의 두 글자만 해석하였다. 그러므로 간략함이라 이름하는 것이다.

질문 : 어찌하여 다만 『중론』이라 칭명하고, (『중관론』이라고) 관(觀)(이라는 글자)를 제명에 표시하지 않는가?

대답 : 중(中)은 논의되는 이치의 실상이고, 논(論)은 논의하는 가르침의 부문이다. (이와 같이 중(中)과 관(觀)의 두 글자에 의하여) 이치와 가르침을 해명하고 있기 때문에, (『중론』이 설하는 어떠한) 교의라도 두루 밝히지 못할 것이 없다.

자세함이라고 말하는 것은, (『중론』이라는 두 글자에) 관(觀)을 첨가(하여 『중관론』이라고) 하는 것이다. 그러므로 담영법사(曇影法師)가 (지

照譯, 172면 註7). 탁(拆)은 터짐, 석(析)은 분석, 절(折)은 꺾음.

3) 중론명제(中論命題) : 길장의 『대승현론』 제5권 明解中觀論名 참조(『대정장』 45권, 73下).

4) 오백게(五百偈) : 『중론』의 총 게송 수는 주석서마다 다소 다르다. 여기서 말하는 구마라집 역 『중론』의 게송은 실제로는 445게송으로 되어 있다. 티베트역 『무외론(無畏論), Akutobhayā』도 게송수가 이것과 같지만, 유일한 산스크리트본 월칭석(月稱釋, Prasannapadā)은 448게송이며, 한역의 『대승중관석론』과 『반야등론』은 게송수가 일정하지 않다.

5) 예법사서운(叡法師序云) : 승예법사가 지은 『중론』의 서문. 구마라집 역 청목석(靑目釋)의 서문이 그것이다.

은)『중론』의 서문에서 말하기를, "이렇게 많은 편견을 적정하게 하는 것을 중(中)이라 이름하고, 질문하고 대답하여 분석하고 논증하는 것을 논(論)이라 칭명한다"라고6) 하였으며, 또 말하기를, "관(觀)이란 직접적으로, 관(觀)은 마음(속)에서 변론하는 것이고, 논(論)은 그것을 입으로 선설하는 것일 따름이다"라고 하였다.

질문 : 어찌하여 세 글자 모두를 표시하는 것인가?

대답 : 중(中)으로 인하여 관(觀)을 발생하고, 관(觀)으로 말미암아 논(論)을 선설한다. 요컨대 (중과 관과 논의) 세 가지 법을 구비해야, 교의가 곧 원만하게 충족되는 것이다.

제2절 차제문(次第門)

次第門.

問, 此三字有何次第耶?

答, 有二種次第. 一者能化次第, 二者所化次第. 能化次第者, 中謂三世十方諸佛菩薩所行之道, 故前明中. 由此道故, 發生諸佛菩薩正觀, 故次明觀. 由內有正觀故, 佛宣之於口, 名之爲經, 四依菩薩宣之於口, 目之爲論也. 約所化悟入次第者, 稟敎之徒, 因論識中, 因中發觀. 若望於佛, 因敎識理, 因理發觀也.

---

6) 담영법사(曇影法師)가 지은 『중론』의 서문은 『출삼장기집』 제11권에 수록되어 있다(『대정장』 55권, 77中). 거기에서 "寂此諸邊, 故名曰中. 問答析徵, 所以爲論, 是作者大意. 亦云中觀, 直以觀辯於心, 論宣於口耳"라고 하였다. 원문과 길장의 인용문은 몇 글자 다르지만, 내용은 거의 동일하다.

 (다음에 중(中)·관(觀)·논(論) 세 글자의) 차례 부문을 설명하고 자 한다.

질문 : 이 세 글자에 어떠한 차례가 있다는 것인가?

대답 : (여기에는) 두 종류의 차례가 있으니, 첫째는 능동적 교화의 차례이고, 둘째는 수동적 교화의 차례이다.

능동적 교화의 차례라는 것은, (세 글자 가운데) 중(中)은 삼세 시방의 모든 부처님과 보살이 수행하는 도(道)를 말한다. 그러므로 먼저 중을 해명하는 것이다. 이 도로 말미암기 때문에 모든 부처님과 보살의 정관(正觀)을 발생한다. 그러므로 다음에 관(觀)을 해명하는 것이다. 내면으로 정관이 있으므로 말미암아, 부처님이 그것을 입으로 선설하는 것을 경(經)이라 이름하고, 사의보살이 그것을 입으로 선설하는 것을 논(論)이라 칭명한다. (그리하여 중·관·논의 순서가 성립된다.)

(사람들이) 교화되어 깨달음에 들어가는 차례에 대하여 말하자면, 가르침을 받은 교도들은 논(論)으로 인하여 중(中)을 알게 되고, 중(中)으로 인하여 관(觀)을 발생한다. (그리하여 논·중·관의 순서가 성립된다.) 만약 부처님(이 설한 경전)에 대하여 바라본다면, 가르침으로 인하여 진리를 알게 되고, 진리로 인하여 관(觀)을 발생하는 것이다. (가르침은 논(論)이고 중(中)은 진리에 해당하기 때문에, 이것도 논·중·관의 순서가 성립된다.)

제3절 제립문(制立門)

次制立門. 所以但明三字不多不少者, 略有三義. 一者, 諸佛菩薩凡有二德. 一者自行, 二者化他. 中之與觀, 謂自行也. 論之一字, 卽是化他. 自行化他, 義無不攝, 故但標三字. 二者, 化於衆生, 要必具三. 一者有所悟之理, 二者因理發觀, 三者由觀宣論, 故但明三也. 三者, 以中對觀, 是境智之名. 以觀對論, 爲行說之稱. 因中發觀故, 以中爲境, 以觀爲智. 如說而行爲觀, 如行而說爲論. 以義唯此四故, 名字但有三名也.

다음에 (중·관·론의) 세 글자에 제한되는 부문[制立門][7]을 설명하고자 한다.

다만 (중·관·론의) 세 글자를 해명하고, 그것보다 많지도 않고 적지도 않은 까닭에는 대략 세 가지 의미가 있다.

첫째로, 모든 부처님과 보살은 무릇 두 가지의 덕이 있으니, 하나는 자신의 수행이고, 둘은 타인의 교화이다. (세 글자 가운데) 중(中)과 관(觀)은 자신의 수행을 말하고, 논(論)이라는 한 글자는 곧 타인을 교화하는 것이다. 자신의 수행과 타인의 교화라는 의미가 포섭되지 않음이 없기 때문에, 다만 세 글자를 표현하는 것이다.

둘째로, 중생을 교화하는 데에는 반드시 (다음의) 세 가지를 구족해야 한다. 하나는 깨달은 진리[理; 중(中)을 말함]가 있는 것이고, 둘은 그 진리로 인하여 관(觀)을 발생하는 것이며, 셋은 관(觀)으로 인하여 논(論)을 선설하는 것이다. 그러므로 다만 세 글자를 해명하는 것이다.

---

7) 제립문(制立門): 논서의 제명(題名)을 다만 중·관·론이라고 세 글자만 수립하는 것에 제한하는 의미에 대하여 설명하는 부문.

셋째로, 중(中)을 관(觀)에 상대하면, 이것은 경계[境; 중(中)을 말함]와 지혜[智; 관(觀)을 말함]의 명칭이다. 관(觀)을 논(論)에 상대하면, 이것은 수행[行; 관(觀)을 말함]과 교설[說; 논(論)을 말함]의 명칭이다. 중(中)으로 인하여 관(觀)을 발생하기 때문에, 중(中)을 경계로 삼고, 관(觀)을 지혜로 삼는다. 교설하는 대로 수행하는 것을 관(觀)으로 삼고, 수행하는 대로 교설하는 것을 논(論)으로 삼는 것이다. (『중론』의) 의미에는 오직 이 (경계·지혜·수행·교설의) 네 가지가 있기 때문에, 제명에는 다만 세 글자의 명칭이 있을 뿐이다.

제4절 통별문(通別門)

次論通別門. 通而爲言, 三字皆中, 皆觀, 皆論. 所言皆中者, 理實不偏故, 理名爲中. 因中理發觀, 觀非偏觀, 觀亦名中. 因中觀宣論, 論非偏論, 論亦名中. 三字皆觀者, 中是義相觀, 觀是心行觀, 論是名字觀. 亦如三種般若, 中是實相般若, 觀是觀照般若, 論是文字般若. 三種皆論者, 論是能論, 故名爲論. 餘二所論, 亦名爲論也. 就別而言, 理實不偏, 與其中名. 智是達照, 當其觀稱. 論是言敎, 故目之爲論.

다음에 (중·관·론 세 글자의) 통괄적 의미와 개별적 의미를 논의하는 부문을 설명하고자 한다.

통괄적으로 말하자면, 세 글자는 모두 중(中)이고, 모두 관(觀)이고, 모두 논(論)이다.

(세 글자가) 모두 중(中)이라고 말하는 것은, (『중관론』에서 말하는) 도

리는 실상으로서 치우치지 않기 때문에, 그 도리를 중이라 이름한다. (또) 중의 도리로 인하여 관(觀)을 발생하기 때문에, 그 관(觀)은 치우친 관(觀)이 아니다. (그래서) 관(觀)도 또한 중(中)이라 이름한다. (또) 중(中)의 관(觀)으로 인하여 논(論)을 선설하기 때문에, 그 논(論)은 치우친 논(論)이 아니다. (그래서) 논(論)도 또한 중(中)이라 이름한다.

세 글자가 모두 관(觀)이라고 하는 것은, 중(中)은 의상(義相; 실상(實相)의 모습)의 관(觀)이고, 관(觀)은 심행(心行; 마음의 작용)의 관이며, 논(論)은 명자(名字; 명칭과 문자)의 관이다. (그것은) 또한 세 종류의 반야[三種般若][8]와 같은 것이다. 중(中)은 실상반야(實相般若)이고, 관(觀)은 관조반야(觀照般若)이며, 논(論)은 문자반야(文字般若)이다.

세 글자의 종류가 모두 논(論)이라고 하는 것은, 논(論)은 능동적으로 논의하는 것이기 때문에 논이라 이름한다. (중과 관의) 나머지 둘은 수동적으로 논의되는 것이기 때문에 또한 논이라 이름한다.

그 (중·관·론의 세 글자)에 대하여 개별적으로 말하자면, (『중관론』에서 말하는) 도리는 실상으로서 치우치지 않기 때문에, 그 도리에 중(中)이라는 명칭을 부여하는 것이다. 지혜는 (그 도리를) 통달하여 관조하기 때문에, 그 지혜에 관(觀)이라는 명칭을 해당시키는 것이다. 논(論)은 언어로 표현되는 가르침이기 때문에, 그것을 논(論)이라고 명칭하는 것이다.

---

8) 삼종반야(三種般若) : 정영사(淨影寺) 혜원(慧遠, 523~592)이 저술한 『대승의장(大乘義章)』제10권에서 "三種般若出大智論"이라 하였으며, 그 세 가지 반야로서 실상반야(實相般若)·관조반야(觀照般若)·문자반야(文字般若)를 열거하였다(『대정장』 44권, 669上). 실상반야는 지혜의 대상이 되는 모든 법의 실상을 말하고, 관조반야는 실상을 관조하는 지혜를 말한다. 문자반야는 반야의 진리를 언어와 문자로 표현하는 것으로서, 여러 종류의 『반야경』과 이에 대한 논서 등을 말한다.

제5절 상호 발진(發盡)을 해명하는 부문 [互發盡門]

次明互發盡門. 就中有中發觀, 觀發中, 緣盡觀, 觀盡緣. 所言中發觀者, 如涅槃經云, "十二因緣, 不生不滅, 能生觀智. 譬如胡瓜能發熱病也." 觀發中者, 衆生本謂因緣是生是滅, 不知是中, 以正觀檢生滅不得, 方悟因緣是中, 此則因觀發中. 緣盡於觀, 觀盡於緣9)者, 凡夫二乘, 及有所得偏邪之緣, 盡菩薩正觀之內, 故名緣盡於觀. 觀盡於緣者, 邪緣旣盡, 正觀亦息, 故名觀盡於緣. 緣盡於觀故非緣, 觀盡於緣故非觀. 非緣非觀, 不知何以美之, 强名正觀也.

問, 旣得緣盡觀, 觀盡緣, 亦得中盡觀, 觀10)盡中不?

答, 亦得爾也. 中是智境, 觀是境智. 境不自境, 因智故境. 智不自智, 由境故智, 由智故境, 境不自境. 由境故智, 智不自智. 不自智則非智, 不自境則非境. 故是境盡於智, 智盡於境.

問, 亦得緣發於觀, 觀發於緣不?

答, 由邪緣故, 得顯正觀, 卽是緣發於觀. 由正觀故, 顯緣是邪, 謂觀發於緣耳.

---

9) 관진어연(觀盡於緣) : 이 '緣盡於觀 觀盡於緣者'이라는 글귀 가운데 후반의 '觀盡於緣'은 대정장본에는 있으나, 금릉각경처본과 만속장경본에는 누락되어 없다. 일부 번역서는 이 구절을 모두 수록하고 번역하였다. 그러나 이 구절 바로 다음에 '緣盡於觀'을 한 번 더 보충하여 번역한 것도 있고,(三枝充悳譯, 255면) 원문과 번역에서 모두 이 후반의 '觀盡於緣'을 제거한 것도 있으며,(韓廷傑譯, 251면, 254) 이 구절 이후에 다시 나오는 '觀盡於緣者'를 번역에서 제외한 것도 있다(高雄義堅譯, 511면).

　전후의 문맥을 고려하면, 이 구절 후반의 '觀盡於緣'은 없는 편이 해석하는데 순조롭다고 본다. 이 호발진문(互發盡門)에서 해명하는 내용은 中發觀·觀發中, 緣盡於觀·觀盡於緣인데, 이 네 가지를 해명하기 전에 중첩적으로 표기되어 있는 것은 이 '觀盡於緣'뿐이다. 또한 그 다음에 별도로 다시 '觀盡於緣'을 해명하는 것을 보아도 그렇다.

10) 관(觀) : 대정장본에는 '친(親)'으로 되어 있으나, 명백한 오식(誤植)이기 때문에 금릉각경처본과 만속장경본에 따라 '觀'으로 개정하였다. 일역서들도 모두 관(觀)으로 수정하였다.

(다음에 중·관·론 세 글자가) 서로 발생하고 서로 멸진하는 것을 해명하는 부문[互發盡門]11)에 대하여 설명하고자 한다.

그 (세 글자) 중에서, 중(中)은 관(觀)을 발생하고, 관(觀)은 중(中)을 발생하며, 연(緣)은 관(觀)에서 멸진하고, 관(觀)은 연(緣)에서 멸진하는 것이다.

중(中)은 관(觀)을 발생한다고 말하는 것은, 『열반경』에서 이렇게 말하는 바와 같다.12) "십이인연(十二因緣)이 생하지도 않고 멸하지도 않는다는 것을 안다면, 능히 관(觀)의 지혜를 발생한다. 비유하면 호과(胡瓜)13)가 능히 열병(熱病)을 발생하는 것과 같다."

관(觀)은 중(中)을 발생한다고 하는 것은, 중생은 본래 '인연은 생하기도 하고 멸하기도 한다'라고 말하며, 그것이 (실제로는 생하지도 않고 멸하지도 않는) 중(中)이라는 것을 알지 못한다. (그러나) 정관(正觀)으로써 (인연의 생멸을) 검증해보면, 인연이 생하기도 하고 멸하기도 한다는 것은 얻을 수 없으며, (여기에서) 바야흐로 인연은 중(中)이라는 것을 깨닫는다. 이것이 곧 관(觀)으로 인하여 중(中)을 발생한다는 것이다.

연(緣)은 관(觀)에서 멸진(하고, 관(觀)은 연(緣)에서 멸진)한다고 하는 것은, 범부와 (성문승과 연각승의) 이승(二乘) 및 얻은 바가 있다고 (집착하는 대승의) 치우친 삿된 연(緣)은, 보살의 (무소득) 정관의 내면에서 멸진되어 버린다. 그 때문에 연(緣)은 관(觀)에서 멸진한다고 이름한다.

관(觀)은 연(緣)에서 멸진한다고 하는 것은, 삿된 연(緣)이 이미 멸진한다면, 정관도 또한 없어지게 된다. 그 때문에 관(觀)은 연(緣)에서 멸진한다고 이름한다. (이와 같이) 연(緣)은 관(觀)에서 멸진하기 때문에 연(緣)이

---

11) 호발진문(互發盡門): 중도실상(中道實相)과 정관(正觀)이 서로 발생하고 소진하는 관계를 논의하는 부문.

12) 『열반경』운: 『대반열반경』 제27권에서 말하기를, "善男子, 是觀十二因緣智慧, 卽是阿耨多羅三藐三菩提. 以是義故, 十二因緣名爲佛性. 善男子, 譬如胡瓜名爲熱病. 何以故, 能爲熱病作因緣故, 十二因緣亦復如是"라고 하였다(『대정장』 12권, 524上).

13) 호과(胡瓜): '瓜'가 불교대계본(佛敎大系本)과 암파문고본(岩波文庫本)에는 '苽'로 되어 있다. 과(瓜)는 오이, 고(苽)는 줄. 『열반경』에서 이 호과(胡瓜)가 열병을 발생하는 원인이라 하였다.

아니고, 관(觀)은 연(緣)에서 멸진하기 때문에 관(觀)이 아니다. 연(緣)도 아니고 관(觀)도 아니라고 한다면, 무슨 말로 그것을 찬미해야 할지 알지 못하기에, 억지로 정관(正觀)이라고 이름하는 것이다.

질문 : 이미 연(緣)은 관(觀)에서 멸진하고 관(觀)은 연(緣)에서 멸진하는 것이 있을 수 있다면, 또한 중(中)은 관(觀)에서 멸진하고 관(觀)은 중(中)에서 멸진하는 것도 있을 수 있는가, 아닌가?

대답 : 그것도 또한 있을 수 있다. 중(中)은 지혜의 경계이고, 관(觀)은 경계의 지혜이다. (그런데) 경계는 스스로 경계가 아니라 지혜로 인하기 때문에 경계이며, 지혜는 스스로 지혜가 아니라 경계로 인하기 때문에 지혜인 것이다. 지혜로 말미암기 때문에 경계이므로 경계는 스스로 경계가 아니며, 경계로 말미암기 때문에 지혜이므로 지혜는 스스로 지혜가 아니다. 스스로 지혜가 아니라면 곧 지혜가 아니고, 스스로 경계가 아니라면 곧 경계가 아니다. 그러므로 경계는 지혜에서 멸진하고, 지혜는 경계에서 멸진하는 것이다.

질문 : 또한 연(緣)은 관(觀)을 발생하고, 관(觀)은 연(緣)을 발생하는 것도 있을 수 있는가, 아닌가?

대답 : (그렇다.) 삿된 연(緣)으로 말미암기 때문에 정관을 나타낼 수 있다. 곧 이것이 연(緣)은 관(觀)을 발생하는 것이다. 또 바른 관찰로 말미암기 때문에 연(緣)은 삿되다는 것을 나타낸다. (그것이) 관(觀)은 연(緣)을 발생한다고 말하는 것이다.

제6절 특별히 삼자(三字)를 해석하는 부문 [別釋三字門]

 次明別釋三字門. 總論釋義, 凡有四種. 一依名釋義, 二就理敎釋義, 三就互相釋義, 四無方釋義也. 依名釋義者, 中以實爲義, 中以正爲義. 中以實爲義者, 如涅槃釋本有今無偈云, “我昔本無中道實義, 是故現在有無量煩惱.” 叡師中論序云, “以中爲名者, 照其實也.” 照謂顯也. 立於中名, 爲欲顯諸法實, 故云照其實也. 所言正者, 華嚴云, “正法性遠離, 一切言語道, 一切趣非趣, 悉皆寂滅相.” 此之正法, 卽是中道. 離偏曰中, 對邪名正. 肇公物不遷論云, “正觀論曰, 觀方知彼去, 去者不至方.” 故知中以正爲義也. 理敎釋義者, 中以不中爲義. 所以然者, 諸法實相, 非中非不中. 無名相法, 爲衆生故, 强名相說, 欲令[14]因此名, 以悟無名. 是故說中, 爲顯不中.

問, 中以不中爲義, 出何文耶?

答, 華嚴云, “一切有無法, 了達非有無.” 若爾, 一切中偏法, 了達非中偏, 卽其事也.

所言互相釋義者, 中以偏爲義, 偏以中爲義. 所以然者, 中偏是因緣之義. 故說偏令悟中, 說中令識偏. 如經云, “說世諦, 令識第一義諦. 說第一義諦, 令識世諦也.” 四無方釋義者, 中以色爲義, 中以心爲義. 是故華嚴經云, “一中解無量, 無量中解一.” 故一法得以一切法爲義, 一切法得以一法爲義.

다음에 특별히 (중·관·론의) 세 글자를 주석하는 것을 해명하는 부분에 대하여 설명하고자 한다.

총체적으로 석의(釋義; 그 의미나 내용을 해석하는 것)에는 무릇 네 종류가

---

14) 영(令): 금릉본에는 '명(命)'이라 하였으나, 오기로 보인다.

있다. 첫째는 의명석의(依名釋義)이고, 둘째는 이교석의(理敎釋義)이고, 셋째는 호상석의(互相釋義)이며, 넷째는 무방석의(無方釋義)이다.

(첫째로) 명칭에 의거한 석의라는 것[依名釋義]은, 중(中)은 실상[實]을 의미로 삼고, 중(中)은 바름[正]을 의미로 삼는다고 말하는 것이다.

중(中)은 실상을 의미로 삼는다는 것은, 『열반경』에서 "본래 있었으나 지금은 없다"라는 게송15)을 해석하여 말하기를, "나(수행 시절 부처님 자신)는 예전에는 본래 중도(中道)가 실상이라는 의미를 알지 못하였다. 그러므로 현재 한량없는 번뇌가 있다"라고16) 하였다. (여기서 말하는 중도 실상과 같은 것이 그것이다.) 승예가 지은 『중론』의 서문17)에서 말하기를, "중(中)을 이 논서의 제명으로 삼은 것은, 그 실상을 비추는 것이다"라고 하였는데, 비춘다는 것은 나타낸다는 것을 말한다. (곧) 중이라는 제명을 수립하는 것은, 모든 법의 실상을 나타내려고 하는 것이다. 그러므로 '그 실상을 비춘다'라고 말하는 것이다.

('중(中)은 바름을 의미로 삼는다'라고 하였는데) 여기에서 말하는 바름이라는 것은, 『화엄경』에서 말하기를, "바른 법의 본성은 일체의 언어로 표현할 수 있는 길로부터 멀리 떠나 있다. 일체의 취(趣)와 비취(非趣)18)는, 모두 다 적멸한 모습이다"라고19) 하였는데, 여기서 말하는 바른 법이 곧 중도이다. 치우침을 여읜 것을 중이라 말하고, 삿됨에 상대하는 것을

---

15) 『열반경』: 『대반열반경』에서 말한 이 게송의 전문은, "本有今無, 本無今有, 三世有法, 無有是處"라고 되어 있다(『대정장』 12권, 464下).

16) 이 인용문은 가섭이 질문한 앞 게송의 내용 가운데 제2구 '본무금유(本無今有)'의 해석으로, 원문에는 "言本無者, 本無般若波羅蜜, 以無般若波羅蜜故, 現在具有諸煩惱結 …… 言本無者, 我本無有中道實義, 以無中道實義故, 於一切法則有著心"라고 하였다(『대정장』 12권, 465上).

17) 승예법사가 지은 청목석(靑目釋) 『중론』의 서문을 말한다(『대정장』 30권, 1上).

18) 취비취(趣非趣): 취(趣)는 중생이 생사 윤회하는 세계로서 사구(四句)에 해당하며, 비취(非趣)는 윤회하지 않는 열반의 세계로서, 사구(四句)를 벗어나는 것을 말한다.

19) 『화엄경』운: 진역(晋譯) 『대방광불화엄경』 제34권 「보왕여래성기품(寶王如來性起品)」의 게송에서, "正法性遠離, 一切言語道, 一切趣非趣, 皆悉寂滅性"라고 하였다(『대정장』 9권, 615上).

바름이라 이름한다. 승조(僧肇)가 지은 「물불천론(物不遷論)」에서 말하였다.[20] "『정관론(正觀論)』에서 말하기를[21] '가는 방향[方; 곧 거처(去處)]을 관찰하여 (세속제에 의거하여) 그가 가는 것을 안다. (그러나 제일의제에 의거하면) 가는 자는 가는 방향에 도달하지 않는다'라고 하였다." 그러므로 중은 바름을 그 의미로 삼는 것을 아는 것이다.

(둘째로) 그 도리와 가르침에 의한 석의[理敎釋義]라는 것은, 중(中)은 중이 아님[不中]을 그 의미로 삼는 것을 말한다. 그러한 까닭은, 제법의 실상은 중도 아니고 중이 아님도 아니다. 명칭과 모습으로 표현될 수 없는 법을, 중생을 위하여 억지로 명칭과 모습으로 설하는 것이다. (그것은) 이 명칭으로 인하여 명칭이 없다는 것을 깨닫게 하려고 하는 것이다. 그러므로 중을 설하는 것은 중이 아님을 나타내기 위한 것이다.

질문 : 중(中)은 중이 아닌 것[不中]을 그 의미로 삼는다고 하는 것은, 어떠한 문헌에 나오는가?

대답 :『화엄경』에서 말하기를, "일체의 있다거나 없다는 법은, 있는 것도 아니고 없는 것도 아니라고 요달한다"라고[22] 하였다. 만약 그러하다면, 일체의 중(中)이거나 치우친 법은, 중인 것도 아니고 치우친 것도 아니라고 요달하는 것이 된다. 이것이 곧 그것이다.

(셋째로) 서로 상대함에 의한 석의[互相釋義]라는 것은, 중(中)은 치우침을 그 의미로 삼고, 치우침은 중을 그 의미로 삼는 것을 말한다. 그러한 까닭은 중과 치우침은 (상의상관(相依相關)하는) 인연의 의미가 있다. 그러므로 치우침을 설하여 중을 깨닫게 하고, 중을 설하여 치우침을 알게

---

20) 「물불천론(物不遷論)」운:『조론(肇論)』의 「물불천론(物不遷論)」에서 "中論云, 觀方知 彼去, 去者不知方. 斯皆卽動而求靜, 以知物不遷"이라 하였다(『대정장』 45권, 151上).
21) 『중론』운:『중론』제2 「관거래품」의 첫 게송에서 "已去無有去, 未去亦無去, 離已去 未去, 去時亦無去"라고 하였다. 가는 것[去, 去法]은 부정된다고 하여도, 세속제의 입 장에서는 가는 방향, 곧 거처(去處)에 상대하여 가는 것을 알 수 있다고 말하는 것이다.
22) 『화엄경』운: 60권 『화엄경』 제5권 「여래광명각품(如來光明覺品)」의 게송에서 "一切 有無法, 了達非有無. 如是正觀察, 能見眞實佛"라고 하였다(『대정장』 9권, 426下).

하는 것이다. (그것은) 경전에서 "세속제(世諦)를 설하여 제일의제(第一義
諦)를 알게 하고, 제일의제를 설하여 세속제를 알게 한다"라고 말한 바와
같다.23)

(넷째로) 일정한 방식이 없는 석의[無方釋義]라는 것은, 중(中)은 색(色;
물질 내지 물질적 현상)을 그 의미로 삼기도 하고, 중은 마음을 그 의미로
삼기도 하는 것을 말한다. 그러므로 『화엄경』에서 말하기를, "하나 중에
서 한량없음을 이해하고, 한량없음 중에서 하나를 이해한다"라고 하였
다.24) 그러므로 하나의 법은 일체의 법을 그 의미로 삼을 수 있고, 일체
의 법은 하나의 법을 그 의미로 삼을 수 있는 것이다.

원문
問, 中有幾種?
答, 旣稱爲中, 則非多非一. 隨義對緣, 得說多一. 所言一中者,
一道淸淨, 更無二道. 一道者, 卽一中道也. 所言二中者, 則約二諦辨中,
謂世諦中, 眞諦中. 以世諦不偏, 故名爲中. 眞諦不偏, 名爲眞諦中. 所
言三中者, 二諦中及非眞非俗中. 所言四中者, 謂對偏中, 盡偏中, 絶待
中, 成假中也. 對偏中者, 對大小學人斷常偏病, 是故說對偏中也. 盡偏
中者. 大小學人有於斷常偏病, 則不成中. 偏病若盡, 則名爲中. 是故經
云, "衆生起見, 凡有二種, 一斷二常. 如是二見, 不名中道. 無常無斷,
乃名中道." 故名盡偏中也. 絶待中者, 本對偏病, 是故有中. 偏病旣除,
中亦不立. 非中非偏, 爲出處衆生, 强名爲中, 謂絶待中. 故此論云, "若
無有始終, 中當云何有." 經亦云, "遠離二邊, 不著中道." 卽其事也. 成
假中者, 有無爲假, 非有非無爲中. 由非有非無, 故說有無. 如此之中,
爲成於假, 謂成假中也. 所以然者, 良由正道未曾有無, 爲化衆生, 假說

---

23) 경운: 『대반열반경』 「범행품(梵行品)」에서 "諸佛世尊, 爲第一義故, 說於世諦, 亦令
衆生得第一義諦. 若使衆生不得如是第一義者, 諸佛終不宣說世諦"라고 한 것에 의거
하였다(『대정장』 12권, 465中).

24) 『화엄경』운: 『화엄경』 「여래광명각품」의 게송에서 "一中解無量, 無量中解一"라고
하였다(『대정장』 9권, 423上).

有無. 故以非有無爲中, 有無爲假也. 就成假中, 有單複疏密橫竪等義,
具如中假義說. 如說有爲單假, 非有爲單中, 無義亦爾. 有無爲複假, 非
有非無爲複中. 有無爲疏假, 非有非無爲疏中. 不有有爲密假, 有不有
爲密中. 疏卽是橫, 密卽是竪也.

 질문 : 중(中)에는 몇 종류나 있는가?
　　대답 : 이미 중(中)이라 명칭하고 있기 때문에, (그 종류는) 다수
도 아니고 하나도 아니다. (그러나 가르침의) 의미에 따르고, 인연에 대응
하여, 다수라고도 하나라고도 말할 수 있다. (이하에서 일중(一中)부터 사
중(四中)까지 설명한다.)

　한 가지 중[一中]이라고 말하는 것은, 유일한 도[一道]만이 청정하여,
그 밖에 다시 두 번째의 도가 없다는 것이다. 유일한 도란 곧 하나의 중
도이다.

　두 가지 중[二中]이라고 말하는 것은, 곧 이제(二諦)에 요약하여 중(中)
을 변론하는 것으로서, 세제중(世諦中)과 진제중(眞諦中)을 말하는 것이다.
세제는 (유(有)에) 치우치지 않기 때문에 (세제)중(中)이라 이름하고, 진제
는 (공(空)에) 치우치지 않기 때문에 진제중(眞諦中)이라 이름한다.

　세 가지 중[三中]이라고 말하는 것은, (세제중과 진제중의) 이제(二諦)
의 중(中) 및 진제도 아니고 속제도 아닌 중[非眞非俗中]이다.

　네 가지 중[四中]이라고 말하는 것은, 대편중(對偏中)·진편중(盡偏中)·
절대중(絶對中)·성가중(成仮中)을 말하는 것이다.

　대편중(對偏中)이라는 것은, 대승과 소승을 학습하는 사람들이 (모든
법이) 단멸한다거나 상주한다고 하는 편벽된 병을 대치하는 것이다. 그
러므로 대편중이라고 말하는 것이다.

　진편중(盡偏中)이라는 것은, 대승과 소승을 학습하는 사람들이 (모든
법이) 단멸한다거나 상주한다고 하는 편벽된 병이 있다면, 곧 중(中)을
성취하지 못한다. (그러나) 편벽된 병이 만약 없어진다면, 곧 중이라고

이름한다. 그러므로 『열반경』에서 말하기를, "중생이 (삿된) 견해를 일으키는 데에 무릇 두 가지가 있으니, 하나는 단멸한다는 것이고, 둘은 상주한다는 것이다. 이러한 두 가지의 견해는 중도라고 이름하지 못하며, 상주하지도 않고 단멸하지도 않는 것을 곧 중도라고 이름한다"라고[25] 하였다. 그러므로 진편중이라고 이름하는 것이다.

절대중(絶對中)이라는 것은, 본래 편벽된 병을 대치하기 위한 것이며, 그 때문에 중(中)이 있다. 편벽된 병이 이미 제거되면, 중도 또한 성립하지 못한다. (이와 같이) 중도 아니고 편벽된 것도 아니지만, 중생을 미혹한 곳에서 벗어나게 하기 위하여 억지로 중이라고 이름한 것을 절대중이라고 말하는 것이다. 그러므로 이 『중론』에서 말하기를, "만약 처음과 나중이 있지 않다면, 중(中)이 마땅히 어떻게 있겠는가"라고[26] 하였으며, 또 『대집경』에서 말하기를, "두 가지의 극단에서 멀리 떠나고, 중도에도 집착하지 않는다"라고[27] 하였는데, 이것이 곧 그것이다.

성가중(成仮中)이라는 것은, 있는 것과 없는 것을 가(仮; 임시적, 가상적인 존재)로 삼고, 있는 것도 아니고 없는 것도 아닌 것을 중(中)으로 삼는다. (그리하여) 있는 것도 아니고 없는 것도 아닌 것으로 말미암아 있다거나 없다고 설하는 것이다. 이러한 중(中)은 가(仮)를 성립시키기 위한 것이기 때문에 성가중이라고 말하는 것이다. 그러한 까닭은, 진실로 정도(正道)는 일찍이 있는 것도 아니고 없는 것도 아니지만, 중생을 교화하기 위하여 가(仮)적으로 있다거나 없다고 설하는 것에 연유한다. 그러므로 있는 것도 아니고 없는 것도 아닌 것을 중으로 삼고, 있는 것과 없는 것

---

25) 경운:『대반열반경』 제27권 「사자후보살품(獅子吼菩薩品)」에서 "衆生起見, 凡有二種, 一者常見, 二者斷見. 如是二見, 不名中道. 無常無斷, 乃名中道"라고 하였다(『대정장』 12권, 523下).

26) 논운:『중론』 제11 「관본제품(觀本際品)」 제2 게송에서 "若無有始終, 中當云何有. 是故於此中, 先後共亦無"라고 하였다(『대정장』 30권, 16上).

27) 경운:『대집경(大集經)』 「허공장품(虛空藏品)」의 게송에서 "世尊善知如是法, 得至淸凉泥洹道, 去離二道不著中, 知虛非眞無自性"이라 한 것에 의거하였다(『대정장』 13권, 95上).

을 가로 삼는 것이다.

성가중(成假中)에 대하여, 단(單)과 복(複), 소(疎)와 밀(密), 횡(橫)과 수(竪) 등의 의미가 있는데, 자세한 것은 중가의(中假義)에서28) 설명하는 바와 같다. (여기에서 그 대략을 설명해보면) 있다고 설하는 것을 단가(單假)29)라 하고, 있지 않다고 설하는 것을 단중(單中)30)이라 한다. 없다는 것의 의미에 대해서도 또한 그러하다. (곧 없다고 설하는 것을 단가(單假)라 하고, 없지 않다고 설하는 것을 단중(單中)이라 한다.) (다음에) 있다는 것이나 없다는 것을 복가(複假)31)라 하고, 있는 것도 아니고 없는 것도 아닌 것을 복중(複中)32)이라 한다.

(또한) 있다는 것이나 없다는 것을 소가(疎假)33)라 하고, 있는 것도 아니고 없는 것도 아닌 것을 소중(疎中)이라 한다. (다음에) 있는 것이 아니면서도 있다는 것을 밀가(密假)34)라 하고, 있다는 것은 있는 것이 아니라는 것을 밀중(密中)이라35) 한다. (다음에) 소(疎)는 곧 횡(橫; 횡적인 것)36)이며, 밀(密)은 곧 수(竪; 종적인 것)37)이다.38)

---

28) 중가의(中假義) : 길장의 현존하는 『대승현론』은 5권으로, 그중에서 중가의(中假義)는 보이지 않는다. 그러나 『대승현론』은 본래 20권으로, 그 속에 중가의(中假義)에 대한 설명이 있었다고 한다. 혹은 중가의(中假義)에 대한 다른 어떤 저술을 말하는 것인지도 모른다.

29) 단가(單假) : 하나의 가유(假有), 혹은 가무(假無)만을 설명하는 것을 단가(單假)라고 한다.

30) 단중(單中) : 하나의 비유(非有), 혹은 비무(非無)만을 설명하는 것을 단중(單中)이라 한다.

31) 복가(複假) : 나란히 가유가무(假有假無)를 설명하는 것을 복가(複假)라고 한다.

32) 복중(複中) : 나란히 비유비무(非有非無)를 설명하는 것을 복중(複中)이라 한다.

33) 소가(疎假) : 유(有)와 무(無)의 양쪽 법에 대하여 논의하는 것을 소(疎)라 한다.

34) 밀가(密假) : 유(有)나 무(無)의 한 가지 법에 대하여 논의하는 것을 밀(密)이라 한다.

35) 유무위복가(有無爲複假 …… 有不有爲密中) : 이와 관련된 내용이 『대승현론』 제1의 이제의(二諦義) 중에 일부분 나타난다. "問曰, 非有非無而有而無, 爲疎假爲是密假? 答曰, 此是疎假. 何故爾? 以其兩來就有無二法弁, 故是疎假. 若弁密假, 非有非不有 而有而不有, 以其就一法明義. 是卽兩法爲疎, 一法故密."(『대정장』 45권, 18下)

36) 횡(橫) : 유(有)와 무(無)에 대하여 상대적으로 표현하는 것을 횡(橫)이라 한다.

37) 수(竪) : 유(有)와 무(無)에 대하여 절대적으로 표현하는 것을 수(竪)라 한다.

38) 이 횡수(橫竪)와 관련된 내용이 『대승현론』 제2의 팔부의(八不義)에서, "如言有卽爲橫,

제7절 네 가지 중도가 같지 않음 [四種中不同]

次釋中不同, 得有四種. 一外道明中, 二毘曇明中, 三成實明中, 四大乘人明中也. 外道說中者, 僧佉人言, "泥團非瓶[39]非非瓶." 卽是中義也. 衛世師云, "聲不名大, 不名小." 勒沙婆云, "光非闇非明." 此之三師, 並以兩非爲中, 而未知所以爲中耳. 毘曇人釋中者, 有事有理. 事中者, 無漏大王不在邊地, 謂不在欲界及非想也. 理中者, 謂苦集之理不斷不常也. 成實人明中道者, 論文直言, "離有離無, 名聖中道." 而論師云, "中道有三, 一世諦中道, 二眞諦中道, 三非眞非俗中道." 四大乘人明中者, 如攝大乘論師明, 非安立諦, 不著生死, 不住涅槃, 名之爲中也. 義本者, 以無住爲體中, 此是合門. 於體中開爲兩用, 謂眞俗, 此是用中, 卽是開門也. 又中假師云, 非有非無爲中, 而有而無爲假也.

다음에 중(中)이 동일하지 않은 것을 해석하는데, (여기에는) 네 종류가 있다. 첫째는 외도가 해명하는 중이고, 둘째는 아비달마가 해명하는 중이고, 셋째는 『성실론』이 해명하는 중이며, 넷째는 대승의 사람이 해명하는 중이다.

(첫째로) 외도가 설명하는 중(中)이란 것은, 승거인(僧佉人)[40]은 말하기를, "진흙이 (병 모양으로) 뭉쳐진 덩어리는 병(瓶)도 아니고, 병(瓶)이 아닌 것도 아니다"라고 하였는데, 곧 이것이 중의 의미이다. (또) 위세사(衛世師)[41]는 말하기를, "소리는 크다고 말하지도 못하고 작다고 말하지도

不有爲竪. 亦如絶爲橫, 不絶爲竪. 若不絶爲橫, 則非絶非不絶爲竪"라고 하였다(『대정장』 45권, 25中).

39) 병(瓶): 금릉본과 만속장경본에는 '병(缾)'으로 되어 있으며, 의미는 상통함.

40) 승거인(僧佉人): 인도 육파(六派)철학의 하나인 상키야(Sāṃkhya), 곧 수론(數論)학파를 말함.

41) 위세사(衛世師): 인도 육파철학의 하나인 바이셰쉬카(Vaiśeṣika), 곧 승론(勝論)학파를

못한다"라고 하였다. (또) 르샤바(勒沙婆)[42]는 말하기를, "빛은 어둡지도 않고 밝지도 않다"라고[43] 하였다. 이들 세 (학파의) 스승들은 모두 양쪽을 부정하는 것을 중으로 삼았지만, 그러나 진실로 중인 까닭을 알지는 못하였던 것이다.

(둘째로) 아비달마 사람이 해석하는 중(中)이란 것에는, 사중(事中)과 이중(理中)이 있다. 사중(事中)이라는 것은, 무루대왕(無漏大王)[44]은 극단적 경지에 있지 않다고 하였는데, (그것은) 욕계(欲界)와 비상(非想)[45]에 있지 않(고, 그 중간에 있)다는 것을 말한다. 이중(理中)이라는 것은, (사성제(四聖諦) 가운데) 고(苦)와 집(集)의 도리는 단멸도 아니고 상주도 아니라고 말하는 것이다.

(셋째로) 『성실론』의 사람이 해명하는 중도(中道)라는 것은, 『성실론』의 문장에서 직접 말하기를, "있다는 것을 여의고 없다는 것을 여의는 것을, 성스런 중도라고 이름한다"라고[46] 하였다. 그리하여 (성실학파의) 논사가 말하기를, "중도에 세 종류가 있으니, 첫째는 세제중도(世諦中道; 세속제의 중도)이고, 둘째는 진제중도(眞諦中道; 진제의 중도)이며, 셋째는

말함.

42) 르사바(勒沙婆): 고대 인도의 종교가로서 육사외도의 하나인 자이나교(Jaina敎)의 고사(古師)라고 불리는 르샤바(Rṣabha)를 말한다. 고행(苦行)에 의하여 해탈할 수 있다고 말하였다.

43) 이상의 내용에 대하여 『백론』 제10 「파공품(破空品)」에서, "汝大經中, 亦有無說法. 如衛世師經, 聲不名大不名小. 僧佉經, 泥團非瓶非非瓶. 泥乾法, 光非明非暗"라고 하였다(『대정장』 30권, 181下).

44) 무루대왕(無漏大王): 『대승의장(大乘義章)』 제13 팔선정의(八禪定義)에서, "無漏禪者, 依如毘曇, 前九地有, 非想地無. 故雜心云, 無漏大王不居邊地, 欲界非想名爲邊地"라고 하였다(『대정장』 44권, 719上). 무루대왕(無漏大王)은 유루의 번뇌가 전혀 없는 대왕(大王)같은 무루선정(無漏禪定)을 비유한 말이다. 그러나 현존하는 『잡심론(雜心論)』(『잡아비담심론(雜阿毘曇心論)』)에는 이러한 구절이 보이지 않는다고 한다.

45) 비상(非想): 무색계(無色界) 최후의 비상비비상처(非想非非想處)를 말한다. 여기서는 상념이 있는 것도 아니고 없는 것도 아니라고 한다.

46) 『성실론』운: 『성실론』 제2권 「일체유무품(一切有無品)」에서, "若決定有, 卽墮常邊. 若決定無, 卽墮斷邊. 離此二邊, 名聖中道"라고 하였다(『대정장』 32권, 256中).

비진비속중도(非眞非俗中道; 진제도 아니고 세속제도 아닌 중도)이다”라고[47] 하였다.

(넷째로) 대승의 사람이 해명하는 중(中)이란 것은, 섭대승론사(攝大乘論師)[48]가, “비안립제(非安立諦)[49]는 삶과 죽음에도 집착하지 않고, 열반에도 머무르지 않는다. 이것을 중이라 이름한다”라고[50] 해명하는 바와 같다.

(이와 같이 여러 가지 중(中)을 진술하였으나, 삼론종에서 주장하는 바른 중[正中]을 설명하면) 의미의 근본은, 머무르지 않음을 체중(體中)으로 삼으니, 이것은 (모든 중(中)이) 결합된 부문[合門]이다. 그 체중을 전개하여 두 가지 작용으로 삼아 진(眞; 진제)과 속(俗; 속제)이라 이르니, 이것은 용중(用中 : 작용의 中)으로, 곧 전개한 부문[開門]이다.

---

47) 논사운 :『중관론소』제1권本에서, 성실사(成實師)가 설한 것이라며, “問, 云何學佛教人三中不成? 答, 他(成實師)云, 實法滅故不常, 假名相續故不斷, 不常不斷名世諦中道 …… 非有非無世諦中道 …… 眞諦四絶故名爲中 …… 彼二諦合明中道者, 謂非眞非俗名爲中道”라고 하였다(『대정장』 42권, 11上). 길장은 성실학파에서 말하는 삼종중도설이 진실한 뜻을 성취한 것이 아니라고 비판하였다.『대승현론』의 기록에 의하면, 삼종중도와 관련된 학설은 본래 섭산(攝山)에 머무르던 요동(遼東) 출신의 승랑(僧朗)이 강설하였으며, 성실논사 개선(開善)이 그것을 전해 듣고 선전하였지만, 직접 수학하지 못하여 언설은 들었어도 그 의미를 획득하지는 못하였다는 것이다(『대정장』 45권, 19中면).

48) 섭대승론사(攝大乘論師) :『섭대승론(攝大乘論)』을 수학한 섭론학파(攝論學派)의 논사, 곧 섭논사(攝論師)를 말한다. 진제(眞諦, 499~569)에 의하여 인도 유식학파(唯識學派)의 무착(無着)이 저술한 『섭대승론』과 세친(世親)이 주석한 『섭대승론석(攝大乘論釋)』이 한역되자, 남지(南地)에서 진제와 그 문하에서 섭론학파가 형성되었다. 그 후 세친의 『십지경론(十地經論)』을 소의경론으로 삼은 지론학파(地論學派)와 더불어 북지(北地)에서 유행하였으나, 당(唐)의 현장(玄奘)에 의하여 신유식학(新唯識學)이 전래되어 법상종(法相宗)이 성립되자 이에 흡수되어 소멸하였다.

49) 비안립제(非安立諦) : 진여(眞如)가 상대적인 차별을 초월하여 언어의 표현을 단절한 것을 말한다. 섭론학파의 논사는 삼성(三性)은 안립제(安立諦)로서 속제이고, 삼무성(三無性)은 비안립제(非安立諦)로서 진제라고 하며, 비안립제는 생사에도 집착하지 않고 열반에도 머무르지 않기 때문에 중(中)으로 삼는다고 하였다. 그러나 진제는 언망려절(言忘慮絶)의 경지이기 때문에, 삼론가의 입장에서 볼 때 그들이 말하는 비안립제는 속제에 불과하다는 것이다.

50)『대승현론』 이제의(二諦義)에서, “大乘師復言, 三性是俗, 三無性非安立諦, 爲眞諦故”라고 하였다(『대정장』 45권, 15下).

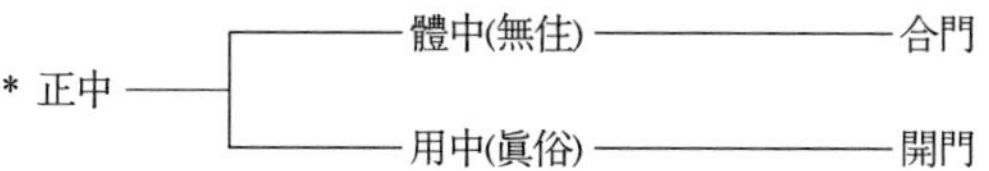

또 (삼론학자 가운데) 중가사(中仮師)[51]가 말하기를, "있는 것도 아니고 없는 것도 아닌 것을 중(中)이라 하고, 있기도 하고 없기도 한 것을 가(仮)라고 한다"라고 하였다. (그러나 이것은 중가(中仮)에 집착하여 바른 견해라고 할 수 없다.)

---

51) 중가사(中仮師): 삼론종의 일파(一派).『속고승전』제7 법랑전(法朗傳)(『대정장』50권, 477下)에 의하면, 승전(僧詮)의 문하 사철(四哲) 가운데 법랑(法朗)과 혜포(慧布)를 제외한 선중사(禪衆寺)의 혜용(慧勇)법사와 장간사(長干寺)의 혜변(慧辯)법사는 승전이 설한 중가(中假)를 오해하고 그것에 집착하여, 그들을 중가사(中仮師)라 칭하였다. 법랑은 이들이 중가(中假)에 집착하여 견불(見佛)하지 못한다고 꾸짖었다고 한다. 길장 계통의 삼론학과 다른 견해를 고수하였다고 한다. 중가사에 대하여『중관론소』제2本에서 "中仮師, 聞假作假解, 亦須破此假. 師云, 中仮師罪重, 永不見佛"라고 하였다(『대정장』42권, 25中~下).

참고문헌

1. 삼론학의 기본 문헌

① 『중론(中論)』 4권, 구마라집역(鳩摩羅什譯), 홍시(弘始) 11년(409), 『고려대장경(高麗大藏經)』·『대정대장경(大正大藏經)』에 수록되어 있다.

② 『십이문론(十二門論)』 1권, 구마라집역, 홍시 11년(409), 『고려대장경』·『대정대장경』에 수록되어 있다.

③ 『대지도론(大智度論)』 100권, 구마라집역, 홍시 4~7년(402~405), 『고려대장경』·『대정대장경』에 수록되어 있다.

④ 『백론(百論)』 2권, 구마라집역, 홍시 6년(404), 『고려대장경』·『대정대장경』에 수록되어 있다.

⑤ 『중관론소(中觀論疏)』 10권 또는 20권, 길장찬(吉藏撰), 『대정대장경』·『속장경(續藏經)』에 수록되어 있다.

⑥ 『십이문론소(十二門論疏)』 3권 또는 6권, 길장찬, 『대정대장경』·『속장경』에 수록되어 있다.

⑦ 『백론소(百論疏)』 3권 또는 9권, 길장찬, 『대정대장경』·『속장경』에 수록되어 있다.

⑧ 『삼론현의(三論玄義)』 1권 또는 2권, 길장찬, 『대정대장경』·『속장경』에 수록되어 있다.

⑨ 『대승현론(大乘玄論)』 5권, 길장찬, 『대정대장경』·『속장경』에 수록되어 있다.

⑩ 『이제의(二諦義)』 3권, 길장찬, 『대정대장경』·『속장경』에 수록되어 있다.

⑪ 『용수보살전(龍樹菩薩傳)』, 구마라집역(鳩摩羅什譯), 『고려대장경』·『대정대장경』에 수록되어 있다.

⑫ 『제바보살전(提婆菩薩傳)』, 구마라집역, 『고려대장경』·『대정대장경』에 수록되어 있다.

⑬ 『속고승전(續高僧傳)』 제11권 「길장전(吉藏傳)」, 도선찬(道宣撰), 『고려대장경』·『대정대장경』에 수록되어 있다.

2. 『삼론현의(三論玄義)』 주석서

서설에서 밝힌 바와 같이, 『삼론현의』는 중국에서도 한국에서도 그다지 연구되지 않았으며, 오히려 삼론이 가장 늦게 전래된 일본에서 가장 활발하게 연구되어, 13세기부터 주석되기 시작하여, 현재까지 전해지는 주석서가 약 40 종류에 이르고 있다. 그중에서 권위도 있고 유명한 것은 다음의 다섯 가지이다.

①『삼론현의검유집(三論玄義檢幽集)』 7권, 중관(中觀) 찬, 홍안(弘安) 3년 (1280). 『대정대장경』·『일본대장경(日本大藏經)』·『불교대계(佛敎大系)』에 수록되어 있다.

②『삼론현의초(三論玄義鈔)』 3권, 정해(貞海) 찬, 강영(康永) 원년(1342)무렵. 『대정대장경』에 수록되어 있다.

③『과주삼론현의(科註三論玄義)』 7권, 존우(尊祐) 찬, 정향(貞享) 2년(1685).『일본대장경』·『불교대계』에 수록되어 있다.

④『삼론현의유몽(三論玄義誘蒙)』 4권, 문증(聞証) 찬, 정향(貞享) 3년(1686).『대정대장경』·『불교대계』에 수록되어 있다.

⑤ 『두서삼론현의(頭書三論玄義)』 1권2책, 봉담(鳳潭) 찬, 원록(元祿) 14년 (1701). 이 저서는『수서(首書)』 또는 『오두(鼇頭)』라고도 칭한다.『불교대계』에 수록되어 있다.

3. 『삼론현의(三論玄義)』 번역서와 해설서

『삼론현의』의 원문 여러 종류와 대부분의 주석서가 일본에서 제작되고 전해진 까닭에, 근대와 현대에 번역된 일어판 저서도 다수에 이른다. 그중에서 참고한 저서의 내용을 간략하게 소개한다.

① 다카오 기켄(高雄義堅), 『三論玄義解說』, 興教書院, 1936.

이 저서는 출간된 지 오래되었고, 원문의 해설과 주석이 때로 장황하기도 하지만, 그 설명이 유용하고 정확한 편이다.

② 시이오 벤쿄(椎尾辨匡), 「三論玄義」, 『國譯一切經, 和漢撰述 44, 諸宗部 1』, 1937.

이 번역서는 화역(和譯)으로 간행된 국역일체경(國譯一切經)에 수록된 것이다. 대부분 현토식으로 원문 그대로 직역되었다.

③ 가나쿠라 엔쇼(金倉圓照) 역주, 『三論玄義』, 岩波書店, 1941.

이 역주서는 원문교정에 주력하여 십분 직역적으로 번역한 것이다. 인용문의 출처와 주요 술어의 해설은 상대적으로 간략한 편이지만, 대정장경본(大正藏經本)에 사용된 두 가지 판본에, 명치보각본(明治補刻本)과 불교대계본(佛敎大系本)을 더한 네 가지 판본을 대조 번역하여, 자국 내에서 이 점에서 주목 받은 역서이다. 권말의 해제에 수록된, 이설(異說)이 많은 길장의 생애와 저작년대 해설도 유용하다.

④ 사이구사 미쓰요시(三枝充悳), 『三論玄義』 불전강좌 27, 大藏出版, 1971.

비교적 근년에 기획된 수십 종류의 불전강좌에 포함된 번역서이다. 직역적

인 번역 외에 다시 해설적으로 재번역하여, 현대적으로 읽기에 편리한 점이
있다. 일부 원문의 교정은 암파문고본(岩波文庫本)과 불교대계본(佛敎大系
本)에 의거하였다.

⑤ 한정걸(韓廷傑) 교석(校釋), 『三論玄義校釋』(中國佛敎典籍選刊), 中華書局,
1987.

이 역주서는 중국에서 간행된 금릉각경처본(金陵閣經處本)을 저본으로 삼고,
대정장경본(大正藏經本)과 속장경본(續藏經本)을 대조하였으며, 그 교정 해
설은 부분적이다. 중국의 문헌이나 사적 등이 보다 자세히 설명된 부분이 있다.

⑥ 히라이 슌에이(平井俊榮) 역, 『大乘佛典 2, 肇論 三論玄義』, 中央公論社,
1990.

이 역주서는 위의 번역서들과 달리 한문 원문을 생략하고 번역문과 주석만
수록하였다. 그 번역문은 상당히 의역적으로 해석되어, 읽고 이해하기에 편
리한 점이 있기는 하다.

그 밖에 오래전에 마에다 에운(前田慧雲)의 『講話錄』(1902), 무라카미 센조
(村上專精)의 『講義錄』(1905) 해설서가 간행되었다고 한다.

한편 삼론학에 대한 국내의 연구 논문은, 김인덕(金仁德), 『삼론현의 현정론
연구(三論玄義 顯正論研究)』(동국대 박사논문, 1978)가 있으며, 그 외의 단
편 연구 논문은 대략 이십여 편 정도에 이른다. 국외 일본의 연구 논문은 수
백 편에 이르고 있어, 이에 대해서는 별도의 고찰이 필요하다.

4. 『삼론현의』 원문

『삼론현의』의 원문은 대부분 일본에 남아있는데, 일본에서 거론하는 중요한 판
본만 해도 대략 네다섯 종류에 이른다. 중국의 판본으로는 금릉각경처본(金陵閣經
處本)이 거론될 만하다.

① 대정신수대장경본(大正新修大藏經本) : 『대정신수대장경』 제45권에 수록되
어 있는 것을 말한다. 이것은 일본에만 전해지는 여러 가지 판본들 중에서,
건장본(建長本)과 원록본(元祿本)의 두 가지 판본을 대조하여 교정한 것으로,
오늘날 동양 삼국에서 널리 사용되고 있다.

건장본(建長本)이란, 건장(建長) 8년 정사(丁巳) 3월 7일 사문(沙門) 성수(聖守)
의 식어(識語)를 갖고 있는 목판본을 말한다. 『대정장경(大正藏經)』의 저본(底
本)으로, 현재로는 가장 오래된 원본이라 할 수 있다. 원래의 사본을 기초하여,
그 문자는 당시에 사용되던 속자(俗字)나 이체자(異體字) 등의 글자가 주로
사용되어, 현재 정자(正字)로 사용되는 한자와 일치하지 않는 것이 많고, 또
오자(誤字)도 자주 보인다. 그 때문에 전체를 현행의 정자로 개정한 대정장경

의 교정자의 방침이 확실히 견식이 있어 보인다. 그러나 그 이후 각 시대의 간본(刊本)을 보면, 대개 이 건장본을 기초로 하여 차례로 문자와 가명(假名)을 개정하여 왔던 것을 알게 된다. 그 때문에 때로는 문자를 개정한 것에 반하여 과오를 범하기도 하여, 가능한 한 근원적 형태에 가까운 것을 재현하여 두는 것도 학술상 의미 있다고 보기도 한다. 다음에 설명하는 암파문고본(岩波文庫本)은, 이러한 시각에서 건장본 등을 다른 판본과 대조한 것이다.

원록본(元祿本)이란, 원록(元祿) 14 신사년(辛巳年) 중추길일(仲秋吉日) 문대옥치랑병위장판(文臺屋治郎兵衛藏版)의 『수서삼론현의(首書三論玄義)』 상하 2책본을 말한다. 이것은 건장본(建長本)의 수정에 기초하여 출판한 것이다.

② 암파문고본(岩波文庫本) : 가나쿠라 엔쇼가 역주한 암파문고의 『삼론현의(三論玄義)』를 말한다. 이 저서는 대정장경본(大正藏經本)에 사용된 두 가지 판본에, 명치보각본(明治補刻本)과 불교대계본(佛敎大系本)을 더한 네 가지 판본을 대조하고, 주요 어휘를 대조 교정하여 사용가치를 높였다.

명치보각본(明治補刻本)이란, 앞의 원록본(元祿本)을 만연(萬延) 원년(元年) 경신(庚申) 8월 판본을 구하여, 명치(明治) 10년 12월 보각(補刻)한 산성옥등정좌병위판(山城屋藤井佐兵衛版)을 말한다. 이 판본이 현재 유행하는 『오두삼론현의(鼇頭三論玄義)』 2책본이다. 그 내용은 원록본과 균등하지만, 문자는 여러 군데 개정되었다.

③ 불교대계본(佛敎大系本) : 이 저서는 이마즈 고가쿠[今津洪嶽]의 역작으로, 『삼론현의검유집(三論玄義檢幽集)』·『과주(科註)』·『유몽(誘蒙)』·『두서(頭書)』의 네 가지 판본을 합하여, 1918년과 1930년의 두 차례에 분책하여 간행한 것이다. 네 가지 『삼론현의』 주석서를 합본하여 연구상 편리하기는 하지만, 교정의 엄밀함을 결여하였다는 평가를 받기도 한다.

④ 금릉각경처본(金陵閣經處本) : 중국의 금릉각경처(金陵閣經處)에서 간행한 판본으로, 본 역주자는 타이베이[台北] 홍문관(弘文館)에서 편찬한 『중국불교사상자료선편(中國佛敎思想資料選編)』 제1권에 수록된 것을 사용하였다. 이 금릉각경처본은 대정장경본과 상이한 글자가 다수 있고, 서로 보완하여 교정하는데 요긴한 점이 있다.

⑤ 만속장경본(卍續藏經本) : 타이베이의 신문풍출판공사(新文豊出版公司)에서 발행한 만속장경(卍續藏經) 제73책 중국찬술(中國撰述)에 수록되어 있는 것을 말한다. 여기에도 대정장경본과 다른 글자들이 있지만, 금릉각경처본에 비하여 내용적으로 미진한 부분이 있다.

1. 한글과 한자